LEGAL PRACTICE

AND CASE REVIEW OF PERSONAL INSURANCE

U0829286

人身保险

郭玉涛◎著

法律实务与案例评析

中国法制出版社
CHINA LEGAL PUBLISHING HOUSE

自 序

大约20年前，我开始钻研保险法的时候，这个领域非常冷门，既没有什么书，也没有很多学者研究，专业的律师也很少，因为没有多少业务。

不过现在的情况就不同了，保险法研究、保险法律业务颇有炙手可热之感。无他，盖因我国经济越来越发达，国民越来越重视自己的生命与健康，所以保险行业发展越来越好，保险法领域也有了相当显著的发展。

我们做律师的人，研究保险法比较注重解决现实的问题，而不是刻意进行学术争辩。在解决问题的过程中，会觉得保险法单成一体、会觉得保险法说不清楚、会觉得保险法如同围棋你缠我绕、会觉得保险法越学越糊涂。

譬如对一个案件，我们随着时间的推移或许会有不同的看法。看似矛盾，实际也正常。这是一个过程，研究越深入，考虑的越多，结果变化就越大，任何一个学科恐怕都是如此。

对于保险法而言，固然是商法的一个重要分支，但其本质仍然属民法之范畴，只不过保险行业的运作方式不同，使得保险法律关系形式上表现为一种独特的民事关系、一种独特的合同关系等。因此，保险法的问题，仅仅从保险法的规定上去找法律依据，会说不清道不明，但是如果深入到民法的规定去思考，则基本上能够明白其之所以然，就应该能找到合理的解决方案。

最高人民法院的关于保险法的司法解释已经出了四部，很多问题得以解决，但是实际上我认为原有的一些问题仍然还在一定程度存在，还有很多新出现的问题未得到解决办法。这很正常，因为保险行业的发展快于法律的配套。

所以，这本书的基本原则就是对现实中存在的真实的问题、案例进行剖析，结合我国现有的法律、法规，寻找妥善的解决方案。

这本书适合那些对于保险法的基本规则、规定有所了解的读者。本书只研讨人身保险合同相关内容，对于财产保险、保险管理领域的内容，暂不涉及。

说到人身保险，就需要先进行一个小小的探讨。

我国《保险法》第二章第二节名为“人身保险合同”，但是在第二十六条、第三十八条等条款中，确实出现了“人寿保险”字样。有人认为“人身保险合同”与“人寿保险合同”不是一回事儿；有人认为，人寿保险合同，是指以死亡为给付保险金条件的人身保险合同，或者是以达到合同约定的年龄为给付条件的人身保险合同。我认为这两种认识都不完全准确。

因为，按照《保险法》第二十六条的规定，人寿保险的被保险人或者受益人向保险人请求给付保险金的诉讼时效期间为五年，自其知道或者应当知道保险事故发生之日起计算。

假如认定人寿保险为“以死亡为给付保险金条件的人身保险合同”，则保险事故发生后，不存在被保险人索赔的问题。

假如认定人寿保险为“以达到合同约定的年龄为给付条件的人身保险合同”，则不存在受益人索赔的问题。

当然，有人理解为，所谓“被保险人或者受益人”，是指受益人索赔死亡保险金、被保险人索赔生存保险金，这说得通啊！

那么再看《保险法》第三十八条：“保险人对人寿保险的保险费，不得用诉讼方式要求投保人支付。”

客观现实是，除了“以达到合同约定的年龄为给付条件的人身保险合同”“以达到合同约定的年龄为给付条件的人身保险合同”，其他以伤残、重疾、住院医疗为保险责任的人身保险合同，甚至理财型的人身保险合同，均不存在以诉讼方式要求投保人支付的情形。

结合上述规则，我认为“人身保险合同”与“人寿保险合同”就是一回事儿，至于法律为何要这么表述，那就不好理解了。

对于保险法、保险法司法解释规定已经很明确的问题、基本上已经解决的问题，我们就不再阐述了。我们所讨论的，基本上是现有法律法规、司法解释尚未直接规定之情形，以供业内参考。因目的是现实的可操作性，故我们尽量以我国的现行法律法规为基础来进行分析研判，对于国外的一些法律、理论等，只能是一种侧面的参考。

在本书的写作过程中，笔者见证了我国立法领域的高速发展，两年的时间内，无论是《民法典》的颁布，或者是最高人民法院的相关司法解释的更新与修订，都明显深入、加快。例如，2020年5月28日第十三届全国人民代表大会第三次会议通过《民法典》，自2021年1月1日起施行。《中华人民共和国婚姻法》、《中华人民共和国继承法》、《中华人民共和国民法通则》、《中华人民共和国收养法》、《中华人民共和国担保法》、《中华人民共和国合同法》、《中华人民共和国物权法》、《中华人民共和国侵权责任法》、《中华人民共和国民法总则》同时废止。2020年12月23日，最高人民法院审判委员会第1823次会议通过《最高人民法院关于修改〈最高人民法院关于破产企业国有划拨土地使用权应否列入破产财产等问题的批复〉等二十九件商事类司法解释的决定》，自2021年1月1日起施行。其中，《最高人民法院关于适用〈中华人民共和国保险法〉若干问题的解释（二）》《最高人民法院关于适用〈中华人民共和国保险法〉若干问题的解释（三）》《最高人民法院关于适用〈中华人民共和国保险法〉若干问题的解释（四）》进行了必要修正，重新予以发布。

好是很好，但是，基本上全部的现行保险产品，在准备、制作的过程中，都是以原有的法律为基础进行设计的。我们在分析保险合同纠纷的时候，不能不考虑历史的因素，不能割裂前后的联系。

如果不提原来的法律规定，大家就会感到困惑；如果不提新的法律规定，大家也不可能接受。现有的判例也引用当时有效、现在被废止的法律条文，如果不提原有法律，那是说不过去的。

因此，我们在文中，会使用原法律与《民法典》的相关法条对照列明的形式，以表现前后法律规定的不同与承接。

文中仅代表笔者个人的想法，如果有不妥、不当之处，欢迎各位读者与笔者共同探讨。

郭玉涛

2021 年　北京

目　　录

第一章 投 保

第一节 保险销售误导

一、被销售误导而产生的错误意思表示并不是投保人的真实保险要求

《保险法》第十三条规定："投保人提出保险要求，经保险人同意承保，保险合同成立。保险人应当及时向投保人签发保险单或者其他保险凭证。保险单或者其他保险凭证应当载明当事人双方约定的合同内容。当事人也可以约定采用其他书面形式载明合同内容。依法成立的保险合同，自成立时生效。投保人和保险人可以对合同的效力约定附条件或者附期限。"

这是我国《保险法》关于保险合同订立过程的基本规则，无论是人身保险还是财产保险均是如此。

为什么会这么说呢？因为这个法律规定可以简单理解为：投保人找到保险公司说"我要投保"，保险公司说"好啊"，于是乎一个保险合同就缔结了。

从这个程序设定看，人们往往会有这么一种认识：似乎投保人的保险要求都是其真实的意思表示，否则怎么"提出保险要求"？那么既然投保人的保险要求都是真实的意思表示，投保人肯定要为这个意思表示负责、要承担这个意思表示带来的后果。所以很多人身保险合同中的投保人、被保险人、受益人往往会发现，保险合同载明的内容与实际情况并不相符，但是白纸黑字、清清楚楚，对自己很不利。

原因在于很多保险合同的缔结并不是基于投保人主动的意思表示，而是基于保险公司的销售措施，如保险宣传、广告、营销，特别是保险代理人或者经纪人的营销措施等，这些措施使得投保人产生投保的意愿，才产生了缔结保险合同的意思表示。即投保人的意思表示是一种被动的意思表示，意思表示的内容在相当大程度上是受保险销售措施影响之后作出的反应。

如果投保人所受的这个影响是错误的、虚假的、不精确的，那么投保人的反应很可能也是错误的、虚假的、不精确的。即投保人在被保险销售误导之后作出的意思表示，可能不是真实的意思表示。如果不考虑这一点，只要看到投保人有投保行为、看到投保人在保险合同上有签字，就一律认为这属于投保人的真实意思表示、属于投保人提出的真实保险要求，这样的认识就等于将保险销售误导合法化、合理化，是对投保人合法权益的第二次伤害。

《民法典》第四百七十二条规定："要约是希望与他人订立合同的意思表示，该意思表示应当符合下列条件：（一）内容具体确定；（二）表明经受要约人承诺，要约人即受该意思表示约束。"

因为《保险法》第十三条以"投保人提出保险要求"为出发点，所以很多专家学者、法官都有一个固有的观念，认为投保人的投保要求是要约，而保险公司的承保表示是一种承诺。其实这并不绝对，存在不少变数。

的确，在某些情形下，是投保人主动提出投保要求的，譬如投保人直接去保险公司表明投保意愿，或者投保人通过互联网途径投保，或者投保人购买固定格式固定费用的保险产品（如购买航空意外保险）等。这些情形下的投保人对于保险合同的内容是比较清楚的、是接受的，所以其提出保险要求，可以理解为一种合同要约的表现，其目的就是缔结这份保险合同。

但是也有很多情况，投保人并不十分了解保险合同的内容，甚至完全没有投保的意愿，需要保险人通过各种方式去劝说、解释、诱导，投保人才有投保的意愿。譬如保险业务员对投保人进行拜访、宣导、各种广告推送等。

我认为，依据《民法典》第四百七十三条规定，这些劝说、解释、诱导等，应当视为要约邀请。要约邀请是希望他人向自己发出要约的表示。拍卖公告、招标公告、招股说明书、债券募集办法、基金招募说明书、商业广告和宣传、寄送的价目表等为要约邀请。商业广告和宣传的内容符合要约条件的，构成要约。如果保险人的销售宣导是模糊的，如宣称保险利国利民、能够用于理财、能报销大病医疗费等，并不涉及具体的权利义务，这显然是一种要约邀请。

但是，有些保险的销售和宣导，实际上是非常具体、确定的，譬如在一些保险产品的宣导过程中，保险公司的代理人、业务员、工作人员会为投保人进行计算，投保人缴纳多少保险费、会得到多少保险保障、每年能返还多少钱、几年后一次性得到多少钱，以及在何种情况下，保险公司会向投保人给付多少保险金等。这些公式、数额是非常清晰、具体的。并且计算的意思就是表明，如果投保人投保了某某险种，在某种保险事故发生后或者某段时间经过之后，保险公司会给付一定数额的保险金。在这样的情形下，这些宣导确实非常具体确定，同时也表明经受要约人——也就是投保人承诺，要约人也就是保险公司即受该意思表示约束，按照保险销售宣导的内容、公式、数额来支付保险金，所以这样的销售宣导就是一种要约。

为什么我们要讨论这个问题？

这是因为，很多案件的当事人往往会存在一种比较错误但是顽固的认识，就是认为在投保人进行投保行为之前，保险人、保险代理人、保险业务员的各种销售宣导行为都只是一种缔约前的广告宣传，是要约邀请，不具有法律上的效力与意义，一切应该以保险合同为准。在这种认识下，保险销售误导就几乎没有什么责任与后果，那当然会纵容销售误导行为。这不利于保护保险消费者的权益，不利于惩罚不诚信的保险销售误导行为，不利于建立稳健合规的保险市场体系。

如前所述，保险销售宣导的过程就已经是订立保险合同的过程了。投保人提出投保要求，实际上是对保险人要约的一种承诺。《民法典》第五百条规定：“当事人在订立合同过程中有下列情形之一，造成对方损失的，应当承担赔偿责任：（一）假借订立合同，恶意进行磋商；（二）故意隐瞒与订立合同有关的重要事实或者提供虚假情况；（三）有其他违背诚信原则的行为。”因此，如果保险人在缔结保险合同过程中，违背了自己进行保险销售宣导时的具体内容，或者在保险销售宣导时存在虚构事实、隐瞒真相、损害投保人等消费者权益的误导情形，则均属违背诚实信用原则的行为，应该承担损害赔偿责任。

黑龙江省七台河市中级人民法院（2017）黑 09 民终 367 号民事判决书载明，原告孙某娟与被告保险公司签订两份保险合同，共交保费 150000 元。2014 年 6 月，原告以投保利益和被告在销售会上宣传的不一致为由找到被告。协商未果后，原告向七台河市保险合同纠纷调解中心投诉，七台河保险合同纠纷调解中心于 2014 年 8 月 21 日作出终结调解的保险合同调解书。原告以被告在销售其产品时有诱导欺诈消费者为由诉至法院，要求确认与被告签订的保险合同无效并依法撤销该保险合同，退还保费 150000 元，承担保额的一倍赔偿责任即 150000 元。另查明，被告保险公司在与原告签订保险合同时，未向其展示产品说明书及收益演算过程。

一审法院认为，合法的合同关系受法律保护。原告孙某娟虽然在被告提供的两份保险合同上签名，建立了保险合同关系，但该合同是原告在被告未履行保险披露义务的前提下签订的，被告保险公司告知对方虚假的保险收益，故意隐瞒真实情况，诱使原告作出错误意思表示，属于欺诈行为，原、被告之间签订的保险合同属于无效合同，故原告要求被告返还保险费的诉讼请求予以支持；原告要求被告承担保额一倍赔偿责任的诉讼请求无法律依据，故对该诉讼请求不予支持。一审法院判决被告保险公司退还原告孙某娟保费 150000 元。

二审法院认为，关于保险公司是否存在欺诈行为的问题，一方面，孙某娟主张保险公司在讲解中夸大保险收益，存在虚假宣传，且孙某娟提供保险分红计划书，证明该保险分红计划书是合同的解释说明，保险公司诱导消费，构成欺诈，使投保人造成重大误解而购买保险；另一方面，保险公司未能证明其是如何讲解的保险产品收益演算。且本案保险合同第10页“声明与授权”部分，显示投保人已仔细阅知、理解产品说明书（仅限于分红、万能、投资连结保险），但在本案审理过程中，保险公司未能提供产品说明书。保险公司对反驳孙某娟诉讼请求的主张，没有提供证据证明，故原审认定保险公司存在欺诈行为，并无不当。

关于本案两份保险合同的效力及原审认定该两份保险合同无效适用法律是否适当的问题，本案所涉保险合同是在上诉人保险公司未履行保险披露义务的前提下签订的，保险公司告知上诉人孙某娟虚假的保险收益，故意隐瞒真实情况，诱使孙某娟作出错误意思表示，保险公司存在欺诈行为。孙某娟于2014年6月发现其权利受到损害，于2014年9月2日向法院提起诉讼，并于诉讼期间主张撤销保险合同。故上诉人孙某娟主张撤销保险合同的诉讼请求，应予支持。而原审认定本案所涉保险合同无效，原审系适用法律错误。二审判决保险公司除退还保险费外，再赔偿孙某娟利息损失27843.75元。

二、现实中确实存在不少保险销售误导情形

如何定义“保险销售误导”这个概念呢？我们可以参照原保监会《人身保险销售误导行为认定指引》第二条：“本指引所称销售误导，是指人身保险公司、保险代理机构以及办理保险销售业务的人员，在人身保险业务活动中，违反《保险法》等法律、行政法规和中国保监会的有关规定，通过欺骗、隐瞒或者诱导等方式，对有关保险产品的情况作引人误解的宣传或者说明的行为。”

所谓欺骗，是指人身保险公司、保险代理机构以及办理保险销售业务的人员，在人身保险业务活动中，违反《保险法》等法律、行政法规和中国银保监会的有关规定，对有关保险产品的真实情况进行虚假陈述。

所谓隐瞒，是指人身保险公司、保险代理机构以及办理保险销售业务的人员，在人身保险业务活动中，违反《保险法》等法律、行政法规和中国银保监会的有关规定，对与保险合同有关的重要情况不予告知或者予以掩盖。

举个例子，在理财型保险的销售宣导过程中，误导性宣传是相当普遍而突出的问题。主要是将保险产品包装成理财产品，运用各种模糊的对比，宣导这个保险产品比其他理财产品好、隐瞒保险产品的属性、隐瞒保险产品特有的种种限制，使得购买者产生错误的判断，购买这种保险产品。

1. 不提“保险”字样，只说理财功能

譬如，很多银行柜面上摆放着很多自制的宣传资料，相关违规宣传资料存在“每年存一万”“支取”“本息”等混淆银行产品和保险产品的表述，且部分宣传资料载有“年化利率不低于4.4%”的书面承诺。宣传人员均身着与银行工作人员相同或者近似的服装、名牌等，使得客户误以为在购买银行特殊理财产品。

我以前作为调解员调解过一个案件：一位客户在银行存拆迁补偿款的时候，被所谓的客户经理忽悠了一通，迷迷糊糊地就支付了600万元保费，购买了某保险理财产品。

2. 不当宣传、违规承诺无法保证的高额利益，盈亏信息不实、与预期收益率不符，导致投保人遭受损失

部分保险销售人员为吸引客户投保，故意迎合消费者“资产增值”的期望，夸大保险产品投资收益，如将演示利率与实际收益混淆。

以现在市场上热销的分红险产品为例，这类产品的收益包括两部分：一是保底收益，这部分是固定的、可以计算的；二是不固定的分红收益。在各个公司分红险产品的宣传单上，都会按照高中低档收益率列举出相应的可分配红利，但这些演示利率都是假设的投资回报率，既不代表保险公司的历史经营业绩，也不代表对未来经营业绩的预期，因此消费者不能将其与自己可获得的实际收益画等号。

换句话说，这样的收益率只能说是可能的、预想的最好结果，但是很多保险公司在宣导的时候却模棱两可，给人的感觉好像是固定的、稳定的收益率，有的收益率高达每年7%甚至更高。这样就会让很多人产生误解，认为这个理财产品的收益远远高于银行存款或者银行理财产品，从而产生购买念头。

3. 另有一些保险销售误导方式，是以过往的收益率暗示将来的收益率

分红险所分的红利，因每个年度保险公司的经营情况而有所不同，去年的分红收益不等于今年或者明年的分红收益。同理，投连险等投资性较强的保险产品，因与股市、债市的表现紧密相关，去年好不等于今年好，更不等于明年好。

但是，保险销售人员往往不会这么表述，往往表述为：从过去两年投资客户获得的分红来看，1万元保费每年可以拿到多少多少元分红，这相当于银行存款利率的几倍，云云。这会让人误解为该款保险产品的收益率是稳定的、均衡的，不敢说明天会更好，起码跟去年差不多，从而对收益率产生错误认识。

4. 对保险合同条款未善尽说明义务，隐瞒或者模糊了重要事项与概念

理财型保险产品虽然也是理财产品，但是其与一般的理财产品差别很大，因为保险产品就是保险产品，必须受《保险法》的制约，必须有很多限制。但是如果在宣传的时候不提这些，那么一般的购买者根本不知道，以为就像一般的银行存款或者理财产品一样，想赎回就赎回、想买多少就买多少、想不买就不买、没有什么隐藏费用等，但实际上并不是这么回事儿。

对于费用支出的误导，一般人认为，银行存款不需要什么额外费用，购买股票一般也没有什么额外费用，购买基金一般也没有什么额外费用，所以对于这样的理财保险产品，大多数人恐怕不会想到还会有巨大的费用存在。

事实上，很多理财型的保险存在一些保单管理费、账户管理费、初始费用等，这些费用在一般性的寿险、重疾保险中是不存在的，投保人通常

也不知道有这些费用，保险公司进行营销宣传时，应该向投保人说明这些。但是在保险销售过程中，很少有营销员、代理人、广告、宣传等刻意说明这一点。然而真的出现保险合同解除、部分支取等情形时，这些费用就会出现，使得投保人有受骗感。

例如，王女士两年前为自己和母亲各购买了某公司一款万能型终身寿险，当时王女士被保险代理人告知，该款产品属于“纯存款储蓄”，没有风险。但在收到保险公司发放的对账明细时，她才发现保单剩余价值远远小于累计保费。这是因为，购买投连险和万能险时所缴纳的保费并非全部进入投资和保障账户，而是会先行扣除一笔初始费用，这笔费用主要是用于弥补保险公司的营销成本。除初始费用外，保险公司每年还要收取账户管理费等其他费用。

这些内容是保险合同的重要组成部分，也是投保人需要了解的基本内容，而保险营销员基本不会解释、说明，导致投保人产生误解。

5. 对于合同期限的误导

保险合同缴费期与合同期是两码事儿，而很多购买者会遇到这样的误导销售。譬如，有的险种说合同缴费期为 5 年，而合同期为 10 年或者更长，这就出问题了。

有一个在网上看到的案例：石家庄的谷女士在银行受到误导，购买了一份保险理财产品，当时签的其实是一份某保险公司的个人保险投保单（银行代理渠道），投保金额为 2 万元，“投保人签名”一栏有谷女士的签名。内容表明该保险为分红型保险，每期保险费为 2 万元，缴费 5 年，缴费期满日为 2016 年 1 月 1 日，合同期满后即全额返还客户缴纳的保费。

一般人会本能地认为，缴费 5 年，这个缴费期就是合同期，5 年后就可以拿回所有的保费，并且还有生存金等回报。而营销者对这个问题也含含糊糊，只是说 5 年后就可以用钱。

但实际上，合同期满日为 2021 年 1 月 1 日。也就是合同期为 10 年，虽然客户仅需缴费 5 年，但是 5 年后并不能退还全部保费，而是需要等够 10 年才可以。5 年到了之后，如果想要用钱怎么办？只能算谷女士退保。

《保险法》第四十七条规定："投保人解除合同的，保险人应当自收到解除合同通知之日起三十日内，按照合同约定退还保险单的现金价值。"而通常在这个时间段，现金价值要远远少于已经交纳的保险费总额，这就会给投保人带来重大损失。

不想退保的话，有的保险公司还可以提供保单质押贷款，不仅贷款额少于保费总额，还要向保险公司支付利息，贷款本金也得归还，对于投保人而言，不仅没有得到什么利息，本金也取不出来，还反过来向保险公司支付利息，这不也是损失吗？这往往是投保人难以想到的，也是很难接受的。

6. 保险金额与返还金额的比例等关键概念误导

购买理财型保险的投保人，大体上最关心的还是收益，收益的计算方式就应该很清楚、很明白，然而，有些保险产品在设计、营销方面均比较模糊，会给投保人造成重大误解。

例如，有保险产品在保险责任条款中约定，缴费 5 年，每年返还年交保险费的 10%，如果每年缴费为 2 万元保险费，那么该如何返还呢？很多人会本能地认为这个 10%相当于利率，如果一年交保险费 2 万元，那么当年要返还 2000 元，如果第二年再交 2 万元保费，一共就缴纳了 4 万元，那么应该返还 4000 元才对，以此类推。但其实不是的，因为年交保险费实际上就是 2 万元，无论交了多少年、无论缴纳的保险费总额是多少，每年缴纳 2 万元保险费这个标准不会变，所以每年返还的仍然是固定的 2000 元，而无论实际总的缴费金额是多少。这么计算下来，每年的返还比例就不是 10%，而是非常非常少了。

这么重要的内容，却在条款中表述得模模糊糊，营销员解释的时候也不说清楚，那么造成投保人误解的概率会特别大。

例如，上海市第二中级人民法院（2014）沪二中民六（商）终字第 38 号民事判决书载明，投保人卞某认为自己被误导，误导的主要内容为"每年可拿保费的 10%，是根据每年实际缴纳数的 10%；33 万元 2 年可拿一次，分红每满一年可拿"。因与保险公司协商不成，卞某遂诉至法院。

本案中的保险业务员华某陈述："我知道他（卞某）是个富二代，他自己提起有100万元闲钱，我就推荐他购买保险公司的一份保险。当时我跟他说这名义是份保险，实际上是保险公司推出的一个理财产品，购买越多，利润越多，年收益率可以达10%。我当时还拿着公司给我们的利益演示表跟他算过。卞某当时对如此高的收益率有怀疑，我跟他说这是保险公司为了配合上市推出的内部理财产品，我自己也买了。保险公司宁可亏本也要把报表做漂亮。我还说这个产品马上要结束了，晚了就没有了，只有1%的回报了。卞某犹豫了一个月左右，大概在3月底，签了保单……实际就是一份普通的人寿保险，不是什么理财产品。公司都是这么培训的。我当时刚进公司，也不是特别清楚这份保险的真实内容，现在我知道了。”

法院经审理认为，卞某在华某“名义是份保险，实际上是保险公司推出的一个理财产品，购买越多，利润越多，年收益率可以达10%”的误导下订立涉案合同，高额利率回报是其订立合同时所期待的理财目的。而合同约定给予卞某保险费10%的利益仅是签订合同首年的关爱年金，以后每年只有1%，显然与华某介绍的内容不相符，与卞某订立合同的真实意思和目的亦不相符，故卞某有权撤销该合同。

三、遭受保险销售误导的投保人往往很难维护自己的权益

我们前面都是以理财型保险为例，当投保人发现自己购买的理财型保险产品的收益率低下，或者发现自己根本用不到、得不到想象中的金钱与回报，基本上都会觉得受到了欺骗、受到了愚弄，会很愤怒，会本能地要求保险公司赔偿损失、解除合同等。但事实上，这并不容易。

首先，举证很难。投保人都声称自己受到了保险营销人员的误导，说得清清楚楚，然而如果要举证，则几乎没有办法证明存在欺诈或者误导情形。

可是反过来，投保人都在当初按照要求填写了投保单和其他一些文件，这些文件都显示保险公司已经尽到了说明、解释、明确说明等义务，显示这个保险合同的订立没有任何问题。这就是“哑巴吃黄连”。

上海市浦东新区人民法院（2015）浦行初字第540号行政判决书载

明，投保人毛某认为其在购买某保险公司的保险产品过程中，代理的建设银行、保险公司及其工作人员存在诸多问题，误导消费者、夸大保单收益、隐瞒保险合同重要情况、将保险混淆为理财产品、冒充投保人签名、未提供保险条款，导致毛某对合同产生重大误解。故要求被告对建设银行、保险公司及有关管理人员、工作人员、其他直接和间接责任人进行处罚，撤销无效的保险合同，全额返还保险费并公开监管措施和处理结果。

上海保监局受理了毛某的保险消费投诉，经调查，毛某提供的录音证据并非投保当时现场录音，根据现有证据无法证明该保单的保险销售过程存在误导行为；毛某反映建设银行、保险公司及其业务员冒充投保人签名，被告已要求保险公司与毛某协商笔迹鉴定事宜；毛某反映保险公司未向毛某提供保险条款，经查毛某购买的保单为银保通保单，均后附保险条款；毛某收到处理结果告知后不服，向中国保监会申请复议。中国保监会作出复议决定，维持了被诉告知。毛某仍不服，遂起诉至法院。

法院认为：上海保监局收到毛某的申请后作出的被诉告知并无不当。中国保监会在收到毛某的复议申请后予以受理，进行了调查，并在法律规定的期限内作出了被诉复议决定，且依法送达，程序合法。综上，毛某起诉要求撤销被诉告知及被诉复议决定的诉讼请求缺乏事实证据及法律依据，不予支持，判决驳回毛某的全部诉讼请求。

其次，一般来说，保险合同订立后，有10天、15天，甚至20天的犹豫期，在这个期限内，投保人可以任意解除保险合同，无需承担任何损失，无需支付任何费用。但是，通常情况下，在这么短的时间内，投保人尚无法理解或者明白存在误导情形，所以这个犹豫期一般都会浪费。

最后，是撤销权的问题，必须注意时间限制。《民法典》第一百四十八条规定："一方以欺诈手段，使对方在违背真实意思的情况下实施的民事法律行为，受欺诈方有权请求人民法院或者仲裁机构予以撤销。"《民法典》第一百五十二条规定："有下列情形之一的，撤销权消灭：（一）当事人自知道或者应当知道撤销事由之日起一年内、重大误解的当事人自知道或者应当知道撤销事由之日起九十日内没有行使撤销权；（二）当事人受胁迫，自胁迫行为终止之日起一年内没有行使撤销权；（三）当事人知道撤销事由后明确表示或者以自己的行为表明放弃撤销权。当事人自民事法律行为发生之日起五年内没有行使撤销权的，撤销权消灭。”所以，即便投保人有证据能够证明自己受到了误导，如果没有及时向法院提出撤销这个保险合同，则在一段时间之后，也无权提出撤销。从什么时候起算这个一年的撤销权易引发争议，请一定要慎重。

江苏省盐城市中级人民法院（2014）盐商终字第0575号民事判决书载明，徐某林是某保险公司的保险代理人。2010年4月23日，徐某林至马某中家中推销保险，并向马某中出具一份保证书，主要内容为：“我请马某中先生用4万元现金购买尊享人生保险，存5年，一切由我担保，如有差错由我现有资产担保；我向马某中先生保证尊享人生保险年收益超过10%，一切由个人担保，有急事随时进行支取。”同日，马某中向保险公司投保一份尊享人生年金保险（分红型），2011年4月28日、2012年5月17日及2013年5月7日，马某中分别向保险公司交纳了第二、三、四年的保费各39976元。

2013年10月，马某中以知悉该款保险品种不能达到年收益10%为由诉至法院，要求撤销保险合同。保险公司认为，马某中的撤销权因超出除斥期间而消灭。马某中在合同成立时就知道或应当知道重大误解事项，除斥期间应当从合同成立时起算，并且撤销权因为马某中的三年缴费行为而被放弃。

法院查明：2013年4月底、5月初，在马某中缴纳第四年保险费后，被上诉人徐某林向马某中出具了一份保证书，保证内容同上。徐某林在该份保证书上签署日期为2010年4月23日。

2013年5月2日，徐某林又向马某中出具了一份保证书，内容为：“今借马某中人民币拾陆万元现金，我与马某中借贷关系，若有损失违约，以我现有资产担保。”该份保证书中的16万元即马某中所缴的保险费。

关于马某中的撤销权是否消灭的问题，法院认为，马某中订立合同时的意思表示是保险年收益率能超过10%，而保险条款中关于保险收益组成部分的复杂性以及文字表述的专业性，使一般公众难以对保险收益率能否超过10%作出精确的判断。虽然马某中在订立合同以后多次与保险代理人徐某林到上诉人处询问保险收益率问题，但只能说明马某中对保险收益率是否能超过10%存在怀疑，而不能说明此时马某中已经确切地知道保险收益率低于10%。

相反，马某中连续四年缴纳保险费的行为，说明其一直认为保险收益率是能够达到其预期的。虽然马某中曾在2012年5月领取关爱年金和生存保险金8100元，但因保险合同约定的保险费交费期间为5年，在5年的保险费尚未全部交完、又是第一次领取保险费且未被明确告知收益率达不到10%的情况下，马某中通过其后续的交费行为表明其对以后领取保险金的数额仍存在合理期待。

2013年4月、5月，马某中再次要求保险代理人徐某林出具保证书，应为马某中对保险收益率产生进一步怀疑，但其作为非保险专业人士仍然难以获知精确的保险收益率，不能认为其此时已经知道或应当知道重大误解的撤销事由。因保险公司对马某中何时已经知道或应当知道撤销事由未能提供充分的证据证明，而马某中在2014年2月11日起诉时以及2014年7月9日原审法院第二次庭审时，均陈述2013年10月上诉人的业务经理答复其收益率达不到10%，上述陈述的时间均在马某中变更诉讼请求、要求撤销合同之前，具有较高的可信度，且保险公司对马某中的这一陈述也未提出异议，故认定马某中自2013年10月时才知道或应当知道撤销事由为宜，而此时马某中并未超出行使撤销权的除斥期间。故保险公司关于马某中超出行使撤销权除斥期间的上诉理由证据不足，不予支持。此外，保险公司也未能提供证据证明马某中明确表示或以自己的行为表明了放弃撤销权，故马某中的撤销权并未消灭。

四、保险销售误导的认定

实践中，保险销售误导行为是非常繁杂的，是否构成保险销售误导，不能由某一个人、某一方说了算，必然需要一个客观标准。

为了规范对人身保险销售误导行为的认定，明确执法标准，有效惩处销售误导行为，切实维护投保人、被保险人或者受益人的合法权益，2012年9月29日，原中国保监会制定了《人身保险销售误导行为认定指引》（以下简称《指引》），为认定销售误导行为提供了标准。

《指引》第六条规定："人身保险公司、保险代理机构以及办理保险销售业务的人员，在人身保险业务活动中，不得有下列欺骗行为：（一）夸大保险责任或者保险产品收益；（二）对与保险业务相关的法律、法规、政策作虚假宣传；（三）以赠送保险名义宣传销售保险产品，实际并未赠送；（四）以保险产品即将停售为由进行宣传销售，实际并未停售；（五）对保险公司的股东情况、经营状况以及过往经营成果作虚假宣传；（六）以银行理财产品、银行存款、证券投资基金份额等其他金融产品的名义宣传销售保险产品；（七）将本公司的保险产品宣传为其他保险公司或者金融机构开发的产品进行销售，或者将本公司的销售人员宣传为其他保险公司或者金融机构的销售人员；（八）其他欺骗行为。"有该第六条行为之一的，可以认定为《保险法》规定的"欺骗投保人、被保险人或者受益人"的行为。

《指引》第七条规定："人身保险公司、保险代理机构以及办理保险销售业务的人员，在人身保险业务活动中，不得隐瞒下列与保险合同有关的重要情况：（一）免除保险人责任的条款；（二）提前解除人身保险合同可能产生的损失；（三）万能保险、投资连结保险费用扣除情况；（四）人身保险新型产品保单利益的不确定性；（五）人身保险产品保险期间、交费期限，以及不按期交纳保费的后果；（六）人身保险合同观察期的起算时间以及对投保人权益的影响；（七）人身保险合同犹豫期起算时间、期间及投保人犹豫期内享有的权利；（八）其他重要情况。"有该第七条行为之一的，可以认定为《保险法》规定的"隐瞒与保险合同有关的重要情况"的行为。

《指引》第九条规定："人身保险公司、保险代理机构以及办理保险销售业务的人员，在人身保险业务活动中，还不得有下列销售误导行为：（一）对保险产品的不确定利益承诺保证收益；（二）诱导、唆使投保人为购买新的保险产品终止保险合同，损害投保人、被保险人或者受益人合法权益；（三）使用保险产品的分红率、结算利率等比率性指标，与银行存款利率、国债利率等其他金融产品收益率进行简单对比；（四）阻碍投保人接受回访，诱导投保人不接受回访或者不如实回答回访问题；（五）其他销售误导行为。”有该第九条行为之一的，应当根据案件的具体情况，明确违法行为的性质，依法进行处罚。

陕西省西安市中级人民法院（2016）陕01民终8496号民事判决书载明，2008年2月29日，杨某玲作为投保人在保险公司投保分红保险，标准保费每年7万元，交纳保费共计21万元。2014年11月28日，杨某玲向保险公司申请解除保险合同，保险公司同意解除保险合同，向杨某玲退还158283.8元。后杨某玲向保监会陕西监管局投诉保险公司销售人员保险消费欺诈，该局于2015年5月29日作出保险消费投诉处理决定告知书，认为保险公司业务员存在对杨某玲所投保险未来不确定收益作出超出合同保证承诺的问题；存在未按规定每年至少向保单持有人寄送一次分红业绩报告问题。杨某玲向一审法院起诉，请求判令保险公司赔偿杨某玲681716.2元。

一审法院认为，杨某玲认为保险公司有欺诈行为，主张适用《消费者权益保护法》，要求保险公司赔偿损失，系对《消费者权益保护法》调整对象、适用范围的错误理解。故杨某玲要求保险公司赔偿681716.2元的诉讼请求于法无据，驳回其诉讼请求。

二审法院认为，杨某玲于2014年11月28日向保险公司申请解除保险合同，保险公司同意解除保险合同，并向杨某玲退还158283.8元。杨某玲依据其已与保险公司解除的保险合同主张适用《消费者权益保护法》赔偿损失，无法律依据，不予支持。

杨某玲作为消费者购买保险产品，是否购买保险产品、购买哪种保险产品，均需在充分掌握信息的基础上，慎重作出决定。经保监会陕西监管局认定，保险公司工作人员在向杨某玲介绍涉案保险产品时，“存在对杨某玲所投保险未来不确定收益作出超出合同保证承诺的问题”，该行为违反了《人身保险销售误导行为认定指引》第六条第（一）项之规定，保险公司业务员在向杨某玲销售涉案保险产品时存在欺骗行为。杨某玲向保险公司交纳保费 21 万元，保险公司与杨某玲终止保险合同向杨某玲退保 158283.8 元，杨某玲因该保险合同损失保费 51716.2 元。因杨某玲已从保险公司领取红利 12443.15 元，被保险人杨某玲之女王慧领取生存金 18688.05 元，杨某玲因该保险合同受到的损失已经得到了部分补偿，故杨某玲损失应为 20585 元。保险公司与杨某玲之间的保险合同虽已解除，但保险公司应当赔偿杨某玲因签订该保险合同受到的损失，即退还杨某玲保费 20585 元。二审判决撤销一审民事判决，判令保险公司退还杨某玲保费 20585 元。

五、保险销售行为可回溯

我们可以看到，我国保险监管机关对于保险消费者权益的保护是很重视的，对于保险销售误导的认定标准也是非常清楚、准确的。可以说，这样的认定基本上覆盖了绝大多数的保险销售误导行为。加之行政处罚措施，应该说对保险销售领域的监督、管理十分到位。

按理来说，这么严格的管理，对消费者的保护力度应该很大，认定保险销售误导应该不难。但是现实中却不是这样，在保险纠纷诉讼中，很少看到被认定为保险销售误导的情形，很多投保人、被保险人在这个环节上比较吃亏。

主要原因在于缺乏可靠的证据。一般来说，投保人投保人身保险，很大程度上基于对保险代理人、保险营销人士或者对保险公司的信任，在这样的信任基础上，很少有人会对保险销售过程进行取证。可是，事后真的出现纠纷的话，这样的善意就会变得颇为尴尬，因为口说无凭，没有证据的话就很难证明保险销售误导行为的存在，对于受到误导的投保人、被保险人而言，就会不太有利。

这个问题可以说是比较普遍，为了为规范保险销售行为，维护保险消费者合法权益，促进行业持续健康发展，2017 年 6 月 28 日，原中国保监会发布《保险销售行为可回溯管理暂行办法》。

所谓保险销售行为可回溯，是指保险公司、保险中介机构通过录音录像等技术手段采集视听资料、电子数据的方式，记录和保存保险销售过程关键环节，实现销售行为可回放、重要信息可查询、问题责任可确认，业内通俗称之为“双录”。

按照《保险销售行为可回溯管理暂行办法》，除电话销售业务和互联网保险业务外，人身保险公司销售保险产品符合下列情形之一的，应在取得投保人同意后，对销售过程关键环节以现场同步录音录像的方式予以记录：（1）通过保险兼业代理机构销售保险期间超过一年的人身保险产品，包括利用保险兼业代理机构营业场所内自助终端等设备进行销售。国务院金融监督管理机构另有规定的，从其规定。（2）通过保险兼业代理机构以外的其他销售渠道，销售投资连结保险产品，或向 60 周岁（含）以上年龄的投保人销售保险期间超过一年的人身保险产品。

那么，到底什么是“销售过程关键环节”呢？按照规定，至少应该包括以下环节：（1）保险销售从业人员出示有效身份证明。（2）保险销售从业人员出示投保提示书、产品条款和免除保险人责任条款的书面说明。（3）保险销售从业人员向投保人履行明确说明义务，告知投保人所购买产品为保险产品，以及承保保险机构名称、保险责任、缴费方式、缴费金额、缴费期间、保险期间和犹豫期后退保损失风险等。保险销售从业人员销售人身保险新型产品，应说明保单利益的不确定性；销售健康保险产品，应说明保险合同观察期的起算时间及对投保人权益的影响、合同指定医疗机构、续保条件和医疗费用补偿原则等。（4）投保人对保险销售从业人员的说明告知内容作出明确肯定答复。（5）投保人签署投保单、投保提示书、免除保险人责任条款的书面说明等相关文件。保险销售从业人员销售以死亡为给付条件保险产品的，录制内容应包括被保险人同意投保人为其订立保险合同并认可合同内容；销售人身保险新型产品的，还应包括保险销售从业人员出示产品说明书、投保人抄录投保单风险提示语句等。

由双录形成的音视频资料，将保存在保险公司。那么，如果投保人、被保险人与保险公司之间发生某种纠纷诉至法院、或仲裁机构时，是否可以要求保险公司提供这些音视频资料作为证据呢？保险公司是否有这种提供证据的义务呢？《最高人民法院关于民事诉讼证据的若干规定》第九十五条规定："一方当事人控制证据无正当理由拒不提交，对待证事实负有举证责任的当事人主张该证据的内容不利于控制人的，人民法院可以认定该主张成立。"《保险销售行为可回溯管理暂行办法》规定，保险公司、保险中介机构销售本办法规定的投保人为自然人的保险产品时，必须实施保险销售行为可回溯管理。也就是说，缔结保险合同，必须进行双录。可见这个形成的音视频资料，是一种行政规章规定的义务，是缔结保险合同的一个必要的环节，而不是保险公司自己随便录音录像。

该音视频资料能客观地反映出保险公司是否尽到了正确宣传、介绍、说明等义务与责任，也能反映出投保人是否对于保险合同内容存在正确的认知、双方的意思表示是否真实等情形，内容非常重要且有法律上的意义，因此应当作为证据使用。

《保险销售行为可回溯管理暂行办法》第十三条规定："保险公司、银行类保险兼业代理机构应制定视听资料管理办法，明确管理责任，规范调阅程序。视听资料保管期限自保险合同终止之日起计算，保险期间在一年以下的不得少于五年，保险期间超过一年的不得少于十年。如遇消费者投诉、法律诉讼等纠纷，还应至少保存至纠纷结束后二年。"

从这个规定看，很明显，这些音视频资料是为解决保险纠纷而存在的，以至于预留出了一定的保存时间。因此，投保人、被保险人在与保险公司存在诉讼的情形下，是有权利要求保险公司提供双录形成的音视频资料的。

第二节 询 问

一、保险人询问一般概念

《保险法》第十六条规定："订立保险合同，保险人就保险标的或者被保险人的有关情况提出询问的，投保人应当如实告知。投保人故意或者因重大过失未履行前款规定的如实告知义务，足以影响保险人决定是否同意承保或者提高保险费率的，保险人有权解除合同。前款规定的合同解除权，自保险人知道有解除事由之日起，超过三十日不行使而消灭。自合同成立之日起超过二年的，保险人不得解除合同；发生保险事故的，保险人应当承担赔偿或者给付保险金的责任。投保人故意不履行如实告知义务的，保险人对于合同解除前发生的保险事故，不承担赔偿或者给付保险金的责任，并不退还保险费。投保人因重大过失未履行如实告知义务，对保险事故的发生有严重影响的，保险人对于合同解除前发生的保险事故，不承担赔偿或者给付保险金的责任，但应当退还保险费。保险人在合同订立时已经知道投保人未如实告知的情况的，保险人不得解除合同；发生保险事故的，保险人应当承担赔偿或者给付保险金的责任。保险事故是指保险合同约定的保险责任范围内的事故。"

《最高人民法院关于适用〈中华人民共和国保险法〉若干问题的解释（二）》第六条规定："投保人的告知义务限于保险人询问的范围和内容。当事人对询问范围及内容有争议的，保险人负举证责任。保险人以投保人违反了对投保单询问表中所列概括性条款的如实告知义务为由请求解除合同的，人民法院不予支持。但该概括性条款有具体内容的除外。"

保险人的询问、投保人的如实告知或者不如实告知之间是具有直接关联的。我们都知道，投保人不如实告知是一种违背最大诚信原则的行为，会产生巨大的惩罚性后果，譬如保险合同被保险人解除、保险人有权拒绝赔偿保险金等。但是问题在于，投保人是否如实告知，受保险人的询问所制约。如果保险人设计的询问有问题，则不产生投保人不如实告知的可能。所以保险人的询问，是非常重要的一个问题。

结合前述法律规定以及司法解释，我们可以总结出关于询问的一些规则：

1. 保险人询问什么，投保人回答什么。保险人不询问的，投保人不需要回答，即投保人的告知范围是有限的；

2. 询问不一定是书面的，但是保险人必须举证完成了询问以及举证表明询问的内容；

3. 询问的内容非常重要，重要到影响保险人评估承保风险，重要到可能会导致保险人拒保或者提高保费；

4. 询问的内容应该清晰而具体，不能是笼统的、概括性的；

5. 询问的内容只涉及投保人、被保险人的情况。

二、询问的内容应该是重要事实

1. 按照《保险法》的规定，询问的内容是“保险标的或者被保险人的有关情况”，至于到底有关到什么程度，则无规定。所以现实中很多保险公司在设计询问内容时，什么都可能问得出来。

譬如，有的保险公司在投保单中询问：“平均年收入（过去三年大约的平均年收入值）?”有的保险公司在投保单中询问：“是否计划两年内出国?”有的保险公司在投保单中询问：“父母、兄弟姐妹中是否有人曾患有遗传性疾病?”这些询问到底合理不合理？不得而知。但是我认为，这些询问恐怕于法无据。

《保险法》中明确规定：“订立保险合同，保险人就保险标的或者被保险人的有关情况提出询问的，投保人应当如实告知。投保人故意或者因重大过失未履行前款规定的如实告知义务，足以影响保险人决定是否同意承保或者提高保险费率的，保险人有权解除合同。”可以反向推理，如果投保人故意或者因重大过失未如实回答保险人的询问，将足以影响保险人决定是否同意承保或者提高保险费率。也就是说，保险人的询问所涉及的内容，必然就是那些完全有可能“影响保险人决定是否同意承保或者提高保险费率”的重要内容。否则，如果保险人设计的询问内容不痛不痒，投保人就算故意回答错误、故意不如实告知，也无任何影响，那这样的询问有什么意义呢？完全是没有意义、没有效果的，那这就称不上《保险法》意义上的询问。

那么，如何判定询问的内容是否“足以影响保险人决定是否同意承保或者提高保险费率”呢？我认为需要由保险人举证。这也就是司法解释中“当事人对询问范围及内容有争议的，保险人负举证责任”的具体体现。

譬如，李女士以自己为被保险人，向某保险公司投保重大疾病保险。后李女士罹患甲状腺乳头状癌，按照保险合同之约定，构成重大疾病保险事故。李女士向保险公司提出保险索赔后，保险公司调查发现，李女士在投保本保险前已患甲状腺结节，投保时未如实告知，因此拒赔保险金。

李女士向法院起诉，庭审中，保险公司提交了该公司的核保规则截屏，以证明李女士的甲状腺结节的确会影响保险公司是否同意承保以及决定费率。但是，保险公司提供的截屏内容只涉及单发甲状腺结节，而李女士体检查出来的系多发甲状腺结节，两者完全不同。

保险公司声称，如果发现被保险人存在结节情形，应该做特约承保与延期承保处理。保险公司认为，所谓是否同意承保，不仅包括承保或者拒保，还包括所谓特约承保与延期承保情形，但是其提交的截屏中，涉及甲状腺结节的情形里根本不存在所谓特约承保与延期承保情形。

由此可见，保险人需要举证，核保规则也可以算是一种证据。但是这个证据需要反映出询问内容的重要程度。在这个案例中，涉及多发性结节，就完全看不到任何重要影响。也就是没有证据来证明被保险人如果存在多发性结节，必然会导致保险人决定是否承保以及提高保险费率。

法律规定非常清楚，就是“保险人决定是否同意承保”，我认为这个就是“要么承保，要么不承保”的意思，非黑即白，没有中间地带。即保险人需要举证，表明某个询问事项如果存在，则保险人的应对为“拒保”，而不是什么“特约承保与延期承保”——这到底是“是”还是“否”的意思呢？这就说不清道不明，无法反映出询问内容的重要程度。

所以就这个案例而言，我认为保险人没有提出合理、合法的询问，投保人当然对此不承担如实告知的责任与后果，保险人也无权拒绝赔偿保险金。

至于“平均年收入（过去三年大约的平均年收入值）”“是否计划两年内出国”之类的询问到底重要不重要，我们不好评判。但是，出现争议后，保险人应该拿出充分的证据，说明年收入、出国等询问内容确实会导致保险人决定拒保。否则，这样的询问真的没有必要存在。

谈到“父母兄弟姐妹中是否有人曾患有遗传性疾病”这个问题，我认为争议更大了，因为《保险法》规定询问的内容是“保险标的或者被保险人的有关情况”，可是保险人却询问“被保险人父母兄弟姐妹的有关情况”，这不符合法律的规定，系随意扩大询问的范围，不具有法律效力。

2. 还有一些保险合同中，有些信息并未出现在“告知”章节，看起来像是一般性的信息，但是我认为这些信息也具有相当的重要性，因此应属于询问之内容。

张先生投保意外保险，投保单上确认被保险人张先生的职业类别为AA1-机关内勤（不从事危险工作）。这部分内容在投保单中投保人、被保险人、受益人个人资料部分，并没有在“询问与告知”章节。

此后，张先生驾驶货车运送石子并负责卸货，因货车卸石子时发生侧翻，张先生（即被保险人）被砸车下死亡。经调查，张先生其实是一位货车司机，与投保时填写的职业类别不符。

那么，这个“职业类别”是否属于保险人的询问内容？个人认为，属于“保险人询问、投保人告知”的内容。理由如下：

首先，前述投保人、被保险人个人资料信息，很显然是经保险人询问后才填写的。

投保人、被保险人是自然人，肯定有多方面的个人资料，肯定有非常非常多的信息，但并不需要都在投保单上予以说明，而是只需要注明特定的信息，也就是投保单上由保险公司事先设计好的填空，这些填空显然是保险公司特别关注的信息，也是投保人、被保险人必须答复的重要信息。例如，姓名、婚姻状况、职位内容等栏目名称，就是一个个询问，投保人、被保险人、受益人等分别在这一个个栏目名称后写明正确的信息，而绝不会混淆不同的栏目，所以很显然，并不是投保人、被保险人自发地写出自己的信息，而是应保险公司的要求写出的。

我们都曾经是学生，都经历过无数考试，都见过在试卷上的填空、选择、问答等题目。投保单上的填空、选择、问答等形式，其实也都是保险公司询问方式的一种，性质并无区别。因此，投保单上这些个人资料的填空，实际上就意味着一个个“询问—告知”的过程。

其次，投保人、被保险人个人资料信息，足以影响保险人决定是否同意承保或者提高保险费率。

例如，被保险人的职业代码为 AA1-机关内勤（不从事危险工作），若其投保意外保险险种，是标准的被保险人，能够得到保险公司的承保。若其投保豁免保费类险种，系按照标准的保险费率缴费。而本案中，被保险人张先生的职业实际上是营业用货车司机（4 吨及 4 吨以上），职业代码实际上是 FB5，若其投保意外保险险种，应该做拒保处理，即不能够得到保险公司的承保。若其投保豁免保费类险种，需按照标准保险费率的 2 倍缴费。可见，本案所涉职位内容信息足以影响保险人决定是否同意承保或者提高保险费率，因此投保人、被保险人必须如实告知。

最后，保险公司特别要求投保人、被保险人如实地提供这些信息。

在投保单上的“投保须知”中，保险公司以特别醒目的黑体字要求“请您真实、完整填写投保单上的各项内容，若因您信息填写不真实、不完整，则可能导致您的权益不能得到充分保障”。可见，这些特定范围的信息，保险公司也要求投保人、被保险人如实告知，显然与普通的信息传达是不同的，这也是保险公司作出询问的一个重要表现。

3. 重要事实的范围

按照实践经验总结，所谓重要事实，大体上包括如下的一些方面：

（1）表明保险标的处于比较危险、容易出现保险事故、一旦出现则损失巨大的情况。例如，被保险人罹患较为严重的疾病，或者曾经罹患较为严重的疾病，或者有重病的体征，或者被保险人的职业属高危职业病范畴，或者被保险人喜欢搞危险度运动等情形。

（2）投保人投保不是出于常态投保，而是具有特殊原因或动机才进行投保。例如，投保人在同时期向多家保险人投保了高额的保险产品、投保人无业却投保了需要交纳高额保险费的保险产品等。

（3）可能存在道德风险的情况。例如，投保人与被保险人非亲非故、投保人与被保险人闪婚等情况。

（4）可能导致保险费率、保险费金额增加的情况。例如，被保险人的健康情况错误、被保险人体检不合格等。

三、询问应设定合理的时间限度

大多数保险人在设计询问内容的时候，很少会考虑到时间限度的问题。譬如，保险公司在设计询问表格、问题清单的时候，通常会问：在投保前有无既往病史？是否患有或治疗过下列疾病？在投保前有没有体检异常？等等。当然，也有部分保险人在设计询问内容的时候，加入了时间限度，例如在投保前三年内有无罹患肿瘤类疾病等。

大多数情况下的询问内容里，这个“投保前”到底指的是投保前多久呢？没有说。

这就麻烦了，投保前一个月？三个月？一年？两年？十年？三十年？这都算投保前，而比较长远的时间内，被保险人的既往病史、体检异常等，都算是“被保险人的有关情况”，都需要投保人如实告知。

《最高人民法院关于适用〈中华人民共和国保险法〉若干问题的解释

（二）》第五条规定："保险合同订立时，投保人明知的与保险标的或者被保险人有关的情况，属于保险法第十六条第一款规定的投保人"应当如实告知"的内容。"一般来说，如果投保人与被保险人是同一人，自己以前得过什么病、体检报告有异常，说自己不知道，这不太符合逻辑。照这个逻辑，投保人就应该把自己所有的既往病史、体检异常情况交代得清清楚楚才行。

吉林省舒兰市人民法院（2016）吉 0283 民初 781 号民事判决书显示，2015 年 1 月 16 日，皮某丰与某保险公司签订重疾保险合同一份。2016 年 1 月 22 日，皮某丰出院诊断为"左甲状腺恶性肿瘤（乳头状癌），右结节性甲状腺肿，慢性咽炎"。出院后皮某丰向保险公司申请理赔，后保险公司查到皮某丰 2012 年 5 月 26 日病历一份，证明皮某丰在投保前有病情既往史，高血压 3 年，7 年前因病毒性心肌炎住院，胆囊息肉病史 3 年，浅表性胃炎病史 6 年，甲状腺功能性减退症 18 年，在投保前皮某丰并没有如实告知保险公司，保险公司不予理赔。

本案诉至法院后，法院认为，保险公司虽然提供皮某丰投保前两年前的住院病历，诊断为脑梗塞、甲状腺功能减退症等，但是皮某丰投保前患病与投保后所患的病是否有关联性应该以医疗机构出具的明确的疾病诊断为依据，故保险公司主张证据不足，不能成立。

但是，从判决来看，就算法院支持了皮某丰，法院也认同投保前任意时间的既往病史都应该被如实告知。

人不是电脑，也不是机器。人这一辈子，谁能不得病？没有这样的人。那谁能记住得过的所有的病？谁能记住自己所有的体检异常？我觉得也基本上没有这样的人。所以，不能把"投保前"理解为"投保之前的所有时间"，这种理解有点荒谬，在逻辑上、道理上、情感上都说不过去。

那这个"投保前"到底是指多长一段时间呢？

我觉得可以参照《保险法》第十六条第三款的规定："前款规定的合同解除权，自保险人知道有解除事由之日起，超过三十日不行使而消灭。自合同成立之日起超过二年的，保险人不得解除合同；发生保险事故的，保险人应当承担赔偿或者给付保险金的责任。”

为什么在保险合同订立后两年，保险公司的抗辩权就消失了呢？这是因为，从立法者的角度来看，如果投保人未如实告知的情况在保险合同成立后两年才被保险公司发现，说明这未如实告知的潜在缺陷一直没有发作、还没有明显导致保险事故发生，也就是投保人、被保险人主观上恶意不大，不诚信因素很小。所以，就不应该让投保人、被保险人受到惩罚。

所以这个两年的时间，就是一个人为拟制的时间标准。两年前的问题，我们可以理解为已经不是问题。被保险人在投保前两年前存在的既往病史、体检异常等，可以理解为对于保险合同的订立、保险费的费率等，已经没有什么影响了。

因此我们认为，对于投保前两年前发生的被保险人既往病史、体检异常等，不应属于投保人告知义务范围，不产生不如实告知的法律后果。

四、询问应该是具体明确的

《最高人民法院关于适用〈中华人民共和国保险法〉若干问题的解释（二）》第六条第二款规定：“保险人以投保人违反了对投保单询问表中所列概括性条款的如实告知义务为由请求解除合同的，人民法院不予支持。但该概括性条款有具体内容的除外。”

这里所谓的“概括性条款”是指那些模糊的、兜底的、不确定的询问内容。为何司法解释要进行这样的规定呢？

我的理解是这样的：因为保险人进行询问的过程，实际上也就是投保人进行告知的过程，实际上就是保险合同缔结的过程，所以保险人的询问、投保人的告知，是一个环节的两个方面，都是缔结合同过程中当事人的意思表示。而这样的意思表示，最基本的要求就是真实。

《民法典》第一百四十七条规定：“基于重大误解实施的民事法律行为，行为人有权请求人民法院或者仲裁机构予以撤销。”

基于意思表示不真实而缔结的合同，一定不能准确反映当事人各方的权利、义务、责任，一定不能达到当事人各方订立合同的目的，一定会有损当事人一方的合法权益，所以当事人的意思表示必须真实。

我们知道，保险合同缔结过程中，投保人的告知义务限于保险人询问的范围和内容，即问什么答什么。因此，如果保险人询问的范围与内容准确、清楚、合理，投保人却作出了不准确、不清楚、不合理的回答，那就是投保人的过错，那就是不如实告知。

可是，如果保险人询问的范围与内容不准确、不清楚、不合理，则投保人的回答很可能也就不准确、不清楚、不合理，但是这并不是投保人的过错，不能算是不如实告知，也不应该由投保人来承受不利的后果。否则，有违诚实信用原则。

所谓概括性条款，我认为主要有以下几类：

1. 模糊性的询问

保险人设计的询问内容不清楚、不科学，容易产生歧义或者无法予以定义。这样的询问，投保人看完也是一头雾水，不可能得出正确的结论。

李女士向某保险公司投保重疾险，后李女士罹患右侧浸润性乳腺癌，并进行了手术。李女士向保险公司索赔，保险公司调查后称，由于被保险人投保前乳腺超声检查异常，而投保时未如实告知，我公司不承担相应保险金给付责任。

然而，保险公司在投保阶段的询问内容中，从未出现过“乳腺超声检查异常”字样，只有“是否患有乳房肿块”的询问。什么是“乳房肿块”？保险公司现在也无法说明，这个词语不等同于“乳腺超声检查异常”，也完全不能等同于“乳腺增生”。这意味着，保险公司从未询问过“乳腺超声检查异常”的问题，当然李女士也不可能回答这个问题，又怎么可能认定李女士不如实告知呢？

2. 兜底性的询问

譬如，有保险公司询问：“是否还有以上未列明的疾病？”“您是否饮酒或曾饮酒？”“除前述四项外是否做过其他检查？”这些兜底性的询问，缺乏具体内涵，外延难以界定，不好回答。

四川省成都市中级人民法院（2017）川01民终8764号民事判决书载明，2015年10月1日，某勘测公司为包括陈某玉在内的两千余名工作人员在保险公司投保了团体人身意外伤害保险附加疾病身故保险。《保险附加疾病身故保险条款》第三条载明：被保险人自本保险合同生效起90天后因疾病身故，保险人按保险金额给付身故保险金；第四条第二款第（一）项载明：投保前已有的残疾、未告知的既往症以及保险单特别约定除外的疾病直接或间接造成被保险人的疾病身故，保险人不负任何给付保险金责任。2016年2月7日，陈某玉因病住院治疗。2016年3月10日，陈某玉去世。

法院认为，关于投保时保险公司是否对陈某玉的既往症进行询问及询问是否符合法律规定的问题，投保人投保的是团体人身意外伤害保险附加疾病身故保险，因该保险存在被保险人人数众多的特殊情况，保险公司在保险条款中以加黑突出标注的字体进行说明，投保人某勘测公司予以确认，应当视为对免责条款的内容进行了询问。但该免责条款“投保前已有的残疾、未告知的既往症以及保险单特别约定除外的疾病”中“未告知的既往症以及保险单特别约定除外的疾病”因缺乏具体、明确的内容，属于概括性条款，从根本上违反了询问告知主义的立法目的，投保人的告知义务得以免除。且保险公司无证据证明投保人知道或应当知道被保险人陈某玉的病情，投保人对此亦无过错。故保险公司关于投保人未尽到如实告知义务的上诉理由不成立，不予支持。

从这个判决看，法官对于概括性条款的理解是对的。

3. 询问内容自相矛盾

保险公司设计询问内容时，希望事无巨细、尽量涵盖，以最大限度地维护公司利益，这也能理解。然而询问内容自相矛盾，则对于投保人而言就无法回答、不利于保护投保人的利益。

譬如，某保险公司在询问事项中有“肿瘤”一项，具体为：“肿瘤（包括恶性肿瘤以及尚未确诊为良性或恶性之息肉、肿瘤、囊肿、结节、赘生物）”。这个就属于自相矛盾的询问。因为按照中华人民共和国国家标准 GB/T 15834-2011《标点符号用法》规定，括号用法是标示语段中的注释内容、补充说明或其他特定意义的语句。其中第 4.9.3.1 a）规定：标示注释内容或补充说明。也就是说，括号内的内容是对括号前内容的注释与补充。可是，这个保险公司的询问内容里，括号内文字为“尚未确诊为良性或恶性之息肉、肿瘤、囊肿、结节、赘生物”，并不构成肿瘤，恰恰是非“肿瘤”情形，怎么能作为对“肿瘤”二字的注释与补充呢？

五、询问表或者询问内容必须向投保人展示

我国《保险法》自 1995 年起施行。那个时候的社会状态与现在有很大不同，保险合同基本上还是以书面订立为主，没有什么电子化、网络化一说。所以立法、司法的思维也都是基于那时候的书面合同模式。

书面合同模式是什么样的呢？在投保人填写投保单的时候，询问的内容是印刷在投保单上的，需要投保人一个一个用笔勾选，在这个过程中，起码投保人可以看看都有什么询问内容，再签名，最后完成投保单的填写过程。也就是说，在这种模式下，投保人是必然能看到询问内容的，或者这个程序会强迫投保人看看这个询问是什么，总之在大家的思维中，甚至在立法思维中，均默认投保人大体是可以看到询问内容的，当然也会对询问做出答复，譬如选择“是”或“否”。

然而现在的情况与二十多年前有很大不同，譬如很多保险营销、保险合同缔结过程，都已经实现了电子化、网络化，很多情况下，投保人根本没有见到过询问表、询问内容是什么样的。

例如，有的保险公司是由保险代理人或者保险业务员手持平板电脑，投保单在平板电脑上呈现，按理说在这种情况下，投保人依然可以看到投保单内的询问表或者其他询问内容，但是实践中并非如此。很多保险代理人为了省事，干脆就不让投保人看这样的页面，也并未告知投保人有这个询问的内容，直接自己就全部选“否”，然后要求投保人在声明上签字，这个投保过程就算完成了。

还有一些互联网保险模式，甚至连签名都不需要。有的保险代理人要求投保人提供一些基本信息，如姓名、年龄、身份证号、住址等，然后保险代理人或者经纪人就能完成投保单的填写过程，投保人则什么都看不到，连签字都不需要，只有在收到保单后才知道还有一个询问表。

时代在变，投保越来越便捷，这也是好事。但是便捷的过程中，却往往把重要的询问、告知环节忽略了，导致投保人看不到询问的内容，根本无法做出任何告知的行为，那么也就不存在不如实告知的可能。

问题在于，这个询问、告知程序并不是真的不存在，确实还有，只不过是被保险代理人、业务员、经纪人代为填写了，当然也都是选择“否”。或者，是被网络系统默认为均选择“否”，从而完成了询问、告知环节。

结果，在相关纠纷出现后，投保人普遍觉得非常冤枉，认为自己根本就没有看到过询问，没有进行过告知，怎么就成了不如实告知呢?

对于这个问题，《最高人民法院关于适用〈中华人民共和国保险法〉若干问题的解释（二）》第三条规定：“投保人或者投保人的代理人订立保险合同时没有亲自签字或者盖章，而由保险人或者保险人的代理人代为签字或者盖章的，对投保人不生效。但投保人已经交纳保险费的，视为其对代签字或者盖章行为的追认。保险人或者保险人的代理人代为填写保险单证后经投保人签字或者盖章确认的，代为填写的内容视为投保人的真实意思表示。但有证据证明保险人或者保险人的代理人存在保险法第一百一十六条、第一百三十一条相关规定情形的除外。”所以，有些法院、当事人、律师认为，只要投保人在声明上签字，认可投保单的真实性，保险合同就有效，询问、告知环节就算成立，或者说视为投保人认可了询问与告知内容的有效性，当然后果应该由投保人承担。

对于这个问题，最高人民法院认为，一般来说，只要投保人在风险询问表上签字确认，不管相关内容是其自己填写还是由他人代为填写，都应视为保险人已经进行询问、相关回答内容是其真实意思表示。

当然，投保人可以提交其他证据来推翻该认定。从目前一些案例看，以上认定被推翻主要存在以下两种情况：一是有保险业务人员证明，其在办理该业务时并未进行询问，投保人只是在其劝说下签字确认，并未实际阅读风险询问表相关内容；二是保险业务人员代为填写风险询问表的情形。根据前述司法解释的内容，保险业务人员代为填写的内容经投保人签字确认的，应视为投保人的真实意思表示。但如有证据可以证明，保险业务人员在办理保险业务时，并未告知投保人需要回答风险询问表上的内容，就直接让投保人在风险询问表的尾部签字，其收回风险询问表代为补填相关内容的此时，因投保人的签字形成于保险业务员代为填写相关内容之前，不能认为保险人已经进行询问，相关内容也不能认为是投保人的真实意思表示。

总结一下，就是虽然投保人已经签字，但是如果并未看到、未阅读询问表或者询问内容，则不存在不如实告知问题；或者，虽然投保人已经签字，但是签字形成于保险业务人员代为回答询问之前，也不存在不如实告知问题。

其实，这个也是符合《保险法》规定的，因为司法解释中明确规定："……但有证据证明保险人或者保险人的代理人存在保险法第一百一十六条、第一百三十一条相关规定情形的除外。"而《保险法》第一百一十六条规定，保险公司及其工作人员不得阻碍投保人履行本法规定的如实告知义务，或者诱导其不履行本法规定的如实告知义务；《保险法》第一百三十一条规定，保险代理人、保险经纪人及其从业人员不得阻碍投保人履行本法规定的如实告知义务，或者诱导其不履行本法规定的如实告知义务。所以，不能说只要有投保人签字，就能无条件认为其阅读了询问、回答了询问、完成了告知行为，还是应该具体分析而定。存在前述情形的，签字也不能代表投保人的真实意思表示。

不过需要注意的是，司法解释也规定"但有证据证明"，这个证据需要投保人、被保险人、受益人来提供。实践中，这个证据往往极难获取。

江苏省高级人民法院（2016）苏民申 2698 号民事裁定书载明，张某凤在投保保险时，保险合同中"本人已阅读保险条款，产品说明书和投保提示书，了解本产品的特点和保险利益的不确定性"这段话是保险代理人抄录的，对于相关问题的“是”或“否”选项进行打钩的也是代理人，因此投保人张某凤并不知道免赔条款，保险人也未进行提示和明确说明，投保人不存在故意不履行如实告知义务的情形。

法院认为：张某凤再审申请不能成立。因为根据投保人已在保险单证上签字确认这一事实，并结合询问笔录等相关证据，可以认定投保人未履行如实告知义务。申请人虽对此持有异议，但未提供相关反证，对其异议不予采纳。遂驳回张某凤的再审申请。

第三节 如实告知

投保人在缔结保险合同过程中最重要的义务是什么？毫无疑问就是如实告知义务。

当投保人没有很好地履行告知义务，即未如实告知的情况下，可能会出现极端不利的后果，如保险人有权单方面解除保险合同、拒付保险金、拒退还保险费等，所以如实告知义务真的是非常重要。

当然，几乎任何一本有关保险法的著作，均会在这个问题上进行深入探讨，再重复这些基本的规则已无意义，我们就一些比较新的、复杂的问题进行一些讨论。

我们前面提及，保险人的询问、投保人的告知就是一个硬币的两个方面，是不可分离的。

《保险法》第十六条规定："订立保险合同，保险人就保险标的或者被保险人的有关情况提出询问的，投保人应当如实告知。投保人故意或者因重大过失未履行前款规定的如实告知义务，足以影响保险人决定是否同意承保或者提高保险费率的，保险人有权解除合同。前款规定的合同解除权，自保险人知道有解除事由之日起，超过三十日不行使而消灭。自合同成立之日起超过二年的，保险人不得解除合同；发生保险事故的，保险人应当承担赔偿或者给付保险金的责任。投保人故意不履行如实告知义务的，保险人对于合同解除前发生的保险事故，不承担赔偿或者给付保险金的责任，并不退还保险费。投保人因重大过失未履行如实告知义务，对保险事故的发生有严重影响的，保险人对于合同解除前发生的保险事故，不承担赔偿或者给付保险金的责任，但应当退还保险费。保险人在合同订立时已经知道投保人未如实告知的情况的，保险人不得解除合同；发生保险事故的，保险人应当承担赔偿或者给付保险金的责任。保险事故是指保险合同约定的保险责任范围内的事故。”

《最高人民法院关于适用〈中华人民共和国保险法〉若干问题的解释（二）》第五条规定：“保险合同订立时，投保人明知的与保险标的或者被保险人有关的情况，属于保险法第十六条第一款规定的投保人‘应当如实告知’的内容。”

从法律与司法解释的规定看，我认为存在这么几个需要进行探讨的问题：

1. 告知义务是在合同缔结过程中出现的先合同义务；
2. 告知义务的主体只能是投保人；
3. 告知义务是一种被动义务而非主动义务；
4. 告知义务应该考虑投保人的主观过错；
5. 投保人只告知其明知的情况。

一、告知义务是在合同缔结过程中出现的先合同义务

所谓先合同义务，是指在合同成立之前，当事人基于诚实信用原则而发生的各种说明、告知注意以及保护等义务。

设定告知义务的目的，就是使得保险人能够获取关于被保险人的准确的、详细的信息，以决定是否承保以及如何确定保险费率，即决定是否缔结保险合同，因此告知义务必须在保险合同订立过程结束前履行。

投保人有很多基于保险合同产生的义务，如交纳保险费的义务，还有风险增加的通知义务，但是那些义务均是在保险合同成立之后而产生的合同义务，不是先合同义务。正是由于这个特点，对于投保人未如实告知义务的后果，可能就存在某种争议了。

《保险法》第十六条规定了保险人的解除合同权，还对这个解除权进行了限制，即自保险人知道有解除事由之日起，超过三十日不行使而消灭。自合同成立之日起超过二年的，保险人不得解除合同。那么，在这种情况下，保险人是否还有撤销保险合同的权利呢？这个问题，的的确确是

有很大的争议，不同法院的判例存在互相矛盾之情形。

例 1：北京铁路运输中级法院（2014）京铁中民（商）终字第 97 号民事判决书显示，田某珍作为投保人为孩子投保，在该投保单告知事项 7、病史询问中的是否患有或接受治疗过疾病项中全部为“否”；8、诊疗、检查经历项全部为“否”。四年后，孩子不幸身故，田某珍向保险公司提出理赔。保险公司调查发现，被保险人在保险合同订立前即罹患多种疾病，并在医院治疗多次。而此时该合同显然超出了成立之日起两年，因此保险公司不得解除此合同。保险公司遂提出反诉，要求行使合同撤销权。

法院认为，《保险法》是调整保险合同领域法律关系的特别法，应当优先适用。《保险法》第十六条已经规定了在投保人故意或者因重大过失未履行如实告知义务时，保险人所享有的救济途径，现保险公司并未在法律规定的期限内行使解除权，而是主张撤销合同，与上述法律规定相悖，不予支持。

例 2：河南省高级人民法院（2016）豫民再 418 号民事判决书载明，2009 年 11 月 16 日，尚某平以自己为被保险人在保险公司投保，身故受益人为温某宗。保险合同订立时，保险公司以书面形式提示尚某平要如实告知自己的健康状况，并在人身保险投保单中对尚某平是否患癌症、是否有住院治疗××疾病的情形等进行了专项询问，尚某平告知其未患癌症，也未有过住院治疗××疾病的情形。2012 年 1 月 11 日，尚某平因肺癌死亡。调查发现，保险合同订立前，尚某平已被郑州大学第一附属医院确诊为肺癌。

保险公司提出反诉，认为在订立保险合同时，尚某平未履行如实告知义务，构成欺诈，使保险人在违背真实意思的情况下订立合同。保险公司作为受损害方，请求人民法院对该合同予以撤销。

法院认为，根据《立法法》第八十三条“同一机关制定的法律、行政法规、地方性法规、自治条例和单行条例、规章，特别规定与一般规定不一致的，适用特别规定；新的规定与旧的规定不一致的，适用新的规定”关于法律适用的规定，在一般规定和特别规定存在冲突时，应当适用特别规定。针对本案所争议的保险合同，虽然《保险法》的规定相对《合同法》的规定而言属于特别规定，但本案在法律适用上不存在两部法律规定相冲突的情形，故不应以前述法律适用规则排除《合同法》的适用。在《保险法》对作为合同一方当事人的保险人有无合同撤销权未作规定的情况下，保险人依据《合同法》的规定请求撤销保险合同并无不当，故一、二审判决认定事实清楚，适用法律正确，依法应予维持。

结合前述法律规定，我认为对于不如实告知情形，保险人不享有撤销合同的权利。

《保险法》是自1995年起实施的。那个时候，我国立法对于合同终止情形的细微区别尚不是很明晰，一直到1999年原《合同法》施行，对于合同的终止才有了很多不同的概念，如解除、撤销、终止等。这个时间差，导致《保险法》与原《合同法》在很多法律概念上存在一些误差与混淆。

我国原《合同法》第九十四条规定："有下列情形之一的，当事人可以解除合同：（一）因不可抗力致使不能实现合同目的；（二）在履行期限届满之前，当事人一方明确表示或者以自己的行为表明不履行主要债务；（三）当事人一方迟延履行主要债务，经催告后在合理期限内仍未履行；（四）当事人一方迟延履行债务或者有其他违约行为致使不能实现合同目的；（五）法律规定的其他情形。"从这里看出，导致合同解除的情形，全部都是合同订立之后出现的违约情形或者导致合同无法继续履行下去的情形，并不是在合同订立之前的某种事件、情形导致了合同解除。而如实告知义务是先合同义务，投保人不履行如实告知义务，是违背了缔约诚信义务，而不是违约，因此导致的保险合同解除，与原《合同法》规定的合同解除概念完全不同，不能混用。

事实上，我认为，《保险法》规定的前述解除权，等同于原《合同法》或《民法典》规定的合同撤销权。

原《合同法》第五十四条规定："下列合同，当事人一方有权请求人民法院或者仲裁机构变更或者撤销：（一）因重大误解订立的；（二）在订立合同时显失公平的。一方以欺诈、胁迫的手段或者乘人之危，使对方在违背真实意思的情况下订立的合同，受损害方有权请求人民法院或者仲裁机构变更或者撤销。当事人请求变更的，人民法院或者仲裁机构不得撤销。”第五十六条规定：“无效的合同或者被撤销的合同自始没有法律约束力。合同部分无效，不影响其他部分效力的，其他部分仍然有效。”第五十八条规定：“合同无效或者被撤销后，因该合同取得的财产，应当予以返还；不能返还或者没有必要返还的，应当折价补偿。有过错的一方应当赔偿对方因此所受到的损失，双方都有过错的，应当各自承担相应的责任”。

相应地，《民法典》第一百四十八条规定：“一方以欺诈手段，使对方在违背真实意思的情况下实施的民事法律行为，受欺诈方有权请求人民法院或者仲裁机构予以撤销。”第一百四十九条规定：“第三人实施欺诈行为，使一方在违背真实意思的情况下实施的民事法律行为，对方知道或者应当知道该欺诈行为的，受欺诈方有权请求人民法院或者仲裁机构予以撤销。”第一百五十条规定：“一方或者第三人以胁迫手段，使对方在违背真实意思的情况下实施的民事法律行为，受胁迫方有权请求人民法院或者仲裁机构予以撤销。”第一百五十一条规定：“一方利用对方处于危困状态、缺乏判断能力等情形，致使民事法律行为成立时显失公平的，受损害方有权请求人民法院或者仲裁机构予以撤销。”第一百五十七条规定：“民事法律行为无效、被撤销或者确定不发生效力后，行为人因该行为取得的财产，应当予以返还；不能返还或者没有必要返还的，应当折价补偿。有过错的一方应当赔偿对方由此所受到的损失；各方都有过错的，应当各自承担相应的责任。法律另有规定的，依照其规定。”

让我们对照上述法律规定，再分析一下未如实告知行为：

未如实告知行为确实是在订立过程中出现的、是投保人不履行诚实信用义务的表现、导致了保险人意思表示不真实、保险合同被解除后自始无效、有过错的投保人要赔偿保险人的损失即不能得到保险费的退还。这已经很清楚地显示，《保险法》此处规定的保险人解除合同权利，正是几年后原《合同法》规定的合同撤销权。字眼虽然不同，但是其法律含义与后果是一致的。保险人基于投保人未如实告知情形行使合同解除权，正是其撤销合同的表现。

不过，两者还是有一些差异：（1）保险人行使保险合同解除权，不需要向人民法院或者仲裁机构请求，自行宣布即可；（2）保险人行使合同解除权，所受时间限制不同。

《保险法》规定，自保险人知道有解除事由之日起，超过三十日不行使而消灭。自合同成立之日起超过二年的，保险人不得解除合同。而按照原《合同法》第五十五条规定，具有撤销权的当事人自知道或者应当知道撤销事由之日起一年内没有行使撤销权，撤销权消灭。

如果我们再关注一下《民法典》的规定，会发现差别更大。《民法典》第一百五十二条规定："有下列情形之一的，撤销权消灭：（一）当事人自知道或者应当知道撤销事由之日起一年内、重大误解的当事人自知道或者应当知道撤销事由之日起九十日内没有行使撤销权；（二）当事人受胁迫，自胁迫行为终止之日起一年内没有行使撤销权；（三）当事人知道撤销事由后明确表示或者以自己的行为表明放弃撤销权。当事人自民事法律行为发生之日起五年内没有行使撤销权的，撤销权消灭。"

从法律规定可以看出，并不能说保险法与合同法、民法有什么本质的区别，确实有所区别，但是大致是遵行一个规则的。一方面，确实要考虑到区别。譬如如果保险公司对于解除合同、拒赔还要请求人民法院才能完成，这个效率就比较低了。另一方面，还是因为立法的不断更新导致了一些新旧思维的区别。而之所以《保险法》会对保险人行使这种特殊的撤销权给予严格的时间限制，其目的就是限制保险人滥用撤销权，逃避责任，不合理地损害投保人、被保险人、受益人的合法权益，以保证保险合同各方当事人的责权利大体对等、互相制约。

因此，当保险人行使合同解除权的时候，实际上就是在行使合同撤销权。撤销权只有一个，如果保险人的解除权受到限制而无法行使，那意味着撤销权也就受到限制而无法行使。所以，保险人不能、也不可能再来行使另外的一个什么撤销权。

福建省厦门市中级人民法院（2016）闽02民终1766号民事判决书载明，2010年11月19日，陈某平向保险公司投保，被保险人为陈某平的配偶杨某云。投保时，保险公司就被保险人杨某云的健康状况询问陈某平是否存在相应事项，陈某平均答“否”。数年后，杨某云多次发病，要求理赔，保险公司拒赔。保险公司向法院提起诉讼，请求判令撤销保险公司与陈某平订立的《人身保险合同》。

一审法院认为，《保险法》第十六条规定的是投保人在故意或重大过失未履行如实告知义务且足以影响保险人决定是否同意承保或者提高保险费率的情形下保险人所享有的权利，其中包含四种情形：一是投保人故意未履行如实告知义务且足以影响保险人决定是否同意承保；二是投保人因重大过失未履行如实告知义务且足以影响保险人决定是否同意承保；三是投保人故意未履行如实告知义务且足以影响保险人决定是否提高保险费率；四是投保人因重大过失未履行如实告知义务且足以影响保险人决定是否提高保险费率。原《合同法》第五十四条第二款规定的是一方以欺诈、胁迫的手段或者乘人之危，使对方在违背真实意思的情况下订立合同时另一方所享有的权利，其中包含三类情形：一是一方以欺诈手段使对方在违背真实意思的情况下订立合同；二是一方以胁迫手段使对方在违背真实意思的情况下订立合同；三是一方乘人之危使对方在违背真实意思的情况下订立合同。对比《保险法》第十六条的第一种情形与原《合同法》第五十四条第二款的第一种情形可知：就合同类型而言，前者系针对保险合同，而后者系针对所有合同；就行为主体而言，前者系针对投保人，而后者系针对合同任意一方；就情形而言，前者系针对故意未履行如实告知义务，在实践中实际为投保人对保险人的××故意隐瞒，而后者则包括捏造虚假情况或者歪曲、掩盖、隐瞒真实情况。可见，凡能充分《保险法》第十六条第一种情形之构成要件者，皆能充分原《合同法》第五十四条第二款第一种情形之构成要件，反之则不然，故两者的法条逻辑关系为：前者为特别法，后者为普通法。

然而，法条间虽有逻辑上的特别与普通关系，但并非特别法一律排除普通法的适用，两者的适用情形为：一是在特别法未作规定而普通法有所规定的情况下，应适用普通法规定；二是在普通法未作规定而特别法有所规定的情况下，应适用特别法规定；三是普通法与特别法就某种情形均有规定但法律效果互不排斥时，应允许当事人自由选择；四是普通法与特别法就某种情形均有规定但法律效果互相排斥时，应适用特别法优于普通法之原则，优先适用特别法规定并排除普通法的适用。因此，《保险法》第十六条是否排除原《合同法》第五十四条第二款之适用，仍需以两者法律效果是否互相排斥为依据。然而，法律效果的相容性抑或排斥性不应单纯以法律所赋予的权利名称观之，而应从权利的实质内容及终极结果予以检视，不应单以“合同法规定的是撤销权，而保险法规定的是解除权，两者是不同的权利”为由主张两法条绝无排斥。现因在保险合同成立两年内，保险人根据保险合同第十六条的约定，发现投保人故意未履行如实告知义务且足以影响保险人决定是否同意承保的，可要求解除保险合同，并不退还保费；但根据原《合同法》第五十四条第二款主张权利则只能要求撤销保险合同，并依据合同撤销须返还财产的法律效果向投保人退还保费。由此可以看出，适用两个法条的法律效果互相排斥，故作为特别法的《保险法》应排除作为普通法的原《合同法》的适用。在保险合同成立两年后，保险人发现投保人故意未履行如实告知义务且足以影响保险人决定是否同意承保的，其依据《保险法》第十六条丧失解除合同的权利，并应承担赔偿或给付保险金责任；但若依原《合同法》第五十四条第二款，其又可主张撤销合同并无需承担赔偿或给付保险金责任。由此观之，适用两个法条的法律效果亦互相排斥，故作为特别法之《保险法》仍应排除作为普通法之原《合同法》的适用。综上，在投保人故意未履行如实告知义务且足以影响保险人决定是否同意承保的情形下，适用《保险法》第十六条与适用原《合同法》第五十四条第二款在法律效果上互相排斥，故前者应排除后者的适用。

综上，一审法院认为，在投保人故意未履行如实告知义务且足以影响保险人决定是否同意承保的情形下，《保险法》第十六条与原《合同法》第五十四条第二款在逻辑上存在特别法与普通法之关系，且适用两者的法律效果互相排斥，故《保险法》中保险人合同解除权之规定应排除原《合同法》上撤销权之适用。则本案中，虽陈某平之行为构成合同法之欺诈，但保险公司仍不得依原《合同法》规定主张撤销权。据此，依据《中华人民共和国民事诉讼法》第六十四条第一款之规定，判决：驳回保险公司的诉讼请求。

保险公司不服，提起上诉。二审法院认为，第一，投保人故意未履行如实告知义务且足以影响保险人决定是否同意承保、构成欺诈的情况下，均满足上述两条款的适用要件，两条款存在对同一行为作出规定的竞合情形。第二，就两条款的逻辑关系问题，原审经过分析后认定两者属于普通法与特别法的关系，并无不当，应予维持。本案应当适用《保险法》第十六条的规定。第三，在对保险人的救济上，《保险法》第十六条规定的允许保险人解除保险合同、并不退还保险费的处理方式明显优于《合同法》第五十二条撤销合同、互相返还的规定，体现了法律对保险人受到欺诈时给予其明显高于一般合同当事人的特殊保护。第四，在给予保险人上述特殊保护的同时，为保险人上述权利的行使设定除斥期间的限制，亦为多国保险立法所采纳，其目的除在于维护保险交易之稳定外，还体现了法律督促保险人应在合同签订时或者签订后及时对保险标的或被保险人进行充分了解、及时行使权利以维护自身权益的目的和要求，而保险人作为专业保险机构在签订保险合同及承保后均具备相应之交易地位及检视条件，体现了公平原则。保险人怠于在缔结保险合同及承保后的上述期间内及时了解保险标的或被保险人的相关情况、及时行使法律赋予其的解除保险合同权利，即应承担相应之后果。本案中，即便如上诉人保险公司所述，其在承保时被上诉人存在故意隐瞒被保险人真实病情等行为、被保险人在此后三年多时间内曾十五次住院治疗，而上诉人保险公司对被保险人的上述情况均一无所知，直至被上诉人“恶意拖延至保险合同成立超过二年之后、申请理赔”才发现上述问题，显见其在承保时对被保险人的身体状况、病史等未进行适当体检和了解、在承保后对被保险人的上述相关情况亦均疏于注意和了解，其亦应自行承担相应之法律后果。二审判决驳回上诉，维持原判。

二、告知义务的主体只能是投保人

从《保险法》的规定可看出，法律仅仅给投保人设定了告知义务。如果投保人与被保险人是同一人，这个问题就不是问题。但是如果投保人与被保险人不是同一人，那么被保险人是否也有告知义务呢？

目前很多保险公司在设计投保单的时候，在询问表、询问内容章节，均设计了被保险人的签名栏，即认为被保险人也存在告知义务。很多被保险人也就签字了。如果被保险人未如实告知，是否也会导致合同被解除、保险金不赔偿、保险费不予退还等不利后果呢？

河南省三门峡市中级人民法院（2014）三民终字第912号民事判决书载明，苏某云同保险公司签订重疾险保险合同，后，李某军罹患冠状动脉粥样硬化性心脏病，向保险公司申请理赔，并形成诉讼。

一审中，保险公司认为，李某军在投保前即诊断患有心肌梗死和冠心病。一审法院认为，苏某云、李某军在其投保时未通过投保书的形式如实说明自己的身体状况，足见投保人和被保险人系投保时未如实告知，现保险公司拒绝理赔，存在事实和法律上的依据。现有证据也不能证明保险人在订立合同时已经知道投保人未如实告知的情况。故苏某云、李某军要求保险公司支付保险金的诉讼请求，于法无据，不予支持。

宣判后，苏某云、李某军不服提起上诉。二审法院认为，保险公司已超过保险法规定的二年期间，应当承担赔付责任。

从案例中可以看出，大家对于被保险人的如实告知义务其实是比较不清楚的，并没有对此提出异议，似乎默认被保险人与投保人是一回事，似乎被保险人也存在告知义务、也要承担未如实告知带来的后果与责任。

但是我认为，从法律规定看，在投保人与被保险人不是同一人的情况下，如实告知义务只能为投保人设定、只能由投保人来履行、只能因投保人未如实告知而产生法律上的后果，被保险人不存在如实告知义务。

这是因为，我国《保险法》第十条规定：“保险合同是投保人与保险人约定保险权利义务关系的协议”；第十二条规定：“人身保险的投保人在保险合同订立时，对被保险人应当具有保险利益。财产保险的被保险人在保险事故发生时，对保险标的应当具有保险利益。人身保险是以人的寿命和身体为保险标的的保险。财产保险是以财产及其有关利益为保险标的的保险。被保险人是指其财产或者人身受保险合同保障，享有保险金请求权的人。投保人可以为被保险人。保险利益是指投保人或者被保险人对保险标的具有的法律上承认的利益。”从中可以看出，投保人是保险合同的缔结主体，而被保险人的寿命和身体是保险标的，其实我们可以理解为被保险人就是人身保险合同的标的。只不过，这个合同标的还有特定的保险金请求权。所以，被保险人不能等同于标的物，而是标的人。总之，被保险人不是保险合同的缔结主体。

而根据合同相对性的原则，除法律、合同另有规定外，只有合同当事人才能享有合同规定的权利，并承担该合同规定的义务。从合同内容的相对性可以引申出几个具体规则。一是合同赋予当事人享有的权利，原则上并不及于第三人，合同规定由当事人承担的义务，一般也不能对第三人产生拘束力。二是合同当事人无权为他人设定合同上的义务。三是合同权利与义务主要对合同当事人产生约束力，法律的特殊规定为合同相对性原则的例外。所以，保险合同只能对缔结主体投保人、保险人设定义务，但是不能对被保险人设定义务。

如实告知义务虽然是先合同义务，但是其缔约过程中，被保险人依法也不可能参与，就算参与了也没有相应的法律地位，所以要求被保险人承担这样的缔约诚信义务也是没有法律依据的。

但是，某些特定的义务却是可以设定的。譬如说，当保险事故发生后，被保险人、受益人有义务及时通知保险人。或者当保险事故发生后，被保险人、受益人有义务向保险人提供相关的证明材料。那么这又是为什么呢？

我认为，应该是对法律特别规定的一种具体量化、具体实施的表现。譬如《保险法》第二十一条规定了被保险人、受益人在保险事故发生后的及时通知义务、第二十二条规定了被保险人、受益人在申请理赔时提交证明材料的义务等，这些义务并不是基于保险合同设定的，而是基于法律规定产生的。

通常在保险合同中，会对相关的法律规定予以具体化，譬如保险事故发生后在多少时间内、通过何种方式向保险人进行通知，证明材料包括什么内容，等等。除了有明确的法律规定之依据以外，在保险合同中，不应该为被保险人、受益人设定其他的义务。由于被保险人并没有这种缔约诚信义务，因此不存在不履行义务的可能，也不承担未如实告知的法律后果。即，虽然在保险合同询问章节设计了被保险人的签名栏，但是被保险人的签名无法律意义、无法律后果，所以没什么用。

对于被保险人的身体、健康状况，当然被保险人本人了解得更清楚，但是从法律规定看，是默认投保人了解被保险人的情况，才由投保人来向保险人描述这个“保险标的”的。那么，对于一些团体人身保险而言，投保人往往是单位、学校，被保险人往往是数量众多的员工、学生。投保人确实不太可能对这些被保险人的情况都清清楚楚，这时候该如何理解告知义务呢？

广东省江门市中级人民法院（2017）粤07民终2041号民事判决书载明，江门一中为投保人，向保险公司投保学生意外保险，被保险人为该校1455名学生，受益人为法定。被保险人伍某缙后因肝癌破裂出血所致循环衰竭造成死亡，经调查其在投保前即罹患原发性肝癌，保险公司认为被保险人伍某缙未履行如实告知义务。

一审法院认为，本案中，被保险人伍某缙在订立保险合同前已经被医院确诊为“原发性肝癌”，并在此前以左肝占位病变向江门一中申请休学，对上述身体疾病被保险人的确没有向保险公司告知，保险公司作为专业的保险公司应当对保险法律法规是十分了解的，但保险公司未能提供任何证据证明其在与江门一中订立保险合同时履行了向投保人和被保险人的询问职责，因此没有履行如实告知义务的责任不在被保险人伍某缙及投保人江门一中，过错责任在保险公司。

二审法院认为，对于被保险人的有关情况，保险公司必须向投保人询问，投保人亦必须向保险公司如实告知，但保险公司的询问义务应先于投保人的告知义务。在保险公司没有询问的情况下，投保人或被保险人当然不具有专业的知识，不了解有关情况对保险合同成立与否是否产生影响，故投保人对此不负有告知的义务，即投保人对该义务的履行是被动的。本案中，保险公司并未提供证据证明其已向投保人或被保险人就被保险人伍某缙的有关情况进行询问。保险公司作为专业的保险机构，在没有就被保险人的相关情况进行询问并由投保人进行确认的情况下，即签订涉案保险合同，属于其对自身权利的放弃，由此引发的后果理应由其自行承担。

从这个案例可以看出，对于被保险人是否承担如实告知义务之认识仍然是模糊的，不过法院也认为应该由投保人来履行如实告知义务的。

就算被保险人人数众多，也不存在被保险人的什么告知义务，因为这是法律的规则，与人数多少并无关系。保险人如果为了减少风险，可以在投保过程中加强审核，或者采取其他方式来了解被保险人的情况，但是不能违背法律的规则，向被保险人强加无法律依据的义务与责任。

三、告知义务应当考虑投保人的过错

依据《保险法》第十六条的规定，所谓未如实告知，是指投保人故意或者因重大过失未履行如实告知义务，而不是“投保人未履行如实告知义务。区别在于，以投保人的主观过错为前提条件，并非只考虑客观事件。

1. 在民法的理论中，所谓故意，是指行为人明知或确信自己的行为会造成某种损害后果或存在危险性，并且这样的损害后果或危险性必然或基本上会发生，而行为人对这样的损害后果或者危险性结果是希望发生的、默许发生的或是接受的。故意未如实告知的情形，其实基本上接近于以欺诈手段缔结保险合同，可以说就是保险诈骗活动。

我国《保险法》第一百七十六条规定：“投保人、被保险人或者受益人有下列行为之一，进行保险诈骗活动，尚不构成犯罪的，依法给予行政处罚：（一）投保人故意虚构保险标的，骗取保险金的；（二）编造未曾发生的保险事故，或者编造虚假的事故原因或者夸大损失程度，骗取保险金的；（三）故意造成保险事故，骗取保险金的。保险事故的鉴定人、评估人、证明人故意提供虚假的证明文件，为投保人、被保险人或者受益人进行保险诈骗提供条件的，依照前款规定给予处罚。”这里提到的“故意虚构保险标的”“故意造成保险事故”可以有多种理解，但是都是以骗取保险金为前提。

譬如，有的投保人会虚构一个不存在的被保险人。但是，即便被保险人是真实存在的，可是其状态描述是虚假的，那也算是虚构保险标的。实践中，最常见的就是明知被保险人患有严重疾病的情况下，投保人却虚构事实、隐瞒真相，未如实告知，以欺诈手段缔结保险合同、骗取保险保障，意图获得保险金。

而故意造成保险事故，不等于“故意制造保险事故”，如果投保人明知保险事故可能会发生，却促成保险事故的发生，这就是故意造成保险事故。

王某向保险公司投保，被保险人为其父。投保书上有一系列询问事项“目前或过去一年内是否去医院进行过门诊的检查、服药、手术或其他治疗?”“过去三年内是否曾有医学检查（包括健康体检）结果异常?”“过去五年内是否曾住院检查或治疗（包括入住院疗养、康复医院等医疗机构)?”……王某均答复并填写“否”。保险公司要求对被保险人王父进行体检，后承保。很快，被保险人王父在家中猝死，没有去医院确定死亡原因，村里开了死亡证明后送往殡仪馆，之后进行火化。后，王某向保险公司提出保险金索赔请求。

保险公司派员调查被保险人王父死亡事宜。投保人王某坚持称：被保险人王父无任何病史，否认住院及手术史。但调查人员走访了多家医院得知，在投保前，被保险人王父曾就诊于多家医院，并诊断为“原发性肝癌、乙型肝炎肝硬化失代偿期”。但投保人和被保险人在投保时故意未如实告知。

另外，根据王父上述就诊情况及病情，保险公司特意仔细核实了《健康检查报告书》等，发现：第一，王父在相距时间较短的两次乙肝检查中，检查结果完全不同，显然两份体检结果不是同一人的体检结果；第二，投保时来保险公司体检中心以王父名义进行体检的人的照片与投保人提供的王父的身份证照片有显著区别，不是同一人。保险公司有理由怀疑以王父名义进行体检的人不是王父本人。保险公司做出《拒赔决定通知书》。王某遂向人民法院起诉，要求保险公司支付保险理赔款20万元及利息，未获法院支持。

对于投保人故意不如实告知的情形，其主观恶性较大，因此法律需对其进行惩罚。所以在这样的情形下，一旦投保人发现，即可解除合同，不要求发生保险事故。即便发生了保险事故，保险人对于合同解除前发生的保险事故，也不承担赔偿或者给付保险金的责任，并不退还保险费。投保人可说是“偷鸡不成反蚀把米”，不仅无收获，还有保险费损失，这个保险费实际上是对保险人的损害补偿。

2. 所谓重大过失，是指在正常情况下，行为人在其能力范围内，能够预见其行为具有某种损害后果或者危险性，但是行为人却没有预见，或已经预见但轻信不会发生，因此行为人未采取措施，遂造成事故及损失。

《最高人民法院关于适用〈中华人民共和国保险法〉若干问题的解释（二）》第五条规定：“保险合同订立时，投保人明知的与保险标的或者被保险人有关的情况，属于保险法第十六条第一款规定的投保人‘应当如实告知’的内容。”既然已经是“明知”的情况，却没有如实告知，是不是都应算是投保人“故意未如实告知”呢？其实并不是。

因为，在这个情形中，投保人确确实实知道被保险人存在某种疾病、缺陷等问题，但是对于这个问题的危险性、危害性是不清楚的，对于这个问题是否能导致某种严重后果确实是不明知的，即对于这个问题是否会导致保险事故发生是不明知的，投保人在主观上也没有为了获得这个保险金而采取隐瞒或者虚构行为。如果投保人对于后果是明知的，那就是故意行为了。

3. 轻微过失与重大过失是不同的。譬如，投保人知道被保险人体检有些异常，但是在体检的时候，情况显著轻微，投保人不知道、或者不可能知道有什么危害性、危险性的情形，体检机构告知这都是微不足道的小问题，人人都存在，所以无论是投保人、被保险人都没有当回事，其主观上不能说是故意不如实告知。即便投保人未如实告知，我认为也不符合重大过失的定义，不应该承受惩罚性的后果。

譬如，目前甲状腺结节呈现出多发的势态，很多人在体检后会发现甲状腺结节。从医学上说，甲状腺结节与甲状腺肿瘤是可以同时存在的疾病，甲状腺肿瘤可以分为良性肿瘤和恶性肿瘤两类。临床上甲状腺肿瘤往往仅表现为甲状腺结节，因此常把甲状腺肿瘤与甲状腺结节相互混用。实际上甲状腺结节仅是形态的描述，它包括肿瘤、囊肿、正常组织构成的团块以及其他疾病所引起的甲状腺肿块。

但是，有些甲状腺结节并不是问题，如有些囊性结节基本就是良性的，并无危害性、危险性，体检查出来之后，体检机构一般也不会认为这有什么了不起，被检查者也理所应当地认为这不是什么问题。

4. 轻微过失与重大过失的区别，应该是未如实告知情形的危险性、危害性。

同样是甲状腺结节的未如实告知问题，假如结节的情况比较危险，则可知该情形具有相当的危险性、危害性，投保人作为一个正常人、普通人，也应该意识到其危害性，并应该将之告知保险公司。如果未告知，但是主观上不是放任事故发生，则应该认定为重大过失未如实告知。

北京铁路运输法院（2018）京7101民初727号民事判决书载明，投保人尹某与保险人保险公司签订《人身保险合同》，后尹某因甲状腺肿物住院治疗，经检查诊断为甲状腺乳头状癌。

尹某就上述保险事故向保险公司提出给付保险金的请求，保险公司调查发现，尹某在投保前体检发现存在乳腺、甲状腺疾病病史，而尹某在投保时未如实告知，严重影响保险公司的承保决定为由，拒绝向尹某给付保险金。尹某则主张其认为甲状腺结节属于常见症状，且其在申请理赔时主动向保险公司告知其在某门诊部进行过体检的事实，故尹某没有故意不履行如实告知义务的情形。

经查，投保前尹某在某门诊部进行体检。彩色超声检查报告载明："姓名：尹某；检查项目：甲状腺彩超；超声所见：甲状腺右叶横径2.0cm，左叶横径2.0cm，峡部厚0.35cm，双叶回声偏低不均匀。血流信号丰富。左叶可见一大小约1.3×1.0cm，边界尚清尚规则。CDFI显示：结节周边及内部可见丰富血流信号。另可见一大小约1.4×0.9cm不均质偏低回声结节，边界欠清欠规则。CDFI显示：结节周边及内部可见血流信号；超声提示：甲状腺双叶回声偏低不均匀血流信号丰富甲状腺左叶结节建议：进一步检查。"

法院认为，根据查明的事实，尹某在投保前进行体检时已经发现其甲状腺存在异常，因此，保险公司就此问题向尹某询问时，尹某有如实告知保险公司的法定义务，但尹某与保险公司签订《人身保险合同》时，未如实回答保险公司就有关情况提出的询问，违反了法律规定的如实告知义务。按照保险公司提交的核保标准，尹某2016年7月体检时发现的甲状腺结节将导致尹某不被承保重疾险，而且，某门诊部在体检报告中已经明确建议尹某进一步检查，在此情况下，尹某未将该情况如实告知保险公司，已在客观上导致保险公司无法依据客观情况进行核保，足以影响保险公司决定是否同意承保。但根据尹某主动向保险公司告知其在某门诊部进行过体检的事实，无法认定尹某存在不履行如实告知义务的故意，应属于重大过失不履行如实告知义务。保险公司有权解除合同，并且对合同解除前发生的保险事故不承担给付保险金的责任，故保险公司拒绝向尹某给付保险金符合法律规定，尹某关于保险金的主张不予支持。

对于投保人因重大过失未如实告知的，主观恶性较小，因此法律惩罚措施较轻，按照《保险法》之规定，必须是已经发生了保险事故，并且保险事故的发生与该投保人因重大过失未如实告知的情形有因果关系才行，起码要有重要影响，也就是较大程度的因果关系。

云南省曲靖市麒麟区人民法院（2014）麒民初字第187号民事判决书载明，邱某书与保险公司签订保险合同。2012年7月24日5点50分，邱某书从其家中楼梯摔下，当场死亡。保险公司调查后发现，被保险人邱某书投保前患有高血压及糖尿病病史，存在未如实告知情形，拒赔。

法院认为，邱某书从其家中楼梯摔下导致死亡的事实应属其未预料到或非本意且在瞬间发生的事故，属意外事故的范畴。保险公司虽然提供被保险人的住院病历证明被保险人生前患有高血压、糖尿病等疾病，但保险公司未能提交能够证实被保险人邱某书系因疾病死亡的相关证据，按照民事诉讼“谁主张，谁举证”的原则，保险公司因举证不能，应承担对其不利的法律后果，故对其提出的被保险人邱某书系因疾病死亡的辩解意见因无证据证实，法院不予采纳。

此时，保险人虽然对于合同解除前发生的保险事故不承担赔偿或者给付保险金的责任，但应当退还保险费。即保障投保人虽无收获，但也并无太大损失。

四、投保人仅对其“明知”的情况承担如实告知的义务

所谓投保人明知，是指投保人通过某种方法或者手段实际了解有关情况和事实。应当如实告知的内容仅限于投保人“明知”的事实，而不包括“应知”的事实。字面意思，就是不能推论投保人对某一事实是应当知道的。在有些情况下，从证据可以看出投保人的“明知”状态，譬如投保人就是被保险人的时候，投保人在自己的体检单、化验单上的签字，说明其是明知的。或者被保险人因为疾病休学、歇业，去医院治疗很长时间，无论投保人是否被保险人本人，都可以认定其是明知的。

然而，也有一些情况，并没有证据直接证明投保人是明知状态。甚至当确定被保险人明知状态后，对于投保人是否明知，也需要探讨。其实这

个时候，往往还是需要法官运用自由心证进行推论，推论投保人应当是明知的状态。

吉林省高级人民法院（2017）吉民再310号民事判决书载明，2013年2月25日，原告丁某霞以投保人的身份，以自己为被保险人，与保险公司签订保险合同。但是在保险合同订立前，丁某霞以其爱人名义在医院进行生殖健康体检，进行了妇科、内科B超检查，乳腺、甲状腺彩超检查，妇科检查。体检报告第2页表格中检查所见彩超检查甲状腺结果处空白，表格下方检查结果处空白；第3页健康提示处空白；第5页甲状腺彩超检查小结处载明：右叶低回声结节0.8×0.8cm。后，丁某霞确诊右侧甲状腺癌，向保险公司松原公司提出理赔申请。保险公司以丁某霞投保时未对被保险人投保前身体健康状况和保险经历履行书面如实告知义务，做出解除保险合同，并不退还保险费，歉难给付保险金的决定。

一审法院判决：驳回原告丁某霞的诉讼请求。丁某霞不服，提起上诉。

二审法院认为，丁某霞虽提出其一直不知道体检结果，不属于没有履行如实告知义务的上诉意见，但经查，丁某霞是以其爱人的名义参加单位组织的体检，体检后其不查看体检报告有悖常理，不予采信。二审法院判决：驳回上诉，维持原判。

再审法院认为，本案的争议焦点为保险公司是否因丁某霞未如实告知体检报告中“右叶低回声结节0.8×0.8cm”及在多家保险公司投保而免除给付保险金的义务。保险公司应当按照合同约定履行给付保险金的义务。理由如下：从专业内科学的学理角度来看，绝大部分的甲状腺结节并无临床症状，不被医生视为疾病。保险公司提交的丁某霞的体检报告中并没有相关临床表现的记载，只是简单描述为“右叶低回声结节0.8×0.8cm”。丁某霞作为非医学专业的普通老百姓，在没有经过医院的专业检查及医生诊断的情况下，单凭自己的知识结构和生活经验并不能确定自己在查出甲状腺处有结节就明知自己患有甲状腺疾病。故保险公司仅以体检报告所记载的“右叶低回声0.8×0.8cm”证明丁某霞明知自己患有甲状腺疾病而不如实履行告知义务的证据不足。最终撤销原一、二审判决，判令保险公司给付丁某霞保险金8万元。

需要注意的是，被保险人对自己的身体、健康等是明知的，但是若投保人与被保险人不是同一人的话，则不等于投保人必然是明知的。判断投保人是否明知，有很多方面的因素或者考虑，由法官酌情思考。例如：投保人与被保险人的生活连结密切程度；被保险人是否多次进行性质大体相同的体检、医学检查；投保人是否陪同被保险人体检过、检查过、为被保险人支付过相关费用；被保险人是否匿名去进行检查或者治疗等。

青海省高级人民法院（2015）青民提字第41号民事判决书载明，2012年9月25日，马某萍之夫李某向保险公司投保，保险公司向李某签发了保险单，受益人为马某萍。2012年12月30日，被保险人李某患病死亡，马某萍要求给付保险金。保险公司认为，投保人投保时故意隐瞒患有慢性尿毒症的事实，不履行如实告知义务，对马某萍的申请不予理赔。

一审法院认为，从查明的事实可以认定，本案保险合同的投保人李某在投保时确系患有肾病综合征等疾病。但针对投保单不予认可，认为不是李某本人所签，并申请进行鉴定，法院经委托青海昆仑司法鉴定中心鉴定，投保书中投保人签名处李某的签名字迹不是李某本人所写，对鉴定意见保险公司无异议。保险公司所提供的证据不足以证明其对李某在投保时进行了询问及李某进行了虚假告知，投保单签发后，也未要求投保人做身体检查。根据保险法的规定，投保人的如实告知义务建立在保险人询问的前提下，故保险公司没有充分的证据证明李某违反保险法及保险合同的约定，判决保险公司支付马某萍保险金250000元。

二审基本维持一审判决。

再审法院调查了解到，2012年7月、8月，李某以“潘某元”的名字住院治疗结核性腹膜炎、肠梗阻、急性胰腺炎、过敏性紫癜（混合型）。2012年9月8日，再次以“潘某元”的名字入院治疗肾病综合症，于10月3日出院。在此期间的9月25日，李某与保险公司订立保险合同。10月3日出院后的当天又以“潘某元”名字入院治疗肾病综合征。

本案查明的事实表明李某投保人寿保险合同时，在医院住院治疗与其所投保人寿保险合同中提示的相关疾病。对此，李某有义务如实告知保险人的询问，但根据人寿保险合同记载的内容与李某当时住院治疗相关疾病的事实，李某并未对其所投人寿保险合同中提示的相关疾病作如实陈述。最终撤销原一、二审判决，驳回马某萍的诉讼请求。

第四节 说明义务

我们在前面的章节中提到，投保人告知义务是一种缔约诚信义务，是先合同义务。保险合同的当事人不仅是投保人，还包括保险人，保险人也应该遵守这种缔约诚信义务，事实上更应该讲诚信，保险人的这种缔约诚信义务，就是我国《保险法》规定的说明义务、明确说明义务。

我国《保险法》第十七条规定："订立保险合同，采用保险人提供的格式条款的，保险人向投保人提供的投保单应当附格式条款，保险人应当向投保人说明合同的内容。对保险合同中免除保险人责任的条款，保险人在订立合同时应当在投保单、保险单或者其他保险凭证上作出足以引起投保人注意的提示，并对该条款的内容以书面或者口头形式向投保人作出明确说明；未作提示或者明确说明的，该条款不产生效力。"这一条分为两款，第一款规定了保险人的说明义务，第二款规定了保险人的明确说明义务。

这个规定实际上是与《民法典》的规定基本一致的。《民法典》第四百九十六条规定："格式条款是当事人为了重复使用而预先拟定，并在订立合同时未与对方协商的条款。采用格式条款订立合同的，提供格式条款的一方应当遵循公平原则确定当事人之间的权利和义务，并采取合理的方式提示对方注意免除或者减轻其责任等与对方有重大利害关系的条款，按照对方的要求，对该条款予以说明。提供格式条款的一方未履行提示或者说明义务，致使对方没有注意或者理解与其有重大利害关系的条款的，对方可以主张该条款不成为合同的内容。"而《保险法》的规定则是保险人应该对于全部合同内容"说明"，对于免责条款"作出明确说明"，且如果没有明确说明，则该免责条款不产生效力，这就是一种惩罚性后果。

究其原因，保险合同具备的是更为复杂、专业、难懂的格式条款，普通人殊难理解，甚至都看不到自己关切的内容在保险合同的哪个地方。保险人、投保人在保险合同缔结过程中的地位是不对等的，对于信息掌握也是不对称的。如果投保人糊里糊涂地就签订保险合同，则很难保证投保人的知情权与选择权，很难保障被保险人、受益人的合法权益。

因此，法律特别为保险人设定一个专门的、更深刻的、更有约束力的缔约诚信义务，强制性要求保险人向投保人进行介绍、提示、解释等行为，使得投保人充分行使知情权、选择权，能在清楚、了解、接受的前提下签署保险合同，以平衡双方不对等的合同缔结地位，使得双方的信息对称化。

一、投保单应附格式保险条款

1. 保险也是一种服务

法律之所以规定必须将格式条款附在投保单，就是因为保险行业的特殊性。保险公司实际上并不生产某种产品，而只是提供一种保障，其实我们可以理解为这仍然是一种服务、一种保险保障服务，而投保人就是消费者。

《消费者权益保护法》第八条规定："消费者享有知悉其购买、使用的商品或者接受的服务的真实情况的权利。消费者有权根据商品或者服务的不同情况，要求经营者提供商品的价格、产地、生产者、用途、性能、规格、等级、主要成份、生产日期、有效期限、检验合格证明、使用方法说明书、售后服务，或者服务的内容、规格、费用等有关情况。"第二十条规定："经营者向消费者提供有关商品或者服务的质量、性能、用途、有效期限等信息，应当真实、全面，不得作虚假或者引人误解的宣传。经营者对消费者就其提供的商品或者服务的质量和使用方法等问题提出的询问，应当作出真实、明确的答复。经营者提供商品或者服务应当明码标价。"投保人支付保险费，能看到的就是购买了一份保险合同。投保人究竟要购买什么样的保险保障、保险人提供了什么样的保险保障，全都规定在这份保险合同中，因此这份保险合同非常重要。

保险人作为经营者，所谓“提供有关商品或者服务的质量、性能、用途、有效期限等信息”，就是要向消费者，也就是投保人，介绍该保险合同的内容，而且必须真实全面。那么最真实全面的做法，就是要向投保人展示保险合同的全文、介绍保险合同的全文，使得投保人在投保阶段，清清楚楚、明明白白地做出决定。

同时，这也客观上要求投保人在投保过程中去看、去了解、去理解、去接受保险合同格式条款之内容，如果投保人不理解却仍然签订保险合同，则要么视为其已经理解，要么视为其已经弃权，不是保险人的过错了。即通过一个有形化的投保环节，将保险合同双方当事人的权利、义务强制展现。

这里的“保险合同”与“格式条款”虽然并不是完全等同的概念，但是事实上绝大多数保险合同的内容均为格式条款，很少能允许投保人去协商修订，因此我们在此将两个概念同一化来探讨。如果没有将格式条款的全文向投保人展示，则投保人难免会不完全理解、难免会以偏概全，难以达到保护消费者权益的目的。

1995 年《保险法》刚颁布实施的时候，基本上还是纸质媒介年代，立法思维也是基于纸质投保单运行的，所以那时候“投保单应当附格式条款”是现实而简单的做法，只需要将格式条款印刷在投保单内就行，投保人看也得看，不看也得看，最后投保人在投保单上签字，就可以视为阅读、了解、接受了格式条款的内容。至于投保人到底看了没有，那就不需要去证明了。

山西省太原市中级人民法院（2014）并民终字第 20 号民事判决书载明，赵某林为万柏林环卫局的环卫工人，万柏林环卫局依照《环卫清扫工劳务合同书》的约定，为包括赵某林在内的多人向保险公司投保了团体人身意外伤害保险。后赵某林在工作中因车祸受伤。2013 年 6 月 19 日，赵某林作为原告，以保险公司、万柏林环卫局为被告，向法院提起诉讼，请求判令保险公司赔偿 130634.88 元伤残赔偿金及 20000 元精神抚慰金，万柏林环卫局承担连带责任。

保险公司辩称，双方之间有保险合同，在保险期间内被保险人因遭受意外伤害而身故、残疾或烧烫伤，保险公司依约定赔付保险金。在本案中，赵某林的伤残程度没有达到保险合同约定的伤残给付标准的下限，保险公司依法无须赔付意外伤害保险金。伤残程度的评定有两个标准：一个是公安部颁布的道路交通事故伤残评定标准；另一个是中国人民银行关于人身保险残疾程度及保险金给付的比例表。这两个标准都属于规章，在效力层次上是等同的，不同的纠纷应当适用不同的标准。对于本案的人身保险合同纠纷，应当适用人身保险残疾程度与保险金给付比例表，因此不同意支付保险金。

一审法院认为，赵某林在保险事故发生后，有权要求保险公司承担相应的保险责任。由于伤残等级的标准由国家有关部门制定，因此应当以国家标准来认定赵某林的伤情是否构成伤残，而不应当依照保险公司单方制作的标准来认定；关于赵某林损失及保险金额的计付，应当依据有关规定予以确定，不应以保险公司单方的主张来确定。况且保险公司没有证据证明，在保险合同订立时，其已就合同中所约定的伤残及给付保险金的比例，向赵某林或者投保人万柏林环卫局作出过明确的说明，因此保险公司提出的不应当给付被保险人保险金的主张，没有事实和法律依据。

二审法院认为，本案中，因万柏林环卫局为包括赵某林在内的多人投保的团体人身意外伤害保险所附的《中国人寿财产保险股份有限公司团体人身意外伤害保险条款》为格式条款，而诉讼过程中，保险公司除其陈述外，并未提交签订团体人身意外伤害保险时向投保人“采取合理的方式提请对方注意免除或者限制其责任的条款，按照对方的要求，对该条款予以说明”的相应证据，依照上述法律规定，保险公司的上诉请求理据不足，不予支持。

2. 电子投保方式存在的问题

进入互联网、电子化时代，这个说明义务变得有点复杂了。失去了纸质媒体之后，有些保险人在设计投保单的时候会有所简化，在投保单中没有附格式条款，其目的倒也不是蓄意侵犯投保人知情权，而主要是为了方便、简单，符合互联网时代的特点，越来越简单化、人性化。但是客观上带来了新的矛盾。

譬如，有的保险人是通过保险代理人、保险业务员的渠道进行营销，往往是手持PAD进行投保程序。在这个投保程序中，页面里就没有什么保险合同的内容，即在投保过程中投保人是看不到保险合同格式条款内容的。投保页面中仅仅设计了投保人、被保险人、受益人的一些基本信息栏目，以及保险人设计的询问、投保人告知等栏目，最后就是投保人的签字确认栏目，这就完事了。

还有一种互联网投保的方式，在页面中并无格式条款内容，但是确实有一个条款的链接，如果投保人想要看看这个条款，可以点击链接，确实就可以看到。不过，如果不点击链接、不看这个格式条款，则仍然可以径行完成投保程序。

我认为这些方式都不符合法律的规定。法律规定必须在投保单中附格式条款，其目的在于强制保险人向投保人展示格式条款内容、同时强制投保人进行阅读，投保人是否真的去用心读谁也管不了，但是起码这个可能性是具备了，这个环节是有了。电子投保、互联网投保、纸质投保单投保，互相之间只是方式方法的不同，并无本质的区别，仍然都是投保的环节与流程，都应当遵循法定的规则。法律规定的是“投保单应当附格式条款，保险人应当向投保人说明合同的内容”，所以所谓“附格式条款”，就应该是指“附格式条款内容”，是全文，不是名称或者大纲。而我们看到前述的电子投保、互联网投保过程中，投保单中就没有附格式条款，那么这个强制性的环节与可能性都不存在，这就不符合立法的本意。即便有格式条款链接，但是链接仍然不是“格式条款全文”，而只是“格式条款名称”。仅仅有链接的话，投保人要看格式条款内容还要额外进行一次点击，不看的话啥也不影响，照样也能完成投保。也就是说，一方面，保险人没有履行提供格式条款全文的义务，另一方面，就不能表明保险人阅读了格式条款全文，因此保险法设定的这种双向强制的程序、功能就不复存在了，就失去了意义，我认为这不符合立法本意。

可能有人认为这样的理解过于形式，实践中有几个投保人会去看格式条款内容？有几个投保人能看懂格式条款内容？看不看能有多大区别？其实，现实也的确是这样，这毋庸讳言。

但是我们要思考一个问题，既然我们知道这个现实，难道立法者不知道吗？既然立法者知道这个现实，为何要在法律中规定这样的环节、这样的义务呢？我认为立法的意图，就是在明知这样的现实情形中，刻意去设定这样的强制性，以尽可能地保障投保人不对等的缔约地位。

所以这并不是形式主义，而是一种形式权利。就如同诉讼程序的权利一样，假如当事人的诉讼程序权利得不到保障的话，其实体权利恐怕也很难得到保障。

河南省信阳市中级人民法院（2017）豫15民终4506号民事判决载明书，投保人张某清向保险公司投保重疾险，系采用保险电子投保单，并有电子投保确认书。告知栏设计有11项，投保人和被保险人栏均选择“否”或“无”。该电子投保单为电子系统生成，询问事项栏记载被保险人和投保人栏的否认事项均为机印的“否”或“无”，无投保人、被保险人和代理人签字，没有书写的内容。张某清在电子投保确认书上书写“本人已阅读保险条款、产品说明书和投保提示书，了解本产品的特点和保单利益的不确定性”，张某清在投保人处、方某清在被保险人处签名。

一审法院认为，保险公司依据保险合同第7、8页电子投保单询问事项栏主张投保人未履行如实告知义务，但从该电子投保单记载的内容来看，该投保单为电子系统生成，询问事项栏为概括性一揽子询问，记载被保险人和投保人栏的否认事项亦均为机印的“否”或“无”，无投保人、被保险人和保险代理人签字，也没有任何书写的内容。电子投保单本身并不能证明保险代理人已就相关事项向投保人进行了询问，虽然投保人在投保确认书中签字，但投保确认书中亦未记载任何询问事项。在有投保人签名的投保确认书未记载保险代理人向张某清进行询问的情况下，保险公司单方生成的没有投保人、被保险人和保险代理人签名的电子保单不具有证明保险公司已向投保人进行询问的证据效力。保险人作为专业从业机构，对于具体何种情形影响承保有确切了解，而通常情况下投保人对相关情形不具有充分认知，因此保险人需要以清晰明了且不会产生误解的方式对投保人进行询问，投保人的如实陈述义务也仅限于保险人询问范围。保险公司称其有证据证明向投保人进行过询问，但其提供的日期为2015年8月13日的业务员展业过程说明书、客户投保过程说明书两组证据均为张某清申请保险理赔时所制作，并不具备证明保险公司就有关事项在与张某清签订保险合同时对张某清进行询问的证据效力。保险公司提供的电话录音亦不具备证明保险公司就有关事项对张某清进行询问的证据效力。现保险公司无充分证据证明已就其主张的事项向投保人进行了询问，不能当然认定张某清存在未如实告知。故保险公司关于诉争保险合同已经解除的辩解不予支持。

二审基本维持一审判决。

所以这个保险单附条款的要求，不是“形式主义”，而是必须执行。譬如在电子投保、互联网投保的页面中必须附有格式条款的全文而不是链接，必须这个页面全部浏览完毕后才能下滑到投保人的签字栏，否则不能完成投保过程，这样的设计，就与纸质媒体投保单一致了。

这样的设计是有意义的，《最高人民法院关于适用〈中华人民共和国保险法〉若干问题的解释（二）》第三条规定：“投保人或者投保人的代理人订立保险合同时没有亲自签字或者盖章，而由保险人或者保险人的代理人代为签字或者盖章的，对投保人不生效。但投保人已经交纳保险费的，视为其对代签字或者盖章行为的追认。保险人或者保险人的代理人代为填写保险单证后经投保人签字或者盖章确认的，代为填写的内容视为投保人的真实意思表示。但有证据证明保险人或者保险人的代理人存在保险法第一百一十六条、第一百三十一条相关规定情形的除外。”所以，当投保单页面内包含了格式条款全部内容，那么投保人看不看这个格式条款的内容是其自己的问题。只要有了这样的程序、环节，且投保人最后签字确认，则可以视为其已经阅读、了解、接受了格式条款，也就是保险合同的内容。因此，即便存在投保单代为填写的情形、代签字的情形，投保人的签字也能意味着追认效力。

可是，如果投保单页面内没有包含格式条款全部内容，实际上意味着保险人、保险代理人等对投保人隐瞒了与保险合同有关的重要情况。严格来说，甚至可以认为是隐瞒了保险合同的几乎全部内容。这不就意味着，保险人或者保险人的代理人存在《保险法》第一百一十六条、第一百三十一条规定的情形吗？那么在这样的情形下，如果存在投保单代为填写的情形、代签字的情形，投保人完全可以不承认、撤回追认这个合同的效力，而这对保险合同的稳定性是很不利的，对保险公司的营销也是一种很大的打击。

所以，对于保险人来说，追求电子投保、互联网投保的便利性并没有错，也是一种社会发展的趋势，但是这样的便利性不能以取消法定程序为代价，不能以违法为代价，不能以非常严重的不利后果为代价。事实上，已经出现了这样的情形与判例，即投保人通过电子方式投保，然后在电子投保确认单上签字，问题是电子投保单、电子投保确认单是割裂的，无法证明投保人签字确认的电子投保单就是保险人提供的某个“电子投保单”，就是说这个投保单的唯一性很难证明，这样的话就会非常麻烦。可以说，这样会导致保险合同的内容完全不能确定。

广东省江门市中级人民法院（2017）粤07民终3064号民事判决书载明，杨某轩于2016年12月10日向保险公司投保年金保险等。后，杨某轩主张其在签订合同时要求选择申领关爱金的年限为75岁，而保险公司擅自在合同中将申领关爱金的年限设置为85岁，故申请撤销涉案的保险主合同和两份从合同。保险公司则辩称是按杨某轩的要求设置申领关爱金年限为85岁，故不同意撤销合同或者作出更改。经审查双方提交的证据可知，设置申领关爱金年限为85岁的依据是国寿鑫福赢家年金保险的《电子投保单》。杨某轩诉称该《电子投保单》从未经其确认，亦未向其出示。保险公司在庭审中对其在签订合同时是否向杨某轩出示《电子投保单》则表示不清楚。

经当庭播放保险公司提交的双方签订合同过程的视频资料，视频中未见保险公司、人寿保险广东分公司在签订合同过程中曾向杨某轩出示《电子投保单》，也未对《电子投保单》及其内容作出提示，更未要求杨某轩在《电子投保单》上签名确认。综观双方提交的证据，关于确认《电子投保单》内容的表述仅仅在《电子投保确认单》上记载了“本人已认可《电子投保单》的全部内容”的内容，而该内容是决定投保人重要权利义务的格式条款，保险公司并未使用足以引起投保人注意的文字、字体、符号或者其他明显标志作出提示，相反是使用了极小的字体。保险公司要求杨某轩在《电子投保确认单》上签名时，亦无对“本人已认可《电子投保单》的全部内容”的内容进行提示。

从签订合同过程的视频资料来看，保险公司除要求杨某轩宣读《投保需知声明》外，并未对合同的重要权利、义务即申领关爱金的年限作出提示或要求杨某轩确认。虽然保险公司在视频中声称相关文件及保险条款事前已向杨某轩出示过，但仅仅是其单方陈述，杨某轩对此予以否认，保险公司亦未能就此进一步举证证明。

综上，法院认为，首先，《电子投保单》是保险合同的主要权利义务的载体，应当经投保人签名确认。对于如此重要的《电子投保单》，保险公司恰恰未要求杨某轩签名确认，显然不符合常理。其次，签订合同时，《电子投保单》由保险公司持有和掌控，杨某轩无法知悉《电子投保单》上记载的权利、义务等内容是否与自己的真实意思表示一致，更无法通过签名确认的方式来固定《电子投保单》的内容，以防止任何一方对《电子投保单》的内容进行修改。保险公司在未向投保人杨某轩出示《电子投保单》或对《电子投保单》的内容作出提示的情况下，直接要求杨某轩在《电子投保确认单》上签名以确认《电子投保单》的内容，这种做法亦不符合情理。最后，保险公司对为何不要求投保人直接在《电子投保单》上签名确认而是要求投保人在另一份《电子投保确认单》上签名间接确认《电子投保单》的内容未能作出合理的解释。即便此时《电子投保单》的内容存于电脑，但其内容亦应已确定，完全可以形成书面文件让投保人签名确认。如果让投保人在《电子投保确认单》上签名确认另一份内容尚未确定的《电子投保单》或者与投保人的意思表示不一致的《电子投保单》的话，其做法显然存在欺诈性质。

此外，《电子投保确认单》上“本人已认可《电子投保单》的全部内容”的内容是关系投保人确认合同权利、义务的格式条款，保险公司不但未以足以引起投保人注意的文字、字体、符号或者其他明显标志作出提示，反而使用了极小的字体。而投保人杨某轩作为一位已年近70岁的老年人，其辨认和认知能力显然较低，且没有其他人陪同，签订合同的整个过程也仅有十几分钟，签署的文件也众多，在此情况下，其当时未能准确理解所签署文件的全部内容也是在情理之中。

综上，一方面，投保人杨某轩在签署合同时的真实意思是选择申领关爱金的年限为75岁，其并不知晓保险公司擅自在《电子投保单》上记载申领关爱金的年限为85岁。也就是说，杨某轩在签署合同时对申领关爱金的年限产生了重大误解。另一方面，保险公司在没有任何证据证明投保人杨某轩选择申领关爱金的年限为85岁的情况下，擅自将申领关爱金的年限确定为85岁，严重损害了投保人杨某轩的保险权益，且在投保人杨某轩提出异议后，其仍然拒绝更改，其行为实际上是在违背投保人杨某轩的真实意思的情况下强迫投保人按其意思订立涉案保险合同。

杨某轩请求撤销双方签订的保险合同的理由充分，予以支持。上述合同被撤销后，保险公司因该合同取得的财产，应当予以返还，并结合其过错，承担相应的损失赔偿责任。

二、对合同内容的说明义务是一种被动义务

《保险法》规定，保险人应当向投保人说明合同的内容。这个规定非常简单，但是很难理解。那么，保险人到底该怎样去向投保人说明呢？

任何一个人身保险保险合同条款，即便看起来简简单单的，也都是有非常复杂的内容。例如，会涉及很多专业性的内容，譬如重疾的定义、评

残的标准、投资账户的概念与理算、收益的计算方式等。还涉及保险法的各种规则，譬如保险责任的确定、免责条款的含义、理赔程序与资料受益人的确定与受益权的丧失等。这么复杂的东西，“鸿篇巨制”尚说不清，专家学者尚存在争议，难道一个保险业务员在短短的时间内，就能向投保人说清楚说明白？

让我们面对现实吧：不可能的。

如果法律有明确的要求，必须办，可是现实又办不了，这就是不可能的任务，那怎么办？

我的理解：对于合同内容、格式条款的说明义务，应该是一种被动的义务，不是要求保险人、保险代理人等主动向投保人开一个讲座，事无巨细都要说清楚，而是要求保险人、保险代理人应投保人的要求，在投保人已经阅读完保险合同内容后，针对投保人不明白、不理解的情形与问题给予解释，直到投保人理解与接受。

这个理解有什么法律依据呢？《民法典》第四百九十六条规定，采用格式条款订立合同的，提供格式条款的一方应当遵循公平原则确定当事人之间的权利和义务，并采取合理的方式提示对方注意免除或者减轻其责任等与对方有重大利害关系的条款，按照对方的要求，对该条款予以说明。提供格式条款的一方未履行提示或者说明义务，致使对方没有注意或者理解与其有重大利害关系的条款的，对方可以主张该条款不成为合同的内容。可知，如果没有特别的法律规定，就合同一般规则而言，提供格式条款一方的说明义务均是被动义务，是“按照对方的要求”来进行说明，也就是解惑答疑。

相应地，《消费者权益保护法》第二十条规定，经营者对消费者就其提供的商品或者服务的质量和使用方法等问题提出的询问，应当作出真实、明确的答复。即从保护消费者知情权的角度出发，只要针对消费者的提问做出正确答复，即算是维护了消费者的知情权，基本上就可以了。

江苏省南京市中级人民法院（2014）宁商终字第347号民事判决书载明，杨某盛系中群厂员工，中群厂为包括杨某盛在内的12名员工投保。

杨某盛在工作过程中不慎被机器绞轧伤左上臂，伤残等级为三级。

杨某盛向法院起诉。审理中，杨某盛认为：保险公司隐瞒合同的重要内容，没有就一至四级伤残不赔的事实向投保人履行明确说明、告知义务，导致投保人一直认为投保的范围是一至十级伤残；投保时是先交保费，后出保单，投保人在签订投保书后数日内才收到保险合同，投保时不可能知道保险条款的具体内容；在伤残等级低的情况下能够获得赔偿，而在等级高的情况下却不能得到赔偿，不符合常理，故要求按照五级伤残的标准给付工伤意外残疾保险金 180000 元。

保险公司认为：很多投保单位认为自己的员工发生一至四级残疾的可能性很小，为了给予投保人选择权，故设计了一至四级与五至十级两种险种供投保人选择；保障范围不同，保费也不同，承保一至十级残疾保障的保费比只承保五至十级残疾保障的保费要高 920 元；一至四级残疾与五至十级残疾属于保障范围，不属于责任免除事项，并且保险人已在投保须知中对保险合同的重要内容及免责条款进行了明确说明，投保人签订投保书即表示认可保险人已经出具保险条款且进行了明确说明；杨某盛构成工伤三级伤残，不在保障范围内，故不同意给付工伤意外残疾保险金。

一审法院认为，保险公司应按照工伤五级残疾的标准支付该项保险金，理由如下：首先，订立保险合同，采用保险人提供的格式条款的，保险人向投保人提供的投保单应当附格式条款，保险人应当向投保人说明合同的内容。本案中，保险公司与中群厂签订的保险合同采用的系格式条款，故中群厂在投保书上签章时，保险公司应同时提供格式条款，并就保险合同的保障范围等内容进行说明。而保险公司未提供证据证明其已附格式条款，并对合同内容进行了说明。

二审法院认为，案涉投保书的声明事项中已写明“本单位已经认真阅读并理解产品说明书”。投保人中群厂在该声明下方盖章，并由其法定代表人签字确认。虽保险合同条款的打印日期在投保书的签单日期之后，但保险责任范围作为保险合同的关键事项，保险公司应作为重要事项进行说明，中群厂作为投保人在接受说明时也应将其作为了解和知悉的首要内容。换言之，双方关于订立保险合同意愿的达成，建立在投保人对保险合同关键条款了解和知悉的基础上，中群厂在投保声明中明确其已理解产品说明书，且在《企业客户信息调查表》中写明投保“工伤五至十级”，表明其对合同条款已经了解和知悉，故应认定保险公司已向中群厂履行了合同条款的说明义务，原审法院关于保险公司未对条款进行说明的认定不当。最终判决按照五级伤残标准进行保险理赔。

第五节 明确说明义务

保险合同是最大诚信合同，保险人、投保人作为合同当事人都要以最大程度的诚信来缔结、履行保险合同，不诚信的一方将蒙受严厉的惩罚性后果。例如，投保人不如实告知的，不仅得不到保险赔偿，而且无法要回保险费；而保险人未明确说明的，对于本来无需赔偿保险金的情形无法免除保险赔偿责任。

不过这种最大诚信义务，既是矛也是盾，可以以此来保护自己的同时，也可以被对方用来攻击自己。所以如果这个问题不说清楚，很可能出现权利滥用之情形：一方当事人以此为由不仅不承担自己的义务，还可以攻击对方不讲诚信。事实上，人们对于保险公司诟病最多之处莫过于此，盖因在保险营销时保险公司往往声称什么都赔，结果在理赔时，这不赔、那不赔，然而这些却没有正确地向投保人说明，导致投保人感觉保险公司什么都不赔，没有诚信。

所以任何一本保险法方面的书，在涉及保险人的明确说明义务之处，着墨总是最多，原因即在于这是保险人最重要的缔约诚信义务。

一、免除保险人责任实际上是指免除保险人合同义务

《保险法》第十七条规定："订立保险合同，采用保险人提供的格式条款的，保险人向投保人提供的投保单应当附格式条款，保险人应当向投保人说明合同的内容。对保险合同中免除保险人责任的条款，保险人在订立合同时应当在投保单、保险单或者其他保险凭证上作出足以引起投保人注意的提示，并对该条款的内容以书面或者口头形式向投保人作出明确说明；未作提示或者明确说明的，该条款不产生效力。"

《最高人民法院关于适用〈中华人民共和国保险法〉若干问题的解释（二）》第九条规定，保险人提供的格式合同文本中的责任免除条款、免赔额、免赔率、比例赔付或者给付等免除或者减轻保险人责任的条款，可以认定为保险法第十七条第二款规定的“免除保险人责任的条款”。保险人因投保人、被保险人违反法定或者约定义务，享有解除合同权利的条款，不属于保险法第十七条第二款规定的“免除保险人责任的条款”。

我国保险法使用了“免除保险人责任”这个概念，但是这个概念实际上是不太准确的。《民法典》第一百七十六条规定，民事主体依照法律规定或者按照当事人约定，履行民事义务，承担民事责任。从法律规定可以看出，民事责任是民事主体不履行相应义务而导致的一种不利性后果。譬如违反合同、不履行合同义务，应承担违约责任。不履行尊重以及适度保护他人权益的义务，则应该承担侵权责任。没有过错，但是为了公平保障其他人的权益，要承担法定的无过错责任，这个无过错责任其实也是一种法定义务——保护更弱的民事主体之权益。总之，责任的产生终究与违反某种义务存在因果关系。

而“免除保险人责任”中的“责任”二字，却并不是这个意思。所谓免除保险人责任，其实是免除保险人最主要的保险合同义务——保险赔偿，即本来应该由保险人给付保险金的，却因某种情形的存在，而不需要给付保险金了，也就是不用履行保险合同义务了。所以，这里实乃免除保险人合同义务的意思。既然合同义务不存在，那么就谈不上违反义务，也就谈不上什么责任与后果。

可知，保险法中之所以使用免除“责任”概念，还是与立法背景有关，彼时对法律概念的区别还是不够细致。也许是符合民间化、口语化的说法，譬如人们习惯于说“警察有责任抓贼”“学生有责任好好学习”，并不是指警察与学生有什么错，其实意味着警察与学生分别有义务尽好其本分而已。

之所以要把这个问题说清楚，是因为现在有的法院在审理人身保险合同纠纷的时候，存在对免责条款任意扩大解释的情形，即对于任何一个条款都认为属免责条款，继而认定保险公司存在未明确说明情形，作出对保险公司不利的裁决。这样的做法是欠妥的，因为只有免除保险人保险赔偿义务的条款才是免责条款，不能任意扩大化解释。

黑龙江省高级人民法院（2016）黑民申1107号民事裁定书载明，颜某江与保险公司签订了保险合同，并足额缴纳保险费，双方签订的保险合同约定该险种为分红型。颜某江认为，保险合同中关于退保现金价值的约定对颜某江是无效条款，是免除保险人责任的条款，并且是一种格式条款，保险公司应对现金价值的定义进行提示说明，否则不产生效力，遂引发诉讼。

法院认为，《保险法》第四十七条规定，投保人解除保险合同的，保险人应当自收到解除合同通知之日起三十日内，按照合同约定退还保险单的现金价值。双方签订的保险合同约定，如果投保人退保，则应按保险单现金价值予以退还，保险公司向颜某江送达了保险现金价值表，该表详细记载了保单年度的现金价值，颜某江对此现金价值表并未提出异议，且保险公司提供的由颜某江签字的人身保险投保提示书中对退保金额的计算及退保风险亦进行了提示说明。在颜某江解除人身保险合同时，退还保险单现金价值是保险公司的法定权利，故颜某江主张保险合同中关于现金价值的约定是保险公司的免责条款对其是无效条款的申请理由亦不能成立。

保险合同中载明现金价值表，在投保人解除合同的时候，保险公司按照现金价值表向投保人给付保险单的现金价值，这的确也是保险人的一种合同义务。然而在通常情况下，退保时保险人不可能给付全额保险费，现金价值少于保险费是很正常的，况且保险金不等于保险费，所以载明现金价值表的目的并不是要减少、免除保险人的这一退费义务，而正是保险人义务的一个标准与体现。所以，现金价值表不能算是免责条款。

二、免责条款在保险合同中的形式

按照司法解释的规定，责任免除条款、免赔额、免赔率、比例赔付或者给付等免除或者减轻保险人责任的条款，均可以被视为免责条款。所以，免责条款不仅是我们在保险合同中常见的责任免除条款（如“责任免除”章节），还会包括其他方面的内容，这些内容往往会分布在保险合同的不同位置，不认真分析还真发现不了。

就人身保险保险合同而言，常见的免责条款在合同中的形式有如下几种：

1.“责任免除”章节

这是最集中体现免责条款的部分，一般会在保险合同中紧随保险责任条款而出现，其目的在于使得投保人谨慎注意。这个章节里面往往会约定很多的内容，大体上有如下的一些约定：

（1）特定原因导致保险事故的，不进行保险赔偿。这些特定的原因包括：不可抗力情形，如战争或者武装叛乱等；故意制造保险事故的情形，如投保人杀害被保险人等；因重大过失或对保险事故的发生应该预见而缺乏预见，放任保险事故发生的情形，如被保险人醉酒驾车、无证驾驶等；生活中合法，但是危险性较强、风险很大，极大可能导致保险事故发生的特定情形，即在这样的情形下，保险事故发生的概率畸高，不符合保险合同所依赖的概率计算，因此将这种情形排除，如被保险人潜水、登山、女性被保险人分娩等过程中导致保险事故发生的。

（2）特定的损害后果，不进行保险赔偿。不注重原因，仅注重特定的损害后果，不予保险赔偿。例如，被法院宣告死亡的，可能无法得到某些险种的赔偿。

（3）特定的场合、时间段等条件中，无论何种原因导致保险事故发生，无论保险事故导致何种损害后果发生，均不予保险赔偿。例如，被保险人精神失常或者精神错乱期间出现的保险事故，均不予保险赔偿；被保险人从事潜水、跳伞、攀岩运动、探险活动、武术比赛、摔跤比赛、特技表演、赛马、赛车等高风险的活动期间出现的保险事故，无论是否由前述活动导致，均不予保险赔偿。

之所以规定这些特殊的期间、场合作为免责条款，是因为这些期间、场合往往代表着过高的风险因素，无论这些风险因素是否导致保险事故的发生，都会让保险人感到不安，为此将这些高危险因素先行剔除，以保证风险、保险费的对价公平合理。

（4）投保人、被保险人违背法律规定或道德伦理，或者有损保险合同公平的情形。这样的情形实际上与保险事故是否发生、损害后果大小等并无直接关系，只不过在这样的情形下，如果给予保险赔偿，可能会助长、纵容被保险人或者投保人违法、违背道德、违背诚信，因此为了维护法制，为了惩罚不诚信，要特别规定，不给予保险赔偿。例如，被保险人交通肇事驾车逃逸的情形，不给予保险赔偿；被保险人未交纳保险费或未按保险合同约定交纳保险费的情形，不给予保险赔偿。

上述这些免责条款，在不同的保险合同中有不同的体现，有些情形在某些险种的合同条款中是免责的条款，但是在别的险种的合同条款中并不是免责条款。

2. 等待期

在很多人身保险合同，特别是重疾险类保险合同中，都设定了等待期条款，即在保险合同成立一定时间之后，出现保险事故的，才给予保险赔偿。在这个时间点之前，即便出现保险事故，也不给予保险赔偿。等待期，行业内也会称之为观察期，有 30 天、90 天、180 天不等。

例如，有保险合同约定，从本合同生效（或最后复效）之日起 90 日内，被保险人发生重大疾病的，我们不承担保险责任，退还本附加险合同的现金价值。还有保险合同约定，在保险期间内，被保险人自本合同生效之日起 30 日后，罹患疾病，在县级以上或保险人认可的医疗机构住院治疗，保险人承担保险金给付责任。

之所以有这样的等待期，主要还是防范道德风险。因为担心有被保险人带病投保，所以才设计了这样的条款，以防止带病投保、防止在保险合同生效后立刻索赔等逆选择的情形。通过设置长度适度的等待期，在这个期间内，如果没有发生保险事故，则说明被保险人即便带病投保，但是主观恶性也不强，且与保险事故的发生也没有强烈的、直接的因果关系，风险程度是合理的、可控的，因此是可以被接受的。

从不同的人身保险合同对等待期的描述，可以看到一些差别。有些保险合同是正向表述的，即表述为在等待期后发生的保险事故，保险人将予以保险赔偿。有些保险合同是反向表述的，即表述为在等待期内发生的保险事故，保险人将不予赔偿。有些保险合同则表述为，在等待期内发生保险事故的，保险人将解除合同，退还保险费或者现金价值。

那么这个等待期的期限问题，该怎么理解其法律属性呢？

《民法典》第一百五十八条规定："民事法律行为可以附条件，但是根据其性质不得附条件的除外。附生效条件的民事法律行为，自条件成就时生效。附解除条件的民事法律行为，自条件成就时失效。"第一百六十条规定："民事法律行为可以附期限，但是根据其性质不得附期限的除外。附生效期限的民事法律行为，自期限届至时生效。附终止期限的民事法律行为，自期限届满时失效。"《保险法》第二条规定："本法所称保险，是指投保人根据合同约定，向保险人支付保险费，保险人对于合同约定的可能发生的事故因其发生所造成的财产损失承担赔偿保险金责任，或者当被保险人死亡、伤残、疾病或者达到合同约定的年龄、期限等条件时承担给付保险金责任的商业保险行为。"第十三条规定："投保人提出保险要求，经保险人同意承保，保险合同成立。保险人应当及时向投保人签发保险单或者其他保险凭证。保险单或者其他保险凭证应当载明当事人双方约定的合同内容。当事人也可以约定采用其他书面形式载明合同内容。依法成立的保险合同，自成立时生效。投保人和保险人可以对合同的效力约定附条件或者附期限。"

可以看出，存在等待期条款的人身保险合同，可以理解为一种附条件、或附期限、或既附条件又附期限的合同。

保险金的索赔、给付均以保险事故的发生为要件，如果不存在保险事故、或者不构成保险事故、或者不满足时间的要求，则即便被保险人存在损失，也不能要求给付保险金。直白一点，如果被保险人患病属实，但是这个疾病未"达到合同约定的年龄、期限等条件"，那么也不构成保险事故，无权要求给付保险金。以重疾险 90 日等待期为例，所谓“合同约定的年龄、期限等条件”包括以下几个条件，这几个条件必须同时成就，缺一不可：被保险人首次发病并被确诊为重大疾病、特定医院予以确认、首次发病与确诊的时间均在保险合同生效 90 日后。

所以，将具有等待期条款的人身保险合同，理解为一个附期限的合同是没有什么问题的，不过这个等待期仅仅是一个普通的合同条款吗？是否算是免责条款呢？我认为应属免责条款。

依据《保险法》第十八条规定，保险期间和保险责任开始时间是保险合同应当包括的事项，也就是保险合同的重要组成部分。可见，保险期间、保险责任期间的确可以不一致。等待期条款实质上就是保险责任开始期间晚于、少于保险期间的意思，这是合法的。

不过，即便有等待期条款，这个保险合同还是从承保日起就已经成立、生效了，等待期是计入了保险合同首年度的、计入了保险期间的，而不是等待期结束后的次日再起算第一年度。

所以，等待期内，保险人也正常计收保险费、也计算保险期间，那么按照公平原则、等价有偿原则，保险人本应该对这个期间内发生的保险事故承担保险责任，被保险人也应有权获得保险保障。然而，保险人却不承担等待期内的合同义务，保险责任开始期间却晚于保险期间，这显然是免除合同义务的条款与情形。因此，对于等待期条款，保险人也应该承担明确说明义务。

江苏省高级人民法院（2017）苏民再 353 号民事判决书载明，丁某芬通过网络投保，后丁某芬确诊罹患右侧甲状腺乳头状癌。嗣后，丁某芬向保险公司提出理赔申请。保险合同中约定，“本险种首次投保或非连续投保有 180 日等待期，即自保险合同生效日起 180 日内，经医院实效确诊被保险人罹患保险合同定义的任何一种或多种疾病，保险公司按投保人已交的保险合同的保险费数额向保险金受益人给付保险金，本合同终止”。而丁某芬确诊系在等待期内，因此保险公司拒赔保险金。丁某芬认为保险条款中约定的 180 天等待期应属免责条款，保险公司未向其出具保险单及相应条款，未履行提示说明义务，该条款不生效，故其应依据案涉保险合同电子保险单获得保险金35万元。

一审法院认为，案涉保险合同保险责任部分约定的180天条款实质属于保险责任条款，而非属于免除或者减轻保险人责任的免责条款，可以认定保险公司履行了保险条款的说明义务。同时结合丁某芬在保险公司的回访电话中表示对于保险责任、免除责任的内容均已了解这一事实，涉案保险合同订立过程系网络投保，合同双方当事人无法进行直接交流，故作为保险合同订立一方的保险公司有理由对于丁某芬在网络投保确认页面勾选确认语句的行为及其在回访提问中的确认回答产生合理信赖，并据此作出同意与丁某芬订立保险合同的意思表示。综上，案涉保险合同中约定的180天条款系保险责任条款且有效。丁某芬主张保险公司向其支付保险341600元的诉讼请求，无事实和法律依据，不予支持。

二审法院认为，关于案涉180天条款是否为免除保险人责任的条款，根据保险法理，案涉保险作为一种长期健康险，应归类于定额保险合同。保险合同生效则开始计算保险期间，自保险期间开始时间至保险责任开始时间的这一期间应为保险责任等待期，在保险责任等待期内发生的保险事故，保险人无需承担保险责任，故《保险法》第十八条第一款将保险责任开始时间作为保险期间中的一个特殊时点，与保险期间并列列举，并未将其囊括在第（四）项，作为保险责任和责任免除中的内容；相应地，《健康保险管理办法》将保险责任等待期作为一个单独的书面告知事项，并未视为保险责任的一个组成部分。本案中，保险公司在案涉保险条款中仅列举了犹豫期、保险金额、保险期间、保险责任、责任免除等，并未单独列举保险责任开始时间或保险责任等待期。在案涉保险条款阅读指引中以黑体字加粗的“您应当特别注意的事项”亦未提示注意。

案涉电子保险单载明的保险金额为35万元，保险期间自2013年11月12日0时起至被保险人身故止，即被保险人终身。双方当事人并未约定以“已交纳的本合同的保险费数额”为保险金额。作为定额保险合同，保险公司应当在被保险人发生保险事故时按照合同约定的保险金额给付保险金。案涉180天条款系在保险责任中作180天内外的划分，在180天内发生保险事故的，保险公司按8400元的数额给付重大疾病保险金，该数额远低于双方约定的保险金额，实质上减轻了保险公司的保险责任，属于免除保险人责任的条款。

保险公司仅使用黑体字并加粗的方式提示该180天期间的起止以及相应的承保风险，并未采用相同的方式提示该180天内保险人承担的保险责任内容，仅使用了普通宋体字显示“（无论一种或者多种），我们按您已交纳的本合同的保险费数额向重大疾病保险金受益人给付重大疾病保险金，本合同终止”。该显示方式易使人忽略保险人在保险期间内承担的保险责任仍要以180天为界，180天之内与180天之外轻重有别，故应当认定保险公司就案涉180天条款未尽提示义务。虽然丁某芬在投保之时需要先行勾选“本人已认真阅读并理解保险条款、投保须知、投保提示书和投保声明书的全部内容”，以及事后保险公司在电话回访中询问了丁某芬是否都了解保险的内容，特别是保险责任、免除责任，但由于保险公司未尽提示义务在先，故依据投保时的勾选以及电话回访时的肯定回答，并不足以认定投保人已经清楚无误地知悉该免除保险人责任的条款的存在及其法律后果，依法应当认定该180天条款不产生效力。

再审法院认为，案涉180天条款应认定为免责条款。该条款约定被保险人在合同生效之日起180日内发生本合同所定义的重大疾病，保险公司按被保险人交纳的保险费数额给付重大疾病保险金，该数额远低于双方约定的保险金额，实质上减轻了保险公司的保险责任，在效果上基本等同于解除保险合同、退还保费，故属于“免除保险人责任的条款”。保险公司认为该条款属于保险责任条款缺乏依据，对该主张不予支持。但是，保险公司就案涉180天条款已向丁某芬尽到提示和明确说明义务，该条款已生效，具有法律约束力。可以认定保险公司已尽到对180天条款内容的明确说明义务。遂判令保险公司不向丁某芬给付保险赔偿金。

3. 某些对于保险责任的合同定义

对于一些比较专业的保险合同条款，合同中会出现很多定义，对一些疾病的定义尤为常见。这些定义，往往会引致减少保险责任的争论。

例如，有保险公司在重疾险条款中载明，承保的重疾包括严重胰岛素依赖性糖尿病，指由于胰岛素分泌不足引起的慢性血糖升高，经血胰岛素测定，血C肽测定或尿C肽测定结果证实，且已经持续性地依赖外源性胰岛素维持180日以上。须至少满足下列一个条件：（1）已出现增值性视网膜病变；（2）植入心脏起搏器治疗心脏病；（3）因坏疽需切除至少一个脚趾。

类似这样的定义很多，基本上重疾险的人身保险合同都不例外，那么这样的表述该怎么理解？有人认为是在明确划定保险责任范围，有人认为是在设置免责条款。对此我认为，《保险法》第十八条规定，保险责任和责任免除属于保险合同应当包括事项，即合同基本要素。可知这两种条款是并行的，是可以同时存在的。但是，从逻辑上说，应当先有保险责任条款，再有免责条款，否则，如果保险责任是否构成都不确定的话，那么讨论免责条款是毫无意义的。

保险人设定这些定义之目的是可以理解的，就是确定何为重疾之“重”，强调必须达到一定严重程度、一定的损害才算“重”。达不到严重程度，就不构成保险合同规定的“重疾”。即对于保险人而言，其认为已经持续性地依赖外源性胰岛素维持180日以上、已出现增值性视网膜病变、须植入心脏起搏器治疗心脏病、因坏疽需切除至少一个脚趾等条件是确定保险责任的条件。

但是被保险人则不这么想，可以说绝大多被保险人都不懂医学定义，包括我以及各位读者。对于一个普通人而言，如果其已经确诊罹患了严重胰岛素依赖性糖尿病，其一般会认为已经构成重疾了。至于重疾里面再去区分严重程度，那有什么区别？反正投保人投保的是重疾险，而不是“重疾里面更严重的重疾险”。既然重疾已经出现，无论轻重，保险事故均已构成，保险人就应该给付保险金。即对于投保人、被保险人、受益人而言，其认为“由于胰岛素分泌不足引起的慢性血糖升高，经血胰岛素测定，血C肽测定或尿C肽测定结果证实”才是确定保险责任的条件，这个条件足以明确“严重胰岛素依赖性糖尿病”的构成标准。而其后的已经持续性地依赖外源性胰岛素维持180日以上、已出现增值性视网膜病变、须植入心脏起搏器治疗心脏病、因坏疽需切除至少一个脚趾等条件，实际上是对“严重胰岛素依赖性糖尿病”这个保险责任进行一轮又一轮的限定、排除、减少，那不是免责条款又是什么呢?

《最高人民法院关于适用〈中华人民共和国保险法〉若干问题的解释（二）》第十七条规定：“保险人在其提供的保险合同格式条款中对非保险术语所作的解释符合专业意义，或者虽不符合专业意义，但有利于投保人、被保险人或者受益人的，人民法院应予认可。”因此，保险人当然可以在保险合同条款中设置定义，对类似疾病这样的非保险术语去进行解释。但是应当要对比专业定义，凡是与专业定义不尽一致的规定，均应按照对投保人、被保险人、受益人有利的方向去理解。按照这个原则，我们就容易分析了。

前述例子中，“由于胰岛素分泌不足引起的慢性血糖升高，经血胰岛素测定，血C肽测定或尿C肽测定结果证实”确实是确定保险责任的条件，甚至这个条件比一般的医学标准要简单得多，因此被保险人罹患1型糖尿病的，我认为已经构成了保险事故，保险公司本应该给付保险金。但是，保险合同条款中的“已经持续性地依赖外源性胰岛素维持180日以上”“已出现增值性视网膜病变”“须植入心脏起搏器治疗心脏病”“因坏疽需切除至少一个脚趾”实际上起到的是排除保险人责任的目的，是不利于投保人、被保险人、受益人的，因此这个内容应属于免责条款。

设置免责条款并没有什么错，但是保险人必须依法对免责条款尽到明确说明义务才可以。否则的话，这样的免责条款没有法律效力。

甘肃省武威市中级人民法院（2016）甘06民终126号民事判决书载明，田某书向保险公司投保了重疾险，其中列明疾病中包括“慢性肝功能衰竭失代偿期”，定义为“因慢性肝脏疾病导致肝功能衰竭”，同时须满足“持续性黄疸，腹水，肝性脑病，充血性脾肿大伴脾功能亢进或食管胃底静脉曲张”的全部条件。

后田某书确诊“肝炎肝硬化、乙型、活动性、代偿期，脾机能亢进，胆囊结石，萎缩性胃炎，脂肪肝”，向保险公司提出重大疾病理赔申请，保险公司以田某书病情不符合保险合同列明的重大疾病赔付标准为由，退回了田某书的理赔材料。

一审法院认为，保险合同中的“慢性肝功能衰竭失代偿期”定义为“因慢性肝脏疾病导致肝功能衰竭”，同时须满足“持续性黄疸，腹水，肝性脑病，充血性脾肿大伴脾功能亢进或食管胃底静脉曲张”的全部条件。但从医学角度分析，肝硬化功能代偿期是指肝脏不依赖药物或其他的方式支持，凭借肝脏自身剩余功能，仍然可以承担身体的机能需求，一般肝功能无明显变化，可以像正常人一样生活。肝硬化包括四个阶段：其中第一、第二阶段为病人的食管和胃没有静脉曲张或出现轻度静脉曲张，但不会发生静脉破裂出血；第三阶段病人出现腹水，胃和食管内可有也可没有静脉曲张；第四阶段病人发生胃和食管静脉破裂出血，可有腹水也可能没有腹水；第一、第二阶段属于代偿性肝硬化，而第三、第四阶段则属于失代偿性肝硬化。由此可见，肝硬化失代偿期并不需要同时满足保险合同列明的四种条件。根据田某书的病历资料及医嘱，田某书现仍需抗病毒治疗，且不能停药或减少药量，说明田某书肝脏已无法凭借身体机能正常运转，其病情虽不符合肝硬化失代偿期的条件，但已达到肝硬化失代偿期的疾病状态。故保险公司理应按照保险合同约定向田某书赔付重大疾病保险金 30000 元。

二审法院认为，双方争议焦点是田某书病情是否达到合同中约定的肝硬化功能失代偿期。田某书的病情虽不符合肝硬化的四个阶段，但根据田某书的病历资料及医嘱，田某书现仍需抗病毒治疗，且不能停药或减少药量，说明田某书的肝脏已无法凭借身体机能正常运转。故保险公司之“原审判决认为田某书的病情虽不符合肝硬化失代偿期的条件，但已达到肝硬化失代偿期的疾病状态，这显然是错误的”理由不能成立。保险公司应按照保险合同约定向田某书赔付重大疾病保险金 30000 元。

对于合同定义，鲜有保险公司将其作为免责条款而履行明确说明义务的，一旦出现纠纷，影响还是非常之大的。

4. 特殊的费用条款

这种费用条款，往往存在于一些具有投资功能的险种，如两全保险、投资连结险等。譬如，有些保险公司推出投资连结保险，其中约定，投保人将要承担初始费用、风险保障费用、投资账户管理费、退保与部分支取的手续费等，这些费用条款与其他条款并无任何区别。

对于这样的投资性保险，其保险责任大体分为两个部分：一是投资功能，使得投保人可以获取其用于投资的保险费账户的价值；二是保障功能，即当被保险人出现死亡、伤残等保险事故后，会得到保险金，但是保险金的计算往往也是与投资账户价值紧密相关的。因此，向投保人支付其投资账户价值，是保险人一个最重要的合同义务。

而前述“初始费用、风险保障费用、投资账户管理费、退保与部分支取的手续费”等费用，有些是在投保时就要计收的，计收后的保险费余额进入投资账户进行投资，有些是此后按照每个年度计收的，各有不同。但是，均会起到对投保人投资账户价值总额的减少作用。因此，这些费用条款，不仅是介绍投资账户的计算方式，显然也是减少保险人合同义务的表现，因此这些费用条款应当视为减少保险人义务、责任的条款，即免责条款，保险人应当对此履行明确告知义务。

不过，有些保险合同设计不同的险种共用一个保险金额，即当某险种出险、保险赔偿之后，保险金额就相应减少，当另外一个险种出险后，总的保险金额就没有保险单载明的那么多了。对于这样的情形，我认为，保险金额的减少是保险人履行保险赔偿义务之后的必然结果，是履行合同义务的体现，而不是减少履行合同义务之意，因此这个情形属于保险责任，而不是免责条款。

河南省高级人民法院（2016）豫民申1633号民事裁定书载明，王某土与保险公司的保险合同约定“本附加合同与主合同保额关联：××保险金支付后，主合同的基本保险金额等额减少，主合同分期领取的年金减少，年金减少比例同主合同基本保险金额的减少比例”。

法院认为，依据该条款约定，《××保险》约定的保险金 38000 元与《阳光人寿鸿福齐添年金保险（分红型）》约定的保险金 40000 元不能同时取得，王某土要求同时赔偿身故保险金 40000 元和重大疾病保险金 38000 元的主张没有合同依据。该条款的内容应为对保险责任范围的约定，而不是免责条款，了解保险责任范围是投保人在投保时应尽到的基本的注意义务。王某土认为该条款属于实质上的责任免除条款，保险公司对该条款没有尽到提示和说明义务故该条款无效的理由不能成立。法院认为投保人以保险人未尽到提示和说明义务为由无限扩大保险责任范围有违民法的公平和诚信原则并无不妥。

5. 残疾等级表或者残疾标准

目前，司法实践已经普遍将人身保险合同中经常出现的残疾登记表、残疾程度评定标准等作为免责条款对待。因为这样的险种往往是以被保险人构成伤残作为给付保险金条件的，但是伤残的形式、等级是多种多样的，从一级到十级，赔偿保险金的数额也是差别很大的。这样的伤残保险金是以保险金额为基数，按照不同的等级折扣的，而不是累加的。譬如，一般的伤残保险金保险总是确定一个保险金额，如 30 万元，如果是一级伤残，就获得 30 万元保险金赔偿；如果是十级伤残，就获得 3 万元赔偿，以此类推，按照比例确定最终保险金数额。这个情形，我认为实际上是在减少保险人的合同义务。

山东省烟台市中级人民法院（2015）烟商二终字第 111 号民事判决书载明，刘某凤购买保险公司意外保险卡一份，交纳保费 100 元。后，刘某凤在下班途中发生交通事故，造成左胫骨平台骨折。刘某凤申请理赔，并将相关的材料交至保险公司，保险公司核对材料后认为，按照我公司制定的人身保险残疾程度，刘某凤的伤残不构成相应的等级，因此不同意给付残疾赔偿金 10 万元。保险公司提出，相关的保险条款已对刘某凤进行了告知。但保险公司未提交该份保险的相关条款，亦未举示证据证明告知刘某凤保险条款的事实。

一审法院认为，保险公司抗辩称，应按保险公司制定的伤残标准认定伤残等级。因保险公司未向刘某凤出示其公司的伤残认定标准，在投保人不知晓该规定的情况下，应按投保人的理解予以赔付。故对保险公司抗辩不予支持。刘某凤的伤残等级经鉴定为七级，参照民事赔偿计算标准，上年度城镇居民人均收入 28264 元，七级伤残赔偿额度为 226112 元，故保险公司应按最高金额 10 万元赔付。

保险公司不服一审判决，提起上诉称：伤残评定标准应按照双方约定的给付比例表，刘某凤评不上伤残。关于残疾赔偿金的计算方式，按照双方约定的保险条款，即使达到 7 级，也应该是 10 万元乘以 10%，即按照 1 万元进行赔偿。

二审法院认为，涉案保险条款中的《人身保险残疾程度与保险金给付比例表》载明了残疾程度的具体项目和给付比例，该比例表按比例进行赔偿的规定减轻了保险人的责任，属于保险合同中的免责条款，保险公司应当按照法律规定履行提示和明确说明义务。但保险公司无证据证明对保险条款及给付比例表履行提示和明确说明义务，故《人身保险残疾程度与保险金给付比例表》对刘某凤不产生效力。原审判决正确，依法应予维持。

还有一些伤残情形，在不同的评定标准中，结论是不一样的。同一个伤残情形，在这个评定标准下构成伤残，但是在另外一个评定标准下却不算伤残。或是，在某一个评定标准下，该伤残可能是 9 级，而在另外一个评定标准下，该伤残却是 10 级伤残。

评定标准本身并没有什么对错之分，只是选用哪一个而已，但是对于被保险人而言，在出现伤残之前可以说基本都不了解这些伤残评定标准的异同。

譬如，某被保险人因交通事故导致鼻部受损，经司法鉴定，引用《司法鉴定技术规范 SF/Z JD 0103003-2011 法医临床检验规范》，认为其鼻部构成 10 级伤残。

该被保险人同时投保了某意外保险险种，向保险公司索赔时，才发现保险合同约定，应适用《人身保险伤残评定标准及代码》（JR/T 0083—2013）确定伤残等级，然而依据该标准，却没有对应的鼻部相关情形，即其鼻部伤情无法构成伤残。

《人身保险伤残评定标准及代码》（JR/T 0083—2013）是在2014年1月17日由中国保监会发布的，发布文号为保监发〔2014〕6号。内容称“为全面、系统、规范、详细地评定由于意外伤害因素引起的伤残程度，确定意外险产品或包括意外责任的保险产品中伤残程度的评定等级以及保险金给付比例，改善保险公司理赔实务的可操作性和准确性，提高行业理赔管理的规范化水平，全国金融标准化技术委员会保险分技术委员会制定了《人身保险伤残评定标准及代码》（标准编号为JR/T 0083-2013），并通过了审查。按照《全国金融标准化技术委员会保险分技术委员会章程》，现予以发布，请遵照执行”。因此，《人身保险伤残评定标准及代码》（JR/T 0083—2013）合法有效，但是客观上却导致被保险人无法得到保险理赔，这在被保险人伤残之前是无论如何也不可能想到的。

有些人认为，伤残等级实际上是指被保险人的损失，根据损失填补的原则，构成多少等级，就说明损失有多么严重，因此就得到相应的保险金赔偿，这不是免除保险人的合同义务，恰恰是确定保险人合同义务的表现。因此，伤残等级表不应该被视为免责条款，而应该视为保险责任范围条款，是确定保险责任的体现，不存在明确说明义务。

对此，我这么理解：我们都认同一点，即人的生命、健康是无价的，既然无价，那么损失也就无法估算，也就谈不上什么损失填补的问题。伤残保险金，仅仅是给被保险人的一个抚慰。既然是抚慰，那么按照不同的人为设定的档次减少保险金数额，应该不是确定保险责任范围，而应该是免除、减少保险人的赔偿责任。

三、将非保险责任范围条款列入免责条款

有些保险公司在设计免责条款的时候，为了尽量保护公司利益，所以对于免责条款设计得比较充分全面，涵盖范围尽量广。其中有一些本来不属于保险责任范围的疾病、事故、危险、损害等，被列入了免责条款。后

果有点麻烦：假如该保险合同存在未明确说明问题，那么这些本来并不属于保险责任范围的疾病、事故、危险、损害等，保险公司要不要承担保险赔偿责任？譬如，有重疾险保险合同在免责条款中写明，“艾滋病，或因感染艾滋病毒导致重疾的”均不承担保险赔偿责任。这句话中，“或因感染艾滋病毒导致重疾的”这句话比较好理解，因为这属于特定原因导致保险事故的免责情形，这没什么争议。问题在于“艾滋病”这个词，从这个语句看，它不是指一个导致重疾的原因，而是指一种疾病本身，就是指被保险人罹患艾滋病的情形。然而这个保险合同承保的重疾范围中并不包含艾滋病，即艾滋病本来就不属于保险责任范围，现在却被列入了免责条款。对于这样的情形，该怎么理解与判断？

我的理解是：保险责任，其实就是保险人的合同义务，免责就是免除或者减少保险人的合同义务，但是免责的前提是存在“责”，即保险人起码是可能存在某一合同义务，如果根本就不存在该合同义务，则谈不上免除或者减少该合同义务。在逻辑上看，免责的情形应该是本来就包含于保险责任范围之内的，在这种理论状态下，如果免责条款不发生法律效力，则保险人必将承担保险赔偿责任。然而我们不能反向推论：只要免责条款不起作用，保险人就应该承担保险责任。因为，前提是“免责的情形应该是本来就包含于保险责任范围之内”，假如这个前提不存在，反向推论就不成立了。

2011 年 1 月 12 日，江苏省高级人民法院颁发《关于审理保险合同纠纷案件若干问题的讨论纪要》，其第 2 条规定：“保险责任范围与免责条款之间的关系不限于包含关系。被保险人或者受益人以相关免责条款不产生效力为由要求保险人赔偿或者给付保险金的，人民法院应当审查保险条款关于保险责任范围的具体规定，以确定事故是否属于保险责任范围。事故不属于保险责任范围的，无需审查事故是否属于免责范围以及相关免责条款的效力；事故属于保险责任范围的，应进一步审查事故是否属于免责条款规定的情形，以及免责条款是否有效。”可见，司法实践的认知还是要先确定免责的情形是否是本来就包含于保险责任范围之内。

那么像我们前面提到的那个“艾滋病”例子，虽然它被列入了保险合同的免责条款，但是艾滋病本身并不属于保险责任范围，不属于承保的重大疾病，因此依法而言，无需审查艾滋病是否属于免责范围以及相关免责条款的效力。假如被保险人真的罹患艾滋病，即便免责条款被认定不具有法律效力，保险公司也不应该对艾滋病给予保险赔偿。

新疆维吾尔自治区高级人民法院生产建设兵团分院（2010）新兵民提字第00037号民事判决书载明，彭某山在保险公司处投保，该保险条款第五条责任免除部分第六项约定“被保险人因先天性心脏病身故”。该保险条款第二十三条对重大疾病的释义为“下列疾病或手术之一：“一、心脏病（心肌梗塞）”。心脏病（心肌梗塞）注释为：“指因冠状动脉阻塞而导致部分心肌坏死，其诊断必须同时具备下列三个条件：①新近显示心肌梗塞变异的心电图；②血液内心脏霉素含量异常增加；③典型的胸痛病状。”后彭某山被确诊为先天性心脏病，房间隔缺损。保险公司公司以彭某山所患先天性心脏病不属于保险合同约定的大病范围而拒赔。

一审法院认为，重大疾病属于该保险合同的保险范围。对于重大疾病的定义，在保险条款中由释义和注释共同组成。根据保险条款对重大疾病的释义，心脏病（心肌梗塞）属于保险合同约定的重大疾病。彭某山虽然患先天性心脏病，但其对此并不知晓，亦没有既往病史记载，不存在违反告知义务问题，因此，彭某山在订立保险合同时并无过错，判令保险公司给付彭某山保险金5万元。

二审法院认为，彭某山投保后，因诊断出先天性心脏病（房间隔缺损），遂按照合同约定向保险公司主张重大疾病保险金。该合同第二十三条规定了重大疾病的范围，其中心脏病作为重大疾病表述为“心脏病（心肌梗塞）”。同时在合同中加注：心脏病（心肌梗塞）是指因冠状动脉阻塞而导致部分心肌坏死，其诊断须同时具备三个条件（略）。从上述表述可以看出，合同中的心脏病范围应是单指因心肌梗塞的心脏病。而彭某山所患心脏病是房间隔缺损的先天性心脏病，不属于合同约定的心脏病类型，因此，也就不属于合同约定的重大疾病保险范围，从而，保险公司不应承担给付重大疾病保险金的义务。一审法院未区分心脏病的类型，认定彭某山所患先天性心脏病属于合同约定的重大疾病范围有误，应予纠正。本案的保险合同中约定的重大疾病的范围不是“免责条款”或“限制其责任的条款”，亦不是“加重对方责任、排除对方主要权利的条款”，保险公司的上诉理由合法有据，予以采信。撤销一审判决。

再审法院认为，从双方签订的保险合同来看，保险人就免责条款作出了提示，但提示内容不明确，容易使人产生模糊认识，即首先在合同释义中将保险范围约定为“心脏病（心肌梗塞）”，而在合同的注释中将“心脏病（心肌梗塞）”限定为因冠状动脉阻塞而导致部分心肌坏死，即仅指心肌梗塞。如果保险公司在条款中约定的心脏病本意仅限于心肌梗塞，那么就应该直接将保险范围表述为心肌梗塞。保险公司把“心脏病（心肌梗塞）”与心肌梗塞等同起来，模糊了二者的认识，容易让投保人产生歧义。加之在再审庭审中，证人赵某证实，其当年代表保险公司做该保险业务时，对免责条款的解释与合同中载明的提示说明内容不一致，致使申请再审人认为只要患有心脏病都可以获得保险公司理赔。依据《保险法》第三十一条“对于保险合同的条款，保险人与投保人、被保险人或者受益人有争议时，人民法院应当作出有利于被保险人和受益人的解释”之规定，对于“心脏病（心肌梗塞）”应理解为心脏病包括心肌梗塞，不应理解为心脏病仅指心肌梗塞。因此，保险公司应当承担保险赔付责任。撤销二审判决，维持一审判决。

四、间隔期条款是否属于免责条款

在很多意外险种的保险合同条款中，我们都可以看到这么一句：“被保险人遭受意外伤害事故，并自事故发生之日起 180 日内因此导致身故的，保险人赔偿意外身故保险金。”这里的“180 日”是一个间隔期，将意外伤害事故与死亡之间的时间进行了特别的限定，即死亡必须发生在受到意外伤害后 180 日内，超过 180 日死亡的，保险公司不予赔偿。那么，这个 180 日的限制，是属于免责条款，还是保险责任条款呢？

我们分析这个问题，首先要想想，这种条款出现在保险合同中不是无缘无故的，那么到底是基于什么道理呢？我的理解是：之所以在保险合同中设置 180 日的限制，主要还是想要确定死亡、意外伤害事故之间的因果关系。因为这样的险种往往是意外伤害保险，而不是一般性的人身保险，更不是疾病保险，费率往往比较低，保险金额却比较高，之所以这样，是因为意外导致死亡的概率比较低。被保险人遭受意外伤害后不一定很快死亡，在救治过程中，可能因某种疾病发作导致死亡，也可能救治有严重失误导致死亡，保险公司需要一个简单快速的方法来甄别死亡的确是意外伤害导致的。如何甄别？干脆就设定一个时间限制。在这个时间内死亡的，原则上就认定为是意外伤害导致的。超过这个时间死亡的，原则上就不认为是意外伤害导致的。

其实，遭受意外伤害的被保险人在第 180 日死亡，与在第 181 日死亡能有什么本质区别吗？我看并没有。之所以设定这个 180 日，其实就是一种人为的设定标准，人为地创造出一种快速甄别的方式而已。所以把这个 180 日改变为 120 日、150 日、210 日等，并无任何本质差别。是以，所谓日期限制并不重要，因果关系的证明才是根本。

如果被保险人在保险合同成立 180 日内遭受意外伤害后立即导致死亡，因果关系清晰；或者保险人并无证据证明其他致死情形的存在，则意外事故、死亡之间的近因足可确定，即意外身故的保险事故已经构成，保险人本应承担保险赔偿责任，却因这个 180 日的限制可能会免除保险赔偿责任，那么这个时候，这个 180 日的限制应该被视为免责条款，应审查保险人的明确说明义务问题。

但是，如果被保险人在遭受意外伤害后，同时存在其他比较严重、可能致死的其他病症或其他情形，且保险人有证据能够表明这一点，则意外事故、死亡之间的近因难以确定，意外身故的保险事故不一定构成，保险人难以确定是否承担保险赔偿责任，这个保险赔偿的合同义务尚不存在。这个时候，这个 180 日的限制就不能被视为免责条款，而应视为确定保险责任的一个标准、限定。即在这种情形下，因被保险人超过 180 日死亡，可被人为设定为不是与意外事故具有近因关系，即不认为是意外导致的身故，不应赔偿保险金。

江苏省南通市中级人民法院（2014）通中商终字第 0415 号民事判决书载明，李某全于在保险公司投保意外伤害保险，后因交通事故导致严重颅脑损伤合并肺部感染、褥疮等并发症死亡。案涉条款约定需被保险人自意外伤害之日起 180 日内死亡方给付身故保险金，保险公司因此拒赔，继承人向法院起诉保险公司。

一审法院认为，案涉保险合同系保险公司单方提供的格式条款，对身故保险金责任条款通常理解为被保险人在保险期限内因遭受意外伤害身故，保险人即应承担支付身故保险金的保险责任，而案涉条款约定需被保险人自意外伤害之日起 180 日内死亡方给付身故保险金，该条款给保险人应承担的保险责任单方设置了 180 日的责任期限，超过该期限即免除其应承担的保险责任，此种约定免除了保险人依法应承担的保险责任，该责任期限的约定应为无效。保险人制定保险条款时应尊重社会公德，不得违背公序良俗。案涉保险条款保险人对给付身故保险金的保险责任附加 180 日的期限，可能导致被保险人在遭受意外伤害后，其亲属为获取保险金，被保险人无法获得及时救治及看护，甚至有可能出现对被保险人的二次伤害，故前述给付身故保险金责任期限的约定因违背公序良俗亦应无效。

二审法院认为，在保险合同案件中，近因原则是确定保险责任的一项基本原则。所谓近因是指造成损失的最直接、最有效、起主导性作用的原因。保险公司是否应该赔付，是由损失的原因决定的，它取决于在符合合同约定的后果的前提下，所要承保的风险和承保损失之间是否存在因果关系，即已发生的保险事故后果的近因必须是保险责任范围，保险公司才能理赔。本案中，从现有证据分析，李某全的死亡原因是“头部遭受较大外力作用导致严重颅脑损伤合并肺部感染、褥疮等并发症死亡”，造成该死亡原因的前因是李某全遭受的交通事故，且后因是前因的必然结果，而交通事故属于案涉保险合同的保险风险，故保险公司理应承担赔付责任。现保险公司在无证据证明李某全的死亡与交通事故之间无因果关系的情况下，忽视近因原则，仅以被保险人身故时间与发生意外时间间隔大于180天，不满足“被保险人自意外伤害发生之日起180日内因同一原因身故”这一条款的理由而拒赔，与尊重社会公德、不得损害社会公共利益的基本法理相背离，极易导致被保险人在遭受意外伤害后无法获得及时救治甚至被二次伤害等道德风险。故保险公司该上诉理由不予支持。

五、保险人如何履行明确说明义务

保险人的明确说明义务极端重要，那么到底怎么做才算是履行了明确说明义务呢？实践中，这个问题实在复杂，很多法院在审理相关案件时尺度差别较大，轻易认定保险人未履行明确说明义务、继而认定免责条款无效，往往会使得保险公司无所适从，让保险公司觉得自己无论怎么做都不能免责，这样也会造成另一种不公平。

《保险法》第十七条规定：“订立保险合同，采用保险人提供的格式条款的，保险人向投保人提供的投保单应当附格式条款，保险人应当向投保人说明合同的内容。对保险合同中免除保险人责任的条款，保险人在订立合同时应当在投保单、保险单或者其他保险凭证上作出足以引起投保人注意的提示，并对该条款的内容以书面或者口头形式向投保人作出明确说明；未作提示或者明确说明的，该条款不产生效力。”《最高人民法院关于适用〈中华人民共和国保险法〉若干问题的解释（二）》第十条规定：“保险人将法律、行政法规中的禁止性规定情形作为保险合同免责条款的免责事由，保险人对该条款作出提示后，投保人、被保险人或者受益人以保险人未履行明确说明义务为由主张该条款不成为合同内容的，人民法院不予支持。”第十一条规定：“保险合同订立时，保险人在投保单或者保险单等其他保险凭证上，对保险合同中免除保险人责任的条款，以足以引起投保人注意的文字、字体、符号或者其他明显标志作出提示的，人民法院应当认定其履行了保险法第十七条第二款规定的提示义务。保险人对保险合同中有关免除保险人责任条款的概念、内容及其法律后果以书面或者口头形式向投保人作出常人能够理解的解释说明的，人民法院应当认定保险人履行了保险法第十七条第二款规定的明确说明义务。”第十二条规定：“通过网络、电话等方式订立的保险合同，保险人以网页、音频、视频等形式对免除保险人责任条款予以提示和明确说明的，人民法院可以认定其履行了提示和明确说明义务。”第十三条规定：“保险人对其履行了明确说明义务负举证责任。投保人对保险人履行了符合本解释第十一条第二款要求的明确说明义务在相关文书上签字、盖章或者以其他形式予以确认的，应当认定保险人履行了该项义务。但另有证据证明保险人未履行明确说明义务的除外。”

法律规定就是这么多，看起来也比较清楚，但是实际上并不那么简单，我们要从中读出如下具体的程序、要求、效果：

1. 保单中必须附所有免责条款，包括可能被认定为免责条款的那些减少、免除保险人合同义务的条款

明确说明义务，是保险人在订立保险合同时应该履行的缔约诚信义务，而不是合同成立后的义务，因此在投保时，保险人必须保证投保人看到该免责条款，最合理的方式就是在投保单中必须附有免责条款，虽然法律仅规定“投保单应当附格式条款”，但是免责条款乃格式条款中最重要的内容，是对投保人、被保险人、受益人影响最大，最能体现保险人缔约诚信行为的条款，因此免责条款当然应该在投保单中附上。

如果投保单没有附有免责条款，首先就不符合《保险法》第十七条的规定。假如保险人是通过另外的单行本、小册子等方式向投保人提示免责条款的，该免责条款应该与保险合同载明的免责条款一致，且起码要有充分的证据表明投保人同意这样的替代方式，表明投保人接到、看到了该免责条款的内容。

如果在投保的时候，投保人根本就看不到免责条款，那所谓的保险人提示义务、解释义务等，根本就不成立、没意义，保险人的明确说明义务根本就不可能得以履行。

黑龙江省高级人民法院（2017）黑民再443号民事判决书载明，富某与保险公司签订了人身意外伤害保险，后富某无证驾驶拖拉机发生农机事故溺水死亡。富某的行为违反了《道路交通安全法》第十九条规定，此为法律的强制性规定。

原审法院认为，富某已在人身意外伤害保险投保单的投保人声明栏内签名确认，证明上诉人保险公司对保险条款内容已履行说明义务。在此情况下保险人对保险条款履行的是提示义务，而非明确说明义务。免责条款有效，保险人不应对此承担保险赔偿责任。

再审法院认为，案涉投保单虽有富某本人签字，但未附格式条款，在此情况下不能证实富某作为投保人、被保险人知悉双方签订保险合同中的格式条款，尤其是格式免责条款的内容。保险公司虽主张其在富某投保时出示了另行成册的保险格式条款，但并无相关证据予以证实。而案涉保险单的背面虽附了格式条款，但该保险单只有保险代理机构盖章，并无投保人、被保险人富某的签字确认。故不能认为保险公司对案涉保险合同中的格式免责条款已履行了提示义务。双方签订的保险合同中的格式免责条款未发生法律效力，保险公司应承担保险赔偿责任。

2. 提示注意环节应当由保险公司主动进行，而不能被动等待投保人进行下载或者自行查阅

目前在有些通过电子投保、网络投保、购买保险卡等形式的投保过程中，保险人并不提供免责条款，而是要求投保人另行去下载或者去保险人官网查阅、点击链接，这样才可以看到免责条款的具体内容。大多数人都认为这不过是举手之劳，很正常，但是我认为，这样的做法不符合法律规定。

按照法律与司法解释的规定，“保险人在订立合同时应当在投保单、保险单或者其他保险凭证上作出足以引起投保人注意的提示”，“保险人以网页、音频、视频等形式对免除保险人责任条款予以提示”，可知保险人必须对免责条款进行提示，这是一个主动的义务，应该由保险人主动来完成、来推送，而不能等着投保人自己去查。假如投保人不打开免责条款链

接、不去查阅免责条款内容，保险人的明确说明义务岂不是不了了之？所以这不符合立法之本意。此外，提示免责条款不等于提供免责条款的链接，因此必须以免责条款全文呈现为基本要求，而不是只提供一个链接、只提供一个网址。

黑龙江省绥化市中级人民法院（2015）绥中法民二商终字第36号民事判决书载明，陈某芬于保险公司销售处投保个人意外伤害卡式综合保险。该卡正面载有投保流程；在激活保险卡过程中，保险公司通过其网站对该卡正面、背面上的重要提示、职业分类表、投保须知等内容进行说明，且对保险人免责条款有区别于一般保险条款的特别说明形式。激活过程中，投保人须先阅读保险条款，并在投保声明页面中“1. 本人认可并接受网上投保方式，愿以此种方式与保险公司签订保险合同；2. 本人已详细阅读投保须知和保险条款，对各项保险责任和除外责任均已了解并同意”的提示内容下方，点击“同意”并“确定”后，才能进入后续的激活程序。后陈某芬因交通事故受伤，与保险公司诉争至法院。

一审法院认为，本案中的意外伤害电子保单（两份）属于格式合同，陈某芬投保时，系通过网络激活自助卡投保，保险公司所设计的网站无证据证明其在销售中主动提供保险条款，亦无证据证明根据投保人的文化结构进行浅显易懂的解释“术语”与须知，同时就伤害程度如何理赔明确告知。据此，可以认定被告保险公司未向原告（投保人）详细履行提示与说明义务的事实成立。此种电子化的保险业务，虽为新型简易保险产品的特点，但保险公司对投保人的网络投保应有证据保存。原告与被告保险公司之间的保险合同系双方真实意思表示，不违反法律的强制性规定，依法成立生效，具有法律约束力。

二审法院认为，陈某芬现系八级伤残，应按意外伤害身故、残疾金额80000元进行理赔。保险公司称七级以上残疾才能按比例进行赔偿，本案陈某芬为八级伤残，不予理赔。保险公司出售的保险卡中并没有该内容的规定，且保险卡系格式合同，保险卡系保险公司单位的工作人员进行网上激活，并未进行相应的提示和告知义务，保险公司并没有证据证实投保时进行了相知的提示和告知义务。判决驳回上诉，维持原判。

3. 免责条款所使用的文字、字体、符号等，应与保险合同条款其他内容有较大差异，且差异应明显，足以引起投保人注意，即广义的免责条款不能与其他合同条款形式上趋同

保险条款通常内容繁杂、专业性强，对于绝大多数投保人而言都晦涩难懂，很难注意到其中存在的免责条款，可能会轻易地做出不真实的意思表示。因此依法而言，起码在保险条款设计方面，应使免责条款在形式上与保险合同条款的其他部分明显不同，客观上强迫投保人去关注，提示投保人去注意。所谓明显不同，通常而言，免责条款应该比保险合同条款的其他部分字体要大、要粗，而不是更小、更细，否则就不符合提示注意的要求了。目前看，一般来说经营人身保险业务的保险公司都会注意到这个问题，但是往往仍然存在很多的疏漏：

（1）在保险合同条款中，往往对免责条款进行字体加粗、加黑，但是在投保单所附的免责条款中却很少能做到这一点。

黑龙江省绥化市中级人民法院（2015）绥中法民二商终字第88号民事判决书载明，李某云的丈夫刘某与保险公司签订了保险合同。后刘某出现保险事故身故，李某云作为保险合同的受益人，要求保险公司按保险合同约定给付赔偿款。对此，保险公司认为刘某系酒后驾车肇事死亡且承担事故的主要责任，故属于拒赔范围。

法院认为，保险公司与李某云签订的保险合同属重大疾病人身意外伤害保险。保险公司提交的保险条款中有“被保险人酒后驾驶保险公司不负保险责任”，但该免责条款并没有作字体加黑或能引起投保人注意的提示，也没有证据证明保险公司已将保险条款送达投保人。保险公司称已经履行了免责条款告知义务，但在审理期间保险公司并没有举示向李某云履行告知义务的书面或口头形式的证据以证实其上诉主张。因此，法院认定投保单中并没有酒后驾驶保险公司免除责任的约定，保险公司应承担刘某肇事死亡的理赔责任。

（2）对于保险合同条款中的“除外责任”章节往往都能进行字体加

粗、加黑，但是对于可能被认定为免责条款的免赔率、免赔额、等待期、间隔期、合同定义等，却很少能做到这一点。

山东省济宁市中级人民法院（2014）济商终字第620号民事判决书载明，保险公司与投保人建筑公司签订团体意外伤害保险合同，后工人陈某在施工时摔伤，遂要求保险公司给予保险赔偿，而保险公司要求按照残疾赔偿表进行赔偿。双方发生争议，诉至法院。

一审法院认为，本案中保险合同约定的“残疾程度与给付比例表”所列的标准及免赔、补偿原则，属于免除被告责任的条款，被告未以足以引起投保人注意的文字、字体、符号或者其他明显标志作出提示，亦未提交充分证据证明向投保人作出了明确说明。被告作为保险人应尽到而未尽到法定的说明义务，该条款对原告不产生效力。原告因交通事故受伤住院、伤残的事实，符合保险合同约定的保险事故，被告应当在约定的赔偿限额内赔付原告保险金。

二审法院认为，本案中保险合同约定的“残疾程度与给付比例表”所列的标准及免赔、补偿原则，属于免除被告责任的条款，上诉人未以足以引起投保人注意的文字、字体、符号或者其他明显标志作出提示，亦未提交充分证据证明向投保人作出了明确说明。因此，原审判决认定上诉人作为保险人未尽到法定的说明义务，该条款对被上诉人不产生效力，符合法律规定。上诉人应当在保险合同约定的赔偿限额内赔付被上诉人保险金，遂维持原判。

4. 不是提示注意就完了，保险人还应该主动向被保险人进行解释、说明，去解释免责条款的概念、内容及其法律后果

这是一种主动的义务，不是被动地等待投保人来问，而应该由保险人主动去做。因为保险条款的专业性以及免责条款的重要性，即便投保人去认真读也未必能理解其意思，也未必会问出什么像样的问题，如果保险人利用投保人这种弱势因素签订保险合同，未免胜之不武，未免有点缺乏公平诚信。这就需要保险人主动来宣讲免责条款的意义与后果，以达成公平、诚信缔结保险合同的结果。

当然现实中恐怕也没有几个保险人真的去这么做，因为生怕投保人越听越怕，干脆不买保险了，但现实的情形不等于可以扭曲法律的本来意义。保险人也不可以通过逃避这样的责任来获得利益。

河南省许昌市中级人民法院（2015）许民终字第1257号民事判决书载明，杨某勤为丈夫武某立在保险公司投保终身寿险（分红型）一份，投保人杨某勤在保险公司的电子投保确认书、人身保险投保提示上签字，未在个人人身保险投保单上签字。后，武某立因病住院治疗，被诊断为脑梗死、高血压病3级、高同型半胱氨酸血症、糖尿病。事后武某立多次向保险公司理赔遭拒，遂诉至法院。

一审法院认为，本案中，投保人签字的电子投保确认书和人身保险投保提示中并未列明免责条款的详细内容及作出足以引起投保人注意格式条款的提示，保险合同中的个人人身保险投保单上也没有投保人的签字，保险公司也没有未提供其他证据证明在签订保险合同之前或者签订保险合同之时以书面或者口头形式对减轻或者免除保险人保险责任的条款内容向投保人作出了明确说明，故保险合同中免责条款不产生效力。武某立的患病时间在保险合同的保险期间内，保险公司应当按照人身保险合同约定的保险金额200000元向武某立支付保险赔偿金。

二审法院认为，杨某勤签字的电子投保确认书和人身保险投保提示中并未列明免责条款的详细内容，保险合同中的个人人身保险单上也没有杨某勤的签字，仅打印“保险责任和责任免除详见条款”的内容。虽然杨某勤在电子投保确认书写明“本人阅读保险条款产品说明书和投保提示书，了解本产品的特点和保险利益的不确定性”，但是该表述不足以认定保险公司尽到了明确提示说明义务，因为保险公司没有提供保险条款产品说明书，投保提示书上具体列明××的范围，也没有单独针对保险条款中的××以及属于××的脑中风后遗症所列遗留障碍情形进行详细说明。故原审认定本案保险合同中免责条款不产生效力并无不当。判决驳回上诉，维持原判。

5. 如果免责条款实际上是法律、行政法规中的禁止性规定，则仅提示

就可以，不需要保险人解释，推定投保人已经明知、理解、同意

法律、行政法规的禁止性规定，推定为人们普遍知晓、理解、强制性接受的行为规范，在任何情况下均不得违反。但是，这不等于违反该行为规范后无法得到保险保障，保险合同毕竟是平等民事主体之间的契约，在特定情形下，违反该行为规范后的损失、损害后果等，依然可以得到保险保障。

那么如果保险人不愿意提供这样的保险保障、希望将相关的保险理赔义务剔除，则应该在免责条款中明示，也就是所谓“提示”义务。但是由于这些行为规范均为法定，推定人人理解，因此无需保险人再次进行解释说明。

海南省海口市中级人民法院（2015）海中法民一终字第636号民事判决书载明，张某辉系陈某蓉的丈夫。张某辉向保险公司处投保人身保险，后张某辉未取得机动车驾驶证驾驶拖拉机发生事故身故。保险公司拒赔，诉至法院。

一审法院认为，虽然张某辉于2011年9月18日在个人人身保险投保单中“声明与授权”一栏书写其已阅读保险条款、产品说明书、投保提示书，但免责条款并非在个人人身保险投保单中约定。从投保单中的“声明与授权”一栏的内容可以看出，该投保单的声明系保险人重复使用、预先拟定好未与对方协商的格式条款，保险公司以该声明去说明另外两份保险条款的免责条款，属于用一个格式条款去证实另一个格式条款，应认定该免责的格式条款未对张某辉说明和告知，故该免责条款未生效，判令保险公司应该赔偿张某辉的保险金20万元。

二审法院认为，“责任免除”项下关于被保险人无合法有效驾驶证驾驶，保险公司不负给付保险金责任的文字内容均予以字体加黑加粗处理。保险公司对保险合同的免责条款已履行了法律规定的提示义务。驾驶机动车，应当依法取得机动车驾驶证。张某辉在没有取得机动车驾驶资格的情况下驾车上路，不仅是一种极端不负责任的行为，而且对社会公共利益、他人人身安全也构成巨大的潜在威胁，其行为违反了法律法规强制性规

定。保险公司只需尽到对免责条款的提示义务即可，故陈某蓉以保险公司未对合同免责条款履行说明义务为理由主张保险合同中责任免除的条款不生效缺乏法律依据，不予支持。本案中并无证据证明保险公司对免责条款未履行明确说明义务。因此，保险公司不应承担向陈某蓉给付保险金的责任。

5. 保险人的解释可以是书面形式，也可以是口头形式，也可以采取网页、音频、视频等形式，即有形、无形均可；但是，保险人的解释应该保证投保人能够理解、接受

事实上，目前各家保险人基本都缺乏这样的解释动作、环节，大体上还是把免责条款在保险合同、投保单中印刷出来，或者在投保页面中展示出来就完事了。但是这不等于解释，这只是提示。提示之后，需要一个解释的动作与环节，或者对于免责条款常见的问题应该在条款中进行某种程度的说明，以通俗的语言表述一下。因为从法律、司法解释的规定看，对于明确说明义务的履行要求是“提示”并进行“解释说明”，可知解释说明乃一种递进的义务，与提示是不同的两个环节、两个动作，都必须体现出来，不能互相替代。所以好歹应该有这么一个体现，得有点解释说明的动作体现。然而，实践中基本没人这么做。如果出现纠纷，就比较麻烦了。

6. 保险人对于上述明确说明义务履行完毕、履行到位承担举证责任；如果投保人在相关文书上签字、盖章或者以其他形式确认保险人已经尽到了明确说明义务，则这个意思表示就是一种有效的证据

《最高人民法院关于民事诉讼证据的若干规定》第一条规定：“原告向人民法院起诉或者被告提出反诉，应当提供符合起诉条件的相应的证据。”《民事诉讼法》第六十四条规定：“当事人对自己提出的主张，有责任提供证据。”第六十五条规定：“当事人对自己提出的主张应当及时提供证据。”因此，保险人有义务举证自己已经履行了明确说明义务。当然，保险条款中往往会提示免责条款，这本身就是一种证据，表明了提示义务已经履行。问题是解释说明义务如何体现。

目前常见的情形是，投保单中会设计一个投保人声明栏，一般会载明："贵公司已向本人详细介绍了保险条款，并就该条款中有关责任免除和投保人、被保险人义务及本投保单中付费约定的内容做了明确说明，本人接受上述内容，自愿投保本保险。"然后，投保人在该投保人声明栏签字确认。那么，能否据此签字认定保险人已履行了明确说明义务？

有些法院认为，光一个签字还不行，还应该由投保人将这句话写出来才算可以。那么，假设投保人真的写出这句话，是不是就足以证明保险人的明确说明义务履行完毕了呢？有观点认为，投保人在"投保人声明栏"签字或盖章，足以证明保险人已就保险合同中的免责条款向其履行了明确说明义务。也有观点认为，投保单上这段话，实际上是另外一种格式条款，用一种格式条款去证明另外一种格式条款已经明白、接受，是没有意义的，因此在保险公司没有其他证据证明情形下，仅凭这个签字无效，但如果是投保人手写的这段声明，则有效。

对此我认为，这个问题在司法解释中已经进行了规范，即投保人"在相关文书上签字、盖章或者以其他形式予以确认的"情形下，就可以认定为保险人已经履行了明确说明义务。这个规定，也是基于实践的一个现实的、妥协的规定，其目的也是保障保险合同的稳定性。

从这里我们可以推理出几个规则：

（1）签字、盖章即可，不一定要求投保人抄写那段声明。

（2）不一定必须在投保单上签字、盖章，假如投保人在单行的免责条款文件上签字、盖章，也是可以的。

（3）不一定仅仅是签字、盖章，其他方式也是可以的，例如按指印或者其他确认投保人身份的行为；又如电子投保时的人脸识别、互联网投保时的打字等，但是不论如何，这是一个表明身份的动作，是要主动而非被动作出的。

（4）应该由投保人本人来进行签字、盖章或者其他形式确认，不存在代理人代为签字确认的问题，因为明确说明义务就应该向投保人来履行，如果不是由投保人本人签字、盖章确认的，意味着肯定没有向投保人本人履行明确说明义务，这样的代签字、代盖章是无意义的。

7. 如果有证据表明保险人实际上并没有履行明确说明义务或者没有履行到位，则即便有投保人的签字、盖章或者以其他形式的确认证据，该证据也无证明力

投保人的签字、盖章等只是一个形式上的证据，如果另有实质性证据表明，保险人确实没有对免责条款履行明确说明义务，则即便有投保人的签字、盖章认可，也不发生证据效力。

保险行业内非常重视投保人的签字，以为有了投保人的签字就可以万事大吉，就可以认定自己的一切缔约行为合理、合法、有效，所以往往会忽视其他的举证要求、忽视实质履行自己的各项诚信义务。但是，从司法解释看，仍以实质性履行义务的证据为先，投保人的签字、盖章实际上效力比较弱。那么，什么样的情形是“另有证据证明保险人未履行明确说明义务”呢？

实践中这样的情形其实也比较常见，例如：（1）未向投保人提交投保单；（2）投保单中未附合同条款、未附免责条款；（3）投保单中所附的免责条款与保险合同条款中提示的免责条款不一致；（4）对于有关等待期、残疾赔偿比例表、费用表、概念解释等其他形式的免责内容，未作为免责条款对待；（5）签字、盖章不是投保人本人所为；（6）签字或盖章日期晚于保险合同缔结日期；（7）免责条款中存在矛盾或者理解上必然模糊之处，保险人解释无法令人信服。在类似这些情况下，可以推知保险人不可能向投保人提示免责条款，更谈不上解释清楚了，因此实际上也不可能妥为履行明确告知义务，即便存在投保人签字、盖章确认事实，也不能认为保险人履行了明确告知义务，应该由保险人承担举证不能的不利后果。

宁夏回族自治区中卫市中级人民法院（2016）宁05民终213号民事判决书载明，杨某系海原县公安局干警，海原县公安局为单位266名干警在保险公司投保团体意外伤害保险，后杨某便和其他干警下车帮忙推车。在此过程中，杨某突然晕倒在地猝死。保险公司以免责条款为由拒赔。受益人田某红、杨某甲、杨某乙诉至法院。审理期间，田某红、杨某甲、杨

某乙申请证人苏某出庭作证，证明苏某在团体意外伤害保险投保单上加盖印章时，保险公司的工作人员未向其交付保险条款，也未就保险条款免责内容向其做说明。

法院认为，海原县公安局在保险公司投保团体意外伤害保险时，保险公司的工作人员既未向海原县公安局经办人交付保险条款，也未就保险条款免责内容做说明事实。本案中，投保人海原县公安局在保险公司投保团体意外伤害保险时，保险公司并未对意外伤害保险条款中免责条款的内容向投保人作出明确说明，故该意外伤害保险的免责条款不产生效力。保险公司应向田某红、杨某甲、杨某乙给付40万元保险金。

六、免责条款与不公平条款之区别

《保险法》第十九条规定："采用保险人提供的格式条款订立的保险合同中的下列条款无效：（一）免除保险人依法应承担的义务或者加重投保人、被保险人责任的；（二）排除投保人、被保险人或者受益人依法享有的权利的。"

这条法律规定的来由倒是比较清晰的。

《民法典》第四百九十七条规定："有下列情形之一的，该格式条款无效：（一）具有本法第一编第六章第三节和本法第五百零六条规定的无效情形；（二）提供格式条款一方不合理地免除或者减轻其责任、加重对方责任、限制对方主要权利；（三）提供格式条款一方排除对方主要权利。"《消费者权益保护法》第二十六条规定："经营者在经营活动中使用格式条款的，应当以显著方式提请消费者注意商品或者服务的数量和质量、价款或者费用、履行期限和方式、安全注意事项和风险警示、售后服务、民事责任等与消费者有重大利害关系的内容，并按照消费者的要求予以说明。经营者不得以格式条款、通知、声明、店堂告示等方式，作出排除或者限制消费者权利、减轻或者免除经营者责任、加重消费者责任等对消费者不公平、不合理的规定，不得利用格式条款并借助技术手段强制交易。格式条款、通知、声明、店堂告示等含有前款所列内容的，其内容无效。”

可见，几部法律的相应条款内容大体是一致的，将同样的道理贯通适用，即提供格式条款一方不能利用该项便利、权利来暗藏私货、损人利己。其目的，是平衡双方天生不太对等的合同地位。

所以我简称《保险法》第十九条为“不公平条款”，因其目的在于扭转不公平为公平。因为这一条款与免责条款存在某些相似之处，所以经常会被搞混，有些司法判例中也会将两者混为一谈。

江苏省高级人民法院（2015）苏审二商申字第00122号民事裁定书载明，胡某苹投保的保险条款第四条“保险责任”第二十三条“释义”明确“××”指下列疾病或手术之一：①心脏病（心肌梗塞）……该条款注释中进一步载明：心脏病（心肌梗塞）指“因冠状动脉阻塞而导致部分心肌坏死，其诊断必须同时具备下列三个条件：新近显示心肌梗塞变异的心电图；血液内心脏霉素含量异常增加；典型的胸痛病状。但心绞痛不在本合同的保障范围之内”。上述内容清楚地说明了保险合同约定的××中“心脏病（心肌梗塞）”的含义，胡某苹所患××显然不属于该合同约定的保险责任范围。该保险条款所揭示的××中“心脏病（心肌梗塞）”的含义不存在按照通常理解存在两种以上理解的可能，也不存在字面文义与实质含义有重大差别的情形。故胡某苹认为应按《保险法》第三十条的规定，作出有利于被保险人的理解的申请再审理由，不能成立。

该保险条款第四条“保险责任”内容、保险条款第二十三条“释义”内容及条款“注释”均系对保险责任范围的约定，即被保险人出现上述约定中的情形时保险公司才承担理赔义务。上述内容共同构成了该保险合同对于保险责任范围的约定，不同于保险人在保险合同中以格式条款免除其按照法律规定或合同约定应当承担的理赔义务的情形，不属于《保险法》第十九条规定的免责条款。故胡某苹申请再审认为人寿保险公司对上述条款负有予以明确说明的义务，亦不能成立。

可以看出，在这个案例中，法院认为《保险法》第十九条规定的就是免责条款，这种认识有待商榷。那么《保险法》第十九条与免责条款的关系何在呢？我们认为存在以下一些区别：

1. 免责条款主要体现免除、减少保险人的义务之意图，而不公平条款还包括为投保人、被保险人、受益人不当设置合同义务与责任，或者排除他们的合法权益之内容。

在免责条款中，通常不会直接为投保人、被保险人、受益人设置合同义务与责任，当然有些可以反向推理存在。例如，被保险人故意犯罪导致保险事故的，保险人免除赔偿责任。这句话可以反向推理，应该是要求被保险人守法、不要去犯罪。但是毕竟不是正向为被保险人设置一个义务的。

但是有些条款却为被保险人、受益人创制某种义务，而且从法律规定看，这也是允许的，只要不太过分就行。如果太过分了，不公平，伤害到被保险人、受益人的合法权益，就属于不公平条款。

譬如，被保险人指定了数人为受益人，保险合同中要求受益人在保险事故发生后，及时向保险人申请理赔保险金，这是合理的。但是，如果要求全部的受益人同时向保险人申请理赔保险金，这就是不合理的、不公平的。因为受益人未必就能同时行动，有时候也存在矛盾，这很正常，要求受益人同时索赔并没有什么法律依据。这样的要求如果存在于保险合同条款中，就属于不公平条款了。

2. 其实，保险法意义上的免责条款，也并不仅指免除、减少保险赔偿责任的条款，也包括免除其他合同义务的条款，但是长期以来，大家都潜移默化地认为这个免责条款仅仅指免除、减少保险赔偿责任的条款。

而不公平条款所涉及的范围更广，不仅包括免除、减少保险赔偿责任的条款，也包括涉及其他合同义务的条款。

江苏省高级人民法院（2014）苏审三商申字第00405号民事裁定书载明，某保险公司提供的格式合同第1.5.3条的约定，投保人要求解除合同时，应填写合同解除申请书，并提供保险合同、有效身份证件。但在保险单签收回执特别提示第1条中约定，如果投保人在保险犹豫期内退保，保险公司将在扣除一定工本费后将实际交纳的保险费退还投保人，保险合同终止。在该特别提示中并没有填写合同解除申请书并提交相关资料的约定。法院依据《保险法》第十九条的规定，认定该格式合同第1.5.3条对投保人不产生法律效力。

在这个案件中，犹豫期退保的条款，恐怕一般人不会认为属于免责条款，也不要求对其尽到明确说明义务，但是本案中该条款属于不公平条款，因此也是无效的。

3. 免责条款之所以不发生法律效力，是因为保险人对其未尽到明确说明义务，没有去提示、解释。但是保险人的解释到底对不对、精准不精准、投保人到底理解得对不对，其实并无太多要求。因此，明确说明义务实际上是一种程序性的义务，是缔约过程的一个环节，是基于诚信原则的要求。

而不公平条款之所以无效，是基于公平原则的要求，因这些条款在实质上违背了公平、合理的规则。所以，判断某一个条款是否属于不公平条款，必须有实质上的道理与依据。

陕西省汉中市中级人民法院（2015）汉中民一终字第00655号民事判决书载明，周某玲支付100元在保险公司处购买了一份人身意外伤害保险，因发生交通事故，周某玲受伤，后因保险理赔纠纷遂提起诉讼。

关于医疗费是否应得到保险理赔的问题，法院认为，本案中，周某玲因交通事故所产生的医疗费损失虽已在另案中得到赔偿，但根据《保险法》第四十六条“被保险人因第三者的行为而发生死亡、伤残或者疾病等保险事故的，保险人向被保险人或者受益人给付保险金后，不享有向第三者追偿的权利，但被保险人或者受益人仍有权向第三者请求赔偿”之规定，因意外伤害保险的性质为商业保险，与民事侵权是两个不同的法律关系，交通事故所获的赔偿是基于侵权产生的给付，而意外伤害保险是基于双方之间确立的商业保险合同产生的保险给付，不属于重复赔偿。本案保险合同中保险责任第5条“对被保险人实际支出的符合本地社会基本医疗保险支付范围的医疗费用，本公司在扣除当地社会基本医疗保险、公费医疗保险和其他途径已经补偿或给付部分以及100元免赔额后，对其余额按

80%比例给付医疗保险金”之约定与保险法规定相悖，根据《保险法》第十九条之规定，本案保险责任第五条有关适用补偿性扣除的部分应认定为无效条款。

4. 免责条款、不公平条款存在时间上的先后顺序，也存在效力上的递进顺序。

在时间上，因免责条款实际上是缔约诚信原则的体现，故在缔结保险合同过程中就要体现。因此，时间必然在先。而不公平条款是保险合同成立后，载明于保险合同内的条款，因此时间必然在后。

在效力上，因免责条款先成立，即应先审查免责条款的明确说明义务是否已经依法履行。如果已经依法履行，则免责条款成立、有效。接下来，再审查免责条款是否公平。如果免责条款公平倒也无事，如果不公平仍然会被认定为无效。

假如，第一步审查即发现免责条款未经依法履行明确说明义务，则说明免责条款根本就不成立、根本就不具有法律效力，因此就完全没有必要再审查其是否公平。

广东省东莞市中级人民法院（2014）东中法民二终字第602号民事判决书载明，蛟乙塘居委会作为投保人向保险公司投保了团体意外险，当事人赵某某于事发时为东莞市塘厦镇蛟乙塘社区居民委员会的治安人员。赵某某因身体不舒服到东莞市塘厦镇蛟乙塘社区卫生站求诊，在输液过程中产生不良反应而昏迷。最终赵某某因抢救无效死亡。经尸检，赵某某符合过敏性休克死亡。事故发生后，赵某某家属向保险公司申请理赔，保险公司以赵某某的死亡属于责任免除范围，不属于保险责任，遂起诉至法院。

一审法院认为，本案中投保人东莞市塘厦镇蛟乙塘社区居民委员会在《保险销售事项确认书》上的盖章即可表明保险公司已履行了告知义务。涉及本案事故的责任免除条款是第六条“因下列原因造成被保险人身故或残疾的，保险人不承担给付保险金责任……（四）被保险人妊娠、流产、分娩、疾病、药物过敏、中暑、猝死……（六）被保险人未遵医嘱，私自服用、涂用、注射药物……”，结合案涉保险合同中关于“意外伤害”的释义“意外伤害指以外来的、突发的、非本意的和非疾病的客观事件为直接单独的原因致使身体受到的伤害”，应当理解为当被保险人是基于自身的原因并未遵医嘱、私自服用、涂用、注射药物而出现药物过敏导致死亡的，被保险人能自主控制是否服用、涂用、注射药物，“药物过敏”致死未加重被保险人责任，该情况下本免责条款有效。但是如果被保险人是遵从医嘱或非其本意的情况下服用、涂用、注射药物后出现药物过敏导致死亡，仍一概予以免赔的话，则明显加重被保险人责任：首先，不遵从医嘱是免责事由，那么遵从医嘱则应是正确履行合同的行为；其次，一般的被保险人都不是专业医护人员，不可能判断遵从医嘱是否会造成药物过敏导致死亡的后果。虽然保险公司履行了告知义务，但是本案中保险公司主张的免责条款不适用。虽然赵某某是死于过敏性休克，即属于药物过敏导致死亡，但赵某某是在遵从医嘱的情况下，接受医疗机构的诊疗而发生的药物过敏。根据已生效的刑事判决书，赵某某死亡的主要原因是案涉卫生站使用林克霉素剂量偏大，在为赵某某诊疗过程中存在医疗过失行为，医疗过失行为与赵某某的死亡存在一定的因果关系，起主要作用。因此，赵某某的死亡主要由第三人的过失行为导致，并非被保险人本意行为引起。不能排除在用药适当的情况下，被保险人不会发生死亡事故的可能。被保险人只是一名普通的治安员，要求其有辨别遵从医嘱进行治疗是否会导致自己发生药物过敏并致死的能力明显不合常理。因此，本案中案涉保险合同的免责条款明显加重被保险人责任，该条款不能适用于本案，保险公司应当承担赔偿保险金的义务，支付250000元。

二审法院认为，本案为人身保险合同纠纷。双方对一审法院认定保险公司已对案涉保险免责条款履行明确说明义务不持异议，对此予以确认。在该免责条款中，对于被保险人药物过敏造成死亡的，保险人不承担给付保险金责任，并且对于何种原因造成的药物过敏，在上述条款中并没有加以区分。本案中，赵某某因过敏性休克死亡是属于上述免责条款中药物过敏的情形，保险公司可依据上述条款主张免除保险责任。

七、合同默示保证义务与免责条款适用

某旅行社向保险公司投保了旅客团体意外伤害保险，在保险合同中的免责条款里有这么一条：被保险人参加潜水、攀岩等高风险运动导致人身损害的，保险人免除保险责任。后，旅行社组团到东南亚某国旅游，组织旅客参加了当地有名的潜水看海底的旅游项目，旅客之一王先生参加这个项目时，不幸因未掌握呼吸技巧而身故。

被保险人遗属遂向保险公司索赔保险金，保险公司拒赔，认为应适用免责条款。但是被保险人遗属表示，所有旅客都没有看到过这个合同，只听说有个意外保险，但是保险合同的内容、条款等，大家一个字都没有见过，所以不服，认为不应该适用这个免责条款。

不同的保险合同中的那些免责条款，基本上大同小异。所谓大同，是说这些免责条款归根到底是一个意思，就是排除了那些不合理的高风险导致的保险赔偿；所谓小异，是说这些免责条款涉及方方面面，不一而足。譬如，有的免责条款是对于违法情形的排除，例如被保险人醉酒驾车、吸毒驾车等；有的免责条款是对于某种违背道德情形的排除，例如被保险人自杀、自伤等；更多的免责条款，主要是对一些高风险可能场景的排除，例如被保险人去潜水、攀岩、玩滑翔伞等高风险活动；当然还有其他的，林林总总。单说这样的高风险活动，谈不上违法，也谈不上不道德，但是这些活动会导致被保险人突然进入一个高风险场景中，使得被保险人面临的风险程度远远高于普通人的生活，发生保险事故的概率因此大为增加，而这些是保险人所无法接受的。

在人身保险投保过程中，保险人对于被保险人所面临的风险程度，存在一定的判断，基于此才能确定相应的保险费率。因此，在整个保险合同期间，被保险人都应该处在这个大致的风险程度中。否则的话，被保险人因风险程度不合理突然增加而导致保险事故发生、导致保险人赔偿保险金，这与保险费水平不能对应，对于保险人而言的确是不合理、不公平的。

为了促使被保险人处于稳定的风险程度，保险人会在保险合同中设定一些保证条款，即被保险人保证不为某些高风险行为、保证不处于某些高风险场景等。很多国家的保险法律中，也规定了这种保证制度。

我国《保险法》仅在财产保险合同一节第五十一条规定："被保险人应当遵守国家有关消防、安全、生产操作、劳动保护等方面的规定，维护保险标的的安全。保险人可以按照合同约定对保险标的的安全状况进行检查，及时向投保人、被保险人提出消除不安全因素和隐患的书面建议。投保人、被保险人未按照约定履行其对保险标的的安全应尽责任的，保险人有权要求增加保险费或者解除合同。保险人为维护保险标的的安全，经被保险人同意，可以采取安全预防措施。"即，被保险人要按照合同约定，保证保险标的安全，这就是我国的保证条款制度。

然而，对于人身保险合同，并无类似规定，立法者大概认为人身无价，将人的身体作为保险标的似乎不太合适。又或许立法者认为，人类的天性总是趋利避害、保全自己的，君子不立危墙之下乃本能，用不着在法律中"唠叨"。

前述相关法律规定，其实是一种明示保证条款的设立制度。即在保险合同中明确设定某些具体的条款，白纸黑字、清清楚楚，由被保险人承诺遵守这样的保证义务。一旦被保险人不遵守，导致被保险人不合理、无必要地处于高风险之中，因此导致保险事故发生，视同被保险人违约。而违约就必然要承担违约责任，就要有所惩罚，那么惩罚是什么呢？就是得不到保险赔偿金。

但如果没有这样的合同约定呢？那就谈不上什么违约了。譬如被保险人就是想去潜水、去登山、去攀岩、去玩滑翔伞，别人管得着吗？起码保险人管不着。但是，如果保险人把这些情形都作为了免责条款，那么被保险人如果想要得到保险保障，就不得不乖一点。被保险人因此不去进行不合理高风险的活动，不进入不合理高风险的场景。实际上，这是倒逼被保险人遵守约定，倒逼被保险人保证自己远离高风险。因此，我们可以称之为一种默示的保证制度，或者，可以理解为一种默示的违约责任承担制度。

不过，如果被保险人要遵守这一默示保证制度，有一个起码的前提，就是被保险人要预先知晓存在这一默示保证。譬如，被保险人起码要知道攀岩出事不能得到保险赔偿、潜水出事不能得到保险赔偿、滑翔伞出事不能得到保险赔偿等，如果不知道这些，那这样的默示保证是不成立的。可参考《民法典》第五百八十四条规定："当事人一方不履行合同义务或者履行合同义务不符合约定，造成对方损失的，损失赔偿额应当相当于因违约所造成的损失，包括合同履行后可以获得的利益；但是，不得超过违约一方订立合同时预见到或者应当预见到的因违约可能造成的损失。"即所谓"不知者不罪"，如果违约方根本就不知道存在某种违约制度存在，结果却要承受这样的违约惩罚措施，那就是"不教而诛"，那就是不讲道理了。

然而，现实中这样的情形可谓多如牛毛。传统的个人人身险保险单中，投保人往往就是被保险人或者是被保险人的亲人，且多采用纸质保险单。因此被保险人往往有机会看到保险合同条款，了解到哪些情形是免责情形，逆向推理，也就知道自己应该远离哪些高风险。可是，现在的大量人身保险合同是团体保险，譬如旅行社为游客投保的团体保险合同、大公司为数量庞大的工人投保的团体保险、行业协会为本行业人士投保的团体保险等。被保险人动辄成千上万，保险条款就一份，给谁看？谁也看不到。再加上现在的投保过程都是电子化、网络化，不仅被保险人很难见到保险条款，很多投保人也不会看保险条款到底写了些什么，当然也不知道免责条款是什么内容，更不用说去推理什么高风险场景了。在被保险人一无所知的前提下，如果要求其承担不利后果，恐怕是不尽合理的。

对于有的游客而言，也许正是因为觉得玩滑翔伞等刺激性活动有风险，所以才投保，结果现在说玩滑翔伞高风险不赔偿保险金，这不免有点被愚弄的感觉，由此会导致很大的矛盾与纠纷。之所以会产生这样的矛盾，主要是现在的保险合同构架有问题，其实保险合同主要是围绕被保险人订立、保障被保险人利益的，可是我国现行的法律框架内被保险人反而不是合同缔结主体，即被保险人根本就不用、甚至不能参与保险合同的订立过程。当然，对于保险合同条款内容就什么都不知道。那还何谈默示保证？

法律构架、行业运营等多种问题与因素叠加，导致被保险人不知有默示保证存在、却常常违反默示保证义务。如果这些不利后果都由被保险人承受，实在不合理。可是，如果一律都由保险公司买单，似乎也不公平。唯有修订法律、完善业务运营模式、保障被保险人知情权，才是解决问题的根本出路。

第六节 交付保险费

关于保险费的支付，在《保险法》以及相关司法解释中使用了不同的字样。《保险法》第二条使用了“支付保险费”字样，第十四条使用了“交付保险费”字样；《最高人民法院关于适用〈中华人民共和国保险法〉若干问题的解释（二）》第三条使用了“交纳保险费”字样；《最高人民法院关于适用〈中华人民共和国保险法〉若干问题的解释（三）》第八条使用了“补交保险费”字样。

我认为，这些字样其实没有什么根本的不同，主要还是一个语境上的差异。一般而言，从投保人角度看保险费的负担归属，用“支付”比较恰当。如果站在整个投保、承保交易的角度看，着重体现保险费的转移，用“交付”比较妥当。如果想表示保险费已经完成了交付，被保险人妥善收取，则用“交纳”较为妥当。这是中文的微妙之处，不过法律概念并无区别，大体上完全可通用。我个人觉得“交付”字样中庸一些，适合用于保险合同的各个环节。交付保险费，看起来是比较简单的环节，但是在某些情形下却有比较重要的影响。

一、在互联网保险中，投保人与交费人应一致

李某通过微信认识廖某某，两人在认识仅13天后便领证结婚。后，李某分别为廖某某购买了两份人身意外险，保险金共计达450万元并把受益人从法定继承人改为李某本人。结婚仅仅两个月零5天，李某就指使他人害死了廖某，结果李某被判处死刑已经执行。后，廖某家人向某保险公司索赔300万元遭拒，被害人家属向法院起诉。

在保险纠纷案审理过程中，保险公司抗辩，虽然本案投保单中投保人

处填写的是廖某某，但是实际上购买涉案保险是李某的意思表示，是其实施保险诈骗的手段。主审法官认为，涉案保单的投保人为被害人廖某某。因此判决：保险人应当支付保险金300万元。

对比研究这个案件的原刑事判决书，结合其他披露的材料，这份合同应该是李某在网上购买的，在网上填写的投保人应该是廖某，而实际支付保险费的人应该是李某。既然李某为廖某购买保险，那么为何自己不做投保人呢？这是因为，《保险法》第三十四条规定："以死亡为给付保险金条件的合同，未经被保险人同意并认可保险金额的，合同无效。"我们揣测，如果李某将自己作为投保人，这么大的保险金额，按说应该要有廖某的签字。可是那样的话，很容易暴露、很容易被廖某怀疑。所以，最好的方式是李某自己在网上购买保险，但是投保人使用廖某的名义，尽量不要让廖某知情。

《保险法》第十条规定，投保人是指与保险人订立保险合同，并按照合同约定负有支付保险费义务的人。第十四条规定，保险合同成立后，投保人按照约定交付保险费，保险人按照约定的时间开始承担保险责任。《最高人民法院关于适用〈中华人民共和国保险法〉若干问题的解释（二）》第三条规定："投保人或者投保人的代理人订立保险合同时没有亲自签字或者盖章，而由保险人或者保险人的代理人代为签字或者盖章的，对投保人不生效。但投保人已经交纳保险费的，视为其对代签字或者盖章行为的追认。"因此，依法而言投保人有支付保险费的义务，支付保险费的人就应该是投保人。

但是，在现实生活中并不是这样，保险公司往往急于收到保险费，所以也不管是谁给钱，只要有人给保险费就收，就算是投保人交的费了。反正对于投保人来说不吃亏，怕什么？

在传统的投保过程中，这确实也没有什么太大影响，因为传统方式缔结保险合同，往往需要被保险人的参与，如被保险人签字、提供被保险人相关身份文件等，这样的话，被保险人往往自然就知道了投保事宜。假如投保的是以被保险人死亡为给付条件的险种，起码被保险人会有所了解、有所警惕、有所防范。但是，在互联网保险业务中，基本上不存在被保险人签字的环节，甚至也不存在投保人签字的环节，因此被保险人往往会对保险事宜一无所知，比较容易产生道德风险。

本来法律设定被保险人“同意并认可保险金额”这个环节，实际上就是为了防范道德风险，防范他人杀害被保险人以获取保险金。但是，如果别人可以使用被保险人的名义作为投保人、同时被保险人也不用付保险费，则被保险人完全可能不了解这个保单的存在和内容。这个时候，由于投保人与被保险人是同一个人，则“同意并认可保险金额”这个环节就完全被规避掉了。

那么，在互联网投保过程中，如何判断投保的人就是投保人本人呢？恐怕很大程度上要靠投保人本人的银行账户来体现，即投保人交纳保险费，必须通过投保人本人的银行账户来完成，而不能由他人代付，也不能通过微信、支付宝等支付方式来完成。只有这样才符合法律规定，才能最大限度地保护被保险人。因此，投保人以自己的名义付款，可以说几乎就是确认保险合同真实性、认可保险合同有效性的唯一证据，非常重要。

在前述案例中，由于廖某实际上并没有投保、并没有缔结保险合同、并没有交纳保险费，对保险合同内容并不知情、没有追认，那么这份保险合同根本就不是廖某的真实意思表示，按说这份保险合同应是不能成立的、更是无效的。真若是这样，恐怕廖某也不会死。但是，由于投保程序的漏洞，或者从某个意义上说，正是保险公司的网络投保程序失误，间接导致了廖某被杀，我觉得保险公司赔钱也不冤枉。

二、收取保险费意味着保险公司承保

2001 年 10 月 5 日，孙女士的长子谢先生在保险公司的保险代理人介绍下，签署了投保书一份，向保险公司投保相关主险与附加险，被保险人为谢先生，指定受益人孙女士。

保险公司收取了谢先生的投保书后，未安排谢先生体检，就于次日收取了其首期保费 11944 元。收取保险费的 11 天后（2001 年 10 月 17 日）才安排谢先生到指定医院体检，体检结果符合保险公司要求。然而就在谢先生完成体检后的第二天（2001 年 10 月 18 日）凌晨 1 点左右，谢先生不幸被害。2001 年 11 月 13 日，孙女士向保险公司提出索赔申请。

2002 年 1 月 14 日，保险公司向孙女士发函称，经该公司 2002 年 1 月 11 日审核，谢先生符合承保要求。该公司尚未承保，但愿赔付主险的保险金人民币 100 万元整。对附加长期意外伤害保险之保险金 200 万元，不予赔付。奇怪的是，保险公司在书面主张保险合同不生效的同时，不但不退还保险费，还要求孙女士补交附加住院津贴长期医疗保险保费 18.7 元（注：系因谢先生体重超重而被要求增加保费），并以“文印费”名目收取。

孙女士于 2002 年 7 月 16 日向法院提起诉讼，要求保险公司赔偿附加长期意外伤害保险金 200 万元。法院于 2003 年 5 月 20 日作出一审判决，认定双方已就保险合同的条款达成一致意见，且投保人谢先生次日向被告缴付了首期保费，保险合同及其附加合同成立。被告应赔付附加长期意外伤害保险金 200 万元及利息给孙女士。

保险公司不服，提起上诉。二审法院于 2004 年 11 月作出判决，认为至谢先生遇害身亡时，上诉人尚未作出核保的承诺，亦未出具保单，故附加长期意外伤害保险承担保险责任期间尚未开始，上诉人对于发生在保险责任期间之外的意外伤害事故无需承担保险责任。判决撤销一审判决，驳回孙女士的诉讼请求。

我代理这个案件后，先向二审法院提出再审申请，2006 年 3 月，法院作出驳回再审申请通知书，认为原审认定事实清楚、适用法律正确、处理并无不当，据此驳回了孙女士的再审申请。后，我又向某省高级人民法院提出申诉，该高级人民法院于 2007 年 12 月作出裁定，指令原二审法院另行组成合议庭进行再审。但是，再审后，法院依然驳回了孙女士的诉讼请求。

这是十多年前的案例，很遗憾，结果不理想，为何？因为当时没有明确的法律依据。如果是现在，情况或许完全不同。

1. 收取保险费意味着保险合同成立

《最高人民法院关于适用〈中华人民共和国保险法〉若干问题的解释（二）》第四条规定：“保险人接受了投保人提交的投保单并收取了保险费，尚未作出是否承保的意思表示，发生保险事故，被保险人或者受益人请求保险人按照保险合同承担赔偿或者给付保险金责任，符合承保条件的，人民法院应予支持；不符合承保条件的，保险人不承担保险责任，但应当退还已经收取的保险费。保险人主张不符合承保条件的，应承担举证责任。”

同样是这个案例，如果是现在的话，受益人可以拿到 200 万元保险金。

从我国保险法立法内容看，始终坚持“保险合同成立在先、保险费交费在后、保险人收费其后”的原则。1995 年《保险法》在起草时参考了域外法律规定和保险实务，采纳了保险合同是非要式、诺成性合同的观点。认为：保险单或者其他保险凭证只是保险合同成立的证明文件，并不是保险合同成立的要件；保险合同成立的条件是双方当事人就“保险权利义务关系”达成“协议”。后《保险法》经过了修改，但是相关条款内容基本未变，现行《保险法》第十三条规定：“投保人提出保险要求，经保险人同意承保，保险合同成立。保险人应当及时向投保人签发保险单或者其他保险凭证。保险单或者其他保险凭证应当载明当事人双方约定的合同内容。当事人也可以约定采用其他书面形式载明合同内容。依法成立的保险合同，自成立时生效。投保人和保险人可以对合同的效力约定附条件或者附期限。”第十四条规定：“保险合同成立后，投保人按照约定交付保险费，保险人按照约定的时间开始承担保险责任。”

之所以有这样的规定，是因为保险合同不同于一般的民商事合同，通常并没有形成一个特定的合同文本，而是由投保单、保险单、保险条款、保费收据等结合起来构成保险合同的。这些文件单独来看都不是保险合同：单独的投保单不是保险合同，因为投保单只是投保人提出投保的意思表示，没有保险人的权利和义务；单独的保险单也不是保险合同，因为保险单没有投保人或者被保险人的签章，也没有相应的权利义务条款；单独的保险条款也不是保险合同，虽然其中规定了各方权利、义务、责任，但是没有各方签章，也没有合同主体、标的、期限等要件；单独的保险费收据或发票也不是保险合同，因为其中也许有数额、险种记载，可是无法判定当事人的权责利。这些文件的总和，能够反映出投保人的要约、保险人的承诺、双方对条款达成协议这么一个过程，才构成保险合同，因此保险合同当事人同时在一份文件上签章的情形很少见。

有保险人认为，收取保险费后，保险合同仍然处于核保阶段，不能等同于成立。这种观点不能令人信服。

“核保”是什么？投保人提出的投保要求是一种要约，保险人对要约内容进行审查，以决定是否承保，这个审查的过程通常被称为“核保”。核保的过程实质上是审查投保书填写内容的真实性，主要是审查保险利益、保险人条件、是否存在骗保可能、是否违反承保法规、投保人告知内容真实性等，是为决定承保所进行的调查工作。

保险公司可以核保，但是核保究竟要多少时间、如何核保、以什么作为拒绝承保的要件，则没有明确规定。核保的时间是一个小时？三个小时？两天？一个月？三个月？完全没有规定。核保是不是保险人任意行使的一种权利呢？想核保多久就可以多久吗？想怎么解释就怎么解释吗？

不是的，因为核保完全是保险公司的内部程序，对外显示不出来，因此必须通过证据来看其核保的过程与结果，而不是听任保险人自己说。

我们知道，核保通过后，保险人方决定是否承保。而决定承保即意味着核保过程的完全结束。核保的结果有三种：一是保险人拒绝承保；二是保险人有条件承保；三是保险人无条件同意承保。

有条件承保是保险人针对投保人的投保要约而提出补充条件，例如增加保险费、增加特约条款等。这也分为两种情形：一种是保险人对投保人的投保要约作出了实质性的改变，如改变险种、保险期限等，实践中一般认为这是一种反要约，投保人如果接受这一反要约，就构成了投保人的承诺。经投保人承诺后，保险合同才能成立。还有一种情形是保险人对投保要约作出了非实质性改变，如增加或者减少很少的价款、期限等。

《民法典》第四百八十九条规定："承诺对要约的内容作出非实质性变更的，除要约人及时表示反对或者要约表明承诺不得对要约的内容作出任何变更外，该承诺有效，合同的内容以承诺的内容为准。"由此可见，即便是非实质性变更，仍然视为承诺，仍然能够确定保险合同的成立。而保险合同是附和合同，所以只要没有大的问题，保险单记载的保险人、被保险人、投保人、受益人、保险标的、保险金额、保险费及缴付方式、保险合同成立条件、保险期间、保险责任、争议的处理等内容，一般都会与双方事先商定的相同。

可以看出，投保人交付保险费的前提条件为"保险合同成立"以及"约定"。如果保险合同没有成立，就不存在关于保险费的"约定"，即并不能说清楚投保人应当交付多少保险费、这些保险费是如何计算出来的、其对应的保险险种、保险金额是什么。

所谓"约定"是双方协商确定保险费数额、细目的过程。这也说明，双方对此保险合同已经达成了一致。当要约、承诺的过程已经完成，保险合同业已成立。保险合同成立，保险人才能收取保险费，这是法律的当然之意。若保险人并没有决定承保，双方间也不可能存在保险合同关系、对价关系，那么保险人有什么理由、什么法律依据接受、占有投保人支付的合同对价——保险费？保险人已经接受了合同对价，合同当然成立，可是合同本身却不存在，这在逻辑上是不通的。

而出具保险单是保险公司履行保险合同义务的表现，而不是保险合同成立的标志。只要有证据证明（如保险公司收取了投保人保险费），双方已经对合同内容达成协议（如保险公司收取投保人保险费用所依据的投保单、保险计划书等），保险合同即已成立，此时即便保险人不签发保险单给投保人，也并不影响双方间的权利义务关系。

2. 在某些情形下，收取保险费意味保险合同生效

保险合同的成立与合同的生效是既有联系也有区别的两个概念，合同

可能在成立的同时就生效了，也可能合同成立并不同时生效。

例如，《保险法》第十四条规定：“保险合同成立后，投保人按照约定交付保险费，保险人按照约定的时间开始承担保险责任。”这里所谓的“保险人按照约定的时间开始承担保险责任”，往往就是保险合同生效所附的条件或者期限。问题在于，合同中所附期限应当是当事人约定的，也就是说，保险合同如果要附期限，必须经过当事人约定的程序，符合当事人真实的意思表示才行，才能作为合同内容而具有法律效力。而保险合同是附和合同，基本上不存在双方当事人进行协商、约定保险合同的过程，而都是由保险人采取格式合同的方式、方法，向投保人进行说明，投保人认可后对格式条款进行附和，保险合同成立。所以，如果要在保险合同中附期限，这个期限也必须采取同样的方式、方法向投保人说明，才能作为保险合同内容，保险合同所附的这个期限才能发生法律效力。

例如，有些住院医疗费用保险就事先在保险条款中明确约定，在保险合同成立 180 日后，保险责任开始。投保人对这样的条件是明知并且接受的，这样的期限就发生法律效力，就可以理解为是附期限的保险合同。

而在“保险人接受了投保人提交的投保单并收取了保险费，尚未作出是否承保的意思表示，发生保险事故”的情形下，保险人并没有告诉投保人保险合同附期限以及附什么样的期限。

现实生活中常见到保险人在保险单上写明一个保险合同的生效日期或者保险责任的起止日期，并按照这个日期承担责任。这实际上是一种对合同期限进行的变更，是一种反要约，不过由于时间往往极为接近，投保人并不反对，进而构成对反要约的承诺。如果投保人不接受此种反要约，则这个期限并不必然生效。

但是，保险单上载明的日期并不一定都是未来的，也可能提前、追认等。因此，对于非附期限的一般性保险合同，在没有其他证据表明合同效力期间的情况下，应认定保险合同的成立与生效是同时的。所以，司法解释的规定在形式上回避了保险合同是否成立这个问题，但是实质上视为保险合同已经成立并且同时生效，按照这样的方式去确定保险人应当承担保险责任。

四川省乐山市中级人民法院（2014）乐民终字第276号民事判决书载明，设备安装公司作为投保人，以本公司60名员工为被保险人（包括王某明）向保险公司投保团体意外保险，将保险费6万元现金交付保险公司，保险公司部门经理车某林向车某江出具了一份收条，收条载明：收到车某江现金6万元，用于办理设备安装公司投保团体意外伤害保险，时间为2010年6月12日。2010年6月12日16时18分，被保险人王某明从高空坠落死亡。

法院认为，保险人于2010年6月12日接受了投保人的保险单，并且于当天12点30分收取了投保人718号和719号保险的保费共计6万元，且保险公司并未提交证据证明设备安装公司为员工购买的团体意外伤害保险不符合承保条件。若当事人未对合同的生效附期限或附条件，则保险合同于2010年6月12日12点30分成立并生效。

本案中，投保人和保险人在投保单中指定了合同的生效日期为2010年6月12日，是双方当事人真实的意思表示，双方就合同的生效附了期限。保险公司虽在《投保单》的投保提示第五条载明："生效日期以保险单载明日期为准，此前我公司不承担保险责任"，此条载明的生效日期与前述约定的日期相悖，但本条属于格式条款，《最高人民法院关于适用〈中华人民共和国保险法〉若干问题的解释》第十四条规定："保险合同中记载的内容不一致的，按照下列规则认定……（二）非格式条款与格式条款不一致的，以非格式条款为准……"因此，保险合同的生效日期应当采用双方当事人在投保单中约定的2010年6月12日，即投保的当天生效。但是其并未约定具体的时间点，指定生效日期与投保时间相同，因此合同生效的时间仍应以保险人收取保险费的时间为准，即2010年6月12日12点30分。本案中，设备安装公司为员工同时购买了两份团体意外伤害保险，保险公司也是同时接收了两份投保单并且收取了两份保险的保险费，因而该两份保险同时成立并生效，不能因为保险人之后退回一份保险的保险费并仅出具一份保险的保险单，就都否认两份保险合同的成立、生效。

综上，本案涉诉的两份保险合同于2010年6月12日上午12点30分成立并生效，上诉人关于保险合同生效日期为2010年6月13日的主张无法律依据，不予支持。

关于被保险人王某明的死亡原因，被上诉人提交的《证明》，足以证明被保险人王某明因高空坠落，抢救无效死亡，系意外事故死亡，属于本案涉诉保险的保险事故。关于被保险人的事故时间，《证明》表明发生事故时间为2010年6月12日16时18分。上诉人虽对被保险人的死亡系意外事故以及死亡的时间为6月12日16时18分不予认可，但未提交相反的证据予以反驳。因此，本案中被保险人王某明的死亡系高空坠落属于保险事故，且发生事故的时间为2010年6月12日16时18分即在保险合同生效后。保险人应当承担保险责任，支付保险金额402479元。

3. 收取保险费是保险人承担保险责任的必要条件

《最高人民法院关于适用〈中华人民共和国保险法〉若干问题的解释（二）》第四条规定了“保险人接受了投保人提交的投保单并收取了保险费”，从中可以清楚地看到，“保险人接受了投保人提交的投保单”“收取了保险费”这两个条件缺一不可，即必须是保险人成功、全额收取了保险费，才可能构成保险人承担保险赔偿责任的前提。

其根本道理在于，此时保险合同到底成立与否实际上是不确定、不明知的。人为设定一个规则，即收取保险费等同于接受保险合同的对价，因此才能反向推论出保险合同已经成立、生效，保险人承担保险责任的前提才具备。否则，不能必然推断出保险合同已经成立、生效。

现在，很多投保人在交纳保险费的时候，并不像以前那样将现金交付至保险人的柜台，也不交给保险营销员，而是提供自己的银行账号，填写自动划款的授权书，保险公司可以自动扣款以完成交纳保险费的义务。

假如保险人尚未划款，在这样的情形下，保险事故发生，保险人是否应该承担保险赔偿责任呢？我认为，在这样的情形下，保险人不应该承担保险赔偿责任，因为这不符合司法解释的明确规定，缺少一个必要条件。但是现实中，有法院判令保险公司在此种情形下承担保险赔偿责任，我表示不能理解。

河北省石家庄市中级人民法院（2015）石民四终字第01140号民事判决书载明，于某作为投保人，与保险代理人杨某宁签署了人身保险投保书，约定：被保险人为于某杰，办理了投保人付款与领款以银行卡自助转账授权，但是保险公司尚未划款。当日，于某杰因意外身故。

法院认为，投保人提出保险要求，经保险人同意承保，保险合同成立。保险人应当及时向投保人签发保险单或者其他保险凭证。关于2012年9月25日于某作为投保人，于某杰作为被保险人，与杨某宁签署的人身保险投保书是否成立及生效，因杨某宁持被告单位的制式投保书向投保人于某发出要约，双方签署了上述投保书，即被告方的制式文书，由此应认定杨某宁系被告的代理人，被告的要约到达了受要约人，并且投保人和被保险人作出了承诺，此时该投保书即成立并生效，被告理应依据投保书的约定履行给付原告保险金的义务，且双方已办理了银行自动转账授权，投保人该账户上有足额的保险金，故对被告辩称原告方未缴纳保险费的主张，不予采信。

2012年9月25日保险公司接受了投保单。在投保单中，双方约定以“银行自动转账授权”方式交纳保险费，而且在签订投保单当天，双方共同确认了账户号码，该账号当日有足额的保险费。之后，保险公司何时将保险费划入自己账号，完全由保险公司自己控制及决定，并且转款时无需再征得投保人、被保险人的同意。故本案2012年9月25日双方共同确认“银行自动转账授权”之时，视为投保人、被保险人已履行足额交保险费义务，并产生了与保险公司实际收到保险费相同的法律后果。另外，交纳保险费不是保险合同成立及生效要件，是否交纳保险费及交纳多少数额，均不影响保险合同成立及生效。故认定保险合同成立、生效。

4. 保险人承担保险责任并不意味着一定要进行保险赔偿

按照司法解释的规定，保险人接受了投保人提交的投保单并收取了保险费，尚未作出是否承保的意思表示，发生保险事故，被保险人或者受益人请求保险人按照保险合同承担赔偿或者给付保险金责任，符合承保条件的，人民法院应予支持。但是这需要准确地理解，不能糊涂地认为保险公司必须承担赔偿或者给付保险金责任。

首先，要确定确实“发生保险事故”。假如发生了某种事故，也确实造成被保险人人身损害，但是该事故并不是保险合同承保范围内的事故，不构成保险事故，那么保险人也不应该对此进行保险赔偿。

其次，还要判断有无其他免责情形，如保险事故或者损失属于保险人的免责情形、或者投保人存在未如实告知情形等，都可以免除或者减少保险人的保险赔偿责任。即《最高人民法院关于适用〈中华人民共和国保险法〉若干问题的解释（二）》第四条规定的实质，是将那些符合承保条件、但是尚未做出承保意思表示的投保过程，视为已经做出承保意思表示、视为保险合同已经成立、视为保险合同已经生效，这仍然只是形式上的认可。发生保险事故后，仍然应该依法、依合同来确定是否构成保险事故、损失是否属于理赔范围、是否属于免责情形、免责条款是否有效等，从而最终决定保险人是否应该赔偿或者给付保险金。

河北省石家庄市中级人民法院（2015）石民四终字第01140号民事判决书中涉及被保险人意外死亡是否属于保险赔付范围问题。

保险公司认为，《附加交通意外伤害保险》合同约定：被保险人驾驶或乘坐私家车或租用车发生意外伤害事故，保险人予以赔付。这里约定的乘用车必须是汽车，不包含农用三轮车。即使于某杰不是驾驶人，但其乘坐的是农用三轮车，所以，保险公司也不应当承担赔付责任。

法院认为，保险公司提供的《附加交通意外伤害保险》内容系格式条款，对于私家车、驾驶和乘坐概念的解释内容，均未写明排除农用三轮车，而且该具体内容均未采取大字体、加粗、加黑，未足以引起投保人、被保险人注意，保险公司也未提供其他证据证明就私家车不包含农用三轮车作出过明确说明。因此，保险公司所述以上保险条款对双方不具有法律约束力，故保险公司称于某杰乘坐农用三轮车发生交通事故意外死亡，不属于保险赔付范围，理据不足，不予采信。因此，保险公司应当向受益人承担102万元保险赔偿责任。

三、关于自助保险卡的问题

现在很多保险公司都推出自助保险卡，在市场上进行推广销售。所谓自助保险卡，表现为保险人销售的一张价格固定的卡片，其实是指代一份保险合同，自助保险卡产品的保险责任、保额、保费是相对固定的。购买者购买的时候，也并不需要提供身份信息。持卡客户购买自助保险卡后，可以在任意时间内，在保险人的官网上激活。什么叫激活呢？就是使用自助保险卡上记载的账号及密码，在保险人的网站内填具投保人、被保险人、受益人信息等内容后提交，即可完成激活，保险人的官网系统会直接触发保险责任生效，生成电子保单。这样的自助保险卡并不记名，通常也不挂失，可任意转让给他人。只有凭卡账号与密码上网激活确认信息后才生效。如果没有激活，则不可能生效。

"激活""自助"这些字眼，根本就不是法律上存在的概念。那么到底该怎么认识这种自助保险卡呢？

我的理解是：自助保险卡实际上是一份保险人预先收取保险费、投保人再行投保、无核保程序的保险合同。这种形式的保险合同，与正常的保险合同成立顺序是相反的。譬如，按照《保险法》的规定，投保人提出保险要求，经保险人同意承保，保险合同成立，成立后，投保人按照约定交付保险费。但自助保险卡的模式是相反的。自助保险卡的售价，其实就是该保险合同的保险费。人们购买这个自助保险卡，实际上就是先行支付保险费。而所谓激活，是指在网上完成投保程序，但是这个激活只要提交就生效，因此可以认为不存在核保环节，只要投保就必然使得保险合同即刻成立、生效。虽然说与法定程序不太一样，但是似乎也不能算错。

不过，假如某个人购买了保险卡，等于已经交付了保险费，但是还没有激活，出现了保险事故，是否可以得到保险赔偿呢？

湖北省黄冈市中级人民法院（2015）鄂黄冈中民一终字第00331号民事判决书载明，保险公司的业务员到钢材公司项目部推销该公司诚信卡保险产品，该产品每份保费180元。钢材公司项目部购买了十份，并支付了1800元保险费，同时保险公司出具了发票。夏某是钢材公司项目部员工。该保险公司的诚信卡保险产品需要激活并确定被保险人才生效，在激活过程中，会弹出保险条款及免责条款。根据该诚信卡保险产品，意外身故赔偿金额100000元。该诚信卡保险产品免责条款约定饮酒、无证、驾驶无号牌机动车属于免责情形。后，夏某驾驶摩托车发生事故致其摔死。十份诚信卡保险产品在夏某发生交通事故前均未激活。

一审法院认为，推定保险公司的业务员在推销该公司诚信卡保险产品时，未对该诚信卡需要在网上激活才生效作出说明。对格式条款有两种以上解释的，应当作出不利于提供格式条款一方的解释之规定。故对作为提供格外条款的保险公司作出不利的解释，应认定钢材公司在给付了保险费，保险公司出具发票及给付了诚信卡时，该保险合同成立并生效。

关于夏某是否是被保险人，原告提供了钢材公司出具的证明，证明夏某等十人是被保险人。保险公司辩称，虽然钢材公司出具了证明，但存在更换名单的可能性，所以应以投保时的名单为准。根据投保流程，投保时的名单应该在保险公司保存，而该公司未提供投保时的名单。依照《最高人民法院关于民事诉讼证据的若干规定》第七十五条之规定，有证据证明一方当事人持有证据无正当理由拒不提供，如果对方事人主张该证据的内容不利于证据持有人，可以推定该主张成，故夏某可以推定为被保险人之一。

保险公司未提供将无证、饮酒后驾驶无牌号摩托车的行为作为保险合同免责事由，向投保人、被保险人或者受益人作出了提示的证据，故其辩称，不予支持。遂判决：由保险公司支付保险金100000元。

二审法院认为，受害人夏某事发时无驾驶证。关于涉案保险卡是否已激活，保险公司主张已激活，对此，作为保险人的保险公司更有优势占有控制被保险人的相关保险信息，因其未提供证据证实保险卡已激活，根据上述法律规定，应承担举证不能的法律后果，认定保险卡未激活并无不当。在保险公司业务员推销保险产品时，钢材公司项目部为夏某等十人购买了保险，并支付了保费，保险公司亦出具了保险费发票，双方之间的保险合同已经成立。保险合同系诺成合同，一般成立即生效，除非当事人有另行约定。关于保险合同何时生效，保险公司称产品说明书中已约定本保险合同经激活后才生效，但未提供证据证实已将产品说明书送达给投保人钢材公司，并就激活事项进行告知，双方就上述激活生效条款并未达成一致意见。保险公司称本保险合同经激活才生效的上诉理由不能成立，不予支持。

关于保险公司是否已就免责条款履行提示义务。保险公司称本次事故系夏某无证酒后驾驶无号牌机动车所致，但并未提供证据证实夏某酒后驾驶无号牌机动车。关于保险公司是否已就无证驾驶免责条款进行提示，因该公司未提供证据证实已将产品说明书及保险条款送达给投保人钢材公司，且涉案保险卡未经网络激活，被保险人无法通过激活程序了解保险免责条款，而原告否认保险公司已履行提示义务，故保险公司称已对无证驾驶免责条款履行提示义务的上诉理由不能成立，不予支持，保险公司应在保险合同范围内支付保险金。

感觉这份判决书比较模糊。这个保险卡到底激活了没有？如果如法院认定的那样，并没有激活，也就是没有进行投保程序，那么保险人如何履行明确说明义务？该判决一方面认定不存在投保程序，另一方面又认定保险公司没有在投保程序中对免责条款进行明确说明，这就出现矛盾了。

对于这个问题，我的理解是这样的：《最高人民法院关于适用〈中华人民共和国保险法〉若干问题的解释（二）》第四条规定了“保险人接受了投保人提交的投保单并收取了保险费”，可知不光是交保险费就完事了，还必须有“投保人提交的投保单”这个环节，这也是必要条件，两个条件缺一不可。

譬如，在这个案件中，激活就是投保环节，如果没有这个投保环节，则谁是被保险人、保险期限自何时开始、谁是受益人等关键的事实均不可能载明，而保险合同这些最基本的要素都不存在的话，合同本身怎么可能成立？还能生效？本案中那个用人单位一共就买了十份自助保险卡，单位里的员工显然不止十个人，凭什么说死者就是十位被保险人之一呢？这是没有道理的。

对免责条款的明确说明义务是在缔约过程、也就是投保过程中才要求保险人履行的诚信义务，如果投保过程根本就没有发生，保险人如何履行呢？保险人无法履行，不等于不履行，不应该混淆。因此，在这个案件中，各方当事人都比较混乱，一会儿说激活了，一会儿说没有激活，都是为了取得对自己有利的结果而随意变换原则，没有一以贯之的道理，这恐不能服众。

个人认为，如果没有进行投保程序，即便交付了保险费，也不能认为自助保险卡包含的保险合同已经成立、生效。根本原因在于，购买保险卡的人并不等同于投保人，只有激活过程，也就是投保过程，才能确定投保人、被保险人、受益人等主体身份，这样保险合同的基本要素才能具备，保险合同才有成立、生效的前提。

不过按照这个道理，假如某种特殊的自助服务卡，限定了必须是购卡者本人是投保人、被保险人，同时限定法定受益人等主体身份，那么情况又有所不同。在这样的情形下，实际上保险合同的要素是齐备的，甚至连保险合同的生效时间都可以用购卡时间来确定，可以推论投保已经完成、保险费已经交纳，保险合同已经生效。

第七节 以死亡为给付保险金条件

保险合同为射幸合同，保险费与保险金并不是等价的，甚至差距极大，杠杆作用明显。特别是以死亡为给付保险金条件的人身保险，直接以人的生命作为保险合同的标的，以被保险人死亡作为给付保险金的条件，因此被保险人的死亡实际上等同于较大的经济利益。在投保人与被保险人是同一人的情况下，这一般没有问题，因为人大都是爱惜自己的生命的，除非极端厌世或为了谋取保险金自杀，否则大都不愿结束自己的生命。但是，如果投保人与被保险人不是同一人，投保人为被保险人投保以死亡为给付条件的保险，且不需经过被保险人的同意，或者不需要被保险人同意保险金额，就会出现很多的危险。

假如投保人与被保险人并不具有强烈的信任关系、血缘关系、亲密利害关系的话，那么被保险人的生命几乎被当成了一种赌注。在高额利益诱惑下，很可能会导致有人蓄意杀害被保险人、获取保险金的道德风险。本来保险合同可能是某种保障，结果却成了杀害被保险人、让被保险人陷入危机的驱动力，这是万万不可的。

即便在投保的时候，投保人与被保险人关系很好、很密切，但是人身保险合同的持续时间往往比较长，在这么漫长的时间内，人是会变的，人与人的关系也会变的，所以被保险人仍然可能会陷入危险。

前述情形不应出现。

因此，《保险法》第三十四条规定："以死亡为给付保险金条件的合同，未经被保险人同意并认可保险金额的，合同无效。按照以死亡为给付保险金条件的合同所签发的保险单，未经被保险人书面同意，不得转让或者质押。父母为其未成年子女投保的人身保险，不受本条第一款规定限制。"即法律要求，必须由被保险人认可以死亡为给付条件的保险合同以及保险金额，以这样的方式来保障被保险人的安全与保险合同的有效性。

一、保险合同整体无效还是部分条款无效

按照《保险法》第三十四条规定，以死亡为给付保险金条件的合同，未经被保险人同意并认可保险金额的，合同无效。但是，很少有仅仅以死亡为给付保险金条件的险种或者说保险合同，大多数情况下，都是生死共存为保险责任范围的。

譬如，在大多数情况下，保险合同的承保范围会包括死亡、伤残、或者生存到一定的年限等。同时，还有一些重疾险合同包括死亡保险责任。还有一些投资型的险种，如投资连接保险、两全保险等，不仅包括投资性的保险责任，也包括死亡为给付条件的保险责任，虽然死亡赔偿责任很少。还有很多险种，将意外死亡作为附加险的保险责任范围，或者虽然以死亡为主线的保险责任范围，但是还包含了一些其他保险责任的附加险等，情况多种多样。

如果保险合同不仅包括以死亡为给付条件的保险责任范围，还包括其他并非以死亡为给付条件的保险责任范围，如重疾、住院医疗、伤残、投资等，在未经被保险人同意并认可保险金额的情形下，是否所有的保险合同均无效？还是仅死亡保险责任范围条款无效、其他部分仍然有效？

《民法典》第一百五十六条规定："民事法律行为部分无效，不影响其他部分效力的，其他部分仍然有效。"从法律规定看，所谓"合同无效"可能指合同全部无效，也可能指合同部分无效，并且两者也不是水火不容的关系。按照法条的逻辑，即便认定为合同部分无效，但是如果"影响其他部分效力"，则其他部分也会按照无效处理。

所以，我们需要区别看待不同的保险合同。

1. 某些投资类险种，死亡保险金在保险责任范围所占的比例微乎其微。

譬如，有的投资连结保险条款约定："身故保险金额为我们受到身故

保险金受益人的书面理赔申请和本合同规定的证明文件资料之日的下一个工作日的投保人投资账户价值（按卖出价计算）的101%。”

可以看出，投资连结保险的投资账户价值实际上等同于投保人的储蓄、投资，本来就属于投保人所有。而以死亡为给付条件的保险金，仅仅是这个投资账户价值的1%。区区1%能对合同效力有什么影响呢？我看基本没有，更谈不上有什么道德风险。所以这1%的保险责任条款就算被认定无效了，也完全不影响投保人投资账户价值。

只不过现实中，很多投保人以投资作为出发点。如果感觉过了一年半载，这样的投资型保险收益并不理想，甚至出现亏损，投保人就觉得不满意，很可能就以这个理由要求解除保险合同，要求返还全额的保险费以避免自己的亏损。但是，在这样的情形下，不宜将保险合同认定为无效合同。

2. 有的重疾保险在主险合同中设定了不同的保险责任，如有罹患重疾给付保险金的责任，这并不以死亡为给付条件。同时，在主险中还设定了重疾死亡保险赔偿责任。如果对于死亡保险责任未经被保险人同意并认可保险金额，则重疾死亡保险责任这部分条款肯定被认定为无效。那么罹患重疾给付保险金的条款呢？被认定为有效吗？理论上的确是的。

然而对于保险人、投保人来说，这样就不公平了、不合理了。如果保险费标准没有改变，那么对于投保人来说，其承担的保费不变、获得的保险保障大幅减少，投保人会觉得亏了。

可是如果保险费也相应减少呢？对于保险人就不划算，因为通过投保长期人身保险，保险人对于保险费才可能有获利，才能提供其他保险责任相应较低的保险费率，现在保险费忽然少了一大块，那么保险人就无法实现其缔结本保险合同的目的，就很吃亏了。

所以，这样的情形下，我认为属于“影响其他部分效力”，这样的合同部分无效，也应当被作为整个合同无效对待。

主险合同是主合同，附加险合同属于从合同，主合同是无须以其他合同存在为前提即可独立存在的合同，从合同是以其他合同的存在为其存在前提的合同，因此如果主险保险合同被认定为无效，则附加险保险合同全都无法存在。即所有的保险合同均会因此而被认定为无效合同。

但是，假如主险是重疾保险，并不包含以死亡为给付保险金条件的保险责任，仅在附加意外伤害保险中存在以死亡为给付保险金条件的保险责任，情况就不一样了。因为附加险作为从合同，在保费比例上的影响力是很有限的，有没有这个附加险并不影响主险保险合同的成立。甚至于，也不影响其他附加险从合同的效力。

所以，这时即便存在死亡保险责任未经被保险人同意并认可保险金额之情形，也不会影响其他部分效力。最多该附加险保险合同被认定无效，即应按照合同部分无效对待。

重庆市高级人民法院（2016）渝民终547号民事判决书载明，武某芬系聂某母亲，武某芬以聂某为被保险人，与保险公司签订了具有投资内容的两全保险合同，后诉至法院，称因聂某未认可以死亡为给付保险金条件的保险合同，要求认定保险合同无效。

法院认为，案涉保险合同因未经被保险人同意并认可保险金额，违背了法律强制性规定而有无效之虞，但就应属部分无效还是整体无效双方当事人发生争议。判断保险合同整体无效还是部分无效，应以各项保险责任之间是否具有实质独立性为主要判断依据，结合投保人的合同目的和继续履行剩余部分合同是否会导致严重不公平等因素综合判断。若案涉保险合同各项保险责任之间缺乏实质独立性、死亡险部分被确认无效后严重违背投保人的合同目的或将导致严重不公平的，应确定保险合同整体无效。

案涉保险合同应被整体确认无效，理由如下：第一，诉争保险合同主险部分是典型的两全保险，两全保险是将定期死亡保险和生存保险结合的保险形式，保险合同项下的保险费金额、交费期间、保险期间、保险责任均以被保险人生存状态为确定依据，相互之间具有关联性，生存保险责任与死亡保险责任之间不具有实质独立性；第二，身故保险金是两全保险中受益人获取保障的主要途径，死亡险部分被确认无效后，受益人将无法获得身故保险金，这将严重违背投保人的投保初衷；第三，如果仅确认死亡险部分无效，而生存险部分继续有效，设若被保险人在合同生效后不久即死亡，在无身故保险金保障的情况下，生存保险金将远少于投保人支付的保险费，这将导致严重不公平。

二、判定被保险人同意并认可的情形

《最高人民法院关于适用〈中华人民共和国保险法〉若干问题的解释（三）》第一条规定："当事人订立以死亡为给付保险金条件的合同，根据保险法第三十四条的规定，'被保险人同意并认可保险金额'可以采取书面形式、口头形式或者其他形式；可以在合同订立时作出，也可以在合同订立后追认。有下列情形之一的，应认定为被保险人同意投保人为其订立保险合同并认可保险金额：（一）被保险人明知他人代其签名同意而未表示异议的；（二）被保险人同意投保人指定的受益人的；（三）有证据足以认定被保险人同意投保人为其投保的其他情形。"

从司法解释可以看出，确定被保险人"同意并认可保险金额"的情形有三类：一是投保时被保险人同意并认可保险金额；二是被保险人追认；三是通过某些外在表现视为被保险人已经同意并认可保险金额，例如：

1. 被保险人明知他人代其签名

绝大多数情况下，在以死亡为给付保险金条件的保险合同中，被保险人的签名处不会是空白，因为那样很扎眼，很容易出问题，保险公司内部审核都过不去。但有可能不是被保险人本人的真实签名，通常会是其他人代签的，例如投保人代签、保险公司营销员代签、保险代理机构人员代签等。

有保险公司认为，保险合同肯定会交给投保人、被保险人，被保险人是看得到合同内容的，而合同内有投保单的复印件，有被保险人的签名字样。在这样的前提下，被保险人在犹豫期内没有任何表示，有的长达数年没有异议，且保险费按时支付，应该能够证明被保险人明知他人代其签名而未表示异议。

对此，我难以肯定。这是因为，司法解释中明确规定，应以被保险人的“明知”为要件，即保险人须能证明，被保险人是明知这个代签字的情况存在的，并且明知代签的字是什么意义。而这一点，通常很难证明。要知道，保险合同的当事人是投保人而不是被保险人，因此保险合同寄送也是寄给投保人的，保险费也是投保人支付的，在犹豫期内决定是否退保也是投保人的权利，所以这些情形实际上最多能推论出投保人的行为，但是很难体现出被保险人的行为，更不好判定其是否“明知”。

江苏省盐城市中级人民法院（2014）盐商终字第0092号民事判决书载明，陆某梅与被保险人吴某松系夫妻关系，陆某梅以其丈夫吴某松为被保险人向保险公司投保，陆某梅由他人代书签名与保险公司签订分红型保险合同一份，两年间支付保险费80万元。嗣后，陆某梅以保险公司的业务员隐瞒合同真实内容为由拒绝交纳保费，后要求保险公司返还已交纳的保费遭拒，遂向法院提起诉讼。经司法鉴定，投保人签名处“陆某梅”签名和被保险人“吴某松”签名与提供的样本不是同一个人书写。

一审法院认为，投保单的签名虽非陆某梅及被保险人吴某松本人签名，系他人代签名，但陆某梅取得了业务员转交的保险合同，应视为其对他人代签约行为已经明知。陆某梅按照保险合同的约定已交纳两年的保费，并且已交纳复效利息，陆某梅以积极参与合同履行的方式表达了其对于代签名行为的追认，应认定陆某梅追认了他人代其订立保险合同的行为。故陆某梅要求确认保险合同无效和返还保险费的诉讼请求没有法律依据，不予支持。驳回陆某梅的诉讼请求。

二审法院认为，投保人的签字非其本人所签，可以通过投保人交纳保险费的行为推定投保人对他人代签字行为的追认，但不能从投保人交纳保险费的事实来推定为被保险人对代签字行为的追认。综上所述，本案保险合同中包含以死亡为条件给付保险金的条款，在未得到被保险人书面同意的情况下，该保险合同无效。本案中，陆某梅与保险公司都未提供证据证明因该合同无效造成实际损失。同时，陆某梅明知该保险合同没有得到其丈夫吴某松的书面同意，仍然依据合同交纳两年的保险费，存有很大过错。陆某梅在明知被保险人没有同意的情况下仍然同意他人代被保险人签字，亦存有一定过错。故陆某梅要求保险公司承担所交纳保险费利息的主张，不予支持，但保险公司应返还其所收取的保险费80万元。

2. 其他情形

按照《最高人民法院关于适用〈中华人民共和国保险法〉若干问题的解释（三）》第一条规定，有证据足以认定被保险人同意投保人为其投保的其他情形，也能认定为被保险人同意投保人为其订立保险合同并认可保险金额。这个规定感觉比较模糊，容易产生歧义。

首先，被保险人同意投保人为其投保，但是不等于说被保险人就了解投保的内容，被保险人不一定就能知道该保险合同是以死亡为给付条件的，可能不知道死亡保险金的金额。所以，同意投保不等于同意投保人为其订立死亡险种保险合同并认可保险金额。

其次，这个“其他情形”相当于一个口袋，反正只要能沾点边、甚至沾不上边的，都可以被法官自由心证认定。

譬如，有的法院认为投保人有被保险人的身份证号码，就足以认定被保险人同意投保人为其订立保险合同并认可保险金额。个人认为，这个认定比较牵强。因为雇主知道员工的身份证号码实在太正常不过了。员工与雇主之间，要签劳动合同、要办社保、要办工资银行卡，所以雇主不仅会知道员工的身份证号码，甚至持有员工身份证的复印件，这很正常，很难因此推断出员工同意投保并且知道了死亡保险金的金额。

山东省高级人民法院（2015）鲁民四终字第114号民事判决书载明，王某庆为涉案渔船的所有人。2012年，王某庆雇佣赵某为涉案渔船船员。后王某庆为涉案渔船船员办理保险，赵某乘涉案渔船在海上作业时，落水失踪，法院宣告赵某死亡。保险公司认为，根据《保险法》的规定，以死亡为给付保险金的合同，应征得被保险人同意，否则合同无效。本案所涉合同未经被保险人签字确认，因此无效。

法院认为，关于保险合同是否有效、保险公司是否承担民事责任的问题，根据《保险法》第三十四条的规定，以死亡为给付保险金条件的合同，应以被保险人同意并认可保险金额为生效要件。本案中，王某庆为赵某投保两份保险合同的被保险人清单，均载有赵某的身份证号码。身份证号码系重要的私人信息，公民个人不会轻易将其身份证号码告知他人，王某庆准确地获知了赵某的身份证号码并提供给保险公司，应视其在投保时向赵某告知了投保的相关事宜。因此，涉案两份保险合同具备生效要件，合法有效，保险公司应依约履行保险人义务。

还有的法院认为，雇主连续几年为员工投保意外保险，推定员工是知道并且同意的。

江苏省南通市中级人民法院（2015）通中商终字第00337号民事判决书载明，自2006年3月开始，田某健作为雇主为其雇员喻某明连续在保险公司投保了人身意外险，后喻某明因交通事故受伤，抢救无效于当日死亡。保险公司认为保单上“被保险人”处的签名不是喻某明本人所签，应属无效合同；受益人认为名字虽不是喻某明本人所签，但其本人对保险合同是认可的。

法院认为，田某健作为喻某明的雇主，其为雇员在保险公司投保有意外伤害险，可以视为投保人田某健对被保险人喻某明具有保险利益，且受益人是喻某明的直系亲属，符合法律规定。《保险法》第五十六条规定的“被保险人书面同意”已被修改为“被保险人同意”。上述条文的修改也是为了适应当今的社会经济形势的要求，即放宽了被保险人同意的形式，可以是书面的、口头的、电子的，还可以是事后默认的方式。这样的改变一方面是为保险的网络、电话销售打开“方便之门”，另一方面也以更灵活、多样性的方式表达被保险人的“意思表示”，以最大限度地保护被保险人的利益。故在本案中，虽然喻某明没有在“被保险人处”亲自签名确认，但案涉保险已连续续保多年，且有证人证言能够证明喻某明已经知晓涉案保险合同及保险金额，可以认定喻某明是以事后默认的方式同意并认可的，案涉保险合同合法有效。

三、保险人能否主张保险合同无效

实践中，我发现以被保险人未同意投保死亡险种为由，要求确认保险合同无效的情况大体有两类：一类是投保人觉得收益不太符合预期，不想继续投保了，要求确认合同无效；另一类则是发生被保险人死亡事件后，保险人不想给付保险金，要求确认合同无效。实际上，那种单纯以道德风险原因要求确认保险合同无效的情况还真是少见，大多数情况下，仅是个借口而已。

不管是不是借口，起码这也是确认保险合同无效的法定理由。投保人要求确认保险合同无效好理解，那么保险人也要求确认保险合同无效，是否可行？

我认为，法律上并没有规定保险人无权以此理由要求确认保险合同。但是现实中，通过经济利益对比，我认为保险人不会采取此方式，因为如果这样做，对保险人是非常不划算、非常无意义的。

因为被保险人是否同意投保、是否对以死亡为给付条件事先知晓、是否认可保险金额，事关道德风险，也是保险的原理。可以说，任何一家经营人身保险业务的保险人都应该具备这种基础知识。投保人或被保险人不知道这个道理可以理解，保险人如果也推脱不知道这个道理，那是不可能的。

按照《保险法》第十三条规定，投保人提出保险要求，经保险人同意承保，保险合同成立。为何要“保险人同意承保”才行？因为需要经过保险人的核保，所谓核保，就是要对各种法定的程序、规则做一核对，看看这个保险要求是否符合法律规定、是否存在道德风险。保险人具有专业知识、具有专业团队，因此保险人在核保时应审查法律规定的各种强制规则是否落实，这是核保程序的当然之意。其中，就应该包括审核被保险人是否同意投保人为其投保以死亡为给付条件的险种、是否同意保险金额，应审核被保险人是否有签字认可的意思表示，或者审核被保险人有无其他表示认可的意思表示。这是保险人的缔约义务，如果没有履行该种义务，应该视为保险人存在过错。

《民法典》第一百五十三条规定："违反法律、行政法规的强制性规定的民事法律行为无效。但是，该强制性规定不导致该民事法律行为无效的除外。违背公序良俗的民事法律行为无效。"第一百五十七条规定："民事法律行为无效、被撤销或者确定不发生效力后，行为人因该行为取得的财产，应当予以返还；不能返还或者没有必要返还的，应当折价补偿。有过错的一方应当赔偿对方由此所受到的损失；各方都有过错的，应当各自承担相应的责任。法律另有规定的，依照其规定。"

我们探讨的被保险人未同意投保的情形，应为"违反法律、行政法规的强制性规定"的情形。造成这种情形的原因，固然是被保险人未签字、未认可，但是其根本原因在于保险人未尽到核查之义务，甚至是鼓励、纵容保险营销人员造假。因为如果保险人尽到该核查义务，则无被保险人同意的投保要求，就根本不可能获得承保。无论是传统纸质投保还是互联网投保，均是如此。所以保险合同无效的后果，均为保险人过错所致。如果保险合同因此被认定无效，则保险人作为过错一方，依法应当赔偿投保人所受到的各种损失。

假如在保险事故发生前，即被保险人未死亡的情形下，保险人要求确认合同无效，则不仅应该将保险费全额退还给投保人，还应该赔偿投保人相应的利息。

目前通常认为，合同无效损失赔偿的性质属于缔约过失责任。缔约过失责任以先合同义务为前提，所谓先合同义务，是指当事人为缔约而进行磋商之时，基于诚实信用原则而产生的协力、告知、阐明、保护、照顾、保密等义务。缔约过失责任损害赔偿的对象为信赖利益，信赖利益的损失是指缔约人信赖合同有效成立，但因法定事由发生，致使合同不成立、无效或被撤销等而遭受的损失。

信赖利益的损害包括所受损害和所失利益。所受损害又称直接损失，是指既有财产的减少，如缔约费用、准备履约费用、已付金钱产生的利息等。所失利益又称间接损失，是指既有财产本应增加而未增加的部分，包括因丧失了与第三人另行缔约的机会所产生的损失等。

所以，保险人要求确认合同无效，须知自己才是导致合同无效的过错方，在保险事故未发生前确认保险合同无效的，当然应退还全额保险费，但是还应退还占用该款项期间的利息，否则就造成了投保人的利息损失。

黑龙江省七台河市中级人民法院（2015）七民商终字第62号民事判决书载明，2009年1月24日，原告那某珍在与被告保险公司签订人身保险合同，原告那某珍交了七年的保险费用，且该合同的被保险人处签字不是原告于某义本人签的。后双方协商解除保险合同，保险公司退给原告70287.13元保险费，但是那某珍要求保险公司赔偿利息，引发诉讼。

法院认为，保险合同中被保险人于某义的签名非其本人签署，系保险代理人代签名，保险公司已于本案诉讼前将那某珍交纳共计七年的保险费全部退还，且保险公司在原审当庭承认“保险代理人代签名，保险合同无效”。因本案所涉的人身保险合同未经被保险人于某义同意，且系保险代理人代被保险人于某义签名，故该合同自始无效。

因本案人身保险合同自始无效，故保险公司平安人寿保险公司在签订合同期间不承担保险责任，但导致本案人身保险合同无效的原因系保险公司有过错，即保险公司的保险代理人隐瞒该份保险合同须经被保险人于某义同意的重要合同事项，而代被保险人于某义签名的行为。合同无效或者被撤销后，因该合同取得的财产，应当返还，有过错的一方应当赔偿对方因此所受到的损失。故对那某珍要求保险公司赔偿保险费利息损失的主张应予支持，原审按照中国人民银行同期贷款利率，判决保险公司给付那某珍保险费利息16582.97元并无不当。

但是，如果保险事故已经发生，被保险人已经死亡，情况就大不相同了，就不仅仅是赔偿利息那么简单。

由于保险人的过错，投保人提出的投保要求得到了承认，因此无论对于投保人、被保险人、受益人而言，都产生了一个信赖利益，即认为已经得到了保险人正常的承保，所以不可能再去另行投保同类的保险。一旦保险事故发生，被保险人死亡，无法确认其是否再行追认。则对于受益人而言，若合同有效则保险金理所应当得到，可是假如该保险合同被确认无效，则本来可以得到的保险金无法得到，且也无法从其他方式得以弥补，这显然构成损失。

因为投保人并不一定就是受益人，所以这个损失肯定是受益人的损失，但是并不一定是投保人的损失，那么受益人是否可以要求保险人赔偿这个损失呢?

我的理解是：如果投保人不是受益人，该人身保险合同应为第三人利益合同。即合同当事人（投保人）一方不为自己设定权利，而为第三人（受益人）设定，并约定他方当事人（保险人）向第三人履行义务（给付保险金)，受益人由此取得直接请求保险人给付保险金的权利。自保险合同成立起，受益人可独立享受合同规定的权利，保险人不履行合同时，受益人有独立的请求权。所以，在这样的情形下，受益人完全有权利向保险人主张期待利益损失，也就是相当于保险金总额的损失，保险人应该予以赔偿损失。即保险人虽然可以不给付保险金，却依然要给付同等金额的损失赔偿金，那还不是一样?

综上所述，保险人如果主张保险合同无效，倒也不能说不可以，但是对保险人自己有害无利。从经济利益角度考虑，保险人不宜这么做。

1998 年 9 月 5 日，保险公司营销员李某到何女士家，动员何女士购买人寿保险。何女士听了李某的介绍后，替丈夫吴先生买下保险金额为 80000 元的人寿保险，指定受益人为她和女儿吴某，并在投保单上代丈夫签了名。何女士投保当天即向营销员李某交了首期保险费，并在几天后拿到了保险公司签发的保险单。1998 年 10 月 7 日晚上 11 时左右，吴先生在驾车回家途中突遇交通事故当场死亡。

事发后，何女士即向保险公司报案，并要求给付死亡保险金 80000 元。保险公司工作人员赶到现场后发现吴先生浑身酒气，于是要求检验。据有关部门出具的检验报告显示，死者吴先生为酒后驾车。于是保险公司以何女士的投保单未经被保险人书面同意认可，并且吴先生酒后驾车属保险条款除外责任为由拒付。何女士就此向法院提起诉讼，要求保险公司依约承担给付保险金责任。

一审法院认为，以死亡为给付保险金条件的合同，未经被保险人书面同意并认可保险金额的，保险合同无效；保险公司与何女士签订保险合同时，明知何女士代其丈夫签名，仍收取何女士的保险费，并且在出具保险单给何女士时，也没有要求提供吴先生同意的书面意见，保险公司对此有过错，应对何女士的损失承担主要责任。于是判决保险公司退还何女士保险费，并赔偿何女士因保险合同无效而造成的保险金损失 64000 元。

二审法院认为，首先，双方当事人签订的保险合同以被保险人死亡为给付条件之一，由于未经被保险人书面同意并认可保险金额，该合同自始无效；其次，一审判决中将保险金作为经济损失缺乏法律依据。二审法院改判驳回何女士的诉讼请求，保险公司不承担责任。

当然，对于案件有不同的认识也很正常，特别是这个案件是 20 多年前的案件，那时候对于保险法的研究整体比较薄弱，也不到位，经过了 20 多年的发展，现在对于这个案件，可能就会有比较新的认识了。我认为该案一审法院的判决还是合理合法的。

四、被保险人撤销同意，导致保险合同解除

《最高人民法院关于适用〈中华人民共和国保险法〉若干问题的解释（三）》第二条规定："被保险人以书面形式通知保险人和投保人撤销其依据保险法第三十四条第一款规定所作出的同意意思表示的，可认定为保险合同解除。"

人身保险合同通常持续时间很长，在漫长的时间里，甚至在不漫长的时间里，被保险人与投保人之间关系发生变化甚至恶化的情形也属正常。如果被保险人不愿意继续维持这份以死亡为给付条件的保险合同，属于被保险人的自主权利，其可以撤销此前做出的同意意思表示，保险合同解除。

1. 被保险人需以书面形式进行解除通知，并且应向保险人、投保人均发出通知

书面通知形式，主要是一个举证的需要。因保险人无权解除合同，投保人未解除合同，而被保险人的通知是视为解除合同，所以必须有证据证明存在一个这样的行为或者事件，保险人才可以做出解除合同的动作。如果没有被保险人的书面通知，则保险人解除合同是没有法律依据的。并且这个书面通知应该同时通知投保人，因为投保人是保险合同当事人，正常情况下，投保人也是有权解除保险合同的主体。如果不通知投保人，可能会导致投保人继续支付保险费，这样会导致投保人的损失。通知投保人的目的，实际上也等于解除合同的通知，使得投保人注意经济利益，不至于造成更大的损失。

说到这里，会出现一点小问题。假如被保险人的书面通知到达投保人、保险人的时间不一致，应以哪个时间作为解除保险合同的时间点呢？我认为，既然司法解释规定“书面形式通知保险人和投保人”，则这两方主体均应通知到位才可。因两方为保险合同的主体，任何一方未通知到位，都不会产生保险合同失去效力之后果，因此应该以两方主体均收到通知之时间，即最后一方收到通知的时间为合同解除时间。

2. 保险合同解除不等于解除全部的保险合同

我们此前讨论过，如果被保险人不同意投保以死亡为给付条件的人身保险合同或者不认同保险金额，并不一定导致全部的保险合同都无效，还是应该看以死亡为给付条件的保险责任与其他保险责任、合同的其他部分的关系，是否可以单独分割，是否会影响其他险种、条款的存在性等。

如果以死亡为给付条件的险种或者保险责任条款不影响其他保险合同或者其他保险合同条款的存在以及适用，则其他保险合同或者其他保险合同条款依然有效。譬如，仅仅解除一个附加意外伤害保险险种，就不会影响其他的险种继续存在。

被保险人作出的意思表示，只是撤销此前作出的同意订立以死亡为给付条件保险合同、认同保险金额等意思表示，并不是解除该保险合同的意

思表示，即被保险人是无权解除保险合同的。所以，被保险人无权选择哪些保险合同或者保险合同的哪些部分被解除，还是应该由保险人、投保人依法酌定。

3. 解除保险合同的后果

《保险法》第四十七条规定："投保人解除合同的，保险人应当自收到解除合同通知之日起三十日内，按照合同约定退还保险单的现金价值。"可知，这样的解除，当然不是投保人主动提出的解除，但是被视为投保人解除合同，即便投保人想继续保留这份保险合同也不可以。此时保险人应该向投保人退还保险单的现金价值，这样的结果对于投保人而言，损失还是比较大的。但这也是司法解释规定之意，没有办法。

五、限制被保险人撤销权的行为无效

有投保人考虑到被保险人有可能会撤销同意，导致保险合同被认定解除，从而造成投保人的经济损失，所以投保人会与被保险人达成一个协议，就是要求被保险人在保险合同存续期间，不撤销同意投保以死亡为给付条件的人身保险合同。甚至还有投保人、被保险人、保险人三方通过某种方式达成一个三方协议，约定被保险人不能撤销同意投保以死亡为给付条件的人身保险合同。我将这样的协议称为放弃撤销权协议。

那么，这样的放弃撤销权协议是否具有法律约束力呢？

这样的放弃撤销权协议并不是格式合同、一般也不使用格式条款，排除适用有关格式条款不利解释的规定。同时，我们也排除重大误解、显失公平、意思表示不真实等情形，那种情形与我们讨论的主题差别较大。即，这样的放弃撤销权协议是在平等协商的基础上达成的，如果被保险人想要毁约，是否可以呢？

对此，我的理解是：

1. 被保险人签署预先放弃撤销权协议是有法律约束力的。要知道，被保险人放弃的不是自己的生命，而只是放弃一种撤销权，放弃撤销同意缔结保险合同的权利，这不违反法律、行政法规的强制性规定，是被保险人对于自己自主决定权的一种弃权，其性质与被保险人同意投保人为其缔结以死亡为给付条件的保险合同相同，大体等同于“我现在同意”“我以后永远同意”之间的关系，都是基于信赖。所以这样达成的放弃撤销权协议有效。

2. 如果随着时间演变，被保险人、投保人之间的信赖关系发生改变甚至荡然无存，也属正常，被保险人想撕毁放弃撤销权协议，撤销同意缔结保险合同的意思表示也可以理解。

然而这样的情况，在法律上而言，应属一种情势变更情形，即合同有效成立后，因不可归责于双方当事人的原因发生情势变更，致合同之基础动摇或丧失，若继续维持合同原有效力显失公平，允许变更合同内容或者解除合同。

《民法典》第五百三十三条规定：“合同成立后，合同的基础条件发生了当事人在订立合同时无法预见的、不属于商业风险的重大变化，继续履行合同对于当事人一方明显不公平的，受不利影响的当事人可以与对方重新协商；在合理期限内协商不成的，当事人可以请求人民法院或者仲裁机构变更或者解除合同。人民法院或者仲裁机构应当结合案件的实际情况，根据公平原则变更或者解除合同。”从此条内容来看，当事人如果认为存在情势变更情形，可以请求人民法院或者仲裁机构变更或者解除合同，而不能径行变更或者解除合同。

所以，如果被保险人认为其与投保人之间关系恶化，信赖基础不再存在，想要撤销同意投保人为其投保的意思表示，就需要先变更或者解除其与投保人预先签署的放弃撤销权协议。然而，这样的变更与解除并不是被保险人自己说了算，而是应该向人民法院或者仲裁机构提出要求，由人民法院或者仲裁机构审理后决定变更或者撤销。

这是因为，被保险人的生命安全固然需要保护，但是契约订立也是事实，毕竟也涉及投保人的切身经济利益，并且该放弃撤销权协议也是事先经由被保险人同意才达成的契约。如果确实需要对契约进行变更或者解除，不能听任一方高兴或者不高兴，也不能靠嘴说，起码得有证据，起码得有法定的程序，由权威机构作出的裁决才具有法律约束力。

只有当被保险人、投保人预先签署的放弃撤销权被法院或仲裁机构变更或者解除后，被保险人才能依法再以书面形式通知保险人和投保人，撤销其依据《保险法》第三十四条第一款规定所作出的同意的意思表示，从而解除保险合同。

第八节　保险利益

人身保险合同中的保险利益问题，较财产保险而言简单。《保险法》第十二条规定："人身保险的投保人在保险合同订立时，对被保险人应当具有保险利益。财产保险的被保险人在保险事故发生时，对保险标的应当具有保险利益。人身保险是以人的寿命和身体为保险标的的保险。财产保险是以财产及其有关利益为保险标的的保险。被保险人是指其财产或者人身受保险合同保障，享有保险金请求权的人。投保人可以为被保险人。保险利益是指投保人或者被保险人对保险标的具有的法律上承认的利益。"第三十一条规定："投保人对下列人员具有保险利益：（一）本人；（二）配偶、子女、父母；（三）前项以外与投保人有抚养、赡养或者扶养关系的家庭其他成员、近亲属；（四）与投保人有劳动关系的劳动者。除前款规定外，被保险人同意投保人为其订立合同的，视为投保人对被保险人具有保险利益。订立合同时，投保人对被保险人不具有保险利益的，合同无效。"

可见，人身保险合同中的保险利益，大体是以投保人与被保险人之间的亲情为主、劳动关系为辅、其他同意关系为补充的。因为只有这样，当被保险人死亡、伤残、疾病、健康存活时，才会给投保人、受益人带来真实的痛苦或欢喜，这是人类的基本情感，也是"法律上承认的利益"。所以，对于人身保险合同而言，法律要求"投保人在保险合同订立时，对被保险人应当具有保险利益"，否则的话该保险合同无效。

法律规定，主要还是以保护被保险人的人身安全、防范道德风险为出发点。否则的话，人身保险将成为以他人生命、健康为赌注的一场赌博，将会对被保险人的安全与健康带来重大的道德风险。

一、亲属间保险利益的相关问题

1. 关于子女、父母

《保险法》中仅规定了子女、父母之间具有保险利益，但是这个子女、父母可不仅仅指亲生父母子女，是一个比较复杂的问题。

《民法典》第一千零七十一条第一款规定，非婚生子女享有与婚生子女同等的权利，任何组织或者个人不得加以危害和歧视。第一千零七十二条第二款规定，继父或者继母和受其抚养教育的继子女间的权利义务关系，适用本法关于父母子女关系的规定。第一千一百一十一条第一款规定，自收养关系成立之日起，养父母与养子女间的权利义务关系，适用本法关于父母子女关系的规定；养子女与养父母的近亲属间的权利义务关系，适用本法关于子女与父母的近亲属关系的规定。第一千一百二十七条第三款、第四款规定，本编所称子女，包括婚生子女、非婚生子女、养子女和有扶养关系的继子女。本编所称父母，包括生父母、养父母和有扶养关系的继父母。由上可见，这些子女与父母之间都具有保险利益。

2. 关于家庭其他成员、近亲属

（1）近亲属

我国不同的法律规定对于近亲属的范围规定是不同的，民事、刑事法律规定各有不同。《民法典》第一千零四十五条第二款规定，配偶、父母、子女、兄弟姐妹、祖父母、外祖父母、孙子女、外孙子女为近亲属。而《刑事诉讼法》第一百零八条第六项规定，" 近亲属" 是指夫、妻、父、母、子、女、同胞兄弟姊妹。笔者认为，对于人身保险合同而言，应属民事法律调整范畴，因此应适用有关民事法律规定确定近亲属的范围，应当以《民法典》的规定为准。

如果我们将这个范围理解为具有血缘关系的话，一切都没有问题。但是，如果缺乏血缘纽带的话，可能存在争议。

譬如，《民法典》第一千一百一十一条第二款规定，养子女与生父母以及其他近亲属间的权利义务关系，因收养关系的成立而消除。但是，权利义务关系消除，亲情是否必然消除呢？似乎也不能这么理解。同样的问题，也适用于继子女与继父母之父母之间的关系。

我认为，保险法领域所考虑的近亲属关系，主要是考虑投保人与被保险人之间的亲情，而并不是考虑双方间的权利义务关系。因此，还是应该具体案件具体分析。对于祖父母、外祖父母、孙子女、外孙子女之间的关系，原则上亲情比父母子女之间会减少一等。而由于特殊的原因，生父母与子女之间关系消除，则生父母之父母与该子女之间的亲情也会受到阻断。因此，对于养子女、继子女而言，其与生父母之父母、养父母之父母、继父母之父母之间原则上均不应该算是《保险法》规定的近亲属关系，但是若有亲情者除外。

（2）家庭成员

迄今为止，尚无任何法律或司法解释对其范围作出界定，从而给法律适用带来了一定困扰。

2007 年第 11 期《最高人民法院公报》选登了“杨某岭诉中国某财产保险股份有限公司天津市宝坻支公司保险合同纠纷案”，该案的裁判摘要指出：“‘家庭成员’‘直系血亲’‘亲属’等均为法律概念……‘家庭’在法律上等同于户籍，‘家庭成员’是指在同一户籍内永久共同生活，每个成员的经济收入都作为家庭共同财产的人。‘家庭成员’与‘直系血亲’、‘亲属’并非同一概念，具有直系血亲关系的人不一定互为家庭成员。”虽然我国是成文法国家，但《最高人民法院公报》公布的案例是最高人民法院认可的，对法院办案无疑具有一定的指导意义。

可见，前述案例则直接把家庭等同于户籍，并把“每个成员的经济收入都作为家庭共同财产”作为界定家庭成员的必要条件。强调“共同生活”，实际上限定为“永久共同生活”。

“共同生活，财产共有”是“家庭成员”的基本特征。不过，保险法的表述是“前项以外与投保人有抚养、赡养或者扶养关系的家庭其他成员、近亲属”，结合我们前面谈到的有关法律规定，可见这个“家庭成员”起码排除了“配偶、子女、父母、兄弟姐妹、祖父母、外祖父母、孙子女、外孙子女”，这些亲属之外的人才可能算是《保险法》所称的家庭成员。

另外，家庭成员是否一定以同一户籍为准？这个我认为也不一定，因现在社会变化很快，户籍与居住地址不同，共同居住但是并非共同户籍之情况非常常见，户籍不能作为限制家庭的标准。因此，我认为应该以共同居住、生活为唯一标准，而不能以冷冰冰的户籍登记为准，毕竟，只有共同居住生活的人才可能产生亲情，可以视为具有保险利益。

仅仅共同居住还不足够，依法而言，还必须“与投保人有抚养、赡养或者扶养关系”。这一关系是双向的，任何一方抚养、赡养或者扶养另一方均可成立。在这一思路下，如果长期共同居住、共同生活、财产共有的儿媳、女婿、表兄妹、堂兄妹等，我看均可视为“家庭成员”。但是，譬如住家保姆，因不能满足“与投保人有抚养、赡养或者扶养关系”且财产也很难共有，因此不能算是家庭成员。

山东省临沂市兰山区人民法院（2014）临兰商初字第1181号民事判决书载明，张某在保险公司处以其公公刘某远为被保险人投保了终身年金保险（分红型），保单载明身故受益人为张某，保险期间为终身，交费年期为十年，交费方式为年交，保险费为100000元

对于该年金保险（分红型），张某主张其系被保险人刘某远的儿媳，并非直系亲属，其对刘某远不享有保险利益，该保险合同无效。但是法院认为，根据《保险法》第三十一条第（三）项的规定，张某与刘某远之间具有赡养关系，故张某对刘某远具有保险利益，对张某关于其对刘某远不享有保险利益的主张不予支持。

二、基于劳动关系的保险利益

《保险法》第三十一条规定，投保人对与投保人有劳动关系的劳动

者具有保险利益。这种基于劳动关系产生保险利益，是《保险法》修订之后才出现的规定，在修订之前的《保险法》中是完全没有这一规定的。而且根据法律规定，可知投保人一定是用人单位、被保险人一定是劳动者。

这一关系相较于亲属之情，保险利益不是来自亲情，而是来自责任关系，即一旦劳动者出现人身损害，用人单位将会承担赔偿责任，且会给用人单位造成很大的麻烦，因此用人单位要为劳动者投保人身保险，以使劳动者安心工作，使得其遭遇人身损害后有资金用于救治补偿，也使得劳动者的亲属能够得到一定的经济补偿安置，从而最大限度地减少用人单位的责任与麻烦。

1. 投保人、被保险人之间，是否一定要具有劳动合同

《劳动合同法》第十条规定："建立劳动关系，应当订立书面劳动合同。已建立劳动关系，未同时订立书面劳动合同的，应当自用工之日起一个月内订立书面劳动合同。用人单位与劳动者在用工前订立劳动合同的，劳动关系自用工之日起建立。"第十一条规定："用人单位未在用工的同时订立书面劳动合同，与劳动者约定的劳动报酬不明确的，新招用的劳动者的劳动报酬按照集体合同规定的标准执行；没有集体合同或者集体合同未规定的，实行同工同酬。"由此可见，依法来说，原则上应该有书面劳动合同，但是如果没有书面形式，也可能被认为存在事实上的劳动关系。所以，用人单位与劳动者之间，不一定非要有书面劳动合同。用人单位作为投保人，以劳动者作为被保险人投保的，具体还应看其是否具有劳动关系，以确定保险利益是否存在。

但是，对于这个劳动关系，也不应过于宽泛地理解，譬如临时雇工固然可以算是劳动关系，但是有些是劳务承包商，如某种业务外包的形式，承包者固然也是提供了劳务，但是不应该属于劳动关系。

江苏省南通市中级人民法院（2016）苏06民终976号民事判决书载明，2014年4月24日，长城公司向保险公司投保建筑工程团体人身意外保险并填写了投保单。2014年6月6日7时许，长城公司的施工人员周某

涛在5号楼进行拆除清理作业时从高处坠落、死亡。2002年6月30日，周某涛曾与长城公司南通分公司签订《劳动合同书》，劳动合同期限为无固定期限，自2002年7月1日起生效。

法院认为，首先，周某涛系案涉保险合同的被保险人。长城公司为施工人员向保险公司投保并支付了相应保险费，双方订立保险合同时并没有根据保险公司的规定制作、提供载明被保险人信息的投保交费清单，结合保险合同是以工程总造价方式来收取保费的，可见建立保险合同关系时被保险人是不确定的，只要符合保险合同约定即可。保险合同第二条约定“被保险人是与合同载明的工程项目施工单位建立合法劳动关系并在现场从事施工作业的人员”，对其中劳动关系的理解，保险公司认为应当是劳动合同关系或事实劳动关系，长城公司则认为对该工程进行了施工即可，双方对此理解有争议。而保险合同释义条款中并未对“劳动关系”的概念作出专门解释，根据不利解释原则，此处的劳动关系不应限缩理解为劳动合同关系或事实劳动关系，而应指广义的劳动施工事实关系。且本案所涉及的建筑工程施工人员团体意外伤害保险，通常理解为对工程施工人员受到的意外伤害进行保险赔偿，该保险的保险风险来自建筑工程施工。而周某涛是施工人员，其与其他施工人员一起配合，受长城公司管理、指挥与监督进行施工，劳动成果归于该工程，后其也是在施工中意外死亡，符合该保险合同约定的被保险人范围。

其次，长城公司在投保时对周某涛享有保险利益。从长城公司提供的通知可见长城公司已将保险金额、保险费、受益人的有关情况告知周某涛，根据《保险法》第三十一条“投保人对下列人员具有保险利益……被保险人同意投保人为其订立保险合同的，视为投保人对被保险人具有保险利益”，《保险法》并未限制同意要书面形式，那么周某涛在看到通知后未有不同意参保的意思表示，应视为周某涛同意长城公司为其投保案涉保险。故长城公司对周某涛享有保险利益，案涉保险合同成立并有效。

对于这个案件的结果，我表示认同，但是这个说理部分的认识有些模糊，即长城公司对周某涛的保险利益到底是基于什么？是基于劳动关系，还是基于“被保险人同意投保人为其订立合同”？这两者其实是不同的，不能同时适用。但是该判决给人的感觉，似乎两者都存在，都在起作用，这就比较模糊了。

2. 用人单位的法定代表人、负责人、包工头等是否可以作为投保人

我们前面提及，在这样的情形下，投保人应为用人单位。但是现实中，有很多用人单位并不是很懂行、也不是很正规，而且很多保险人也是为了客户方便、早点确定保险合同、早点拿到保费，所以大家都不太严谨，怎么方便怎么来。有不少这样的保险，在投保的时候，直接是用人单位的法定代表人、或者负责人签字作为投保人的，而保险费也有从他们个人银行卡中支付的。还有一些情形，是包工头作为投保人为其手下的农民工投保的，情形大体相似。那么，在这些情形中，保险合同是否有效呢？

我的理解：应该看这个保险合同的缔结意图，如果能看出缔结这份保险合同的意图是用人单位为本单位的员工、雇工进行投保，法定代表人、负责人的行为仅仅是代理用人单位来缔结这份保险合同，并且保险人对此是明知的、接受的，那么应该认为这份保险合同是基于劳动关系产生保险利益的。

如果看来看去，不能反映出用人单位的意图，只能看出是法定代表人、负责人自己作为投保人来缔结保险合同与支付保险费，那就很难说具有保险利益了。

黑龙江省依安县人民法院（2015）依商初字第115号民事判决书载明，张某才是淀粉公司的工作人员，刘某清为该公司的法定代表。2013年7月16日，刘某清为张某才投保意外伤害险，后张某才工作期间，被电击伤死亡。

法院认为，人身保险的投保人在保险合同订立时，对被保险人应当具有保险利益。（2015）依民初字第225号民事判决书已经生效，其中认定淀粉公司与张某才之间存在事实上的劳动关系。刘某清作为淀粉公司的法定代表人，为该厂工作人员张某才投保意外伤害保险的行为，应视为职务

行为。根据《保险法》第三十一条第一款第四项的规定，投保人对下列人员具有保险利益……（四）与投保人有劳动关系的劳动者，应认定淀粉公司对张某才具有保险利益。保险公司同意淀粉公司为张某才投保意外伤害保险并签发了保险单，该保险合同成立并生效。保险公司对意外伤害保险合同的真实性及证明的内容均无异议，故对意外伤害保险合同的真实性及原告证明的内容予以确认。

但是，包工头的情形不同。包工实际上是一种劳务承包模式，包工头将一定的劳务承包下来，再组织人力物力来完成该劳务。在这样的情况下，包工头手下的劳动者与发包方并不构成劳动合同关系，而是构成雇佣关系，属个人雇佣。

《保险法》规定“与投保人有劳动关系”字样，往往会引发一种错觉，即投保人应该是用人单位，那就自然联想到用人单位应该有营业执照、有组织代码、有社保等。但其实法律并无此种严格的规定。包工头就是个体户，但也是用人单位，虽然其没有公章、社保、组织架构，但是仍然不妨碍其具备用人单位的基本属性。因此，对于包工头而言，其作为投保人，以其雇佣的劳动者为被保险人投保人身保险合同，是符合法律规定的，具有保险利益。

三、关于保险卡的特殊问题

现在市场上能够看到的一些预付保险费的保险卡业务，存在保险利益的问题。因为该保险卡是预付保险费，不记名、不挂失、可转让，且在网络上激活，而激活过程中完全不通知被保险人、无需得到被保险人的许可，所以在很多情况下，被保险人对此一无所知，这就与传统的保险合同缔结过程有很大区别。客观地说，这也是互联网保险的一种典型特征。在这样的缔约过程中，保险人对于保险利益问题的审核缺乏必要的环节，如何判定投保人、被保险人之间的保险利益问题，就比较复杂了。

例如，有些情况下，购买保险卡的人在激活该保险卡的时候，不以自己为投保人，而是以他人为投保人，再以第三人为被保险人。或者，保险公司在设计这一激活程序中，人为地设定一个固定的机构作为投保人，即该种类保险卡统一以该固定机构作为投保人。

这样的做法我认为都是不妥的，因按照《保险法》之规定，投保人是指与保险人订立保险合同，并按照合同约定负有支付保险费义务的人。即投保人有缔结保险合同之意图、行为、承担支付保险费之合同义务，而并不仅仅是一个名义上的主体。

购买保险卡的人，不仅承担了支付保险费的义务，而且在网上激活保险卡，也就是缔结了保险合同、确定了保险合同各主体的姓名身份，因此这个人才是真实的投保人。如果其使用他人名义作为投保人，这个他人既没有缔约之行为，也没有支付保险费，根本就不存在一个真实缔约的意思表示，因此该他人并不应该具备投保人的身份与地位。

湖南省常德市中级人民法院（2015）常民二终字第79号民事判决书载明，2013年3月，薛某苏购买“中国安某保”保险卡并激活。被保险人为邓某甲，受益人为法定。后，邓某甲发生交通事故死亡。保险公司认为，“中国安某保”卡片不是保险公司制作，该卡片只是邓某甲作为安行保公司会员的凭证，而不是保险凭证；安行保公司在收取费用后用其中的一部分作为保险费，交纳给保险公司并签订保险合同，安行保公司是涉案保险合同的投保人。

法院认为，被保险人邓某甲与安行保公司没有劳动关系，亦没有证据表明邓某甲有同意安行保公司为其订立人身保险合同的意思表示，安行保公司对邓某甲不具有保险利益。薛某苏作为普通消费者提出保险要求后，在安行保公司承诺由保险公司承保并收取费用的情况下，认为安行保公司是保险公司的代理人存在合理性。薛某苏作为被保险人邓某甲的配偶，对邓某甲具有保险利益，其购买该卡也是为获得该卡所带来的保险保障，故薛某苏应是涉案保险合同的实际投保人。

还有人购买保险卡后，同时以他人为投保人、被保险人，以自己为受益人。这样道德风险更高。但是，在这样的情况下，因为保险费已经支付且不记名，所以在网络激活保险卡的过程中，完全不需要、也不可能去审核投保人、被保险人的真实身份，真正的被保险人完全不知道有这份保险合同的存在，完全不知道自己的生命已经成为保险合同标的。对于保险人而言，也无法确认是否是投保人的真实意思表示。在这种情况下，保险利益看起来是没有问题，看起来是投保人对于本人的保险利益，但是实际上不是，实际上的投保人是与其不相干的人，这个保险利益根本就不成立。在这样的情况下举证非常不易，因此一旦出现保险事故，保险人实际上很难去证明这个投保人到底是谁。这样的话，不仅保险人可能出现无端的损失，同时也为真正的被保险人埋下了隐患。

辽宁省丹东市中级人民法院（2014）丹民三终字第00170号民事判决书载明，2013年7月8日，李某娟的舅舅于某良在保险公司处购买保险卡，并于当日激活，受益人为李某娟。2013年7月22日，于某良溺水身亡，李某娟按照保险合同约定向保险公司申请保险理赔金，但保险公司拒绝给付。

保险公司在一审辩称：李某娟才是本案保险合同的投保人，依据保险法的规定，投保人与被保险人不具有法定的保险利益，且被保险人也没有同意投保人为其订立保险合同，

一审法院认为，关于保险公司辩称李某娟系涉案保险合同的投保人，李某娟作为投保人与被保险人于某良不具有保险利益，涉案保险合同无效一节，根据电子投保单记载，涉案保险合同的投保人为于某良本人，而不是李某娟，故对保险公司的该辩解意见不予采纳。

二审法院认为，关于保险公司主张李某娟与于某良没有保险利益，保险合同无效的问题。本案保险合同系以电子保单为载体的形式出现，购卡人既可以本人投保，也可以为他人投保，既可以本人使用，也可以将投保之权利随卡转让。保险公司作为保险人在接受投保时，具有按照流程接受投保和审核承保的义务，应对投保人、保险标的、受益人等保险合同中重要事项予以核实，确认是否接受承保。因此，投保人与被保险人是否具有保险利益，投保人是否有投保资格，应由保险人在承保时予以审核。保险

公司接受了涉案投保，并出具了电子保单，表明保险公司认为该投保符合保险条件，同意承保。根据《保险法》第十三条的规定，投保人提出保险要求，经保险人同意承保，保险合同成立。依法成立的保险合同，自成立时生效。现涉案保险合同依法成立并生效，保险公司不能以投保人不具有投保利益为由，拒绝赔偿。

第九节 体 检

在很多人身保险合同缔结过程中，保险公司会安排被保险人进行体检。当然，这样的体检不是所有的被保险人都需要进行，而通常是针对特定的被保险人、特定的保险业务。例如，有些是针对保险金额较大的保险合同安排进行体检，有些是针对特定的疾病安排进行体检，有些是针对一定年龄以上或者以下的被保险人进行体检。而体检的结果，往往也是保险公司决定是否承保、是否增加保险费的一个参考依据。

长期以来，对于这样的体检，社会普遍能够理解这是保险合同缔结过程中的一个环节，但是对其法律概念、意义，则不是很明确。所以，对于因此而出现的一些保险合同纠纷，会对于体检问题出现完全不同的认识，并直接导致裁判后果的不同。譬如，有法院认为，体检是保险人的一种义务，保险人必须安排被保险人体检，如果不安排，就是违约，就要承担不利后果。当然，也有法院不认可这种认识，所以这样的认识被上级法院改判了。

安徽省安庆市中级人民法院（2017）皖08民终623号民事判决书载明，2014年1月10日，陈某凤的丈夫何某环为陈某凤在保险公司购买了一份保险，后陈某凤因类风湿性关节炎住院治疗，因索赔保险金引发争议，遂诉至法院。

一审法院认为，人身保险是以人的生命健康为保险对象，保险公司作为专业的保险机构在签订保险合同前应当安排被保险人进行体检，了解投保的身体健康状况，以更好地控制风险，确定是否签订保险合同。庭审中，保险公司陈述没有对陈某凤安排体检，对其在签订合同前是否询问投保人的健康情况未举证证明，且至开庭时亦未提交证据，对其逾期举证亦未说明理由，对此保险公司应当承担举证不能的责任。

二审法院认为，人身保险是以人的寿命和身体为保险标的的保险，但对被保险人的身体是否需进行体检，法律并未作出规定，而是依双方订立保险合同时有无约定，即对被保险人的身体是否体检，并非签订人身保险合同的必经程序和条件，故陈某凤是否经过体检，并不影响本案人身保险合同约定内容的履行。遂决定撤销一审判决。

还有法院认为，既然保险公司已经安排被保险人体检了，并且在体检后也承保了，那就意味着保险公司对于被保险人的身体状况是明知的、是认可的。因此无论怎么样，保险公司都不能再以被保险人存在既往病史、投保人未如实告知等理由行使拒赔权利。

黑龙江省齐齐哈尔市中级人民法院（2017）黑 02 民终 1295 号民事判决书载明，2015 年 1 月，周某友以其父亲周某龙为被保险人在保险公司投保寿险。2015 年 1 月 20 日，经保险公司组织对被保险人周某龙进行身体检查后，双方签订保险合同，约定身故受益人为周某友。后被保险人周某龙因突发脑出血死亡。周某友向保险公司申请理赔，保险公司拒赔。

一审法院认为，被保险人周某龙系经保险公司组织进行体检合格后投保，保险公司与其签订保险合同，应当视为保险公司对被保险人周某龙的身体状况认可，被保险人周某龙符合保险公司投保条件。且投保人周某友已交纳两期保费，对于保险公司关于投保人、被保险人没有履行如实告知义务的辩解不予支持。判决保险公司给付周某友保险赔偿金 132000 元。

二审法院认为，投保时保险公司组织对周某龙进行了身体检查，体检后与周某龙于 2015 年 1 月 20 日签订保险合同。2016 年 9 月 10 日，被保险人周某龙因突发脑出血死亡，应认定属于保险理赔范围。保险公司以周某友没有实际履行如实告知义务的为由提起上诉，不予支持，维持原判。

个人认为，这些认识不免失之偏颇，主要还是对于体检这个环节的法律意义没有深究所致。

一、体检是保险人核保内容之一

《最高人民法院关于适用〈中华人民共和国保险法〉若干问题的解释（二）》第四条规定："保险人接受了投保人提交的投保单并收取了保险费，尚未作出是否承保的意思表示，发生保险事故，被保险人或者受益人请求保险人按照保险合同承担赔偿或者给付保险金责任，符合承保条件的，人民法院应予支持；不符合承保条件的，保险人不承担保险责任，但应当退还已经收取的保险费。保险人主张不符合承保条件的，应承担举证责任。"可知，保险合同如同其他合同一样，并不是一方说什么就是什么，不能强买强卖，交易对方也要考虑斟酌。譬如投保人提出投保要求，保险人也要对于保险标的进行必要的了解，以确定其是否符合承保条件，这个了解的过程就是核保。

按照《消费者权益保护法》的规定，经营者与消费者进行交易，应当遵循自愿、平等、公平、诚实信用的原则。同时规定，消费者享有知悉其购买、使用的商品或者接受的服务的真实情况的权利。虽然这个法律的立法意图是保护消费者，但是这些交易原则却是共同的、双向的，即对于经营者，也受法律保护，也要以自愿、平等、公平、诚实信用的原则来保障经营者的权益。那么反过来说，经营者也有权了解消费者的某些真实情况权利。这就体现出双方作为平等民事主体之间的法律关系。

而对被保险人进行体检，是核保内容中的一项，也是保险人了解被保险人某些真实情况的表现。通过体检，对于被保险人的身体情况、健康情况能有较为深入的了解，以确定被保险人是否健康、是否有某些疾病、是否适合给予保险保障等，进而决定是否能够自愿、公平、平等、诚信地达成一份保险合同，这是体检的当然之意。

1. 体检不是保险人的义务，也不是被保险人的权利

从我国相关法律、司法解释的规定看，体检并不是保险人的法定义务，没有这样的强制性规定。并且，体检也不是保险人的合同义务。因为

在对被保险人进行体检的时候，保险合同尚未订立，不存在这样的合同约定。体检也不是保险人的缔约诚信义务，这是因为，所谓缔约诚信，是要求投保人将自己的某些重要情况告知保险人，或将可能会损害投保人、被保险人、受益人一方的某些重要情况告知保险人等，以利保险人合理选择。但是，对被保险人体检并不是前述情况，而仅是对被保险人的充分了解，即便没有体检，也并不影响保险合同的缔结，所以这个体检环节，也谈不上缔约诚信义务。

再者，对于被保险人而言，体检也不是其权利。并不是所有的被保险人都有权要求进行体检的。甚至可以说，被保险人是无权自行要求进行体检的。基于此，即便被保险人未进行体检，对于保险人来说也不算违反任何义务，保险人没有任何过错，也不因此承担任何不利性后果。

湖南省高级人民法院（2014）湘高法民再终字第60号民事判决书载明，张某春分别在保险公司购买终身寿险等，后张某春去世。受益人史某琪索赔，保险公司向原告发出人身险理赔通知单，拒绝给付保险金。审理过程中查明，保险公司在与张某春签订保险合同前，未安排张某春到指定医院进行体格检查，张某春死亡后，未进行尸检。

原审法院认为，本案两份保险合同约定的保险期间长，保险金额大，所交保险费较高，系典型商业化普通人身保险合同。保险公司作为专业化的保险公司，承揽大额人寿商业保险，应慎重考虑保险风险，面对张某春的投保申请，却未根据人寿保险合同的特殊性质对张某春进行体检。张某春死亡后，在其死因不明的情况下，亦未及时组织尸检确定具体死因。因此，史某琪作为本案保险受益人要求保险公司按保险合同约定理赔，证据确凿，理由正当，应受法律保护，保险公司应按两份保险合同约定依法对史某琪承担保险理赔义务。

保险公司不服上述判决，申请再审。再审的一审法院认为，双方在签订保险合同时，张某春未向保险公司告知的是其之前在医院身体检查的CT检查单，该检查单未确定病因，该未告知的事项对保险事由的发生有无直接因果关系无法确定。张某春死亡后，未进行尸检，未查明死亡原因，是否具备保险条款约定的免责事由也无法确定。保险公司在签订保险合同时，应尽到审查核实责任，查明被保险人是否符合承保条件，但保险公司无证据证明自己尽到了审查义务，仅要求投保人履行如实告知义务是不够的。因此，双方签订的保险合同应认定为有效。保险事故发生后，保险公司应按保险合同的约定承担给付保险金的义务。

保险公司不服上述判决，提起上诉。再审的二审法院认为，所谓告知义务，是指在订立合同时，投保人应将保险标的的重要事实情况反映给保险人，保险人据此决定是否承保及确定保险费率。因此，并非所有询问的事实都是重要的事实，即此类事项虽经询问，但投保人未如实告知，必须变更或减少保险人对于危险的估计，方能视为重要事项，才能解除合同并免除保险人的责任。本案中，尽管投保人张某春隐瞒了自己曾到医院门诊的事实，但不能据此推断张某春患有严重疾病，现有的证据亦不能证明其患有严重疾病，因此无法认定张某春隐瞒曾到医院门诊的事实足以影响保险人决定是否同意承保或者提高保险费率。况且，由于医院门诊未确定病因，同时张某春死因不明，保险公司是否具备保险条款约定的免责事由亦无法确定，遂决定维持原再审判决。

这个案件的最终判决回避了体检的问题。但是原审判决认为体检是保险人的一种审查义务、一种核保义务，并认为保险公司应查明被保险人是否符合承保条件，但保险公司无证据证明自己尽到了审查义务，仅要求投保人履行如实告知义务是不够的。这一点，在随后的两次再审过程中，均没有被改变，对此我觉得不太好理解。

2. 体检固然是保险人的权利，但是被保险人并无义务一定配合

这其实也是人之常情。譬如，我们去菜市场买水果，当然想要行使知情权，那么我们想要尝尝水果味道如何。但是这并不是经营者的法定义务，经营者固然要满足我们消费者的知情权，但是未必要以损害经营者利益——被吃掉一个水果——来满足，所以理智的消费者还得跟经营者商量一下能不能尝尝。在经营者的同意下，我们消费者才能去试吃这个水果。这个道理，其实对于买卖双方都是一样的。

说到底，体检是保险人行使知情权的表现，作为平等的民事主体，保险人行使知情权没有错，但是投保人、被保险人并无义务一定予以配合。

《民法典》第一百一十一条规定："自然人的个人信息受法律保护。任何组织或者个人需要获取他人个人信息的，应当依法取得并确保信息安全，不得非法收集、使用、加工、传输他人个人信息，不得非法买卖、提供或者公开他人个人信息。"体检的结果、数据等，显然都是自然人的个人信息，并且应该是最重要、最隐私的个人信息之一，保险人如果要取得这样的数据，有法律依据吗？并没有。所以不存在保险人依法要求进行体检的情形。

保险人只能是与被保险人协商，征求被保险人的同意，这实际上是一种合意行为，我们可以说是一种简单的合同。如果得到了被保险人的同意与配合，保险人可以继续采集被保险人的体检信息。如果被保险人不同意、不配合，则保险人也没有办法，只能放弃。不过对于被保险人而言，这份保险合同很可能就无法缔结，这也不符合被保险人的本意，因此这样的拒绝情形实践中并不多见。但是无论如何，这不能强求，被保险人无义务同意。

二、体检的法律影响

1. 体检并不排除投保人的如实告知义务

《最高人民法院关于适用〈中华人民共和国保险法〉若干问题的解释（三）》第五条第一款规定："保险人在合同订立时指定医疗机构对被保险人体检，当事人主张投保人如实告知义务免除的，人民法院不予支持。"

我的理解：首先，因为体检只能对被保险人的身体进行某些特定的检查，还不会太过深入，而投保人如实告知义务所涉及的内容，不仅包括被保险人的身体情况、健康情况，还包括其他内容。这么多的内容，肯定在体检过程中是无法全部涉及的，因此体检内容不能等同于如实告知义务内容，无法抵销。其次，这是两种不同性质的民事法律行为，投保人的如实告知义务是一种缔约诚信义务，而体检则是保险人的知情权之体现，并不是双方间的一种相互义务，也无法进行义务的抵销。因此，司法解释规定体检不能免除投保人如实告知义务，是很有道理的。

湖北省襄阳市中级人民法院（2016）鄂06民终1487号民事判决书载明，2014年4月21日，姚某辉作为投保人和被保险人在保险公司投保保险，保险合同成立前，姚某辉均在保险公司指定地点进行了体检，体检前保险公司工作人员对姚某辉的相关情况进行了询问，姚某辉未告知有高血压病史。

2015年6月13日，姚某辉诊断为高血压3级，极高危。姚某辉就此次住院产生的医疗费用向保险公司申请理赔，保险公司于2015年9月28日出具理赔决定通知书，通知其解除上述两份保险合同，退还保险费及现金价值4881.25元。由此，产生本案纠纷。

一审法院认为，如实告知义务是投保人法定义务，保险人就被保险人的相关情况提出询问的，投保人应当如实告知。结合本案，两份保险合同成立日分别为2014年4月29日和10月22日，在合同成立之前姚某辉已被诊断为高血压2级、高危组、左肾积水、输尿管结石，即姚某辉在投保之前已知道自己患有疾病，但在投保时，其没有如实向保险公司告知，保险公司根据相关法律规定解除上述保险合同，符合法律规定，其对于合同解除前发生的保险事故不承担给付保险金的责任。姚某辉称其已按照保险公司的要求进行体检，且保险人知道体检结果，仍以投保人未就相关情况履行如实告知义务为由要求解除合同，人民法院不应支持。

二审法院认为，保险公司在缔约前对可能影响合同订立的重要事项进行询问并组织体检，均是保险公司为避免自身缔约风险所作的尽职调查，上诉人并不能以此为由免除其自身应尽的法定及约定义务。

2. 保险人明知体检结果仍然承保的，就此部分视为弃权

《最高人民法院关于适用〈中华人民共和国保险法〉若干问题的解释（三）》第五条第二款规定："保险人知道被保险人的体检结果，仍以投保人未就相关情况履行如实告知义务为由要求解除合同的，人民法院不予

支持。”这主要是基于弃权与禁反言规则而作的规定。

所谓弃权，往往指权利人主动放弃其依法、依合同享有的抗辩对方、自己不履行合同义务的某种权利。所谓禁反言，主要指权利人弃权后，不得再基于该项权利的存在向对方当事人提出抗辩，或者再主张该项权利。民事活动的当事人为了自己的利益而对事实进行歪曲，然后又为自己的利益再将已经被歪曲的事实进行纠正；或者事先作出许诺，为了自己的利益又进行反悔，都不符合诚信的要求。民事活动的当事人应该恪守信用、诚实、客观，而且不允许不履行诚信原则的当事人进行反悔，使其自食其果。

上述原则在保险法上的现实意义在于：首先，能平衡保险人主导合同内容的优势地位。保险合同是附和合同、格式合同，内容都是由保险人单方面确定的，被保险人或投保人一方只能被动地全部接受或者拒绝。为了对抗保险人的这种优势地位，必须规定一些对保险人权利的特别限制。其次，这些限制能平衡保险人与被保险人之间专业知识的不对称，保险是一种专业性很强的业务领域，涉及知识复杂、繁多，保险条款也不是每一个普通的投保人、被保险人都能够看得懂，甚至是绝大多数的投保人、被保险人是看不懂的，他们只能依靠保险人或者保险人的代理人的说明进行理解。

另外，保险人及其代理人都是从事这项工作的专业人士，对于保险活动及保险合同有着深刻的认识。此时，如果保险人及其代理人就合同的重要事项作了虚假陈述，或放弃了合同项下的某种权利，作为相对人的另外一方，如投保人、被保险人，对其陈述或意思表示给予合理信赖，并因此而受到损害，就很不公平、很不合理。只有强制保险人履行其承诺，才能实现保险人与投保人、被保险人之间的公平。

如果保险人通过体检，明知被保险人身体、健康存在问题，即无论投保人是否如实告知此问题，被保险人都不符合承保要求，那么保险人完全可以不予承保。但是，如果保险人在明知的前提下，依然予以承保，则说明对于保险人而言，被保险人的问题已经不是问题，不影响保险合同的成立与履行（实际上，等同于保险人放弃了就被保险人身体、健康问题而免除自己保险理赔责任的权利），那么此后保险人不能再以这个问题为由，要求消除保险合同的效力或者减少自己的合同义务，这就是禁反言的体现。

但是，保险人的弃权应该以明知为前提，即保险人是确确实实知道了被保险人的身体、健康存在的问题，而不是推论。因为如果保险人并不明知，也不能推理保险人明确放弃自己的权利。

2016 年 7 月 12 日，刘先生向保险公司投保住院费用医疗保险，被保险人以及生存保险金受益人为其父亲刘父。投保书中询问事项 08 为："您是否患有或过去曾经患有下列疾病或手术史?" 其中 B 项心血管疾病（如高血压等）、C 项呼吸系统疾病（如慢性支气管炎等），投保人与被保险人在后面均勾了否。在投保书末尾，投保人与被保险人均已签上其姓名，"以上勾选结果为其真实意思"。2016 年 7 月 14 日，保险公司安排被保险人进行体检，并于 2016 年 7 月 20 日完成体检，并无异常。2016 年 7 月 25 日，刘先生与保险公司签订人身保险合同。2017 年 12 月 11 日，被保险人入院治疗。被保险人的出院记录中载明，被保险人因不稳定型心绞痛、高血压 3 级很高危、慢性支气管炎等疾病接受治疗。

保险公司认为，投保人、被保险人在投保时均隐瞒了被保险人长期患有上述疾病的事实，未如实向保险人告知，严重影响了保险人的承保决定，遂依法解除保险合同，并作出拒赔决定。刘先生不服，遂诉至法院。

本案中，我们代理保险公司一方应诉。我们认为，被保险人刘父涉及不如实告知的既往病史为高血压、支气管炎，而这两病史在普通的体检中是检测不出来的。患有高血压的病人，只要服用了降压药，体检结果就是正常的。所以本案中，保险公司对于刘父先生的既往病史，不可能通过体检知道或者应当知道，因此也不存在弃权、禁反言的问题。保险公司依然有权要求解除保险合同并拒绝赔偿保险金。

庭审中，刘先生以及其代理律师提出，刘父的入院及出院记录中所记载的患有高血压史的记载是不准确的，刘父在看病时对于医生针对既往史的询问受限于其文化水平其未能准确描述自己的身体状况。另外其认为，该既往史的记载不能作为认定刘父在投保前即已患有高血压病的依据，应以正式的医生诊断为依据。

针对刘先生代理律师及刘先生的主张，我们提出：刘父的出院记录的既往病史中作出了“患者既往‘高血压病’病史十余年，最高可达‘190/150mmHg’，平素口服尼福达20mg qd，卡托普利50mg qd降压，血压有波动；‘支气管炎’病史二十余年”的具体详细的记载，且多为专业的医学术语，依常理，刘父在看病的时候一定向医生出具了记载其既往病史的材料，如此详细、专业的记载不可能存在医生故意或疏忽记载错误的情况。因此，出院记录中的记载是具有极大可信度的，足以说明刘父一直患有高血压病等疾病的事实。

北京市海淀区人民法院作出判决，接受我方意见，认为“依据上述病历陈述及诊断足以认定，被保险人在投保前已知自己患有高血压，且持续服用处方药物进行控制……应认定其具有主观故意。高血压症状确可通过药物进行控制，故在体检时点血压正常不足以作为对抗其自认病史的有效抗辩理由”，驳回了刘父的诉讼请求。

3. 被保险人以欺诈方式进行体检应该承担不利后果

有些被保险人为了某种目的，采取欺骗方式，在体检环节中蒙混过关。这样的方式，不仅不能达到体检的效果，而且往往与保险欺诈有所关联。

2016年7月26日，王某向某人寿保险公司投保终身寿险（分红型），被保险人为其父王某金，附加险为附加意外伤害保险。2016年7月28日，保险公司要求对被保险人王某金进行体检，保险合同成立。2017年1月27日，被保险人王某金在老家家中猝死，没有去医院确定死亡原因，村里开了死亡证明后送往殡仪馆，之后进行火化。后，王某向保险公司提出保险金索赔请求。

但调查人员走访了多家医院，得知：2016年6月8日，被保险人王某金曾就诊于一家医院；2016年7月1日，被保险人王某金曾就诊于另一家医院，并诊断为“原发性肝癌、乙型肝炎肝硬化失代偿期”。但投保人和被保险人在投保时故意未如实告知。

另外，根据王某金上述就诊情况及病情，保险公司特意仔细核实了《健康检查报告书》等，发现：第一，王某金在相距时间较短的两次乙肝检查中，检查结果完全不同，显然两份体检结果不是同一人的体检结果；第二，2016 年 7 月 28 日来体检中心以王某金名义进行体检的人的照片与投保人提供的王某金的身份证照片有显著区别，显示不是同一人。有理由怀疑：2016 年 7 月 28 日来体检中心以王某金名义进行体检的人不是王某金本人。王某遂向法院起诉，要求保险公司支付保险理赔款 20 万元及利息。

我们接受保险公司委托，办理本案，怀疑投保人存在明知被保险人即将死亡，但是故意用健康的他人冒充被保险人名义进行体检，以至于蒙骗保险公司过关，订立保险合同。后被保险人很快死亡，不就医、不解剖，迅速火化、死无对证，受益人立刻索取保险费。这属于虚构保险标的骗取保险金的行为，应属构成犯罪。

王某金在相距时间较短的两次乙肝检查中，检查结果完全不同。中国人民解放军第三〇二医院病案记载：乙肝 e 抗原（+）、乙肝表面抗原（+）。2016 年 7 月 28 日体检中心体检时的《健康检查报告书》显示 HBsAg（乙肝表面抗原）阴性、HBeAg（乙肝 e 抗原）阴性。两次体检间隔的时间不长，体检结果却完全相反，正常情况下，这是不可能发生的，由此可以推断，这两份检查结果不是同一人的。

从现有证据看，我们认为：投保人为其父投保寿险，却让另一人代替其父进行投保体检，涉嫌故意虚构保险标的，骗取保险金，进行保险诈骗活动，依法应受到惩处。

经过审理后，法院采纳了我们的意见。法院认为，王某在签订保险合同时，没有履行《保险法》规定的如实告知义务。且王某没有如实告知的是原发性肝癌、肝硬化等方面的疾病，足以影响保险公司决定是否承保或者是否增加保险费。且保险公司是在法定期限内决定解除合同、不退还保险费，是正当的。

同时，《保险法》第一百七十四条规定："投保人、被保险人或者受益人有下列行为之一，进行保险诈骗活动，尚不构成犯罪的，依法给予行政处罚：（一）投保人故意虚构保险标的，骗取保险金的；投保人涉嫌故意虚构保险标的，骗取保险金，进行保险诈骗活动。（二）编造未曾发生的保险事故，或者编造虚假的事故原因或者夸大损失程度，骗取保险金的；（三）故意造成保险事故，骗取保险金的。保险事故的鉴定人、评估人、证明人故意提供虚假的证明文件，为投保人、被保险人或者受益人进行保险诈骗提供条件的，依照前款规定给予处罚。"若投保人为其父投保寿险，却让另一人代替其父进行投保体检，涉嫌故意虚构保险标的，骗取保险金，进行保险诈骗活动，依法应受到惩处。

第十节 核 保

关于保险人的核保环节，法律上并没有规定，考虑到保险合同往往是格式合同、附和合同，所以《保险法》第十三条规定，投保人提出保险要求，经保险人同意承保，保险合同成立。似乎只要投保人接受该保险格式条款，提出投保要求，保险人就会必然同意承保，这个合同的订立过程只是一个程序性的环节。其实并不是，当投保人提出投保要求后，保险人并非必然接受，而是要对于投保人的投保要求进行审核，称为核保，核保过程的根本目的是看该投保要求是否符合承保条件。

《最高人民法院关于适用〈中华人民共和国保险法〉若干问题的解释（二）》第四条规定："保险人接受了投保人提交的投保单并收取了保险费，尚未作出是否承保的意思表示，发生保险事故，被保险人或者受益人请求保险人按照保险合同承担赔偿或者给付保险金责任，符合承保条件的，人民法院应予支持；不符合承保条件的，保险人不承担保险责任，但应当退还已经收取的保险费。保险人主张不符合承保条件的，应承担举证责任。"该条款就揭示了核保的环节发生于"保险人接受了投保人提交的投保单"之后，其目的是确定是否符合承保条件，是为决定承保所进行的调查工作。

需要说明的是，该司法解释乃针对人身保险合同、财产保险合同适用的，因此所谓"符合承保条件"不应该理解为被保险人的身体、健康等符合承保条件，这种理解只是人身保险合同的特征，所以有所不妥。准确的理解，应该是指投保人的投保要求符合承保条件。

一、核保应有特定的规则

譬如消费者到菜市场买苹果，大的 5 元一斤，小的 3 元一斤，有人愿意要大的，有人愿意要小的。摊贩是否有权要求消费者给出合理解释？为何一定不要大的或为何不要小的？摊贩没有这个权利，消费者也没有这个义务。盖因消费者享有自愿、平等缔结交易合同的权利，具有法律保护的选择权，谁也无权强迫消费者非要讲出自己选择的理由。

保险人的核保，其本质也跟消费者的选择权差不多。每个保险人也是自愿缔结保险合同的，每个保险人都有自己的一套精算规则、一套风险防控体系、一套健康管理体系等，这些规则就是保险人的核保规则，这个核保规则揭示出某一投保要求是否合理、是否合法、是否有风险、是否划算、是否应该承保或者提高保险费等。保险人也有权按照这样的承保规则自由决定是否同意承保，这也是保险人作为平等民事主体的选择权。

在核保的时候，投保人是看不到这套核保规则的，正如同摊贩看不到买苹果者的脑子里在想些什么。原因是，核保规则不是保险合同条款，不需要向投保人进行说明。但是不同之处在于，摊贩无权要求消费者讲出自己选择理由，但是保险人却要依法讲出自己的选择理由，即必须展示核保规则。

例如，根据《保险法》第十六条，保险人需证明投保人未如实告知的情况足以影响保险人决定是否同意承保或者提高保险费率，这就需要展示其核保规则。《最高人民法院关于适用〈中华人民共和国保险法〉若干问题的解释（二）》第四条规定，保险人主张不符合承保条件的，应承担举证责任。这时候，也需要保险人展示其核保规则。即保险人的理赔规则，不能是虚幻的、神秘的、随意的，不能是保险人自己口说为凭、随时变化的，不能是保险人想怎么样就怎么样，而必须是客观存在的一套规则。这套核保规则，不论是否属于商业秘密，都必须能够向法庭公开展示，能够被外界所感知、所评判。这就是保险人承担举证责任的体现。

上海市第一中级人民法院（2017）沪01民终4119号民事判决书载明，2014年5月，陈某投保保险产品，投保单中陈某仅填写其投保了两份保险，保险金额30万元。后，陈某发生交通事故死亡。保险公司调查发现，投保时，陈某已有共计15份生效的意外险及人寿保险，保额共计超过700万元。保险公司向陈某家属发出解除保险合同通知书。

审理中，保险公司提交系争保险的核保规则及电子邮件，证明其已将该规则下发至涉案网销保险平台，网络系统根据该投保规则自动核保，该规则投保人是看不见的。具体核保规则包括：申报的仍生效的寿险和意外险保额加本次投保的保额总和如超过被保险人年收入的10倍，不接受投保申请等。

法院认为，关于陈某未如实告知是否足以影响保险公司是否同意承保，作为从事保险经营活动的商事主体，保险公司有权利在合乎法律规定的前提下，根据其掌握的从业经验、商业信息及内部精算结果制定核保规则。本案中，保险公司制定“生效寿险、意外险加本次投保金额不得超过被保险人年收入10倍”的核保规则系出于其自主的商业考量和风险防范，并不违反法律规定。按此规则，若陈某如实告知其保险经历，结合《财务告知书》中其勾选的年收入情况，则保险公司将不予以承保。因此，陈某未如实告知的行为确实足以影响保险公司决定是否承保。上述核保规则虽未对投保人陈某公开，但该种规则并非法定需要公开的事项，故未予公开并不影响相关问题的法律效力。同时，投保人如实告知的内容较多时，若出于疏忽、有少数遗漏的，当该种遗漏尚不足以影响保险人的承保决定时，保险人并不因此当然享有解除权。但本案中，陈某仅告知其投保行为的十分之一，显然并非出于疏忽的遗漏，据此亦可认定其未如实告知系故意行为。法院驳回了陈某继承人的诉讼请求。

但是，如果保险人的核保规则不完善、不清楚，或者说与要核定的事项不吻合、不对应，则很可能会被法院认定为无法举证，不能达到保险人想要证明的目的。

2017年3月21日，庄女士以自己为被保险人，向某保险公司投保重大疾病保险，保险公司承保。2017 年 12 月，庄女士因身体不适，经医院检查，确诊为甲状腺乳头状癌，构成重大疾病保险事故。但是，保险公司认为被保险人庄女士在投保本保险前已患甲状腺结节，投保时未如实告知，决定不承担保险责任，退还保费，终止保险合同。

我们接受庄女士委托，起诉保险公司。我们提出，保险公司应该证明“足以影响保险人决定是否同意承保或者提高保险费率的”之事实。但是在庭审过程中，我们发现保险公司的证据显示，保险公司提交了重大疾病评点，也就是核保规则的截屏，以证明庄女士的甲状腺结节事宜的确会影响保险公司是否同意承保以及决定费率。但是，其提供的截屏显示只涉及单发甲状腺结节，而庄女士系多发甲状腺结节，两者完全不同。这就是说，保险公司的承保规则与本案的情形不相吻合，因此不能证明“足以影响保险人决定是否同意承保或者提高保险费率”。

一审法院支持了我方的诉求，认为保险公司并没有证据证明原告的多发性结节是否影响到保险公司同意承保或者提高保险费率，因此保险公司解除保险合同没有事实与法律依据，因此判令保险公司向原告赔偿保险金 20 万元，但是扣除已经退还给原告的保险费。保险公司不服，提起上诉，二审法院驳回了保险公司的上诉请求，维持一审判决。

二、核保的范围

前面我们提到的核保内容，主要是保险人针对投保人的告知情况进行核保，但实际上保险人的核保范围不仅于此。

结合相关的法律与司法解释，我们可知保险人的核保范围起码包括如下的部分：（1）依据《保险法》第十三条，要核实投保人身份是否属实；（2）依据《保险法》第十二条，要核实投保人是否对被保险人享有保险利益；（3）依据《保险法》第十二条，要核实被保险人是否确定；（4）依据《保险法》第十六条，要核实投保人的告知情况以及后果；（5）依据《保险法》第十七条，要核实投保单中是否附格式条款，保险人是否尽到说明义务；（6）依据《保险法》第十七条，要核实保险人是否尽到了对免责条款的明确说明义务；（7）依据《保险法》第三十四条，要核实投保人缔结以死亡为给付条件的保险，是否得到了被保险人同意并认可保险金额；（8）依据《保险法》第三十九条，要核实指定受益人程序是否合法；（9）依据《保险法》第四十七条，要核实现金价值计算方式是否已经向投保人说明；（10）依据《最高人民法院关于适用〈中华人民共和国保险法〉若干问题的解释（二）》第二条，要核实合同无效要扣除的手续费是否向投保人说明；（11）依据《最高人民法院关于适用〈中华人民共和国保险法〉若干问题的解释（二）》第三条，要核实投保人签字是否属实、是否代理人代签字、代理人是否存在保险法第一百一十六条、第一百三十一条相关规定情形；（12）依据《最高人民法院关于适用〈中华人民共和国保险法〉若干问题的解释（二）》第四条，要核实被保险人是否符合承保条件，特别是对于被保险人进行体检后的结果，应该谨慎审核。

当然，保险人应该核保的范围可能还有其他，不同的保险人、不同的险种有不同的要求，不一而足。

三、核保是保险人的权利也是义务

这样的核保过程，首先肯定是保险人的权利，保险人有权通过核保的方式，排除潜在风险、确定保险合同是否符合承保条件、决定是否缔结保险合同，这是保险人行使知情权、选择权的表现，谁都无可非议。问题是，核保是否同时也是一种义务？所谓义务，就是义务人为满足权利人的要求而为一定的行为或者不为一定行为的法律负担。具体到这个问题上，就是保险人必须做到的行为、必须履行的职责。特别是，如果保险人没有做到，则应该承担相应的不利后果。

《民法典》第一百三十一条规定："民事主体行使权利时，应当履行法律规定的和当事人约定的义务。"而义务往往表现为基于法律规定而产生的法定义务、基于当事人约定产生的合同义务两个方面。《民法典》第一百七十六条规定："民事主体依照法律规定或者按照当事人约定，履行民事义务，承担民事责任。"从法律规定看，义务人履行民事义务，目的在于满足权利人的利益，而不是直接实现义务人自身的利益。并且，民事义务具有法律上的强制性。即当义务人不履行民事责任的时候，法律规定对其科以民事责任。

那么保险人是否承担这样的法定义务、约定义务？

谈到法定义务，法律并没有对保险人的核保设定义务，事实上，在《保险法》以及相关司法解释中，连"核保"这个词都不存在。谈到约定义务，我们要注意到，在保险人进行核保的时候，保险合同尚未缔结，似乎也谈不上合同义务或者约定义务。照这么看，似乎核保不能算是保险人的义务。

但是，我认为法定义务一词不能过于狭隘地理解，法定义务不一定是法律明文规定的义务，也可能通过法律逻辑获知。譬如，任何法律都未规定"不能伤害公民的人身"，也未规定"不能破坏公民的私有财产"，但是难道说因为无这样的规定，我们就可以随意去伤害他人的人身、去破坏他人的私有财产吗？肯定不行。相反，我们都有义务不去伤害他人的人身、有义务不去破坏他人的私有财产，那么法律依据何在呢？

《民法典》第一百一十条规定："自然人享有生命权、身体权、健康权、姓名权、肖像权、名誉权、荣誉权、隐私权、婚姻自主权等权利。法人、非法人组织享有名称权、名誉权和荣誉权。"《民法典》第一百一十三条规定："民事主体的财产权利受法律平等保护。"既然这些权利受法律保护，那么任何人都有义务遵守法律、不能去伤害这些权利，而你、我就属于"任何人"之范畴，所以你、我就具有这样的义务。只有任何人都遵守这样的义务，才能满足自然人、民事主体的前述各项权利。所以，法定义务也可以通过这样的方式推理而知。

《保险法》第十三条规定："投保人提出保险要求，经保险人同意承保，保险合同成立。保险人应当及时向投保人签发保险单或者其他保险凭证。"因保险合同通常是附和性合同、格式合同，可知投保人如果想缔结保险合同、如果想使得被保险人得到保险保障，只能接受、附和保险人提供的格式合同。但并不是说，只要投保人接受就能使得保险合同成立。仍然需要保险人对于投保人的保险要求进行审核并同意后，投保人的缔结合同之权利、被保险人之获取保险保证之权利才能实现，否则一切缔约企图、活动均无意义。从这个意义上说，保险人必须在履行完核保义务之后作出同意承保的意思表示，才能满足投保人、被保险人的权利要求。因此，保险人的核保行为既是一种权利，也应构成一种法定义务。当保险人未履行核保义务或者未妥善履行核保义务时，并不能若无其事，反而应该承担一定的不利后果。

辽宁省本溪市中级人民法院（2014）本民二终字第00025号民事判决书载明，2013年1月3日，何某作为投保人，与保险公司签订保险合同，被保险人为何某某（原告的女儿，2012年8月21日出生）。后被保险人何某某住院，出院后，何某到保险公司办理理赔事宜。保险公司以何某未履行如实告知义务为由，解除与何某签订的保险合同。承办此保单的保险代理人发给何某的委托代理人的短信记载，何某在投保时已告知被保险人出生后患病住院一事。

法院认为，保险公司委托其保险代理人与何某在2013年1月3日签订了保险合同。签订保险合同时保险公司并未要求被保险人进行体检，也未对被保险人的身体状况进行调查，且双方均认为在投保时被保险人是健康的。保险公司的投保提示书和确认书与整份合同并非统一下发的，系先单独下发投保提示书和申请确认书，经客户签字后，扫描传送到核保中心核保，再制作并下发整个合同文本。何某在签订投保提示书和确认书时是无法看到整本合同的，因此保险公司作为保险人的询问义务根本无法体现。且何某提供的与保险公司经办此笔保险代理人的短信，证明其在投保时已向保险公司的保险代理人说明被保险人在投保前曾住院治疗的病史，已经尽到了告知的义务。现保险公司因何某未尽如实告知义务解除双方签订的保险合同于法无据，遂判决保险公司承担保险赔偿责任。

此案中，法院认为保险公司在核保过程中存在过错，没有很好地履行核保义务，因此应当承担民事责任，即要求保险公司承担合同义务，即给付保险金。这也是最常见的处理情形，即认为保险公司核保出现错误的，其拒赔理由便不能成立。

这种认识的基本原理是，核保是确定投保人的保险要求是否符合承保条件的过程，通常投保人提出保险要求后，自己并不知道该保险要求是否符合承保条件，因为核保规则是保险人掌握的内部标准，投保人事先不知道，所以是否符合承保条件，完全是由保险人来确定。如果保险人正确履行核保义务，但是仍然无法发现该保险要求并不符合承保条件，例如投保人未如实告知而保险人无法发现，则保险人有权进行抗辩。

但是，如果因为保险人未履行核保义务或者未正确履行核保义务，导致双方均误以为该保险要求符合承保条件，则保险人的过错较大。盖因保险人具有相应的组织架构、人员、专业知识、经验等，能力越大责任越大，所以保险人的此种过错往往不被认为是一种疏忽大意犯下的错误，而被认为是保险人在明知的状态下做出的弃权意思表示。而保险人的这种弃权行为，导致投保人基于对保险人的信赖丧失了另行投保的机会，同时也导致被保险人无法另行得到保险保障。因此，根据弃权、禁止反言的规则，保险人无权再以此为由进行抗辩。甚至，对于某些特定案件，例如保险人未尽到核保义务，导致不具有保险利益的投保人以他人为被保险人订立人身保险合同，或者订立以死亡为给付保险金条件的保险合同却未得被保险人同意等，一旦出现道德风险，导致被保险人人身受到伤害的，还有可能让保险人承担损害赔偿责任。

四、核保结论只能是肯定或者否定

我们知道，核保的目的是判定一个保险要求是否符合承保条件，以决定是否该接受该保险要求，因此核保的结论只能是符合或不符合、接受或不接受、肯定或否定。

这是因为，固然保险合同是一份商业合同、具有经济利益属性，但是与普通的商业合同不一致之处，是该保险合同涉及被保险人的人身、健康、利益保障等后果，这也是投保人投保保险最主要的考量。

如果保险人的核保结论是否定的，那么投保人要么可以修改自己的保险要求、要么可以补充相关资料、要么可以向其他的保险人提出保险要求，总之不会耽误被保险人得到保险保障。

但是如果保险人的核保结论含糊不清，这份保险合同到底是要签还是不签似乎都说不清，那就会极大影响投保人的行为、极大影响被保险人得到保险保障，不利于保护投保人、被保险人、受益人的合法权益。

特别是，如果此时保险人已经预收了保险费，就会使得投保人、被保险人、受益人更加被动，有损公平、自愿、平等缔结合同之原则。

山东省威海市中级人民法院（2016）鲁10民终2688号民事判决书载明，原告张某国与原告刘某卿系夫妻关系。2014年9月5日，原告张某国在保险公司处投保防癌疾病保险，被保险人为原告刘某卿。后，刘某卿确诊右侧甲状腺恶性肿瘤，向保险公司申请理赔。保险公司以原告刘某卿未尽到如实告知义务为由拒绝理赔。

诉讼中，保险公司提交公证文书一份，该公证文书系对保险公司将原告所隐瞒的病情输入核保系统后，显示核保结果过程的公证。根据公证文书，保险公司将“原发性高血压、××、急性上呼吸道感染、××、高血压”症状输入核保系统后，系统所得到的核保结论为“延期”。根据保险公司提供的核保业务管理手册（个人业务）中对“延期承保”的术语描述为“被保险人目前风险程度无法评估，需要进一步观察后再决定是否同意承保”。

一审法院认为，根据保险公司提交的公证文书，若将原告隐瞒的病情输入核保系统，得到的结论是“延期”，故原告隐瞒的病情导致保险公司在作出承保决定时缺乏必要的权衡，对保险公司决定是否同意承保或者提高保险费率构成重大影响，属于《保险法》第十六条规定的投保人未尽如实告知义务后果的情形。保险公司自然无需对合同解除前发生的保险事故向原告承担保险责任。

二审法院认为，保险公司将张某国隐瞒的病情输入到核保系统后，系统得到的结论是“延期”，即张某国隐瞒之前接受治疗的情况足以影响保险公司作出是否承保或者提高保险费率的决定，故对其关联性予以认可。最终判决保险公司不承担保险责任。

你看，这个案件中，保险公司的承保结论是“延期”，什么是延期？就是过段时间再决定是否接受保险要求之意。那延期到底是同意还是不同意？到底是肯定还是否定？到底是要增加保险费还是不增加保险费？这就很难看出来。但是这么模棱两可的结论，起码也不应该被理解为否定的结论。如果这么理解，显然对投保人、被保险人是很不利的，也没有什么法律依据。

《最高人民法院关于适用〈中华人民共和国保险法〉若干问题的解释（二）》第四条规定：“保险人接受了投保人提交的投保单并收取了保险费，尚未作出是否承保的意思表示，发生保险事故，被保险人或者受益人请求保险人按照保险合同承担赔偿或者给付保险金责任，符合承保条件的，人民法院应予支持；不符合承保条件的，保险人不承担保险责任，但应当退还已经收取的保险费。保险人主张不符合承保条件的，应承担举证责任。”由此可见，按照司法解释之意，核保的结论也只能有“符合承保条件”“不符合承保条件”两种，非黑即白，不存在中间状态。至于“延期”云云，并不能成立。就这个案件而言，如果保险人认为“延期”等于“不符合承保条件”，那么保险人应该来举证说明，在保险人未能举证证明这两者是一回事的情况下，判决投保人、被保险人败诉似乎不妥。

核保结论变更了保险条款的，应具体分析。

核保通过后，保险人方决定承保。而决定承保即意味着核保过程的完全结束。核保的结果有三种：一是保险人拒绝承保；二是保险人有条件承保；三是保险人无条件同意承保。

有条件承保是保险人针对投保人的投保要约而提出补充条件，例如增加保险费、增加特约条款等。也分为两种情形：一种是保险人对投保人的投保要约作出了实质性的改变，如改变险种、保险期限等重要条件。

《民法典》第四百八十九条规定："承诺对要约的内容作出非实质性变更的，除要约人及时表示反对或者要约表明承诺不得对要约的内容作出任何变更外，该承诺有效，合同的内容以承诺的内容为准。"因此，这样的核保结论提出了重大修改，与投保人的本来意愿存在冲突，应构成一种反要约，投保人如果接受这一反要约，就构成了投保人的承诺。经投保人承诺后，保险合同才能成立。

譬如某保险人在核保过程中，发现被保险人曾经罹患乳腺增生，因此在核保结论中写明，对于乳腺类疾病一律除外责任，意思就是说对于乳腺类疾病不予承保，如乳腺癌等。这个结论是对投保人保险要求的一个重大改变，是一种新的要约，必须由投保人同意后，双方才能缔结该保险合同。保险人无权单方以此条件决定保险合同的缔结。

投保人的上述同意意思表示，应该在保险合同缔结过程中体现，而不能是保险合同成立之后的追认，也不能是投保人被胁迫、被误导之后的错误意思表示，否则该意思表示无效，不能发生变更合同的效力。

广东省广州市中级人民法院（2016）粤01民终68号民事判决书载明，2013年5月30日，周某莲、保险公司签订人身保险合同。2014年2月10日，周某莲因反复头痛入院治疗，后向保险公司申请理赔上述医疗费用。保险公司认为，被保险人本次事故属于双方约定的对头痛疾病的除外责任，故通知"歉难给付保险金"。

审理期间，保险公司提交了周某莲于2013年12月27日签署的《核保意见通知函》，该函载明"对头痛作除外责任"，拟证明保险公司对周某莲发生任何情形的头痛均有权拒赔。对此证据，周某莲确认系其签署，但陈述保险公司当时一定要其签署《核保意见通知函》，才同意赔付另外关于颈椎病的保险金，因为当时急着用钱，没有办法才签署保险公司提供的这一份《核保意见通知函》。

法院认为，周某莲和保险公司在2013年5月30日签订的人身保险合同并无约定血管性头痛属于保险公司的除外责任，周某莲依约交纳了保费，依法应认定血管性头痛属于保险公司的承保范畴。尽管保险公司提交了周某莲于2013年12月27日签署的《核保意见通知函》，该函载明“对头痛作除外责任”，拟证明保险公司对周某莲发生任何情形的头痛均有权拒赔。就此通知函的证明力，保险公司不仅是逾期举证，而且是在已收取周某莲保费的前提下，免除自身应当承当的责任，依法当属无效。故该《核保意见通知函》对本案诉讼无证明力，依法不予采信。遂判令保险公司承担保险赔偿责任。

还有一种情形是保险人对投保要约作出了非实质性改变，例如增加或者减少很少的价款、期限等，这个一般忽略不计，可以认为是承保之意思表示。

五、核保权利的限制

保险人正常行使核保权利、履行核保义务，核保结果自然具有相应的法律意义和法律效力，但是保险人可能会因存在某种特殊情形，导致核保的法律意义和法律效力消失。这可能存在多种多样的表现，不一而足，我们举例说明。

1. 因保险代理人的行为，导致核保法律意义消失

四川省绵阳市中级人民法院（2017）川07民终2313号民事判决书载明，2016年4月6日，李某之妻江某某以投保人的名义为被保险人李某购买保险。后，李某罹患重疾向保险公司申请保险理赔。保险公司认为李某存在不如实告知情形，决定拒赔，引发诉讼。

一审法院认为，被保险人李某在投保五年前确患有心肌梗塞，并行冠状动脉造影及支架植入术，但投保人在订立保险合同时，未如实告知保险人上述情况；而该病确系重大疾病，故保险公司抗辩李某未履行如实告知义务足以影响保险人决定是否同意承保的理由，一审法院遂判决驳回李某的全部诉讼请求。

二审法院认为，根据本案二审庭审过程中证人杨某的证言以及另案庭审笔录中的记载，案涉保险合同的投保人江某某在投保过程中确已将被保

险人李某的患病情况如实告知被上诉人保险公司的代理员杨某，这应当视为投保人江某某已经履行了自身的如实告知义务。而代理员杨某未将该情况如实告知被上诉人保险公司的行为，并不能对投保人江某某以及被保险人李某产生不利的法律后果。被上诉人保险公司所提供的新契约回访录音并不能达到其所主张的上诉人未尽其如实告知义务证明目的。故被上诉人保险公司并不享有《保险法》第十六条第二款所规定的保险合同解除权。二审判决撤销一审判决，判令保险公司承担保险赔偿责任。

这个案件单从证据看，保险人的核保本身并无什么问题，正常情况下，确实构成了投保人不如实告知的情形，保险人依法有权拒赔并解除保险合同。然而，投保人实际上向代理人进行过告知。虽然代理人未向保险人转述，但是代理人的行为应该由保险人承担民事后果，所以应视为保险人明知被保险人的既往病史、但是核保结论为符合承保条件，即视为保险人弃权，对此问题的核保无意义，因此保险人应该给付保险金。

2. 因某种情形导致保险人失去了核保的权利

对于某些期间长、连续性投保的险种，原则上也是每次投保时均应对该保险要求进行核保，但是保险人为了吸引客户、减少麻烦，往往会做出保证续保的承诺。这样的保证续保，不仅仅是表示同意继续承保的意思，同时也表示放弃每次的核保权利之意思。即除非特别情况下，保险公司不再每次进行核保，默认此后的连续性保险要求均符合承保条件。

河北省保定市中级人民法院（2014）保民三终字第90号民事判决书载明，2007年9月23日王某生在保险公司投保保险。2012年7月4日，保险公司给王某生发了一份核保意见通知函，由于王某生患有2型糖尿病、糖尿病肾病、脑梗死、冠状动脉性心脏病，拒绝为王某生投保的附加住院日额医疗保险续保。

法院认为，保险公司和王某生对保险期间和续保有不同的理解。保险公司主张，根据保险合同约定，保险公司会在保证续保期间届满时审核被保险人是否符合续保条件。作为订立保险合同的一方当事人，拥有缔约自由的权利，有权决定是否接受当事人的投保，也有权为其续保或承诺保证续保设置某些条件，在核保过程中，有权在对保险人的身体健康状况作出评估后，决定是否接受投保人的投保。而实际上，该内容在合同中并未约定。双方签订保险合同，就应按照合同约定严格履行各自的义务，保险公司作为该格式条款的提供者即使有缔约自由的权利，也不能超越保险合同的约定额外设置拒保条件，对保险公司的主张不予支持。王某生主张，根据保险合同约定，在保证续保期间内每一保险期间届满时发生下列情形之一的，保险公司不再接受续保：一、被保险人续保时的年龄超过本附加险合同约定的最高续保年龄；二、主险合同交费期满。王某生主张，按照通常的理解，除上述两种情况外，保险公司都应为王某生续保。本案中，在保证续保期间内王某生并不存在上述情形，保险公司拒绝续保的行为不符合保险合同的约定，应承担违约责任。

非保证续保的情形下，续保的审核权是保险人的权利、义务，保险人可以主动行使与放弃，而不是应投保人要求而为之。所以，前述保证续保、免除核保之意思表示，应当是默认的，是原则性的而非例外的，即保险人的弃权也应该是主动的，而非应投保人或者被保险人的要求才来弃权。有的保险产品设计内容显示，只有在投保人的再次要求下才能保证续保、免除核保，这样的设计不符合保证核保之本意，不应该具有法律约束力。

吉林省高级人民法院（2015）吉民提字第99号民事判决书载明，2004年11月16日，张某予在保险公司处投保了住院医疗保险，此保险为一年期保险。其后，张某予连续投保到2012年。张某予在2013年继续投保该险种时，保险公司以张某予2012年3月因病住院治疗，不再接受续保为由，向张某予下发了《健康保险续保核保通知单》，告知保险公司不再接受张某予的续保申请，双方由此发生争议。

一审法院认为，张某予投保的险种为一年期个人住院医疗保险，按照该险种保险条款第六条关于“保险期满后经保险人审核同意，被保险人可续保；如连续投保三年，被保险人可申请保证续保，经保险人审核同意，方可保证续保”的约定，张某予在连续投保三年后，未向保险公司申请保证续保，不符合保证续保的条件，保险公司在上一保险期满后不予承保未违反法律规定。遂驳回张某予的诉讼请求。

二审法院维持一审原判，张某予申请再审。再审法院认为，第一，张某予自 2004 年 11 月开始至 2012 年 11 月，投保已达八年，符合合同约定的连续投保三年的条件；原审过程中张某予主张保险公司保险经办人员告知其连续投保三年，保险合同自动变为保证续保合同，并当庭主张保险合同的性质为保证续保合同。按照常理，作为不附加额外义务的合同权利且该权利能为张某予带来更大利益，张某予没有理由不去行使，即申请将一年期保险合同转为保证续保合同，但由于保险合同专业性强、条款多，投保人往往不会更多地研究保险合同所约定的内容，而是依赖于保险公司业务人员的宣传讲解，所以张某予在连续投保三年后的五年里一直在继续交纳保险费用却没有书面申请变更为保证续保合同，极有可能如其所述，是误以为自己签订的保险合同已自动转为保证续保合同。第二，根据保险合同“声明书及授权书”部分的内容可知，在保险公司未收到张某予不再投保的书面通知时，保险公司可直接扣划保险费，而在符合保证续保条件时却要求投保人必须向保险公司提出申请，经保险公司审核同意后，方可保证续保。如此在一份保险合同中对于投保人和保险人权利的取得设定不同的条件，明显存在保险公司利用其优势地位制造权利义务不对等的情形，有违公平原则。当保险公司在张某予符合申请保证续保条件后，没有收到张某予书面申请时，保险公司却未提示张某予其所享有的权利，致使张某予基于对保险公司保险人员的信任未及时申请保证续保，保险公司对此存在过错。第三，二审庭审中，保险公司陈述，对于被保险人申请保证续保，该公司“基本都同意”，虽双方均未向人民法院提交审核同意的证明，但保险公司的陈述说明在张某予无特别事由时，保险公司应同意张某予保证续保的申请。故在满足了保证续保条件的情况下，张某予与保险公司签订的“住院医疗保险”合同性质已变更为保证续保合同，不再受合同期限为一年的限制。再审判决撤销原生效判决，保险公司继续履行于 2004 年 11 月 16 日与张某予签订的“住院医疗保险”合同。

第十一节 现金价值

在寿险当中，由于交费期一般比较长，随着被保险人的年龄增加，其死亡的可能性将越来越高，保险费率也必然逐渐上升，这样的费率，不仅投保人难以承受，而且保险也已经失去意义了。为此，保险公司在实际操作中往往采用“均衡保费”的办法，通过数学计算将投保人需要交纳的全部保费在整个交费期内均摊，使投保人每期交纳的保费都相同。

被保险人年轻时，死亡概率低，投保人交纳的保费比实际需要的多，多交的保费将由保险公司逐年积累。被保险人年老时，死亡概率高，投保人当期交纳的保费不足以支付当期赔款，不足部分将正好由被保险人年轻时多交的保费予以弥补。这部分多交的保费连同其产生的利息，每年滚存累积起来，就是保单的现金价值，相当于投保人在保险公司的一种储蓄。

当被保险人于保险有效期内因故要求解约或退保时，保险人按规定，将提存的责任准备金减去解约扣除后的余额退还给被保险人，这部分余额即退保时保单所具有的现金价值。

《保险法》第三十二条规定，投保人申报的被保险人年龄不真实，并且其真实年龄不符合合同约定的年龄限制的，保险人可以解除合同，并按照合同约定退还保险单的现金价值。第三十七条规定，合同效力依照本法第三十六条规定中止的，经保险人与投保人协商并达成协议，在投保人补交保险费后，合同效力恢复。但是，自合同效力中止之日起满二年双方未达成协议的，保险人有权解除合同。保险人依照前款规定解除合同的，应当按照合同约定退还保险单的现金价值。第四十三条规定，投保人故意造成被保险人死亡、伤残或者疾病的，保险人不承担给付保险金的责任。投保人已交足二年以上保险费的，保险人应当按照合同约定向其他权利人退还保险单的现金价值。第四十四条规定，以被保险人死亡为给付保险金条件的合同，自合同成立或者合同效力恢复之日起二年内，被保险人自杀的，保险人不承担给付保险金的责任，但被保险人自杀时为无民事行为能力人的除外。保险人依照前款规定不承担给付保险金责任的，应当按照合同约定退还保险单的现金价值。第四十五条规定，因被保险人故意犯罪或者抗拒依法采取的刑事强制措施导致其伤残或者死亡的，保险人不承担给付保险金的责任。投保人已交足二年以上保险费的，保险人应当按照合同约定退还保险单的现金价值。第四十七条规定，投保人解除合同的，保险人应当自收到解除合同通知之日起三十日内，按照合同约定退还保险单的现金价值。

可见，现金价值是一个非常重要的法律概念，同时也包含了诸多价值、利益，且出现现金价值的情形众多，对投保人影响甚大。然而奇怪的是，法律、司法解释对此规定甚少，譬如现金价值如何计算、如何确定等，均无着墨。

一、现金价值是否应在投保时说明

现金价值常见的表现方式有：一为现金价值表，即在某保险年度该保险单的现金价值是多少，按照年度不同有所不同；二为现金价值计算表，即一定保险金额、在某保险年度的现金价值是多少，根据不同保险单内载明的保险金额与年度，可自行计算；三为余额计算方式，多见于投资性保险险种内，即以某特定日期的投资账户余额作为计算现金价值的基数。无论是哪种方式，目前都存在一个现实问题，即在投保的时候，往往投保人看不到这样的现金价值表或者计算方式，不知道自己要投保的特定险种、特定保险金额所对应的现金价值是如何计算的、计算结果是多少。只有当保险合同缔结之后，在保险合同内，往往会附有现金价值表，这时候投保人才第一次看到现金价值的计算方式。

所以，投保人往往会惊讶地发现，中途退保的时候，现金价值竟然如此之少，少得出乎意料不说，保险人也无法解释到底是如何计算出来的，这就颇为麻烦。

这样的情况我认为是不妥的，因为现金价值是保险合同中非常重要的内容，对双方都有重要的意义，是合同效力中止后的重要法律后果，显然是保险合同的重要组成部分。

有人认为，现金价值不属于格式条款，理由是不确定保险金额的话是不能计算出现金价值的。这个理由我不太认同。譬如按照《分红保险精算规定》第十一条规定，保险公司可以按本规定所确定的保单年度末保单最低现金价值作为保单年度末保单现金价值，也可以按其他合理的计算基础和方法确定保单现金价值，但要保证其数值不低于按本规定所确定的保单年度末保单最低现金价值。

可见，计算现金价值的方式是多样的，因此不同险种、不同的保险金额固然会有不同的现金价值结果，但是就某投保人而言，其所面对的计算方式却是固定的、格式化的。即对于其投保的某个险种、某个保险年度、某保险金额来说，现金价值计算方式是固定的、唯一的，是不可以讨价还价的，是保险人确定的格式化计算方式，应该算是格式条款。

《保险法》第十七条规定："订立保险合同，采用保险人提供的格式条款的，保险人向投保人提供的投保单应当附格式条款，保险人应当向投保人说明合同的内容。"因此，在保险合同订立过程中，保险人应该就现金价值内容向投保人进行说明，应该让投保人知道现金价值的计算方式。只有这样，投保人才能明白自己如果中途退保，会得到多少现金价值、会有多少损失，投保人心里有数，即其知情权得到满足后，才能正确行使选择权，即决定是否要缔结本保险合同。

陕西省榆林市榆阳区人民法院（2015）榆民初字第04287号民事判决书载明，2011年3月26日，王某艳与保险公司签订了人寿保险格式合同。合同签订后，王某艳依约向保险公司缴纳了2011年度、2012年度的保费，每年为500000元。同时，王某艳于2012年9月17日按照合同约定向保险公司申请借款人民币480000元，后王某艳要求解除合同，要求保险公司退还保险费100万元，扣除贷款本息。而保险公司认为应该退还现金价值

57.6 万元并扣除贷款本息。

一审法院认为，合同解除后，保险公司应当退还王某艳保险单的现金价值，但保险公司提供的格式条款关于现金价值表、标准保费、复息计算等内容未作出常人能够理解的解释，且保险公司不能提供该险种的现金价值计算方式的证据，故其抗辩理由不予采纳。保险公司应当退还王某艳所缴纳的保险费用（即 1000000 元），但应当先扣除王某艳的借款 480000 元及利息（从借款之日计算至本判决生效之日，利率按月利率 6.65%计算）。

后保险公司不服，提出再审请求。陕西省高级人民法院（2017）陕民申 294 号民事裁定书载明，王某艳与保险公司签订的是年金保险合同，保单现金价值是该合同的主要内容，但保险公司所提交的保险合同并未有对现金价值的计算方式及依据进行说明的记载，亦无进行了口头说明的直接证据，王某艳虽在合同“声明与授权”部分进行了签名，但该证据不足以证明保险公司履行了说明义务，故保险公司申请再审的理由不能成立。

如果保险人未对现金价值进行说明，会产生什么样的法律后果呢？我的理解是：作为格式条款未经说明的，不能说就没有合同效力，但是却存在很大争议。《民法典》第四百九十八条规定：“对格式条款的理解发生争议的，应当按照通常理解予以解释。对格式条款有两种以上解释的，应当作出不利于提供格式条款一方的解释。格式条款和非格式条款不一致的，应当采用非格式条款。”因此，如果对于格式条款存在争议，恐怕会做出对提供格式条款一方不利的解释，也就是本案中对于保险人不利的解释。最后保险公司不得不按照全部保险费予以退还，那些有关现金价值的合同内容全部无效。

二、现金价值能否扣除生存金

目前，有一些险种涉及生存金的问题，即被保险人每隔一定年度，可以获得生存金，这是保险人的保险责任之一。但是，在投保人意图解除保险合同，索取保单现金价值的时候，保险人要求从应付现金价值中扣除已经支付的生存金，投保人往往觉得不可接受，认为这与保险合同的目的、意义完全不符，所以最后往往会产生纠纷。在法院审理类似案件的时候，总体还是支持保险人，即认为应该扣除生存金，理由大都是在保险合同中有这样的约定。

黑龙江省哈尔滨市中级人民法院（2016）黑01民终1232号民事判决书载明，2011年4月28日，邱某作为投保人为其女儿向保险公司投保两全保险（分红型），2014年6月3日，邱某向保险公司申请解除合同。

一审法院认为，本案双方争议的焦点问题是：邱某犹豫期后要求解除保险合同，保险公司应退还邱某的保单现金价值是否应扣除邱某已领取的生存保险金。生存保险金、现金价值及合同解除在合同中的不同条款进行约定，生存保险金是在合同有效期内保险人应承担的保险责任之一，现金价值及合同解除是对犹豫期过后投保人解除合同的处理。合同中并未约定现金价值中已包含生存保险金，也未约定退保时计算现金价值应扣除投保人已领取的生存金。在现金价值及减额交清表下方虽注有"此栏显示之数据是在保单周年日，且在派发任何生存利益给付前的保证现金价值"的字样，但该现金价值及减额交清表并非合同条款，且从该标注内容的文义来看亦无法得出现金价值包含生存保险金，在解除保险合同退还现金价值时应予扣除投保人已领取的生存金的明确结论。保险公司作为专业的保险机构和合同文本的提供者，应自行承担条款约定瑕疵情形下的不利后果。此外，邱某投保时及合同订立后，保险公司并未举证证明其就现金价值计算方式的相关内容向邱某加以说明以及告知邱某退保时应从现金价值中扣除已领取的生存保险金。因此，不能认定邱某是在充分知晓生存金与现金价值之间的相互关系以及现金价值的计算方式的情况下做出投保的意思表示。邱某的主张应予支持。

二审法院则认为，《现金价值及减额交清表》应该为保险合同的组成部分，该《现金价值及减额交清表》上载明的"此栏显示之数据是在保单周年日、且在派发任何生存利益给付前的保证现金价值"为《现金价值及减额交清表》数据的注释，其内容也应为保险合同的组成部分，对保险合同双方具有约束力，故保险公司上诉提出《现金价值及减额交清表》上载明的注释为保险合同组成部分的主张具有事实依据，予以支持。根据《现金价值及减额交清表》上注释的内容，保单现金价值的数额为派发生存利益前的价值，该现金价值包括已领取的生存保险金，邱某已领取生存保险金后，又领取了剩余保单现金价值及红利，保险公司已支付了该保单的全部现金价值。邱某关于保单现金价值不应扣除生存保险金的请求，不予支持。二审法院撤销一审判决，驳回了邱某的诉讼请求。

还有法院认为，保险单现金价值天然就包含生存金，所以在给付保单现金价值的时候，扣除生存金非常正常，扣除后给付的是保单现金价值净值。

湖北省武汉市中级人民法院（2014）鄂武汉中民商终字第 00132 号民事判决书载明，2009 年 11 月 26 日，投保人彭某路与保险公司签订两份保险合同。

一审法院认为，彭某路与保险公司之间签订的人寿保险合同成立并已生效。《关于印发人身保险新型产品精算规定的通知》第 7 条规定：“保单年度中保单现金价值根据保单年度末保单现金价值按合理的方法确定。”从保险公司备案的精算报告看，现金价值中就包含了生存金。也可以理解为：生存金是现金价值的一个组成部分。生存金从现金价值中产生。因此当发生生存金时，生存金即从年度末现金价值中分离出去，此时的保单现金价值已不再是年度末的现金价值，而是分离出生存金后剩余的现金价值。从本合同看，每两年生成一次生存金，因此在每两年期满的当天，年度末的现金价值就分离成两部分，一是年度中的现金价值，二是生存金。根据保险条款，生存金如未被领取，向彭某路退还年度末现金价值中就含有此部分生存金；反之若已领取，年度中现金价值=年度末的现金价值-该领取部分。双方在领取生存金的“批单”上，亦对此作了说明。故彭某路解除合同时已领取生存金。

二审法院认为，如果投保人的生存保险金和祝寿金留存于保险公司，则保险合同现金价值净额包括生存保险金累积账户余额，但据此认为应按照现金价值表中第二年保单年度末现金价值退还，则理解有误。双方保险合同解除后，保险公司应向投保人彭某路退还的是保单现金价值净额，在彭某路未曾领取保险生存金的情形下，保单现金价值净额包括保单现金价值和生存保险金累积账户余额以及其他相关应补、扣的费用；在彭某路领取了保险生存金的情形下，保险公司向投保人彭某路退还的保单现金价值净额就仅为保险现金价值以及其他相关应补、扣的费用。彭某路的上诉主张不予支持。

总体来说，目前的司法实践是赞同给付现金价值的时候扣除生存金。但是，我对此有不同的看法。

从现金价值的法律规定看，保险单现金价值只存在“退还”情形，前提是保险合同已经解除。即现金价值是保险合同效力中止后的一种法律后果、一种资金返还。如果保险合同效力持续的话，不存在考虑现金价值的问题。即如果保险合同不解除的话，保险人不可能、不应该向投保人退还现金价值，当然更不存在现金价值给付、补偿、赔偿的问题。

而生存金，本质上是保险人应该承担的保险责任之一。《保险法》第二条规定：“本法所称保险，是指投保人根据合同约定，向保险人支付保险费，保险人对于合同约定的可能发生的事故因其发生所造成的财产损失承担赔偿保险金责任，或者当被保险人死亡、伤残、疾病或者达到合同约定的年龄、期限等条件时承担给付保险金责任的商业保险行为。”可见，保险责任实质上是保险人依据保险合同承担的合同义务，该义务的前提是保险合同效力持续有效。如果保险合同已经解除，就不存在保险责任了。所以，现金价值、生存金（保险责任）这两者本来就是矛盾的，不可能共同存在。

所谓不可能共同存在，不是说不能计算、不能表述。现金价值完全可以计算，完全可以在保险合同中载明，这只是理论值，但是保险合同有效的时候，只可能支付生存金，而不会真的来退还现金价值。打个比方，就好像夫妻共同财产，双方有权平等分配，但是在婚姻关系存续期间，哪对夫妻会真的分割财产呢（法律规定情形除外）？

而且，保险金应该是由保险人支付的合同对价，现金价值则是投保人支付的保险费的积累，这两者不是一回事，不能用投保人自己的钱作为保险人支付合同对价的表现。就好像我们在银行存款，利息应该由银行另外向我们支付，而不能用我们的本金给我们支付利息。

确实，有些保险合同中无论是条款还是保单现金价值表，都会写明将生存金视为保单现金价值的一部分。有人认为，既然《保险法》规定是“按照合同约定退还保险单的现金价”，而合同就这么约定的，那么如果退还现金价值的时候，将扣除生存金云云。这样的合同约定是否有效力？

请注意，《保险法》第十九条规定：“采用保险人提供的格式条款订立的保险合同中的下列条款无效：（一）免除保险人依法应承担的义务或者加重投保人、被保险人责任的；（二）排除投保人、被保险人或者受益人依法享有的权利的。”而前述那些规定，将本来属于投保人所有的现金价值硬生生砍掉一部分，成了所谓现金价值净值，这属于排除投保人依法享有的权利之情形，依法应属无效条款，不应该具有法律约束力。

那么，保单现金价值在计算的时候，是否天然包括了生存金呢？我也持否定性看法。因为《分红保险精算规定》第四部分“保单最低现金价值”规定，保单年度末保单价值准备金中，称保单年度末保单价值准备金指为计算保单年度末保单最低现金价值，按照本条所述计算基础和计算方法算得的准备金数值：（三）保单年度末保单价值准备金不包括该保单在保单年度末的生存给付金额。从这个规定看，在计算保单现金价值的时候，本来就不含生存金。所以，何来扣除之说？

也有法院认为，给付生存金的时候，不应该扣除现金价值。

四川省高级人民法院（2013）川民提字第594号民事判决书载明，2009年5月22日，苟某兵与保险公司订立两全保险（分红型）保险合同，支付了保险费，并领取了生存金。后其要求退保，保险公司在计算现金价值时，要求将已经支付的生存金扣除，引发诉讼。

一审法院认为，第一，退保时扣除生存保险金并非减轻保险公司的保险责任，故保险合同中未明确约定退保时需扣除投保人已经领取的生存保险金，并不成为保险公司退保时不得扣除相应生存保险金的理由。第二，保险公司向苟某兵出具的《生存金支付通知》以及向保监会备案的精算报告中均对现金价值包含生存保险金进行了约定。第三，现金价值是投保人所缴纳的保费扣除保险人的营运费用和提供保险保障的风险成本后剩余的部分。生存保险金实质来源于保费的累积，是保险人对投保人缴纳保费的先行回馈。投保人领取生存保险金后，其对保险人享有的权利范围相应减少，退保金额中的现金价值应当扣除已经领取的生存保险金。第四，通过对保险合同所附的初始保险金额现金价值表进行分析可知，第 2 年度现金价值为 175309. 44 元，第 3 年度现金价值为 155706. 60 元，第 4 年度现金价值为 283337. 28 元，第 5 年度现金价值为 284249. 04 元。按照保险理论，现金价值作为投保人缴纳保费的积累，应随着投保年度的增加大幅递增而不应略微增加甚至减少，现金价值略微增加甚至减少的原因是保险人在每满 2 周年时将积累的保费中的一部分以生存保险金的形式返还投保人，使积累的保费有所减少。因此，苟某兵在缴纳两年保费后要求退保，其主张的权利范围实际是 144180. 81 元加 175309. 44 元，超出了投保人根据保险合同所应享有的权利范围，与保险原理不符，其可以主张的退保金额中的现金价值应扣除已经领取的生存保险金，即 187728. 24 元扣除 144180. 81 元。一审判决保险公司向苟某兵支付保单现金价值 69757. 59 元和红利 20436 元。

二审法院认为，本案争议的核心焦点为退保时应否扣除已经领取的生存保险金。就合同条款文义而言，生存保险金及现金价值分别由保险合同的不同条款进行约定。其中，合同第 2. 2 条约定，若被保险人在合同有效期间内，自合同生效之日起每满 2 周年时仍生存，保险人按合同有效保险金额的 9%给付生存保险金。结合上下文的约定可知，生存保险金是保险合同有效期内保险人应承担的保险责任之一。合同第 3. 4 条约定，保险人收到退保申请后，计算当日保险单现金价值，并向投保人返还该保险单现金价值，同时支付特别红利。该约定是对犹豫期后投保人解除合同即退保的处理。通过对上述条款进行文义解释，不能得出现金价值包含生存保险金的结论。

就合同订立情况而言，根据二审查明的事实，在订立保险合同之时，案涉保险产品的销售人员仅告知苟某兵退保时按照保险合同所附现金价值表载明的金额退还现金价值并支付红利，并未就现金价值表的数值变化规律以及精算报告中关于现金价值计算方法的相关内容加以说明，也未告知退保时应从现金价值中扣除已经领取的生存保险金。因此，不能认定苟某兵系在充分知晓现金价值与生存保险金的相互关系以及现金价值的计算方法的情况下作出投保的意思表示。

就缔约双方的认知能力而言，保险公司作为专业的保险机构和合同文本的提供者，在拟定保险合同时即应充分注意如何维护自身权益。案涉保险合同对生存保险金和现金价值作了分别约定，但既未清楚约定两者关系，即未载明现金价值中已包含了生存保险金，亦未明确约定退保时应退现金价值的具体计算方法，即未载明现金价值中应扣除已领取的生存保险金。对此，其应自行承担条款约定瑕疵情形下的不利后果。保险公司关于依据现金价值表的数值变化规律及精算报告第 5.1 条的规定从现金价值中扣除已领取的生存保险金符合保险原理及行业惯例的抗辩主张，必然损害苟某兵作为非专业普通投保人基于对案涉保险合同的一般理解所具有的期待利益，超出其合理预见的范围及能力。

就生存保险金的给付条件而言，根据保险合同约定，生存保险金的给付有且只有两个条件：一是在合同有效期间内；二是被保险人自合同生效之日起每满 2 周年时仍生存。因此，在投保人已经足额缴纳第 1、2 年度保费且被保险人在合同生效满 2 周年之日仍生存的情况下，生存保险金的给付并不以投保人缴纳下一年度（即第 3 年度）的保费为必要条件。案涉保险合同于 2009 年 5 月 25 日生效，投保人苟某兵已足额缴纳第 1、2 年度的保费，故只要 2011 年 5 月 25 日被保险人仍生存，生存保险金给付条件即已成就，保险责任业已发生，该时间点有别于投保人生存保险金给付请求权的行使时间以及保险人实际向投保人给付生存保险金的时间。本案中，苟某兵于 2011 年 5 月 26 日向保险公司申请给付生存保险金，此时虽然已进入第3个保单年度，但尚在60日缴费宽限期之内，保险合同仍有效存续；且苟某兵主张的权利系第2个保单年度届满时的权利，并非第3个保单年度内发生的保险责任。如要求苟某兵在缴纳第3年度的保费后方可领取生存保险金，则其还需向保险公司另行足额缴纳第3年度的保费250042元后才能按第3个保单年度的现金价值退保，该情形显然与苟某兵通过订立案涉保险合同达到每2周年领取一次生存保险金的合同目的相悖。

综上所述，在双方订立的保险合同无明文约定且保险公司在苟某兵投保之时未向其明示的情况下，保险公司关于退保时应从现金价值中扣除生存保险金的主张不能成立，不予支持。二审撤销一审判决，判令保险公司向苟某兵返还保险单现金价值并支付特别红利共计235506.34元。

再审法院认为，保单的现金价值并不等同于投保人所缴保费，其在所缴保费的基础上应扣除保险人的营运费用和提供保险保障的风险成本后剩余的部分。在正常情况下，现金价值因保费的累积会呈现递增的现象，但从本案保单的现金价值表可见，确实存在支付生存保险金年份的下一年度（即奇数年）与偶数年相比其现金价值基本持平甚至有所减少的现象。因此，若现金价值不包含生存保险金，则可能导致保险人利益失衡。但保险合同为商事合同，效率优先为商事合同的基本原则，当商事合同的某一行为有不合理因素时，须让位于效率；本案现金价值约定虽有不合理的地方，但合同有效，双方当事人均应依约履行，均应保障交易的效率。再则，就缔约双方的认知能力而言，保险公司作为专业的保险机构和合同文本的提供者，在拟定保险合同时即应充分注意如何维护自身权益。案涉保险合同对生存保险金和现金价值分别作出约定，但既未清楚约定两者关系，即未载明现金价值中已包含了生存保险金，亦未明白约定退保时应退现金价值的具体计算方法，即未载明被保险人退保时现金价值中应扣除已领取的生存保险金。对此，在缔约双方就上述相关条款有不同解释时，应作出不利于提供格式合同条款一方的解释，故原判据此作出保险公司应自行承担条款约定瑕疵情形下的不利后果的认定正确，维持二审判决。

三、现金价值能否自动垫交保险费或者自动扣换保单借款

现在各家经营人身保险业务的保险公司设计的长期保险产品，内容差别不大，很多有涉及保费自动垫付的内容，内容大致是如果投保人逾期未缴纳当期保险费，且保单现金价值大于当期保险费金额，则保险人可以用现金价值中的相应款项自动垫付交纳当期保险费，以维持保险合同的正常存续。

然而，这个问题在实践中出了很多纠纷，不夸张地说，绝大多数投保人、保险人、法官对这个问题并无准确的认识。

1. 当投保人明确拒绝保险价值自动垫付保险费的，尊重投保人意思表示

我们先看这样一个案例：

云南省丽江市中级人民法院（2017）云07民终70号民事判决书载明，2008年1月31日，任某高向保险公司投保“康宁终身保险”，并签订《保险合同》。约定交费年限为20年，每年交纳保费9100元。合同签订后，任某高共交纳8期保费共计72800元。任某高投保至今，未发生保险事故。2016年1月，任某高未交纳第9期保费。2016年8月，任某高被诊断出患有糖尿病、甘油三酯（TG）偏高等。2016年8月30日，保险公司向任某高出具了拒绝复效通知书，其中载明任某高提出保险合同复效申请，经审查后，由于任某高健康原因不能接受复效。

一审法院认为，本案的争议焦点为：保险合同解除后，保险公司应当全额退还任某高已交纳的保险费还是退还保险现金价值？本案发生的最初原因为任某高未按照约定交纳2016年度保险费，双方签订的保险合同第七条约定：“分期交付保险费的，首期保险费应按照如下规定向本公司交付：一、年交保险费的交付日期为本合同每年的生效对应日。如未按上述规定日期交纳保险费的，自次日起六十日为宽限期。逾宽限期间仍未交付保险费的，如本合同当时具有现金价值，且现金价值扣除欠保险费及利

息、借款及利息后的余额足以垫付到期应交保险费时，本公司将自动垫交该项欠交保险费，使本合同继续有效；当本合同当时的现金价值余额不足以垫交到期应交保险费时，或者前项垫交的保险费及利息达到本合同现金价值时，本合同效力中止。”根据前述条款，任某高已经按约定交纳了8期保险费，据任某高核算，已经具有现金价值42700元。在此情况下，任某高欠交到期保险费9100元时，保险公司应当履行自动垫付任某高所欠交保险费以使合同继续有效的义务。

保险公司以任某高在填写个人保险投保单时勾选了不选择保费自动垫交为由，拒不自动为任某高垫交保险费不符合保险条款约定，而保险条款应当成为康宁终身保险合同普遍遵循规则。任某高个人保险投保单中勾选的不选择保费自动垫交选项属于格式条款，免除了保险公司责任而加重了任某高责任，保险公司并未对该勾选项作出足以引起投保人注意的提示，也无证据证明保险公司已经对该项内容书面或者口头向任某高作出了明确说明，因此该条款无效。一审判决：解除《保险合同》，由保险公司退还任某高保险费72800元。

二审法院认为，合同签订后任某高连续交了8年的保费，至2016年1月31日，其未按约定按时交纳保费，出现脱保的情形。根据双方签订的保险合同条款，保险公司本可履行自动垫付保险公司所欠交保险费以使合同继续有效的义务。但因任某高在填写个人保险投保单时勾选了不选择保费自动垫交，保险公司未能履行自动垫付保险公司所欠交保险费以使合同继续有效的义务。任某高在个人保险投保单中勾选的不选择保费自动垫交选项不属于格式条款，而是对是否进行保费自动垫交的一种选择。本案中，任某高选择了保费不自动垫交并签字确认，由此产生的后果应由自己承担责任。一审判决对保险公司保险投保单中勾选的不选择保费自动垫交选项属于格式条款的认定确属错误，依法应予以纠正。解除合同后，任某高只应按合同约定退还保险公司保险单现金价值。判令保险公司退还任某高保险费42700元。

请注意“自动”一词。很多保险公司在投保单中又设计了一个选项，即由投保人选择，是否同意保险人自动以现金价值来垫交保险费。为什么要这么啰嗦呢？既然条款已经载明“自动”垫交保险费了，按说就无需征求投保人同意。既然要征求投保人的再次同意，就说明仍然不是“自动”而是“手动”；所以这样的设计，本身就是一种矛盾，基于理解的不同、利益的冲突，就必然会产生更多矛盾。

譬如前面这个案例，虽然保险合同条款中确实有自动以现金价值垫付保险费的表述，但是因为投保人在投保单中选择不同意自动垫交保险费，所以法院认为保险合同条款中的自动垫交约定无效，不存在垫交的问题，保险公司不垫交保险费合理合法。法官的中心思想是，以投保人的选择为准。这个比较好理解、好接受，即当投保人选择不同意自动垫交保险费选项时，要尊重投保人的意思表示。可是，如果投保人未作出任何选择的时候，又该怎么理解呢？这就麻烦了。

2. 当投保人没有选择意思表示时，原则上应推测为拒绝之意

我们再看以下案例：

吉林省白城市中级人民法院（2016）吉08民终911号民事判决书载明，2005年5月19日，刘某贤在保险公司处投保了终身保险。保险费为每年1100元。2012年，刘某贤经保险公司催告后仍没有缴纳保费，双方签订保险合同时，因投保单上没有自动垫付功能，保险公司终止了保险合同。刘某贤认为，按照保险合同第七条约定，保单具有保单现金价值且足以缴纳保险费时，保险公司应予垫交保费。保险公司未按合同约定垫付，而是中止了保险合同。保险公司的行为导致刘某贤保险费用增加，保险公司存在欺诈行为。

法院查明，刘某贤的投保单上没写明有自动垫缴功能，但交给刘某贤的保险条款中第七条有自动垫缴的明确约定，且不是可选项。至2005年10月1日以后，关于保险条款第七条自动垫缴功能，在投保单上有可选项，可以选择自动垫缴，也可以不选择自动垫缴。

法院认为，保险条款是关于投保人或被保险人与保险人权利义务的约定，双方均应按条款约定履行。2005年10月1日以前的康宁终身保险单

中没有自动垫缴的选项，即应按条款履行。2005 年 10 月 1 日以后，康宁终身保险单中有关于自动垫缴功能出现了选项内容，则选择了即按自动垫缴功能履行，未选择即没有了自动垫缴功能。由上，2012 年刘某贤未主动缴纳保费，保险公司应按保险条款第七条约定，启动自动垫缴功能，而不应在催告后中止该保险合同。由保险公司存在不适格履行保险条款情形，所以，刘某贤主张解除保险合同，并由保险公司退还全额保费 13400 元的请求，予以支持。

在这个案件中，法官的中心思路是，如果投保人没有明确表述是否选择以保险价值自动垫交保险费，那么沉默就是默许，保险公司就没有必要再等待什么了，就应该直接按照保险条款的表述，“自动”用保险价值垫交保险费就可以了。

当然，也有法官有不同的认识：

上海市浦东新区人民法院（2016）沪 0115 民初 35440 号民事判决书载明，2011 年 2 月 19 日，陈某静向保险公司投保。投保单“有关事项”栏“仅可勾选一项；若未勾选或重复勾选，则按第 1 项办理”：B 保险费逾期未付的选择，1□自动垫缴、2□中止，□内均未勾选。

保险合同约定，保险费的自动垫缴（使用普通字体载明），本合同及附加合同首期后的分期保险费超过宽限期仍未缴付时，若投保人已选择保险费的自动垫缴，本公司将自上一期保险费到期日之次日起以本合同及附加合同当时的现金价值自动垫缴到期应缴的保险费及利息，使本合同及附加合同继续有效。若本合同及附加合同当时的现金价值不足以垫缴宽限期应缴保险费，本公司不予采用保险费的自动垫缴。若本合同及附加合同当时的现金价值不足以垫缴到期应缴的全部保险费及利息时，本公司将现金价值按日折算垫缴期间，垫缴期间结束，本合同及附加合同的效力即中止。

审理中，陈某静明确对保险公司辩称现金价值为 0 不予认可，要求保险公司支付退保金 13950 元。陈某静认为，投保单中除签名系本人所签外，其余填写内容均系保险公司保险代理人填写，未向陈某静明确说明

“自动垫缴”，陈某静并不清楚，因此不应适用“自动垫缴”。

法院认为，本案的争议焦点在于：涉案保单保险费逾期未付时是否适用“自动垫缴”。陈某静认为，本案保单不应适用“自动垫缴”。保险公司则认为，投保单已明确告知若未勾选或重复勾选，则按第1项办理，陈某静未作勾选，应当视为选择了“自动垫缴”。

对此，法院认为，当事人应当遵循诚实信用原则，根据合同的性质、目的和交易习惯履行通知等义务。涉案保单“自动垫缴”是指在缴费宽限期结束时投保人仍未缴付保险费，保险公司将保险单具有的现金价值自动垫付投保人应缴的保险费。首先，根据《保险法》第三十八条规定，保险人对人寿保险的保险费，不得用诉讼方式要求投保人支付。涉案保险主险属于人寿保险，投保人对是否续缴保费亦具有自主选择权。自动垫缴系使用归属于投保人的现金价值续缴保费，涉及投保人的重要权益，投保人对此应当享有知情权和选择权。其次，保险合同具有较强的专业性和技术性，普通投保人未经专门学习和研究，无法准确知晓和掌握相关专业术语和规则，保险公司作为专业的保险经营者，应当就自动垫缴事项向投保人进行明确说明。最后，涉案投保单、风险提示、新契约回访均未明确提及“自动垫缴”条款，保险条款中对于“自动垫缴条款”的设置亦未起到明确提示和说明的作用；对于“保险费逾期未付的选择”，投保单将“自动垫缴”设置为第1项选择，并要求“未做选择的按第1项办理”，投保人不经主动选择即自动适用“自动垫缴”，未能保障投保人的选择权。

综上，法院认为涉案“自动垫缴”条款既未向投保人进行明确说明，亦未经投保人明示选择，对其不生效力。保险公司在不考虑自动垫缴情况下，按照合同约定的现金价值计算方式，计算出应当向陈某静退还的现金价值为3690元，对该金额予以确认，对于陈某静主张的超出部分的退保金不予支持。

在这个案件中，法官的中心思想是，如果投保人没有选择，也就是等于没有做意思表示，就不能开始这样的保险单现金价值自动垫交保险费之民事行为。即，这样的民事行为，必须得到投保人的明示同意后方可进行、方可产生民事权利与义务。

从这个角度看，我倒是比较认同这位法官的见解。

3. 实际上前面所有的判决均存在一定的认识错误，保险价值是虚拟值

我个人认为，前面所有的判例无论结果为何，其实都存在认识错误，都没有意识到问题的核心。

从这些判例看，无论是什么样的判决结果，实际上都基于同一个前提，即认同"保险单现金价值垫交保险费"是合法的、合理的、可行的。各位法官的区别点仅仅是考虑投保人的意思表示、选择。

但是，这一前提真的是天经地义的吗？真的是正常合理的吗？并不是。

一般人会认为，保险单现金价值好像就是一定金额的款项、好像是存款、好像是押金，属于投保人但只是放在保险人那里。基于这一认识，所以才会有"以保险单现金价值自动垫交保险费"之说，也就是类似于用投保人的存款抵销投保人的某种负债。

然而，仔细想想就会发现这一认识仅仅是想象而已，并非客观事实。

"以保险单现金价值自动垫交保险费"在法律上到底该如何定性呢？表面上看起来像是一个债务抵销行为，即投保人所承担的交纳保险费债务、与保险人承担的退还现金价值债务，相互进行了抵销。《民法典》第五百六十八条规定："当事人互负债务，该债务的标的物种类、品质相同的，任何一方可以将自己的债务与对方的到期债务抵销；但是，根据债务性质、按照当事人约定或者依照法律规定不得抵销的除外。当事人主张抵销的，应当通知对方。通知自到达对方时生效。抵销不得附条件或者附期限。"第五百六十九条规定："当事人互负债务，标的物种类、品质不相同的，经协商一致，也可以抵销。"可以看出，债务固然可以抵销，但是不能任意抵销。譬如，债务抵销的前提必须是双方债务都是到期的债务。而从我国《保险法》规定看，在保险合同正常存在、履行过程中，现金价值只是一个理论概念而已，并不等同于现实的款项。即只要保险合同不解除，实际上并没有这笔款项的存在。只有当保险合同解除后，才会真的出

现现金价值这一笔款项。即只有在保险合同解除后，“现金价值”才是到期债务。

打个比方，现金价值就好像我们持有的股票，也许你持有的股票市值几千万元，然而如果你不卖出，则股票不能变成货币，股票的价值仅仅是一个虚拟的金额，并非金钱，实际上你一分钱也没有。不信？你试试用你持有的1股股票去买瓶矿泉水，根本不可能交易成功。所以，现金价值既不是投保人存放在保险人处的存款、押金，也不是到期债务。其实根本没有这笔钱，保险人不可能拿来就用，也无法进行债务抵销。那所谓的“保险单现金价值自动垫交保险费”之说成立吗？其实根本不成立。

这也不行、那也不行，那这个“保险单现金价值自动垫交保险费”到底该怎么理解呢？

4. 保险价值垫交保险费，实际上是保单质押借款

我认为，这一行为实际上是以现金价值为质押，投保人向保险人进行借款，借款目的是交纳保险费。

也正因如此，很多保险人要求，在这样的情形下，投保人还得承担利息。这不是借款是什么？如果是投保人用自己的钱交了当期保险费，还用承担利息吗？如果是双方债务抵销，抵就抵了，还用承担利息吗？即“保险单现金价值自动垫交保险费”是一种保单质押借款行为。

上海市第二中级人民法院（2016）沪02民终8599号民事判决书载明，2000年7月18日，邱某芳（投保人）以自己作为被保险人投保，邱某芳选择了通过银行转账的年付保费方式，对保险费过期未付的选择是自动垫缴保险费。

保险合同条款第十七条约定，保险费超逾宽限期（保险费到期日起六十天）仍未缴付，若投保人在投保时选择保险费自动垫交，则本合同将按保险费自动借款处理；若该合同的现金价值足以垫付到期保险费，则该项欠缴保险费将由公司垫付，作为保险费自动借款；当合同现金价值不足以垫付到期保险费时，按合同当时的现金价值折算成可承保天数，同样作为保险费自动借款处理；自动借款包括附加合同的保险费。

2012年开始，邱某芳未再按约支付保费。2015年7月18日，保险公司从应给付邱某芳的满期金及红利中扣除截至当日的借款及利息2412.32元，并发函通知邱某芳领取剩余满期金。

一审法院认为，投保单上，邱某芳在保险费过期未付一栏选择了自动垫缴保险费，该自动垫缴保费的目的是在牺牲保单现金价值的前提下，通过一定的保险费支付方式来维持保险合同的效力，最大限度地保障被保险人的保险利益，且该选择系邱某芳的意思自治，保险公司在邱某芳未按时支付保险费的前提下，为其垫付保险费的行为系按约行使，并无过错。同时按照双方在保险合同中对垫缴保险费的约定，该垫缴保险费作为邱某芳向保险公司的借款，还应当支付利息，此约定并未为法律所禁止，合法有效，予以确认。

二审法院认为，本案争议焦点在于满期金的给付是否应当扣除相应的借款本息。本案投保人邱某芳在投保单“保险费过期未付”一栏的勾选为“自动垫缴保险费”，根据保险条款的相关约定，投保人在未支付保险费的情况下，根据其保单现金价值的情况，可以由保险公司垫付费用以维系合同效力。上述约定并未损害投保人及被保险人利益，借贷本息的计算也符合相关标准，同时保险人在发生借贷时亦已主动向投保人告知垫款发生的情形。至于款项垫付的凭证，本院认为，保险公司作为保险费收取的相对人，在发生垫付时对投保人保费支付的认可亦属垫款发生的方式之一，并不必然需要实际支付的行为。保险公司在向被保险人支付满期金时按约扣除借款本息，亦属合同明确约定，依法应予支持。综上所述，上诉人邱某芳的上诉请求不能成立，应予驳回；一审判决认定事实清楚，适用法律正确，应予维持。

在这个案件中，法院也意识到了“保险单现金价值自动垫交保险费”实际上就是一种借款。但是，这样的借款可以自动发生，这一点我是无法认同的。因为借款这一法律行为发生的时候，投保人通常并不知情，不知道是什么时候发生的，没有做过意思表示。

《民法典》第一百四十条规定：“行为人可以明示或者默示作出意思表

示。沉默只有在有法律规定、当事人约定或者符合当事人之间的交易习惯时，才可以视为意思表示。”第一百四十三条规定：“具备下列条件的民事法律行为有效：（一）行为人具有相应的民事行为能力；（二）意思表示真实；（三）不违反法律、行政法规的强制性规定，不违背公序良俗。”所以，如果说投保人作出的是一种默示的意思表示的话，那么我认为并不存在这样的“当事人约定或者当事人之间的交易习惯”，说是投保人默示意思表示很难服众。

当然，有的投保人的确在投保的时候选择了“保险单现金价值自动垫交保险费”，但是这也不能理解为默示同意。因为，对于投保人而言，仅仅看到“保险单现金价值自动垫交保险费”这句话，其实理解非常贫乏：因为现金价值并不是真实货币，不存在垫的问题，投保人对此不知情；这是一种借款，然而借款需要利息，没有向投保人说明；利率没有向投保人说明；可能还会有复利产生，投保人不知情。基于这么多的不知情，我认为投保人对这句话的理解是非常片面的，绝大多数情况下，其意思表示不可能是真实而完全的。在意思表示不真实的情况下，这种所谓自动垫交保险费行为，绝大多数情况下属无效民事行为。

如果投保人、保险人需要进行保单质押贷款行为，那就应该订立合同，在双方意思表示真实的情况下进行借贷行为。至于借贷款项是用于交保险费、还是用于其他目的，在所不论。

我们前面讨论的都是以保险单现金价值垫付保险费问题，实践中还有以保险单现金价值扣还投保人的以往借款问题。虽然表现不尽相同，其实质是一样的，形式上是以新贷还旧贷，内中道理完全相同。

四、现金价值的强制执行问题

实践中，如果投保人系债务人、被执行人、犯罪嫌疑人、窝藏赃款赃物人，且这些债务或者赃款等与保险合同或者保险费紧密相关，那么人民法院、检察机关、公安机关能否行使公权力，对保险合同现金价值采取保全、执行行为呢？在这个过程中，被保险人及受益人的权益如何保障？目前司法机关、理论界确实存在不同的理解和观点。

最高人民法院早在2010年起草《最高人民法院关于适用〈中华人民共和国保险法〉若干问题的解释（二）》时即已关注到保单现金价值强制执行的问题，并曾经在征求意见稿中进行规定，但最终公布的正式文件中删除了该条。因为没有全国范围的统一解释、规定，所以往往由各省、甚至市的法院、甚至是某法院的执行局自行做出相关的理解和规定。这样的理解与规定，其效力往往受到质疑。在其他省市开展执行活动的时候，往往也会出现争议。

1. 公权力能否处置保险单现金价值

有的法院认为，保单现金价值是投保人的责任财产，法院可以强制执行。投保人下落不明或者拒绝解除合同的，法院可以直接扣划。例如，《江苏省高级人民法院关于加强和规范被执行人所有的人身保险产品财产性权益执行的通知》第一条规定："保险合同存续期间，人身保险产品财产性权益依照法律、法规规定，或依照保险合同约定归属于被执行人的，人民法院可以执行。人身保险产品财产性权益包括依保险合同约定可领取的生存保险金、现金红利、退保可获得的现金价值（账户价值、未到期保费），依保险合同可确认但尚未完成支付的保险金，及其他权属明确的财产性权益。"

有的法院则认为，保单现金价值虽是投保人的财产，但以投保人解除合同为前提，法院不能强制投保人解除；指定受益人且受益人不是被执行人的，法院不能执行保险金。例如，针对被执行人的人身保险产品具有现金价值，法院能否强制执行的问题，《广东省高级人民法院关于执行案件法律适用疑难问题的解答意见》认为，虽然人身保险产品的现金价值是被执行人的，但关系人的生命价值，如果被执行人同意退保，法院可以执行保单的现金价值，如果不同意退保，法院不能强制被执行人退保；如果人身保险有指定受益人且受益人不是被执行人，依据《保险法》第四十二条的规定，保险金不作为被执行人的财产，人民法院不能执行。

甚至，法院的执行部门与审判部门存在不同理解：执行程序中法院要求保险公司配合执行，以协助执行通知书的方式直接划转保单现金价值，否则将以妨碍民事诉讼为由予以处罚；保险公司配合执行之后，在投保人以保险公司无权单方解除合同为由要求保险公司继续履行合同的诉讼中，审理法院则认为在未经投保人同意的情形下，即使系协助法院执行，保险公司亦违反了法律规定及合同约定，故判决保险公司仍要向投保人继续履行合同。

但之后的同类诉讼中，审理法院认为，执行法院在执行过程中裁定解除保险合同、提取现金价值并向保险公司发出协助执行通知书，系执行法院代位投保人向保险人发出了解除合同的意思表示。参照《民事诉讼法》第二百四十三条的规定，人民法院为扣留、提取被执行人收入时作出的裁定、协助执行通知书，有关单位在收到上述材料后必须办理，故保险合同因执行法院代位行使解除权已经被解除，投保人与保险公司之间的保险合同权利义务已经终止，投保人要求保险公司继续履行合同并赔偿损失缺乏法律依据。

这样的模糊认识与规定，会使得作为协助执行机构的保险人非常为难，所以这个问题应有一个全国范围的权威性的结论或者认识才行。

那么，现金价值到底是一种什么样的财产性权益呢？

参考《最高人民法院关于人民法院执行工作若干问题的规定（试行）》，我们会发现，保单现金价值不同于存款、股息、投资收益、知识产权等既有的各项财产权益。如果认真琢磨，会发现现金价值最接近于被执行人的到期债权。从现金价值的性质看，的确也算是投保人的一种债权，即对保险人享有的债权。因为投保人解除合同的权利是无限的、自由的、绝对的，所以如果投保人解除保险合同，现金价值自然就从理论数额变成了一笔现实的金钱款项，投保人自然对保险人享有保险单现金价值这一到期债权。

问题是，如果投保人不解除合同，则这个现金价值仍然是理论数额，而谈不上到期问题。所以，问题的关键还是“投保人解除合同”。这多少有点像保险事故与保险金的关系，当保险事故没有发生的时候，保险金对于被保险人而言只是一个理论数额。只有当保险事故发生后，保险金才会变成一种现实的、具体的金钱债权，被保险人因此有权利要求保险人给付该笔金钱款项。不过，保险事故通常来说，具有不确定性，如意外事件、重疾等；或者自然属性，如特定的时间届满等。

而投保人解除保险合同的问题，则纯属于投保人的个人意志。如果投保人今天解除合同，则从今天起投保人即对保险人享有保险单现金价值的到期债权。如果投保人就是不解除合同，则保险单现金价值就不可能变成到期债权。

所以我们的思路可以演变为：公权力是否可以替代投保人解除保险合同？

我的理解是：保险单现金价值作为一种财产性权益，在法律性质上并不具有人身依附性和专属性，也不是被执行人及其所扶养家属所必需的生活物品和生活费用，不属于不得执行的财产。所以，保单现金价值依法可以作为强制执行的标的。

公权力的处分行为，其实质就是替代被执行人对其财产权益进行强制处置。例如，强制剥夺被执行人的所有权，如没收其财产；又如，强制转移被执行人的财产，如扣划存款等；再如，强制撤销被执行人的处分财产行为，如认定被执行人某给付行为无效等。这些行为，其实都意味着公权力可以替代、超越被执行人去处置财产。既然这样，那么公权力对于保险单现金价值的处置也是很正常、很合理的。

2. 公权力如何处分保险单现金价值

《江苏省高级人民法院关于加强和规范被执行人所有的人身保险产品财产性权益执行的通知》第五条规定："投保人为被执行人，且投保人与被保险人、受益人不一致的，人民法院扣划保险产品退保后可得财产利益时，应当通知被保险人、受益人。被保险人、受益人同意承受投保人的合同地位、维系保险合同的效力，并向人民法院交付了相当于退保后保单现金价值的财产替代履行的，人民法院不得再执行保单的现金价值。被保险人、受益人未向人民法院交付相当于退保后保单现金价值财产的，人民法院可以要求投保人签署退保申请书，并向保险公司出具协助扣划通知书。投保人下落不明或者拒绝签署退保申请书的，人民法院可以直接向保险公司发出执行裁定书、协助执行通知书，要求保险公司解除保险合同，并协助扣划保险产品退保后的可得财产性权益，保险公司负有协助义务。投保人未签署退保申请书，保险公司依人民法院执行裁定解除保险合同、协助执行后，相关人员因此起诉保险公司的，人民法院不予支持。”

对于这个规则，我认为还是非常不错、非常合理的。从这个规则中，可以看出人民法院作为公权力处置保险单现金价值的一般程序和思路：

（1）尽量维系保险合同的效力，以保障被保险人、受益人的合法权益。毕竟，将保险合同解除，现金价值与保险费相比显然会少很多，会造成某种损失，不利于保护被保险人、受益人，不符合保险合同订立的本意。因此，如果被保险人、受益人向人民法院交付了相当于退保后保单现金价值的财产，则保险合同仍然得以维持，同时公权力也成功行使，对大家都好；

（2）责成投保人自愿签署退保申请书，这比较符合《保险法》的规定，比较自然合理；

（3）如果投保人不配合或者无法配合，则公权力强制解除保险合同。当保险合同被解除后，如我们先前所言，此刻保险单现金价值就已经变成一种投保人的到期债权了。《最高人民法院关于人民法院执行工作若干问题的规定（试行）》第四十五条规定：“被执行人不能清偿债务，但对本案以外的第三人享有到期债权的，人民法院可以依申请执行人或被执行人的申请，向第三人发出履行到期债务的通知（以下简称履行通知）。履行通知必须直接送达第三人。履行通知应当包含下列内容：（1）第三人直接向申请执行人履行其对被执行人所负的债务，不得向被执行人清偿；（2）第三人应当在收到履行通知后的十五日内向申请执行人履行债务；（3）第三人对履行到期债权有异议的，应当在收到履行通知后的十五日内向执行法院提出；（4）第三人违背上述义务的法律后果。”这时，即可由人民法院依法对该到期债权进行强制执行。

3. 第三人的异议

《民事诉讼法》第二百二十五条规定："当事人、利害关系人认为执行行为违反法律规定的，可以向负责执行的人民法院提出书面异议。当事人、利害关系人提出书面异议的，人民法院应当自收到书面异议之日起十五日内审查，理由成立的，裁定撤销或者改正；理由不成立的，裁定驳回。当事人、利害关系人对裁定不服的，可以自裁定送达之日起十日内向上一级人民法院申请复议。"《最高人民法院关于人民法院执行工作若干问题的规定（试行）》第四十六条规定："第三人对履行通知的异议一般应当以书面形式提出，口头提出的，执行人员应记入笔录，并由第三人签字或盖章。"

虽然在不同的规定中表述为利害关系人、第三人，但是我的理解，这两个表述大体上是一回事，都可以指向作为配合执行机构的保险人。如果在配合执行过程中，发现执行行为有问题的，保险人依法可以提出执行异议。

徐州市鼓楼区人民法院为执行（2019）苏0302刑初2号刑事判决书，遂做出（2019）苏0302执2556号执行裁定书，向某保险公司发出协助执行通知书，要求协助执行田某以及A、B、C共四人的保险费500万元。我作为该保险公司的代理人，认为执行有误，可能会损害保险公司的合法权益，遂依法提出执行异议。我提出，（2019）苏0302执2556号执行裁定书中的被执行人为田某以及A、B、C共四人。然而，执行依据即（2019）苏0302刑初2号刑事判决书主文中，仅有被告人田某被处罚金30万元的内容，而其他三人并无涉及任何刑事处罚。

《最高人民法院关于刑事裁判涉财产部分执行的若干规定》第一条规定："本规定所称刑事裁判涉财产部分的执行，是指发生法律效力的刑事裁判主文确定的下列事项的执行：（一）罚金、没收财产；（二）责令退赔；（三）处置随案移送的赃款赃物；（四）没收随案移送的供犯罪所用本人财物；（五）其他应当由人民法院执行的相关事项。刑事附带民事裁判的执行，适用民事执行的有关规定。”执行依据仍需在判决主文中予以体现。因此，（2019）苏0302刑初2号刑事判决书主文未涉及的A、B、C三人，不应属于被执行人范围，法院直接执行该三人财产无法律依据。

此外，法院（2019）苏0302执2556号执行裁定书裁定执行田某以及A、B、C共四人的保险费500万元，表述存在不准确之处。如果法院行使公权利、解除被执行人所涉之保险合同，则保险公司依法只能退还该保险合同项下之现金价值。只有这个现金价值，才是被执行人“享有”的财产性权益。

经过与司法机关协商、沟通，此事得以顺利解决。

第二章 人身保险合同内容

第一节 保险金额

《保险法》第十八条规定，保险金额是指保险人承担赔偿或者给付保险金责任的最高限额。这一规定适用于财产保险合同与人身保险合同。在人身保险合同中，因为人的身体、健康、生命、成长等为保险标的，且这些标的无价，也可以理解为保险价值无价，所以基本不用考虑保险价值的问题。也因此，关于保险金额的考量比财产保险合同简单了不少，譬如人身保险中基本不存在不足额保险、超额保险、重复保险等，但是关于人身保险的保险金额问题，实践中也会存在一些问题，可资探讨。

一、关于多个被保险人共享保险金额的问题

张某于2012年4月25日在保险公司投保“全家福”卡单，被保险人为张某及其家人等共5人，身故受益人为被保险人身故时生存的配偶、父母、子女，一般意外伤害或全残保障保险金额共计60000元，保单生效后不久。张某在工厂工作时意外摔伤死亡。后受益人起诉保险公司，要求赔偿60000元保险金。保险公司答辩称，张某的保单整体保额是60000元，但被保险人是五个人，保单应是五个人平分保额。所以，张某的受益最大金额为保额的20%，应为12000元。

法院认为，本案争议所涉及的保险险种为“全家福卡”。保险公司在本案审理过程中，出示证据证明了保险卡配套的保险封套上的投保须知已

载明，“每位被保险人的人均基本保险金额=本保单载明的基本保险金额/参加本保险的家庭成员人数”。该保险合同的基本保险金额为60000元，投保人为上述包含自己在内的五个人投保，则每个被保险人的基本保险金额应该为12000元。不仅如此，张某妻子等人提交的保险抄单也明确显示每一位被保险人保险份额为1/5，基本保险金额也应为12000元。不能将保险公司的保险责任解读为“一位被保险人出险，对所有被保险人的均进行赔偿”。法院最后判决：保险公司自判决书生效之日起十日内赔付原告张某妻子等五人各2400元。

这个案件中，保险公司的很多业务操作行为存在缺陷，结果导致了很多误解。单纯从字面意义上说，所谓保险金额6万元，可能会存在三种含义：（1）每一个被保险人的保险金额均为6万元，可计算5次；（2）每一个被保险人的保险金额均为6万元，但是只能计算一次，谁先出险算谁的，出险理赔完毕，保险合同终止；（3）整个保险单的保险金额6万元，每一个被保险人等分。

裁判要旨中称“保险金额是指保险人承担赔偿或者给付保险金责任的最高限额。本案中，受益人对于超出保险金额之外部分的诉请，法院不予支持”，这个话对前述第一种情形适用，因为在第一种情形下，保险单载明的保险金额实质上成了30万元，这显然不合理。但是前述第二种、第三种情形，实际上保险金额都是6万元，因此这个裁判要旨并没有说到问题的关键。

《保险法》第十三条规定：“投保人提出保险要求，经保险人同意承保，保险合同成立。保险人应当及时向投保人签发保险单或者其他保险凭证。保险单或者其他保险凭证应当载明当事人双方约定的合同内容。当事人也可以约定采用其他书面形式载明合同内容。依法成立的保险合同，自成立时生效。投保人和保险人可以对合同的效力约定附条件或者附期限。”第十七条规定：“订立保险合同，采用保险人提供的格式条款的，保险人向投保人提供的投保单应当附格式条款，保险人应当向投保人说明合同的内容。对保险合同中免除保险人责任的条款，保险人在订立合同时应当在投保单、保险单或者其他保险凭证上作出足以引起投保人注意的提示，并对该条款的内容以书面或者口头形式向投保人作出明确说明；未作提示或者明确说明的，该条款不产生效力。”第十八条规定：“保险合同应当包括下列事项：（一）保险人的名称和住所；（二）投保人、被保险人的姓名或者名称、住所，以及人身保险的受益人的姓名或者名称、住所；（三）保险标的；（四）保险责任和责任免除；（五）保险期间和保险责任开始时间。（六）保险金额；（七）保险费以及支付办法；（八）保险金赔偿或者给付办法；（九）违约责任和争议处理；（十）订立合同的年、月、日。”从法律规定，我们可以推论出如下几个规则：

保险金额及支付方式，是保险合同的基本内容、基本条款，必须在保险合同中体现，即必须在保险合同中载明；如果使用格式条款，则保险人在投保阶段就存在说明义务，因此保险金额及支付方式必须在投保阶段就应该在保险合同中体现，而不能在投保完成后才体现出来。

保险金额及支付方式作为保险合同的重要条款，必须存在于双方约定、协商、接受的过程中，方能成立、方得以在保险单中体现。如果仅仅在保险单中体现保险金额及支付方式，却没有投保人与保险人协商的过程，也没有对保险合同进行说明的证据，则保险金额及支付方式实际上等同于没有约定。一旦对该内容产生争议，则必须本着有利于投保人、被保险人、受益人的原则进行理解与处理。

对于本案中这个“全家福”保险，各个被保险人实际上是互为被保险人、互为受益人。法院认为“保险公司所承担的赔偿金额，以合同约定的最高保险金额为限”，这个认识是对的。然而，合同约定的最高保险金额是6万元没错，可是支付方式呢？到底是每个被保险人均为6万元，第一个人出险后就终止合同，还是每个人1.2万元保险金额呢？这就迷惑了。

裁判的依据是两个：一是“保险卡配套的保险封套上的投保须知已载明”；二是“张某妻子等人提交的保险抄单”。

由此，我们可以推断，在保险合同条款、投保单、保险单上均没有关于保险金额或者保险金额支付方式的规定，甚至保险公司可能根本就没有将保险合同条款交给投保人，投保人也可能根本没有填写投保单。即双方缺乏对保险合同进行议定的过程。如何理解保险金额以及支付方式？这就成了一个问题。

从案件情况看，所谓“保险卡配套的保险封套”其实就是“激活卡单封皮”，也就是保险合同成立后，激活保险合同，实质上是附期限使得保险合同生效的一种意思表示。这个时候，保险合同已经成立，投保过程已经完结，不可能在这个时候再来约定保险合同内容了。即保险金额及支付方式不可能也不应该在这个资料中体现出来。这些的所谓规定、载明等，均无法律效力。

而所谓“保险抄单”，实际上是保险公司内部的电子数据，通常仅仅记录保险单的一些基本数据，并不显示投保过程及保险合同条款内容，不显示具体权利义务关系。这是保险公司的单方面记录，对受益人不具备法律约束力。

所以本案中，虽然对于保险金额可以确定，然而保险金额的支付方式却是没有约定、缺乏依据的。因此，得出本案判决的结论是比较牵强的。

二、关于多个险种共享一个保险金额的问题

实践中，也有不同的险种共享一个保险金额的情况，在同一份保险合同中，可能存在不同的险种，例如主险与附加险共用一个保险金额、或者不同附加险之间共用一个保险金额。一旦发生了某种保险事故，可能会涉及不同的险种，则某一险种的保险赔偿金给付后，将从总的保险金额中扣除。

这些不同的险种，有些险种是互相排斥的，即某一个事故不可能同时构成两个险种项下的保险事故，譬如有保险合同约定，意外身故、意外伤残共用一个保险金额。这就有点莫名其妙：假如被保险人受伤了，难道能同时构成伤残与死亡保险事故吗？肯定不可能，这未免自相矛盾。

贵州省贵阳市中级人民法院（2017）黔01民终2177号民事判决书载

明，2014 年 4 月 29 日，第三人正汇经营部以张某晟等 15 人为被保险人在保险公司投保团体人身保险 3 份，险种为“智盈”B 款，保险金额每份 30 万元，保险总金额 90 万元。每份“智盈”B 款包括：附加意外医疗（P0512）1 万元、团体意外定寿（P1410）10 万元、民航班机意伤（P142111）20 万元、列车轮船意伤（P142112）10 万元、汽车意伤（P142113）4 万元、附加现金补贴（P0610）3 份、可调行标残疾（P1463）30 万元。智盈 B 款投保说明书载明：意外伤害险包括意外身故（P1410）和意外伤残（P1463），保险金额每份共用 10 万元……交通意外伤害险（飞机）包括 P1421 和 P1463，保险金额每份共用 20 万元。第三人在该说明书“投保人声明”栏加盖印章。团体人身保险单载明：每份 P1410 险种意外身故责任与 P1463 意外伤残责任保额共用 10 万元；每份 P1421 险种交通意外身故与 P1463 险种意外伤残责任保额共用，其中飞机 20 万元、营运火车/轮船 10 万元、营运汽车 4 万元。后，张某晟做工时从房顶不慎坠落受伤。

一审法院认为，根据《团体人身保险投保单》“意外伤害险包括意外身故（P1410）和意外伤残（P1463），保险金额每份共用 10 万元”的约定，结合投保份数 3 份，故张某晟主张保险公司按最高额还应赔付保险金 60 万元的诉请，证据不足，法院不予支持。

二审法院认为，从投保说明的内容来看，在正汇经营部为张某晟投保的“智盈”B 款险种中，保险事故分为意外事故和交通意外事故，在发生这两种事故时，保险人承担被保险人意外身故、意外残疾的保险责任，并共用保险金额，其中 P1463 为被保险人意外残疾情形下，保险人给付保险金的数额。从保险单的内容来看，每份“智盈”B 款不仅包括民航班机、列车、轮船、汽车等交通事故保险人给付相应保险金，还包括“P1463 可调行标残疾 30 万元”，结合上述投保说明关于保险事故分为意外事故和交通意外事故的内容，应当认定“P1463 可调行标残疾”包括意外事故和交通意外事故导致的被保险人残疾。因此，张某晟因做工时从房顶坠落造成一级伤残的事故，保险公司应当按照每份保险赔付保险金 30 万元，三份保险共计赔付保险金 90 万元，向张某晟给付保险金，除保险公司已支付的30万元，保险公司还应给付张某晟60万元。二审判决撤销一审判决，判令保险公司再给付张某晟保险金60万元。

另有一些情形是，有些险种并不互相排斥，共享一个保险金额，如意外伤害门诊、意外伤害医疗是两个不同的附加险险种，如果被保险人受伤，可能会先进行门诊，也许后面会发展为接受医院医疗，所以这两个险种项下的保险事故都可能会构成。也许不是同时构成，但是在不同的时间段会分别构成不同的保险事故。

湖北省宜昌市中级人民法院（2018）鄂05民终2854号民事判决书载明，2011年8月8日，王某艳作为投保人，梅某和作为被保险人，与保险公司订立一份保险合同，第四条“基本保险金额”约定：本合同的基本保险金额是指保险合同上载明的保险金额，若本合同附加的“重大疾病保险合同”发生保险事故，则本合同的基本保险金额减少为零。2017年5月，梅某和因感染性心内膜炎进行手术，双方因保险理赔诉讼至法院。法院作出（2018）鄂0591民初247号民事调解书，调解书载明：保险公司支付梅某和保险金145000元；终止重大疾病保险。2018年5月9日，保险公司短信通知王某艳、梅某和保险合同终止，并退还王某艳、梅某和2017年度的保费。王某艳、梅某和提起诉讼。

一审法院认为，在保险期间，梅某和以其患重大疾病发生保险事故向法院提起诉讼请求保险公司给付重大疾病保险金150000元，经调解，保险公司向梅某和支付了重大疾病保险金145000元，并终止了双方的重大疾病保险。故依保险合同约定，王某艳与保险公司之间的两全保险的基本保险金额减少为零，两全保险（分红型）保险合同终止。案涉的保险合同从表面上看是两个独立的合同，但从内容上看，保险公司并没有将主险和附加险的保险责任、保险费和保险金额分别设计和计算，而是作为整体来计算。就保险金额来说，主险和附加险虽然各有一个保险金额，但这个保险金额为共用保险金额，无论保险公司根据主险还是附加险中的某项保险责任给付保险金后，主险和附加险的保险金额都等额减少；就保险费来说，附加重疾险的保险费远远低于单独重疾险的保险费，该条款并未侵害投保人或被保险人的利益，并不属于免除保险人依法应承担的义务或者加重投保人、被保险人责任的情形。因此，该条款并非无效的格式条款根据双方签订的保险单，保险公司以“投保须知”“声明与授权”专栏的形式，就投保人需要对合同条款仔细阅读进行了多次且明显的提示，投保人王某艳和被保险人梅某和以亲笔签名的形式认可保险公司对合同条款进行了提示和说明，认可自己对合同条款阅知。现王某艳、梅某和以保险公司未履行提示与说明义务为由，认为该条款对王某艳、梅某和不产生效力，不予支持。判决驳回王某艳、梅某和的诉讼请求。

二审法院认为，结合保险合同的保险费及实际履行情况，该保险合同及附加合同系一个整体，该合同约定的终止条件并不符合格式条款无效的情形，现保险公司已向梅某和支付了重大疾病保险金145000元，故该保险合同约定的终止条件已经成就，双方之间的保险合同终止。同时，根据保险单中声明与授权一栏书写的“本人已阅读保险条款、产品说明书和投保提示书，了解分红、万能、投资连结保险的特点和保险利益的不确定性”，王某艳和梅某和作为完全民事行为能力人，其在书写及签字时应尽到审查和注意义务，并对签字等民事行为承担相应的法律后果，王某艳和梅某和的上述行为可以视为其对保险合同内容的确认，该保险单足以证明保险公司已经向其履行了提示和说明义务。综上，案涉保险条款系有效条款，双方当事人均应按照约定全面履行，维持原判。

也就是说，司法实践中认识是不一致的，有的法院认可共用保险金额的做法或者说这样的合同约定，有的不认可，甚至有的法院认为这样的做法实际上是隐藏了一个免责条款。

所以，有些投保人、被保险人不太乐意，他们认为，明明自己是交了两份保险费，保险人承保两个不同的险种，怎么莫名其妙成了一个保险金额。很多人未必能说清楚，只是本能地有一个疑问：为什么两份保险变成了一份保险？

对于这个问题，我的理解是这样的：所谓保险金额，并不仅仅是指一个数额，其实质乃一个特定的保险责任。不同的险种对应不同的保险责任，每个保险责任的保险金额就是这个保险责任的最高限额。

所谓共享保险金额，并不是一个法定概念，从其实际表现看，应该是指不同的保险责任互相包含的意思，即某一险种的保险责任与其他险种互相包含、合并、融合，不同的险种其实是一个保险金限额，也可以理解为变成了同一个保险责任。无论在哪个险种项下承担保险责任，都会扣减这个保险金限额。

问题在于，没有哪两个险种、或者说没有哪两个保险责任是完全相同的，如果完全相同，那就是一个保险责任投保两份了。而不同的保险责任，实际上也就是保险人不同的合同义务，既然是不同的合同义务，怎么能够变成一个合同义务呢？理论上这是不可能的，如果非要这么做，实际上是在不合理地免除、减少保险人依法应承担的义务。

对于那些相互排斥的险种，如意外伤残保险责任、意外身故保险责任，这两者本来就不可以并存，赔偿了残疾保险金就不可能赔偿身故保险金，反之亦然。即便合同里没有特别约定，保险人也不会赔偿两份保险金，因此这种保险责任合并、保险金额共享的情形，在逻辑上就不成立。

对于那些不相互排斥的险种，如意外门诊、意外医疗，既然已经确定为不同的合同义务了，被保险人理应得到两个不同的保险保障，得到两份保险金，现在两份保险金合二为一，不知道理何在？

有人认为，实践中存在保险人对于某些险种不收取保险费或者少收取保险费的情况，所以对于保险金额的合并、共享，似乎也能说得过去。我认为这样的模糊认识不能成立，因为保险费与保险责任之间并没有直接因果关系或者正比例关系。

《保险法》第十四条规定："保险合同成立后，投保人按照约定交付保险费，保险人按照约定的时间开始承担保险责任。"也就是说，保险费由保险合同约定、保险责任也由保险合同约定，保险责任并不是由保险费决定的，少交或者不交保险费，并不等于保险人就可以少承担或者不承担保险责任。因此，即便某个险种不收保险费，也不是共享保险金额的理由。《保险法》第十九条规定："采用保险人提供的格式条款订立的保险合同中的下列条款无效：（一）免除保险人依法应承担的义务或者加重投保人、被保险人责任的；（二）排除投保人、被保险人或者受益人依法享有的权利的。”因此我认为，这样的共享保险金额情形，当属无效条款。保险人应承担的具体保险金额，应按照不同的保险事故、不同的承保损失而具体确定。

三、某些基本保险金额实际上是一个计算基数

很多保险合同并没有体现出不同的险种，但是会约定不同的保险责任，这些不同的保险责任的保险金是不一样的，为了方便，很多保险人会设定一个基本保险金额，然后用这个基本保险金额进行不同的计算，以确定不同保险责任的保险金。有些投保人、被保险人不太理解的话，容易产生纠纷。

2009年2月19日，范某华女士为其女儿尤某投保两全保险，投保后，范某华女士一直按期交纳保费，共计支付5年，缴费总额118875元。保险合同载明，被保险人于本主险合同生效之日起每满2周年时仍生存，保险公司按基本保险金额的9%给付“生存保险金”。身故保险金，被保险人身故，保险公司无息返还所交保险费，本主险合同终止。2013年12月1日，尤某因病去世。

2016年11月，范某华女士起诉，要求赔偿保险金25万元，退费118875元，支付保险利益表载明的款项118875元，支付生存保险金4500元，合计492250元。

2016年12月20日，一审法院作出2016京7101民初1143号民事判决书。该判决认为，基本保险金额是原被告双方为计算保险费数额和生存保险金而约定的数额，每一年收取一次保险费，在保险合同有效期间基本保险金额始终不变……合同中主要保险利益摘要表标明是对保险合同中的保险责任的对比说明，不能以此表作为要求被告平安保险公司支付保险金的依据。一审判决保险公司支付应付而尚未支付的生存金4500元，身故保

险金 118875 元，驳回范某华女士其他诉讼请求。

范某华女士不服判决，提起上诉。2017 年 3 月，二审法院作出 2017 京 04 民终 18 号民事判决书，驳回上诉，维持原判。本案已经执行完毕。

范某华女士仍然不服，于 2017 年 9 月提起再审申请，要求撤销原判，并要求保险公司再行支付 25 万元保险金。

我代理保险公司办理此案，我认为本案险种属于分红型保险，《人身保险公司保险条款和保险费率管理办法》第八条规定："两全保险是指既包含以被保险人死亡为给付保险金条件，又包含以被保险人生存为给付保险金条件的人寿保险。"因此本案所涉保险合同中，就必须存在一个生存保险金计算方式以及一个死亡保险金计算方式。

本案中，生存保险金是每三年按基本保险金额的 9%给付"生存保险金"，基本保险金额 5 万元、其 9%是 4500 元，可见生存保险金是 4500 元，而不是 5 万元。这个基本保险金额 5 万元，实际上是确定保险费、计算生存保险金的一个基数而已。身故保险金数额即无息返还范某华女士所交保险费的总额，因范某华女士已经全额付清，这笔保险金的数额为 118875 元。

由此可见，生存保险金、身故保险金是两回事，是矛盾的、相互排斥的、不能并存的。被保险人生存期间，只能领取生存保险金，即每三年 4500 元，而不能要求退还任何形式的身故保险金或者保费。

反之，当被保险人身故后，受益人只能要求身故保险金，即一次性要求保险公司给付 118875 元，而不能再要求生存保险金，也根本不涉及什么生存保险的基本保险金额问题。

本案所涉保险合同中的"主要保险利益摘要表"，就是前述《人身保险新型产品信息披露管理办法》中规定的"保单利益"表格。这是对保险合同所载明的生存保险金、身故保险金的再一次解释说明，是一种形象、直观的数字演示，是对合同文字内容的一种互相对照、印证，并不是另外的保险责任，并不构成新的给付内容。即：身故保险金=退还全部已付保险费=保险利益表载明数额。

但是范某华女士混淆概念，坚持认为这是三个不同的保险责任，把一笔保险金理解为应给付三种款项，要求身故保险金，还要求生存保险金，同时还将对保险金的解释与说明当成一种新的保险金，并以此作为自己的理由提起再审。很显然，范某华女士的诉讼请求的确存在事实认知方面的根本性矛盾，是完全错误的，保险公司给付保险金并无不当。

经审理后，再审法院支持了我方主张，驳回了范女士的申诉要求。

从这个案件可以看出，所谓基本保险金额，实际上并不是某个保险责任的真正保险金额，而是需要再次进行计算，算出另外一个保险金额，这个金额才是真实的保险金额。

第二节　保险期限

一、人身保险合同的成立时间

1. 合同成立的一般规则

人身保险合同本质上是合同的一种，所谓合同，从字面上理解有两方面的含义：一是双方协商一致、达成合意的过程；二是双方达成合意的结果。合同即双方合意相同的意思。也就是说，双方协商、意思表示真实、达成一致的过程就是协议的过程，这是合同的实质要件。最后达成了书面结果，有了一个文件，这就是合同的形式要件。

保险合同又有自己的特点。什么特点呢？比如买卖合同，买方和卖方都可以先向对方发出要约，也可以随后作出承诺；而保险合同中一般只能由投保人先提出要约。保险人如果变更其要约的内容，那就是提出一个新的要约。但是一般而言，总是投保人提出的要约在先。

《民法典》第四百七十二条规定，要约是希望与他人订立合同的意思表示。要约是订立合同的必经阶段，不经过要约阶段，合同不可能成立。要约作为订立合同的意思表示，能够对要约人和受要约人产生一定的约束力。要约必须符合以下几个构成要件：

（1）要约必须具有订立合同的意图，发出要约的人必须是希望与接受要约的人订立合同的。《民法典》第四百七十二条规定，表明经受要约人承诺，要约人即受该意思表示约束。

实践中要考虑这么几个方面。

首先，看语言、文字，要看作出意思表示的人是不是已经决定订立合同还是处在考虑、犹豫的阶段。其次，根据作出意思表示人的行为、交易惯例，普通人能够认为这就是要约的，也应该认为有订约意图。

（2）要约必须向要约人希望与之缔结合同的受要约人发出。

受要约人到底应该是特定的人，还是可以是不特定的人呢？大陆法系一般认为，受要约人必须是特定的人，如果不是特定的人，那么这种意思表示不是要约，而是要约邀请，是广告。《民法典》第四百七十三条规定，商业广告和宣传的内容符合要约条件的，构成要约。前述法律规定，就是这样的道理。

（3）要约的内容，必须是具体而确定的。具体，是指要约的内容必须具有使合同成立的主要条款；确定，是指要约的内容必须是明确的，无保留、无条件的。如果内容越具体明确，那么受要约人越容易做出承诺。

（4）要约必须送达受要约人。要约如果没有被受要约人知道，那么它什么也不是。

以上的条件可以作为分辨要约和要约邀请的标准。要约邀请，又叫作要约引诱，是希望他人向自己发出要约的意思表示。

要约邀请与要约的区别在于，要约邀请是希望别人向自己发出要约，而不是自己向别人发出要约；要约邀请是订立合同的准备行为，而要约是订立合同的行为；要约邀请是引诱、吸引别人发出要约，因此一般来讲撤回没有什么问题，而要约的撤回则必须符合法律规定的条件。

以后的保险市场营销，会越来越多地通过直接营销的手段，减少代理营销的份额，例如通过邮件、电子邮件、电话销售等手段进行，那么在制定宣传材料、企划方案的时候，就应该谨慎注意，分清性质，以免出现麻烦。

承诺就是受要约人同意要约的意思表示，指受要约人同意接受要约的条件，订立合同。承诺最关键的地方在于，承诺一经作出并送达要约人，合同就宣告成立。并不是说，合同必须签字、盖章、有了完善的书面形式后才成立。那么，实际上，做出承诺的时间，往往等于合同成立的时间。因此，推究做出承诺的时间点非常重要。

而确定承诺时间的同时，其实也是一个确定承诺行为的过程，就是说如何确定一个意思表示是承诺行为还是一个反要约，或者什么也不是，这一点也非常重要。如果我们连承诺的行为、意思表示都无法准确判定，当然也就无法确定承诺的时间、无法确定合同的效力了。这一点，其实对保险合同而言，具有非常重要的意义。

2. 人身保险合同订立模式

《保险法》第十三条规定："投保人提出保险要求，经保险人同意承保，保险合同成立。保险人应当及时向投保人签发保险单或者其他保险凭证。保险单或者其他保险凭证应当载明当事人双方约定的合同内容。当事人也可以约定采用其他书面形式载明合同内容。依法成立的保险合同，自成立时生效。投保人和保险人可以对合同的效力约定附条件或者附期限。"由此可见，人身保险合同的为非要式合同，理论上并不一定需要书面形式，口头也可。

在签发保险单之前、保险公司承诺之后，保险合同已经成立了，签发保险单是保险公司履行合同义务的表现而不是保险合同成立的标志。那么，保险公司究竟在什么时间承诺的，保险合同就在那个时间成立，这个时间点在很多案例中影响巨大。

实际生活中，办理人身保险的程序大致是这样的：通过某种宣传、介绍、广告、沟通，投保人对某种保险产品产生了兴趣，希望了解某保险公司的保险产品。保险公司或者代理人进行必要的介绍后，一般口头告知投保人保险相关事项后，在双方协商一致的基础上，投保人填写投保申请书，可能是在线填写，也可能是在电子设备上填写并签字。保险公司接受投保申请书后进行审核，再向投保人签发盖有本公司印章的正式保险单，该正式保险单无须投保人签字。同时，再给投保人一份保险合同条款，也不需要任何一方在条款上签字。

从这里可以看出，人身保险合同的订立、成立，往往是一个过程，而不是合同双方当事人同时在一个合同上签字、盖章。

对于一笔保险业务，投保人提出的投保要求，目前普遍认为是一种要约，保险人要对要约内容进行审查，以决定是否承保。审查结果有三种：一是保险人拒绝承保；二是保险人有条件承保；三是保险人无条件同意承保。

第一种情况是保险人拒绝承保，因此投保人与保险人之间不产生任何保险合同关系。

第二种情况是保险人针对投保人的投保要约而提出补充条件，如增加保险费、增加特约条款等，实践中一般认为这是一种反要约，投保人如果接受这一反要约，就构成了投保人的承诺。经投保人承诺后，保险合同才能成立。

第三种情况是投保人向保险人提出保险要约，保险人对该项要约无条件地予以承诺，则保险人与被保险人之间就达成了协议，成立了一项对保险人与被保险人都具有法律约束力的合同——保险合同。

实践中，投保人的要约大多是以标准化投保单的形式提出的。投保单经投保人如实填写交付给保险人，就成为投保人表示愿意与保险人订立保险合同的书面要约。投保单上应载明保险合同的主要内容，如保险标的、保险金额、保险责任及责任期限等。投保单送达保险人时，就产生要约的效力。

对于保险人来说，收到了投保人的投保单，其不一定当然接受投保人的要约。保险人还要仔细审查投保单的各项内容，通过这些程序，保险人才能决定是否完全接受投保人的投保要约。如果保险人经过审查投保单内容后，完全同意投保人的投保要约，那么在同意承保之时，保险合同就成立。

3. 如何判定保险人同意承保

什么叫“同意承保”？同意承保，就是保险人承诺无条件接受投保人的投保要约。那么，这个要约就一定要以某种方式被他人感受到才行，不能是虚无缥缈的，不能只存在于保险人经办人员的脑海中，它一定会落实在一个时间点上，或者会有一个标志性的表现，能够让人们感知到。否则，保险合同的成立与否外界永远不知道，这显然不符合逻辑和现实，而且根本没有办法操作。

有人认为，保险单就是保险合同，保险单交付投保人的时间，就是保险合同成立的时间。这种观点不符合《保险法》的规定。保险单不是保险合同，它只是保险合同成立的证明。如果保险人在投保人填具的投保单上签章同意无条件承保，那么保险合同就成立，保险人据此签发保险单给投保人，只证明保险人与投保人间已存在保险合同关系。此时，如果保险人不签发保险单给投保人，并不影响投保人与保险人间的权利义务关系。

依据《保险法》的规定，保险公司签发保险单是履行保险合同义务的表现，而不是保险合同生效的标志。在保险单签发之前，保险合同可能已经生效。保险合同是什么时候生效的？就是在保险人同意承保并且就保险合同条款达成协议的那一刻。所以，合同成立的问题可以改换成这样的问题：投保人、保险人就合同条款达成协议的具体时间是什么时候，或者说双方达成协议究竟以什么为标志。

保险人的承诺，可能是口头上、书面上的同意。有些情况下，投保人提出投保以后，保险人会在投保单上签章同意接受投保要约，这就构成了保险人明示的承诺。不管保险人是否已签发保险单，均不影响保险合同的成立。然而，既然保险合同是不要式合同，那么对保险合同条款达成协议，就是一个抽象的事情，不一定非要双方书面签字盖章。

《保险法》规定“保险人应当及时向投保人签发保险单或者其他保险凭证，并在保险单或者其他保险凭证中载明当事人双方约定的合同内容”。既是“载明”，当然指用文字形式。由此可以将前面说的“协议”理解为口头形式。

保险人并不一定会采取明示的通知，告诉投保人：“我做出承诺了。”保险人的承诺，也可能是默示的不反对，或者是采取一种继续保险交易的行为方式，表现出自己对投保人要约的承诺。按照《民法典》的规定，承诺应当以通知的方式作出，但根据交易习惯或者要约表明可以通过行为作出承诺的除外。

因此，只要保险人将这种行为表达出来，能够为投保人所感知，就构成了承诺行为。保险人开始进行这种默示行为的时间，就是其承诺的时间，也就是保险合同成立的时间。

如果没有其他的证据表明人身保险合同成立的具体时间，那么保险人在收到投保人的要约后，收取了投保人支付的保险费，这个收保费的行为就意味着其认可了保险合同的成立，收取保险费的时间，就是保险合同成立的时间。

4. 收取保险费意味着保险合同成立

很多人可能反对这个观点，认为投保人预交保费后，双方也可以开始洽谈保险合同内容，不能说这个时候双方间的合同已经成立了。我认为，这种认识是错误的。

从法理的角度评判，如果保险人针对投保人的投保申请进行审核，并没有决定承保，当然也就不会做出承诺的意思表示，那么投保人根本不能感受到保险人的意思表示，双方间也不可能存在保险合同关系。既然不存在保险合同关系，那么双方也就不存在对价关系。保险人没有任何理由、没有任何法律依据接受、占有保险费——保险合同约定投保人支付的对价。

然而，保险人若接受了投保人给付的保险费，就意味着接受了合同的对价。如果合同对价都已经存在，合同本身却不存在，这在逻辑上是不通的。并且，从投保人角度看，保险人在收取保险费的时候，一般不会专门向投保人说“收这个钱没有任何意义，什么也不算”。所以投保人也有充分理由认为，这足以说明保险人已经同意承保，保险合同已然成立。

从我国《保险法》的规定也能推导出这样的结论。《保险法》第十四条规定：“保险合同成立后，投保人按照约定交付保险费，保险人按照约定的时间开始承担保险责任。”可以看出，投保人交付保险费的前提条件为“保险合同成立”以及“约定”。

我认为从这一条款，应该能推论出如下的观点：

（1）如果保险合同没有成立，则投保人并无缴费的义务和法律依据。因此，投保人交付保险费，必然证明保险合同已经成立。

（2）如果保险合同没有成立，就不存在关于保险费的“约定”，即并不能说清楚投保人应当交付多少保险费，这些保险费是如何计算出来的，其对应的保险险种、保险金额是多少等。也就是说，所谓“约定”是双方协商确定保险费数额、细目的过程。这也说明，双方对此已经达成了一致。既然已经达成一致，应当认为要约、承诺的过程已经完成，保险合同业已成立。

江苏省南京市中级人民法院（2014）宁商终字第1107号民事判决书载明，2011年11月28日，中电公司与保险公司签订团体保险合同1份。合同签发日为2011年11月28日，合同生效日为2011年10月1日，合同期满日为2012年9月30日，中电公司未能支付上述保费。保险公司遂向法院提起诉讼。

法院认为，关于保险合同是否成立，保险合同属诺成性、非要式性合同，中电公司向保险公司递交投保单，该行为属于要约。保险公司虽未在投保单上签字确认，但其未表示出不同意承保的意思，并在次日向中电公司按投保单上的保费金额发出了预缴保费通知书，该行为应是对要约的承诺。承诺生效时合同成立。中电公司已缴纳保费的事实证明中电公司已收到预缴保费通知书，中电公司抗辩其未收到预缴保费通知书，与事实不符。受要约人有理由认为要约是不可撤销的，并已经为履行合同作了准备工作，要约不得撤销。此后，保险公司在接受了中电公司的投保单后，作了大量准备工作，如按投保单所约定的保费发出预缴保费通知书、办理了暂保手续、接受了中电公司为员工的理赔清单、为中电公司相关高管办理了直付理赔手续及进行了直付理赔。故中电公司关于在受要约人作出承诺前已撤回要约，该行为不符合法律规定，要约不得撤回。

二、保险合同成立不一定等于生效

1. 按照民法理论，合同的成立与合同的生效是有联系也有区别的两个概念

合同成立，是指合同应该具备的若干构成要素已经存在或者产生。合同生效，则是指已经成立的合同发生法律效力，在当事人之间产生了意思

表示内容所追求的民事法律关系发生、变更、消灭的法律后果。

传统的民法理论认为，合同成立、合同生效是不同的，一个成立了的民事合同，可能是无效的，也可能是有效的。

我认为，人身保险合同的生效是指合同成立后，根据法律的规定，在当事人之间产生法律效力。合同成立与生效本身是两个过程，分别具有不同的法律上的要求。所谓保险合同成立，是指以要约和承诺为内容，在投保人与保险人之间形成相应的对意思表示的法律约束力。而保险合同的生效以合同中约定的权利义务为内容，涉及投保人的交费义务、保险人于事故发生后赔付的义务以及当事人一方未履行合同义务应承担的法律责任问题。

一般来讲，合同生效主要是指投保人与保险人之间的权利义务约定具有法律上的约束力，以合同约定的时间作为合同生效的时间，投保人以此为准履行交纳保费的义务，保险人承担风险保障的保险责任，并于事故发生后履行赔偿保险金义务。合同成立并不一定同时生效，也可能在成立的同时就生效了。

例如，《民法典》第五百零二条规定："依法成立的合同，自成立时生效，但是法律另有规定或者当事人另有约定的除外。"《保险法》第十三条规定，依法成立的保险合同，自成立时生效。即，从立法角度看，原则上保险合同的成立与生效是同时的。

河南省周口市中级人民法院（2015）周民金终字第10号民事判决书载明，郭某与保险公司于2013年3月4日签订了两全保险合同。2014年3月11日郭某发病入院，5月郭某因脑出血抢救无效死亡，保险公司提供的保险单显示，保险合同生效日为2013年3月12日。

法院认为，郭某在2013年3月4日签订了投保单，并交纳了保费。保险合同即成立。《最高人民法院关于适用〈中华人民共和国保险法〉若干问题的解释（二）》第四条规定，保险人接受了投保人提交的保单并收取了保费，尚未作出是否承保的意思表示，发生保险事故，被保险人或者受益人请求保险人按照保险合同承担赔偿或者给付保险金责任，符合承保条件的，人民法院应当支持。保险公司主张合同生效时间为2013年3月12日缺乏法律依据，不予支持。

2. 很多保险合同成立后，还必须满足一定条件才生效

在很多情况下，合同成立时并没有马上对当事人产生法律效力，即有的当事人的有些合同义务并不立刻产生，还需要一定的条件才能产生，这就是我们说的合同的有效要件。所谓合同的有效要件，是指合同发生当事人意思表示内容所追求的民事法律后果所应具备的条件。

合同有效的要件分为基本要件和特殊要件。所谓基本要件，就是每个合同均应具备才能生效的条件，例如当事人具有相应民事行为能力、意思表示真实、不违反法律或者社会公共利益等。特殊要件，则是某些合同生效所应具备的特别条件。例如，附条件合同、附期限合同、要式合同、实践性合同等。

《保险法》第十四条规定："保险合同成立后，投保人按照约定交付保险费；保险人按照约定的时间开始承担保险责任。"这里面的所谓"保险人按照约定的时间开始承担保险责任"往往就是保险合同生效所附的条件或者期限。《民法典》第一百六十条规定："民事法律行为可以附期限，但是根据其性质不得附期限的除外。附生效期限的民事法律行为，自期限届至时生效。附终止期限的民事法律行为，自期限届满时失效。"

附期限是为了控制未来的风险而采取的限制法律行为效力的做法，只有当生效期限到来时，合同才能生效。在实践中，大多数人身保险合同是附期限生效的合同。所谓附期限合同，是指当事人在合同中设定一定的期限，并把期限的到来作为合同生效或者失效的根据。

人身保险合同大多会在保险单中写明"本保险单自某年某月某日零时生效"，这就是直接附期限的保险合同，只有在这个时间点到来的时候，保险人才开始承担保险责任。在此之前，即便保险合同已经成立，保险人也不承担保险责任。

北京市第四中级人民法院（2018）京04民终113号民事判决书载明，白某购买了一份保险卡，载明了激活流程、健康服务说明、赠送保险说

明、注意事项及免责说明等："自激活本卡次日起第四日零时生效""本卡将在激活次日起第四日零时生效，服务有效期为一年。"2017 年 7 月 23 日，白某购买的健康服务卡被激活，保险公司向白某发送短信：赠送的保险将于指定日期生效，保险凭证将于次日发送至您的邮箱。保险公司出具了《平安健康险保险凭证》，上面载明生效日期为 2017 年 7 月 27 日，有效期至 2018 年 7 月 26 日。2017 年 7 月 26 日 8 时 10 分许，白某因交通事故受伤，后向保险公司索赔遭拒，引发诉讼。

一审法院认为，健康服务卡上明确载明"生效日期自激活本卡次日起第 4 日零时生效"，从保险公司提交的网上卡片激活的全过程截屏也可以看出白某对这一约定予以了确认，视为双方已就保险合同的生效时间作出了约定：生效日期为自激活本卡次日起第四日零时生效。白某激活卡片的时间为 2017 年 7 月 23 日，故生效时间为 2017 年 7 月 27 日零时。白某发生保险事故时间为 2017 年 7 月 26 日，此时保单未生效，保险公司不负赔偿责任。判决：驳回原告白某的诉讼请求。

二审法院认为，白某并未单独就该保险合同向保险公司另行支付保险费，而是顺驰天创公司在其服务合同义务范围赠送人身保险，故应当认定系顺驰天创公司作为投保人与保险人保险公司订立保险合同，白某系作为被保险人加入该保险合同关系中，并享有被保险人的权益，白某本身并非保险合同关系中的投保人。一审法院认定白某与保险公司签订保险合同并建立权利义务关系，属于法律适用错误，予以纠正。

健康服务卡载明的服务有效期为一年，相应保险期间亦为一年，因此无论保险合同从哪一天开始生效，其保障期间都延续到次年对日前一天，不存在所谓"无偿占用 3 天保费"的问题，亦与违背公平原则无关。白某虽然作为涉案保险合同的被保险人而享有相应保障利益，但其发生事故时涉案保险合同尚未生效，故保险公司就白某因本次事故所造成的损失不负有赔偿义务。

3. 生效期也可以早于合同成立时间

我们本能地会有一个理解上的误区，就是觉得合同生效的时间一定是晚于合同成立的时间。这也很正常，一般来说，都是合同中约定生效时间，那么通常情况下约定在前、生效在后，先让合同成立，再等待生效时刻的来临，这也非常符合人们的预期。

不过这也并不是绝对，因为依法来说，法律只规定当事人对合同的效力可以约定附期限，至于这个期限是什么样的，则并无规定，这个期限可以晚于合同成立时间，当然也可以早于合同成立时间，即具有回溯性，这也并不违反法律规定。

如果人身保险合同的生效期早于合同成立时间，会带来一些问题。因为在保险合同缔结过程中，当事人各方均负有相关的缔约诚信义务，例如询问、告知、说明、明确说明等，这些义务有必要在合同成立、生效前就完全履行。

假如在合同生效之前，前述缔约诚信义务均未履行，很可能会对合同的效力、合同的履行等产生重大的影响，对投保人、被保险人、受益人的切身利益产生重大损失，这就很难说是公平、公正地缔结保险合同了。因此，假如合同生效时间早于合同成立的时间，就必须看在这个生效时间的具体情况，假如在保险合同生效时刻，保险人并未询问、说明，应承受相关不利后果。投保人的告知义务是被动义务，是应该在保险人的主动指挥下配合完成的。而保险人的相关缔约诚信义务却是主动义务，应主动履行。当保险人不履行自己的义务时，实际上投保人也无法履行义务，因此相关不利后果应该由保险人承担，而不能由投保人、被保险人、受益人承受。

重庆市第一中级人民法院（2018）渝01民终949号民事判决书载明，2015年3月3日，重庆有线公司向保险公司填写《团体保险投保单》。蔡某系重庆有线公司员工，属于保险协议约定的被保险人。2015年3月18日，保险公司向重庆有线公司签发了保险单，载明保险合同生效日2014年12月30日，保险合同期满日2015年12月30日，保险合同签发日2015年3月18日。

2015年1月19日，蔡某罹患乳房疾病。2015年12月18日，蔡某向保险公司申请理赔。保险公司称蔡某存在未如实告知情形而拒赔，引发诉讼。

法院认为，虽然投保单和保险单的签发日期为2015年3月，但是保险合同约定的保险期间为2014年12月30日至2015年12月30日，证实保险合同的订立和生效时间为2014年12月30日，本案保险合同成立时间为2014年12月30日。在2014年12月30日当天及之前，保险公司并未就被保险人的有关情况提出询问。因此，本案投保人重庆有线电视网络有限公司及被保险人蔡某并不存在违反如实告知义务的情形。被保险人蔡某于2015年1月19日就诊于重庆肿瘤医院，当时并未确诊其已经患有乳癌，是在2015年2月8日住院治疗后才确认乳癌，因此，被保险人蔡某所患乳癌发生在保险协议约定的保险责任的有效期内，符合保险理赔约定情形，保险公司应当按照约定承担相应保险责任。

三、合同生效期间应该在投保时约定

1. 约定过程应该体现

绝大多数保险案件在审理过程中，确定保险合同生效时间的依据，主要是以保险单载明的时间节点。问题在于，合同中所附期限应当是当事人约定的。也就是说，保险合同如果要附期限，必须经过当事人约定的程序，符合当事人真实的意思表示才行，才能作为合同的内容而具有法律效力。

假如投保人在填写投保单的时候，明确提出保险合同生效的时刻，譬如自某年某月某时起生效，保险人同意，这就是一个非常典型、明显的约定生效时间的表现。但是实践中几乎没有人这么做，事实上，在人身保险合同中，由投保人在投保单中确定保险合同生效时间的情形，我从来都没有见过。无他，盖因保险人还需要一个核保的过程，此过程不知需要多少时间，因此很难接受投保人提出的一个具体的生效时间。

那么如果投保人未在投保时提出过保险合同的生效时间问题，请问

"双方约定的时间"到底该如何体现呢？

我们知道，保险合同是附和合同，通常并不存在双方当事人进行协商、约定保险合同的过程，包括生效时间也很难由双方商定，通常都是由保险人采取格式合同的方式、方法，向投保人进行说明，投保人认可后对格式条款进行附和，保险合同成立。所以，如果要在保险合同中附期限，或者说体现出双方约定期限这个问题，那么这个期限也必须采取同样的方式、方法向投保人说明，才能作为保险合同内容，保险合同所附的这个期限才能发生法律效力。

而恰恰相反，在实践中均缺少这样的说明过程。在投保人投保的时候，保险人一般并没有告诉投保人或者没有证据证明自己曾经告诉投保人保险合同会附期限以及附什么样的期限。对期限问题，实际上在缔结保险合同的过程中，双方均未提及。只在由保险人出具的保险单里面，才出现了附期限的表示。

我认为，对于附期限问题，并不存在投保人要约、保险人承诺的过程。相反，因为投保人并没有提出要约，所以保险人在保险单中记载的合同生效所附期限，不是承诺，而是反要约。

通常在保险单递交投保人的时候，一般与投保时间间隔不长，并且保险合同所附的生效期限往往已经届至。由于没有出现什么保险事故，因此投保人对这样的合同所附期限均表示认可，接受保险单而不提出异议。对此，应当认为是投保人针对保险人的反要约做出了承诺，保险合同的这部分内容因此生效。

但是，沉默又并不必然等于许可。《民法典》第一百四十条规定："行为人可以明示或者默示作出意思表示。沉默只有在有法律规定、当事人约定或者符合当事人之间的交易习惯时，才可以视为意思表示。"对于一般的人身保险合同而言，肯定没有什么法律规定、当事人约定可以以沉默表示同意的。那么双方当事人之间的交易习惯呢？很难证明。特别是对于首次进行缔约的投保人、保险人，完全不存在这个可能。如果证据无法证明投保人对保险人关于生效时间的反要约做出承诺，那么关于合同生效期间的内容是不能够成为保险合同内容的，不具有法律约束力。即对于投保人而言，这个保险合同并没有约定期限、不是附期限的合同。因此，该保险合同在成立的时候就已经生效了，保险人就应该从保险合同成立的那一刻起承担保险责任。在保险合同成立后发生保险事故的，保险人就应赔偿保险金。

河南省郑州市中级人民法院（2014）郑民二终字第1060号民事判决书载明，2011年7月17日，赵某和所在村民委员会与保险公司签订一份团体人身险，2011年12月1日，赵某和所在村民委员会与保险公司业务员协商变更被保险对象，并按照保险公司要求提供所需材料；本次变更增加赵某和为被保险人之一。保险合同成立后，赵某和在2011年12月4日发生意外交通事故，后赵某和提交材料向保险公司理赔时，保险公司以赵某和发生保险事故不在保险期内，赵某和加保进来，其保险合同生效时间为2011年12月7日为由拒绝理赔，遂成讼。

法院认为，2011年12月1日，赵某和所在村民委员会与保险公司协商变更被保险对象，并按照保险公司要求提供所需材料，双方当事人于2011年12月1日形成保险合同关系，该保险合同为有效合同，双方均应按照保险合同约定行使权利，履行义务。保险公司虽辩称该次保险事故不在保险期内，其保险合同生效时间为2011年12月7日，但是赵某和是在2011年12月1日递交的增加保险人员名单，并按照保险公司要求及程序提供了所需材料，根据相关规定，保险公司对赵某和的保险责任应于2011年12月2日零时生效，故对保险公司辩称理由不予采信。判令保险公司向赵某和赔偿保险金。

2. 保险单上的特别约定，大多是保险人的单方面规定

现在很多保险单上还会注明一个“特别约定”，不仅对保险合同生效期间约定了期限，有些甚至约定了某些条件。那么，这样的特别约定是否具有法律效力呢？

云南省文山壮族苗族自治州中级人民法院（2017）云26民终1044号民事判决书载明，2016年7月26日，建工公司向保险公司投保建筑施工

人员团体意外伤害保险，保单载明保险期间224天，自2016年7月27日0时起至2017年3月7日24时止，保险费48934.64元，保险费缴费截止日期为2016年7月26日。双方特别约定“本合同生效日期自施工工程项目被批准正式开工，并且已缴付保险费的次日或约定的起保日（以后发生日期为准）零时起”。2016年10月31日，建工公司全额缴纳了保险费。2016年10月28日，孟某荣在施工过程中受伤医治无效死亡。孟某芝系孟某荣唯一法定继承人。保险公司表示，孟某荣死亡时，保险合同尚未生效，因而拒赔，引发诉讼。

一审法院认为，投保人建工公司提出保险要求，保险人保险公司同意承保并出具了保险单，保险合同成立。双方在保单中特别约定“本合同生效日期自施工工程项目被批准正式开工，并且已缴付保险费的次日或约定的起保日（以后发生日期为准）零时起”。从本案证据来看，投保人与保险人约定的起保日期为2016年7月27日0时，投保人缴付保险费的日期为2016年10月31日，根据双方的特别约定，本案保险合同生效的时间应为2016年11月1日0时。本案被保险人孟某荣发生事故死亡时保险合同尚未生效，而保险人承担保险责任应以保险合同生效为前提，故本案原告要求保险公司承担保险责任无事实和法律依据。判决驳回孟某芝的诉讼请求。

二审法院认为，保险人提供的保单载明了保险期间自2016年7月27日0时起至2017年3月7日24时止。合同生效时间是“施工工程被批准正式开工，并且已交付保险费的次日或约定的起保日（以后发生日期为准）”。该保险单的约定符合保险合同的法律特征，保险人应当按照保险单的约定承担赔偿责任。至于合同生效时间，现双方当事人发生争议，孟某芝认为起保应当是自2016年7月27日零时起，保险公司认为应当自投保人交费的2016年11月1日起。对此，这属于合同是否变更和就格式条款发生争议的问题。首先，双方当事人未对保险费的交纳日期作出另行变更约定，应当以投保人交纳保险费时的发票和保险单上载明的保险生效日期为准。其次，如果以实际交费日为生效日期，投保人与保险人未对保险单上的保险期间作出变更，保险期间是否顺延未作出约定，那么投保期间明显不足224天。最后，《保险法》第三十条规定，采用保险人提供的格式条款订立保险合同，保险人与投保人、被保险人或者受益人对合同条款有争议的，应当按照通常理解予以解释，对合同条款有两种以上解释的，人民法院或者仲裁机构应当作出有利于被保险人和受益人的解释。本案属于保险人提供格式条款订立的合同，现双方对生效时间发生争议，应当对生效时间作出有利于投保人的解释，将生效时间确定为2016年7月27日0时起符合案件的客观实际和订立保险合同的目的。判决撤销一审判决，保险公司支付孟某芝孟某芝保险金15万元。

判决结果是对的，但是这个切入点感觉还是不很到位，这个恐不能理解为格式条款有争议。你看“本合同生效日期自施工工程被批准正式开工，并且已交付保险费的次日或约定的起保日（以后发生日期为准）”这句话，理解起来其实没有什么歧义，还是很清楚的，不应该适用不利解释原则。关键问题在于，这句话有没有法律效力。

因为这句话是印制在保险单内的，可以看到，其对保险合同的生效期间不仅附期限，而且附条件。可是，保险单是什么概念呢？

《保险法》第十三条规定：“投保人提出保险要求，经保险人同意承保，保险合同成立。保险人应当及时向投保人签发保险单或者其他保险凭证。保险单或者其他保险凭证应当载明当事人双方约定的合同内容。当事人也可以约定采用其他书面形式载明合同内容。依法成立的保险合同，自成立时生效。投保人和保险人可以对合同的效力约定附条件或者附期限。”由此可见，保险单是保险合同缔结完毕后的标志，而不是保险合同本身，更不能代表保险合同缔结过程。同时，保险单内载明的内容，是双方已经确定的合同内容，而不应该是新设的内容，不应该是一方不知情、未同意的内容。

这个案件中，“本合同生效日期自施工工程被批准正式开工，并且已交付保险费的次日或约定的起保日（以后发生日期为准）”这句话记载在保险单中，但是从案情看，投保人对此完全不了解、不知情、未同意，可以说没有任何证据表明这句话是投保人、保险人之间的约定，而完全是保险人的单方面决定，只不过是将其公开印制在保险单内了。

可是这么做也没有什么意义，因为这并不是双方约定，也就不构成保险合同，只是保险人提出的一个新的要约，在投保人未同意之前，无法律效力。这句话即便印制在保险单内，也不具有法律约束力。所以该保险合同的生效日期，完全不受这句话制约，等于双方无约定生效期间，还是应该以合同成立时间作为保险合同的生效期间。

第三节　不利解释

一、不利解释原则的一般规定

《保险法》第三十条规定：“采用保险人提供的格式条款订立的保险合同，保险人与投保人、被保险人或者受益人对合同条款有争议的，应当按照通常理解予以解释。对合同条款有两种以上解释的，人民法院或者仲裁机构应当作出有利于被保险人和受益人的解释。”这就是保险法之不利解释原则。

这个原则实际上是与《民法典》相关规定一致的。《民法典》第四百九十八条规定：“对格式条款的理解发生争议的，应当按照通常理解予以解释。对格式条款有两种以上解释的，应当作出不利于提供格式条款一方的解释。格式条款和非格式条款不一致的，应当采用非格式条款。”保险合同如同其他民事合同一样，以公平原则为基本准则。但是，任何人、任何法人或者非法人机构，只要是从事民事活动、签订民事合同，都必然会有自己的原则、立场、利益、利害关系等。如果是某一方当事人提出的格式合同条款，就提供方而言，会在格式合同中注意、甚至刻意地维护自己的利益、防范自己的风险、限制对方的权利，这个做法也不能算是错误，更谈不上违法，但是很可能会损害到对方的利益、增加对方的风险、不合理地限制对方的权利，这样就会有违公平原则。这种情况下签署的保险合同，就会不公平、不合理，甚至不合法。

但是，我们不能完全禁止、拒绝格式条款的使用，因为格式条款本身并不等同于不公平条款。如果完全不用格式条款，可以说我们的正常的民事活动几乎完全无法进行。譬如，我们不可能每天坐公交车、出租车、地铁的时候，都与公交公司、出租车公司、地铁公司分别签订承运合同；我们不可能每次上网的时候，都与网络公司签订互联网服务合同；不可能每次去银行的时候，与银行签订储蓄合同等。试想，真要是这样的话，我们的日子能过吗？这不现实。

既需大量使用格式条款，又要防止其中存在不公平的内容损害当事人的合法权益，最好的办法就是设立一个反制机制。即前述法律规定，格式条款有两种以上解释的，应当作出不利于提供格式条款一方的解释，这实际上是限制不公平、保障公平的法律要求。

但是矫枉不能过正，因不利解释原则的目的是消除格式条款内容中的不公平因素，从而达到经过平衡后的公平，保障合同双方的合法权益。可见，这个目的并不是刻意去维护接受格式条款一方。然而，在司法实践中，却有个别人错误地理解这一点，刻意去打压甚至损害提供格式条款一方的合法权益、增加接受格式条款一方的权利，以为这样就能保证公平。其实恰恰相反，这样会对提供格式条款一方不公平，本来是用于维护公平的不利解释原则却被用于制造新的不公平，这样也不行。

在审理人身保险合同纠纷中，个别司法机关不合理地倾向于投保人、被保险人、受益人。为达此目的，以不利解释原则为由，任意地对合同条款、词语、概念、内涵与外延进行解释。这样的所谓“解释”就不是解释，而是一种歪曲了。

河南省周口市中级人民法院（2014）周民终字第1183号民事判决书载明，2005年9月16日，李某云与保险公司签订了终身寿险合同一份，承保十种重疾。2012年12月9日，被保险人李某云罹患脑梗塞、冠心病并伴有完全性失语，该疾病对其身体和生活造成了重大影响。索赔时，保险公司表示该病不属于保险合同承保的十种重疾而拒赔，遂引发诉讼。

一审法院认为，李某云与保险公司之间的保险合同是双方的真实意思表示，合法有效。本案双方争议的焦点是被保险人李某云所患疾病是否属于重大疾病。重大疾病不是具体的病种，而是一个外延难以确定的不确定的概念。就通常理解而言，应当指因疾病严重导致花费巨大和因病情重大而对患者构成重大影响的疾病。由于内涵和外延的不确定，仅以列举方式进行解释难以穷尽，通常应有兜底条款。本案中，保险条款释义只是列举了10种疾病为重大疾病，远小于常人所理解的重大疾病的范围，没有对不确定概念解释时通常应有的兜底条款。根据法律的规定，采用保险人提供的格式条款订立的保险合同，保险人与投保人对合同条款有争议的，应当按照通常理解予以解释，对合同条款有两种以上解释的，应当作出有利于被保险人和受益人的解释。因此，对重大疾病内涵与外延的理解应作有利于李某云的解释。从被保险人李某云的住院治疗的情况来看，其所患脑梗塞、冠心病对其身体和生活造成了重大影响，应当属于一般人所理解的重大疾病，这也符合投保人的真实意愿和一个普通人的合理期待。因此，保险公司应当按照保险合同约定给付李某云重大疾病保险金。

二审法院认为，从李某云的住院病历来看，原审认定李某云所患疾病符合一般人所理解的“重大疾病”并无不当。至于是否应予理赔，原审对保险合同条款争议作有利于保险人李某云的解释不违背法律规定，也符合保险法立法精神，认定保险人保险公司应予理赔并无不当。

这个判决中，就是对于“重疾”任意曲解，准确地说是对重疾这个概念的外延任意曲解。我们知道重疾是无限的概念，可以说其外延包括了无数个疾病病种，任何一个保险合同也无法列举完。

但是没有任何一家保险人、没有任何一份保险合同可以承保无限的疾病病种，因为如果那样的话，保险费也就是无穷大了。保险合同中一般要明确载明一定数量的病种，实际上这就是确定“重疾”概念外延的表现，该保险合同已经列举了十种重疾，外延清楚，凭什么一定要有“兜底条款”？还有什么需要解释呢？我不太理解。可见，司法实践中确实存在某些情形，依据这个所谓“不利解释”原则，可以任意地做出对保险人不利的结论。

二、只能对保险合同格式条款进行解释

《保险法》第三十条规定得非常明确，只有对合同条款、格式条款才

需要进行解释，有两种以上理解时才适用不利解释原则。因为只有格式条款才可能存在预先设定的不公平内容，才有必要援引不利解释原则去进行否定、修正，以达到公平之目的与结果。如果不是这样的格式条款，而是其他内容，例如保险人提供的某些证据内容、保险人的辩论内容、保险人的论证内容、保险人的理赔通知书等，不属于格式条款，不存在导致不公平的现象与可能，因此不能适用不利解释原则。

王某英女士于2015年7月12日向保险公司投保，重大疾病保险（2015）条款第1.1条约定，从本附加险合同生效（或最后复效）之日起90日内，被保险人因疾病发生下列情形之一的：（一）“重大疾病”或“特定程度重疾”；（二）因导致“重大疾病”或“特定程度重疾”的相关疾病就诊，我们不承担保险责任，退还本附加险合同的现金价值，本附加险合同终止，这90天的时间称为等待期。被保险人因意外伤害发生上述情形的，无等待期。

2016年1月20日，医院诊断王某英女士患有甲状腺恶性肿瘤。王某英女士向保险公司索赔保险金，保险公司拒赔。王某英女士不服，向法院提起诉讼。

法院认为，本案中，双方当事人对于等待期期间“因导致重大疾病的相关疾病就诊”这一格式条款存在争议，保险公司认为甲状腺结节与甲状腺癌有相关性，属于相关疾病，而被保险人王某英则认为甲状腺结节不一定导致甲状腺癌。对此，对于什么疾病、在什么条件和患病程度下足以认定系导致重大疾病的相关疾病，保险公司在保险条款当中并未进行任何解释和列明，故在保险条款的具体含义不明确且存在争议的情况下，依法应当作出不利于保险公司的解释。不过，这段话的前提应是保险公司声称“甲状腺结节导致了甲状腺癌”。但是在本案中，保险公司从不认为“甲状腺结节属于相关疾病”，同时保险公司也认为“甲状腺结节不一定导致甲状腺癌”，双方对此并没有争议，因此并不存在前述前提，不存在作出不利于保险公司的解释这个问题。而本案中，双方当事人对于“因导致重大疾病的相关疾病就诊这一格式条款”本身并不存在争议，不应该适用不利解释的原则。

且不论保险公司是否说过“甲状腺结节导致了甲状腺癌”这句话，在保险合同条款中并没有“甲状腺结节导致了甲状腺癌”字样，所以这句话不属于合同条款、不属于格式条款，不应该适用不利解释原则，只是一个当事人举证责任的问题。

三、如何具体适用不利解释原则

很多人对于不利解释原则存在一个认识上的误区，即误以为只要某个格式条款存在两种以上解释，就要适用对提供方不利的解释，这样的认识是不全面的。

法律规定是比较明确的，即当对格式条款的理解发生争议时，首先应当按照通常理解予以解释。只有当按照通常理解进行解释后，仍然存在两种通常理解解释结果的，才应当作出不利于提供格式条款一方的解释。所以，不利解释原则实际上应该这样理解，即对于格式条款，有两种合理解释的，才适用不利解释原则。而不能说，只要有两种理解的，就立刻适用不利解释原则。

1. 通常理解予以解释

什么是通常理解予以解释呢?《民法典》第一百四十二条规定：“有相对人的意思表示的解释，应当按照所使用的词句，结合相关条款、行为的性质和目的、习惯以及诚信原则，确定意思表示的含义。无相对人的意思表示的解释，不能完全拘泥于所使用的词句，而应当结合相关条款、行为的性质和目的、习惯以及诚信原则，确定行为人的真实意思。”

我们可以参照上述法律规定进行解释。这就是对于格式条款进行解释的基本规则，我们该如何理解该规则呢？结合前述内容，我觉得起码有这几层意思：

（1）进行解释的主体只能是法院或者仲裁机构，不能是任何一方当事人。当事人都会有自己的理解，并且基本上都是对自己有利的理解，但是说了也不算，还应该由法院与仲裁机构进行解释；

（2）解释的对象只能是已经表达出来的格式条款，即对格式合同条款内容进行解释；

（3）解释的目的是确定意思表示的具体内容；

（4）解释的方法有两种，如果有相对人意思表示，解释方法为表示主义，以表达的主要外在内容为主推测进行解释；如果没有相对人意思表示，解释方法为意思主义，不拘泥于词句，而是推究行为人的真实意图；

（5）解释的步骤是结合格式条款文义、体系、目的、习惯、诚信等要素，做出合理的解释。

对于我们要讨论的人身保险合同格式条款来说，因为格式条款均是一方提供的，不存在协商的可能，所以一般均为无相对人意思表示的内容，应按照意思主义进行解释，不拘泥于词句。

山东省烟台市中级人民法院（2015）烟商二终字第485号民事判决书载明，黄某福生前系电子公司的员工。2014年6月28日，该公司作为投保人，为其公司包括黄某福在内的196名员工在保险公司处投保了团体意外伤害保险等险种。第二十五条约定："意外伤害，指以外来的、突发的、非本意的和非疾病的客观事件为直接且单独原因致使身体受到伤害。"

2015年1月9日，黄某福被单位派遣至西藏出差期间死亡，鉴定为高山病综合症急性发作致死可能性大。后受益人向保险公司申请理赔，保险公司以"意外伤害依据不足"为由，作出"不予给付保险金"的理赔决定，引发诉讼。

庭审中，受益人与保险公司双方就高山病是否属于保险合同约定的"意外伤害"发生争议，并对保险条款中关于"意外伤害概念以及"疾病"一词陈述了各自不同的理解。

一审法院认为，医学上通常认为，在海拔3000米以上的高原地区，因空气稀薄、大气压和氧分压低而引起的以缺氧为突出表现的一组疾病为高原病，也称高山病。高山病是因人体所处的外部环境直接作用于人体，使人体遭受伤害，而该种伤害是在特定条件下产生的，且是当事人所无法预料的，这种外来的、突发的、不以当事人的意志为转移的客观存在的伤害导致的后果是使被保险人的身体受到伤害，直至死亡，即高山病是意外伤害的结果，而非原因，故黄某福的死亡符合保险条款对“意外伤害”的定义，即“以外来的、突发的、非本意的和非疾病的客观事件为直接且单独原因致使身体受到伤害”。

本案保险条款为格式条款，双方当事人对格式条款中“意外伤害”的理解发生争议。保险公司关于黄某福因高山病综合征急性发作死亡不属于意外伤害的抗辩主张，是基于其单方对“意外伤害”一词的理解，没有其他合同条款予以支持。而关于“意外伤害”的定义和范围，本案双方当事人存在争议，保险合同中亦未明确将高山病综合征排除于保险范围，故根据上述法律规定，应当作出有利于被保险人及其继承人的解释。故保险公司应当按约承担给付保险金 15 万元的保险责任。

二审法院认为，被保险人是因高原反应所引发的高山病综合症急性发作致死，即是因多种外在环境因素下导致的人体的适应能力不足而引起的突发疾病，这种突发疾病是非本意、非置身特定环境下就不能发生的。因此，该情况引发的后果符合保险条款约定的外来的、突发的、非本意和非疾病的客观事件，被保险人的死亡原因属于保险合同约定的意外伤害，保险公司应当依约承担赔偿责任。二审判决维持原判。

在这个案件中，一审法院对于“高山病、意外”等概念的解释就非常好。例如，“高山病的发生是因人体所处的外部环境直接作用于人体，使人体遭受的伤害，而该种伤害是在特定条件下产生的，且是当事人所无法预料的，这种外来的、突发的、不以当事人的意志为转移的客观存在的伤害导致的后果是使被保险人的身体受到伤害，直至死亡，即高山病是意外伤害的结果，而非原因，故黄某福的死亡符合保险条款对‘意外伤害’的定义。”道理清晰鲜明、逻辑通顺合理，实际上这就是一种正常的、通常的理解，按照绝大多数人的正常思维，都应该可以得出这样的结论。所以，通常理解下，死亡就是高山病导致的、高山病就是意外导致的，因此死亡就是意外导致的。在这样的逻辑推理下，实际上已经不需要再适用不利解释原则了。因为按照通常理解，保险责任已经确定了，已经不存在两种以上的通常理解情形了。但是，有些法院在进行解释的时候，似乎没有按照通常理解的方式，却对格式条款进行解释。

吉林省松原市中级人民法院（2014）松民一终字第1069号民事判决书载明，2013年7月11日，张某彪在保险公司处投保仁安卡C款商业保险两份，保险公司向张某彪出具保险卡两张，并约定保险公司承担人身意外伤害医疗责任保险金额为每份卡8000元。2013年12月29日，张某彪因车祸受伤，入院治疗，住院期间治疗费用合计24189.62元。

法院认为，从仁安卡C的赔付规格上看，双方约定的是定额保险，即发生保险事故保险公司即应当按照约定的保险金额进行赔付。两张卡的意外医疗费用保险金额是16000元，其中住院10000元、门诊4000元、手术2000元。保险公司认为仁安卡的赔偿以实际发生的损失为标准，超过赔偿限额的，按照赔偿限额赔偿，未超过赔偿限额的，仅赔偿实际损失。对保险公司的上诉主张其没有提供充分证据证实双方对限额赔偿进行了相关的约定，从仁安卡的赔付规格上也体现不出双方的约定是限额赔偿。根据《保险法》第三十条的规定，保险公司提供的是格式条款，应当按照通常理解予以解释，如对合同条款有两种以上解释的，人民法院应当作出有利于被保险人和受益人的解释。故无论从通常理解的角度还是法律规定的角度，保险公司主张的限额赔偿的上诉理由均不能成立，对其上诉理由不予支持。

在这个判决中，法院将保险卡中的保险金额约定解释为定额保险，认为这是体现不出限额赔偿的，这样的理解就比较令人迷惑。《保险法》规定，保险金额是指保险人承担赔偿或者给付保险金责任的最高限额。当然保险金额也许是定额，也许是限额，这不确定，但是要看具体的情况，要根据法律行为的性质和目的、习惯等确定其含义。譬如重疾、死亡等保险责任，其保险金额肯定是定额的，因为人的健康、生命是无价的，无法以金钱计算。但是，住院费用、门诊费用等保险责任，实际上是可以以金钱进行计算衡量的，这与定额保险有明显不同。因此对于一般的医疗费用保险，保险金额实际上是一个最高限额，而非定额。这也是人身保险合同的一般道理、一般原则。不论在保险合同中是否载明、是否约定，这就是人身保险合同的性质、习惯，所以不能拘泥于词句，而应结合这个特性去进行解释。因此，不应该将本案中的保险金额都解释为定额保险。

2. 当有两种通常理解或者通常解释情况下，适用不利解释原则

《保险法》第三十条规定："采用保险人提供的格式条款订立的保险合同，保险人与投保人、被保险人或者受益人对合同条款有争议的，应当按照通常理解予以解释。对合同条款有两种以上解释的，人民法院或者仲裁机构应当作出有利于被保险人和受益人的解释。"人们看到这一条的时候，往往会误认为只要合同条款有两种以上解释的，譬如投保人或者被保险人有一种解释，保险人有一种解释，这就是两种解释，所以法院或者仲裁机构就必须作出有利于被保险人和受益人的解释。

这就是一个误区，产生误区的根本原因是只看到"对合同条款有两种以上解释的"这句话，未注意前面还有"应当按照通常理解予以解释"这句话。应该全面理解《保险法》第三十条规定，从该条规定看，两款都要充分理解、适用。结合上下文，我们应该得出这样的结论：

（1）应该由法院或者仲裁机构对格式条款按照通常理解予以解释，假如按照通常理解解释的结果是唯一的，无论有利于哪一方，甚至有利于保险人，这个解释也是唯一解释，应该按照这个结果确定裁判结果；

（2）法院或者仲裁机构对于格式条款，按照通常理解予以解释后，发现通常的理解也有两种以上，解释的结果仍然是两种以上，那么就无法得出唯一性结论，只有在这个时候，才应该作出有利于被保险人和受益人的解释。

只有这样的理解与应用，才是公正、合理的，也是符合法律本意的。

四川省高级人民法院（2013）川民提字第594号民事判决书载明，2009年5月22日，苟某兵与保险公司订立两全保险（分红型）保险合同，

支付保险费，并领取了生存金，后要求退保，保险公司在计算现金价值时，要求将已经支付的生存金扣除，引发诉讼。

一审法院认为，首先，退保时扣除生存保险金并非减轻保险公司的保险责任，故保险合同中未明确约定退保时需扣除投保人已经领取的生存保险金，并不成为保险公司退保时不得扣除相应生存保险金的理由。其次，保险公司向苟某兵出具的《生存金支付通知》以及向保监会备案的精算报告中均对现金价值包含生存保险金进行了约定。再次，现金价值是投保人所缴纳的保费扣除保险人的营运费用和提供保险保障的风险成本后剩余的部分。生存保险金实质来源于保费的累积，是保险人对投保人缴纳保费的先行回馈。投保人领取生存保险金后，其对保险人享有的权利范围相应减少，退保金额中的现金价值应当扣除已经领取的生存保险金。最后，通过对保险合同所附的初始保险金额现金价值表进行分析可知，第 2 年度现金价值为 175309.44 元，第 3 年度现金价值为 155706.6 元，第 4 年度现金价值为 283337.28 元，第 5 年度现金价值为 284249.04 元。按照保险理论，现金价值作为投保人缴纳保费的积累，应随着投保年度的增加大幅递增而不应略微增加甚至减少，现金价值略微增加甚至减少的原因是保险人在每满 2 周年时将积累的保费中的一部分以生存保险金的形式返还投保人，使积累的保费有所减少。因此，苟某兵在缴纳两年保费后要求退保，其主张的权利范围实际是 144180.81 元加 175309.44 元，超出了投保人根据保险合同所应享有的权利范围，与保险原理不符，其可以主张的退保金额中的现金价值应扣除已经领取的生存保险金，即 187728.24 元扣除 144180.81 元。一审判决保险公司向苟某兵支付保单现金价值 69757.59 元和红利 20436 元。

二审法院认为，本案争议的核心焦点为：退保时应否扣除已经领取的生存保险金。就合同条款文义而言，生存保险金及现金价值分别由保险合同的不同条款进行约定。其中，合同第 2.2 条约定，若被保险人在合同有效期间内，自合同生效之日起每满 2 周年时仍生存，保险人按合同有效保险金额的 9%给付生存保险金。结合上下文的约定可知，生存保险金是保险合同有效期内保险人应承担的保险责任之一。合同第3.4条约定，保险人收到退保申请后，计算当日保险单现金价值，并向投保人返还该保险单现金价值，同时支付特别红利。该约定是对犹豫期后投保人解除合同即退保的处理。通过对上述条款进行文义解释，不能得出现金价值包含生存保险金的结论。

就合同订立情况而言，根据二审查明的事实，在订立保险合同之时，案涉保险产品的销售人员仅告知苟某兵退保时按照保险合同所附现金价值表载明的金额退还现金价值并支付红利，并未就现金价值表的数值变化规律以及精算报告中关于现金价值计算方法的相关内容加以说明，也未告知退保时应从现金价值中扣除已经领取的生存保险金，因此，不能认定苟某兵系在充分知晓现金价值与生存保险金的相互关系以及现金价值的计算方法的情况下作出投保的意思表示。

就缔约双方的认知能力而言，保险公司作为专业的保险机构和合同文本的提供者，在拟定保险合同时即应充分注意如何维护自身权益。案涉保险合同对生存保险金和现金价值分别作了约定，但既未清楚约定两者关系，即未载明现金价值中已包含生存保险金，亦未约定退保时应退现金价值的具体计算方法，即未载明现金价值中应扣除已领取的生存保险金。对此，其应自行承担条款约定瑕疵情形下的不利后果。保险公司关于依据现金价值表的数值变化规律及精算报告第5.1条的规定从现金价值中扣除已领取的生存保险金符合保险原理及行业惯例的抗辩主张，必然损害苟某兵作为非专业普通投保人基于对案涉保险合同的一般理解所具有的期待利益，超出其合理预见的范围及能力。

就生存保险金的给付条件而言，根据保险合同约定，生存保险金的给付有且只有两个条件：一是在合同有效期间内；二是被保险人自合同生效之日起每满2周年时仍生存。因此，在投保人已经足额缴纳第1、2年度保费且被保险人在合同生效满2周年之日仍生存的情况下，生存保险金的给付并不以投保人缴纳下一年度（即第3年度）的保费为必要条件。案涉保险合同于2009年5月25日生效，投保人苟某兵已足额缴纳第1、2年度的保费，故只要2011年5月25日被保险人仍生存，生存保险金给付条件即已成就，保险责任业已发生，该时间点有别于投保人生存保险金给付请求权的行使时间以及保险人实际向投保人给付生存保险金的时间。本案中，苟某兵于2011年5月26日向保险公司申请给付生存保险金，此时虽然已进入第3个保单年度，但尚在60日缴费宽限期之内，保险合同仍有效存续；且苟某兵主张的权利系第2个保单年度届满时的权利，并非第3个保单年度内发生的保险责任。如要求苟某兵在缴纳第3年度的保费后方可领取生存保险金，则其需向保险公司另行足额缴纳第3年度的保费250042元后才能按第3个保单年度的现金价值退保，该情形显然与苟某兵通过订立案涉保险合同达到每2周年领取一次生存保险金的合同目的相悖。

综上所述，在双方订立的保险合同无明文约定且保险公司在苟某兵投保之时未向其明示的情况下，保险公司关于退保时应从现金价值中扣除生存保险金的主张不能成立，不予支持。二审撤销一审判决，判令保险公司向苟某兵返还保险单现金价值并支付特别红利共计235506.34元。

再审法院认为，保单的现金价值并不等同于投保人所缴保费，其在所缴保费的基础上应扣除保险人的营运费用和提供保险保障的风险成本后剩余的部分。在正常情况下，现金价值因保费的累积会呈现递增的现象，但从本案保单的现金价值表可见，确实存在支付生存保险金年份的下一年度（即奇数年）与偶数年相比其现金价值基本持平甚至有所减少的现象。因此，若现金价值不包含生存保险金，则可能对保险人不合理甚至利益失衡。但保险合同为商事合同，效率优先为商事合同的基本原则，当商事合同的某一行为有不合理因素时，须让位于效率；本案虽存在现金价值约定不合理的地方，但合同有效，双方当事人均应依约履行，均应保障交易的效率。再则，就缔约双方的认知能力而言，保险公司作为专业的保险机构和合同文本的提供者，在拟定保险合同时即应充分注意如何维护自身权益。案涉保险合同对生存保险金和现金价值作出分别约定，但既未清楚约定两者关系，即未载明现金价值中已包含了生存保险金，亦未明白约定退保时应退现金价值的具体计算方法，即未载明被保险人退保时现金价值中应扣除已领取的生存保险金。对此，在缔约双方就上述相关条款有不同解释时，应作出不利于提供格式合同条款一方的解释，故原判据此作出保险公司应自行承担条款约定瑕疵情形下的不利后果的认定正确，维持二审判决。

这个案件中，法院在适用不利解释原则的时候，就采用了多种方式表述什么是通常理解，进而得出结论。

第四节　受益人

在人身保险合同中，受益人是非常重要的问题，也是非常复杂的问题。这也容易理解，《民法典》第四百六十四条规定："合同是民事主体之间设立、变更、终止民事法律关系的协议。"可见，合同的作用就是体现出平等主体之间民事权利义务关系的内容以及变动的情形。《民法典》第四百六十五条规定："依法成立的合同，受法律保护。依法成立的合同，仅对当事人具有法律约束力，但是法律另有规定的除外。"这就是合同相对性原理的立法体现，即合同仅对当事人具有法律约束力，对于非合同当事人而言，不具有法律约束力，不能为非合同当事人设定合同义务、违约责任等。然而，这一点与《保险法》的规定存在某种矛盾。

按照《保险法》的规定，保险合同的当事人是投保人、保险人，两者之间的民事权利义务关系还相对简单一些。然而保险合同的特点，就是不仅有被保险人，在人身保险合同中还有受益人。被保险人、受益人虽然不是保险合同的当事人，但确实也是平等的民事主体，不仅有特定的权利，还要承担特定的义务。譬如《保险法》第十八条规定，受益人是指人身保险合同中由被保险人或者投保人指定的享有保险金请求权的人。可见，受益人享有请求保险金给付的权利，这也是人身保险合同中最基本、最重要的权利。所以这些主体之间，存在内容不同的民事权利义务关系，主体越多，法律关系越多、越复杂，况且这些法律关系可能还会变动，这就更复杂了。因此，我们探讨受益人法律问题，实际上是探讨受益人与投保人、被保险人、保险人之间的民事权利义务关系的内容、变化。

一、受益人的确定

《保险法》第四十条规定："被保险人或者投保人可以指定一人或者数人为受益人。受益人为数人的，被保险人或者投保人可以确定受益顺序和受益份额；未确定受益份额的，受益人按照相等份额享有受益权。"第四十二条规定："被保险人死亡后，有下列情形之一的，保险金作为被保险人的遗产，由保险人依照《中华人民共和国继承法》[①] 的规定履行给付保险金的义务：（一）没有指定受益人，或者受益人指定不明无法确定的；（二）受益人先于被保险人死亡，没有其他受益人的；（三）受益人依法丧失受益权或者放弃受益权，没有其他受益人的。受益人与被保险人在同一事件中死亡，且不能确定死亡先后顺序的，推定受益人死亡在先。"

《最高人民法院关于适用〈中华人民共和国保险法〉若干问题的解释（三）》第九条规定："投保人指定受益人未经被保险人同意的，人民法院应认定指定行为无效。当事人对保险合同约定的受益人存在争议，除投保人、被保险人在保险合同之外另有约定外，按以下情形分别处理：（一）受益人约定为'法定'或者'法定继承人'的，以民法典规定的法定继承人为受益人；（二）受益人仅约定为身份关系的，投保人与被保险人为同一主体时，根据保险事故发生时与被保险人的身份关系确定受益人；投保人与被保险人为不同主体时，根据保险合同成立时与被保险人的身份关系确定受益人；（三）约定的受益人包括姓名和身份关系，保险事故发生时身份关系发生变化的，认定为未指定受益人。"

从前述法律规定中，我们可以看出几个规则：

1. 确定受益人的方式原则上只能是指定，所谓"法定受益人"实际上是一种类推

法律规定非常明确，受益人只能由投保人或被保险人指定，并无其他

① 现已被《民法典》继承编替代。

特例。所以，依法来说这是唯一确定受益人的方式。

但是，实践中确实存在很多这样的情形：在投保单中载明或者在投保过程中由当事人双方约定，受益人为“法定”，一些团体保险更是如此。这就意味着投保人、被保险人没有指定受益人，这就会造成很大的麻烦与困扰。为了解决这个问题，司法解释才将法定的继承人视为受益人。

但是，这并不意味着受益人的确定还有所谓“法定”方式，因为所谓法定，是由法律确定的意思。而在前述司法解释中，法定的对象乃继承人，而不是直接由某一法律、司法解释来确定受益人。

有人认为，这个法定受益人的概念，实际上是指向了法定继承人的名单，譬如被保险人有几个继承人，分别是张三、李四、王五，那么这几个继承人就是受益人。实际上还是在指定受益人的意思表示。

但是，这样的说法有点行不通，因为按照《保险法》规定，指定的受益人均可受益，只是受益份额不同。而法定继承人作为受益人的情形却有很大不同，譬如法定继承人有第一顺序继承人、第二顺序继承人，如果有第一顺序继承人，则第二顺序继承人不能继承，或者说不能受益。也就是说，法定继承人之间存在优先权情形、存在排斥情形，这就与指定受益人的情形完全不同了。如果认为只要是法定继承人，就一定是受益人，那请问是指第一顺序继承人，还是第一、第二两个顺序全部继承人呢？如果仅指第一顺序的继承人为受益人的话，那么第二顺序继承人也是受益人，为何没有被视为受益人？如果认为第一、第二顺序继承人均为受益人，那就意味着法定继承人之间的优先权、排他权荡然无存，这与《民法典》之规定是有冲突的。

也有人认为，《保险法》第四十条规定，受益人为数人的，被保险人或者投保人可以确定受益顺序和受益份额；未确定受益份额的，受益人按照相等份额享有受益权。那么，可否将法定继承人理解为带有受益顺序的受益人呢？我觉得也不好这么说，因为受益顺序应该在保险合同缔结的时候通过约定方式而确定。如果没有约定，我们很难认为法定继承顺序就是受益顺序。

以上理解看起来均有一些逻辑不通之处，因此我认为，不能把法定继承人直接作为受益人。

按照《保险法》第四十二条规定，如果没有指定受益人或受益人指定不明确，即便没有注明什么“法定受益人”，其实也是按照继承的规定，由保险人向法定继承人给付保险金的。由此可见，在投保过程中注明“法定受益人”的字样并无什么意义，谈不上确定受益人之概念。

湖北省恩施土家族苗族自治州中级人民法院（2017）鄂28民终387号民事判决书载明，2011年9月6日，杨某林以投保人的名义在保险公司为时年4岁的孙女小杨购买了一份名为“好利年年两全保险（分红型）”的产品，被保险人为小杨，受益人法定。杨某林交纳保险费、获得生存金。2015年8月31日，杨某林以自己是文盲，不懂保险专业知识，从而受保险公司误导为孙女小杨办理隔代保险、投保人与被保险人无保险利益且未经被保险人的法定监护人同意为由，向法院起诉要求确认合同无效并退还保险费。

法院认为，涉案保险合同约定的受益人法定，根据保险法的规定，人身保险的受益人由被保险人或者投保人指定，投保人指定受益人时须经被保险人同意。即使被保险人死亡而没有指定受益人，保险人也应履行给付保险金的义务。根据法定继承的规定，杨某林属于第二顺序的继承人，在未经被保险人小杨的父母同意的情况下，杨某林不能从案涉的保险合同中获利。判决驳回杨某林的诉讼请求。

2. 受益人是对被保险人的死亡保险金享有受益权

按照《保险法》第十八条规定，受益人是享有保险金请求权的人。这里并没有提到保险金是否特指死亡保险金。第四十二条倒是具体谈了被保险人死亡的情形，但是这一条的规定主要是关于未指定受益人的相关后果的。而《保险法》第十二条规定，被保险人是指其财产或者人身受保险合同保障，享有保险金请求权的人。那么被保险人的请求权、受益人的请求权有何区别呢？

虽然法律并没有明确规定，但是我们应该有一个清晰的理解，即受益人只能对被保险人死亡保险金享有受益权、有权提出请求。当然，这是一个行业的基本准则，不过基本准则仍然需要与法律相吻合。

从法律规定看，虽然被保险人、受益人均享有保险金受益权，但是这两种受益权还是有所不同。

就人身保险合同而言，法律规定，被保险人人身受保险合同保障，因此这就是保险合同的缔结目的，即保险金的目的是保障被保险人的人身，则保险金请求权归被保险人。

譬如医疗保险、残疾保险、住院费用保险、年金保险等，缔结该保险合同的目的，是在被保险人身体或健康受损的时候，给予一定补偿，或者是在被保险人健在时，给予一定补助，总之都是体现出保障被保险人人身之意图，故此类险种的保险金请求权应该归被保险人。

而当被保险人死亡后，保险金对于被保险人已经毫无意义，只能是对活着的人一种安慰与补偿。此时的保险金已经失去了保障被保险人人身之功能，受益人的受益权才得以体现，受益人才能享有保险金请求权。因此，受益人的保险金请求权只能适用于被保险人死亡保险金。

3. 受益人的指定，应以被保险人意愿为准

《保险法》第四十条规定，被保险人或者投保人可以指定一人或者数人为受益人。这么看起来，似乎投保人、被保险人均有权指定受益人，权利无区别。但是，《最高人民法院关于适用〈中华人民共和国保险法〉若干问题的解释（三）》第九条规定，投保人指定受益人未经被保险人同意的，人民法院应认定指定行为无效。由此可见，受益人的决定者是被保险人。之所以如此规定，是因为受益人只对被保险人的死亡保险金受益，从某种意义上来说，被保险人的死亡对于受益人而言有利可图。因此，如果不加以控制的话，则被保险人的生命安全就完全处于危险之中。本来被保险人平平安安，可是受到保险金的刺激，他人反而希望被保险人死亡，这实在不能算是保险应有之义，反而走向了反面。

那么，如何来控制受益人呢？或者说由谁来决定受益人呢？

只有被保险人自己决定受益人是最合适的。因为每个人自己才知道谁

是自己最信任的人、谁是与自己最有亲情的人，只有自己才能决定自己的命运，所以必然应由被保险人来决定受益人。

任何一个稍微有点理性的被保险人，都不会将自己的生命之对价指定给一个不相干的人。被保险人决定的受益人，往往是与其有亲情的人、对于被保险人的死亡会感到非常痛苦的人，保险金对于该受益人而言是补偿而非谋利。这样的话，就会最大限度地减少道德风险，既保障被保险人的生命安全，也体现出保险行业的社会价值。

投保人虽然有指定受益人的权利，但是必须得到被保险人的同意且必须能证明得到了被保险人的同意。所以投保人所谓的指定受益人的权利，应该是代表被保险人而为之。

有些人身保险合同在缔结过程中，由于种种原因，对于受益人的指定未得到被保险人的同意，或者说没有证据证明得到过被保险人的同意，譬如被保险人的签名是他人代签的。在这样的情形中，一旦保险事故发生，被保险人死亡，则该受益人指定之行为应为无效，该人身保险合同应视为未指定受益人。

4. 哪些人可以作为受益人

某贷款公司进行小额信贷，以自己为投保人、以借款人为被保险人向保险公司投保人身意外保险，并要求以贷款公司作为受益人，以防贷款本息收不回来，并且得到了这些借款人的同意。但是，保险公司对此要求很犹豫，表示不愿这样操作。

贷款公司很不满，认为投保人经被保险人同意后指定受益人是法律赋予的权利，任何保险机构不同意投保人在经被保险人同意的情况下指定受益人的行为，都违反了保险法的规定。贷款公司认为，贷款公司、借款人分别作为投保人和被保险人，有权指定保险的受益人及受益份额。在指定贷款公司为唯一受人的情况下，借款人的家属不具有此保险金的继承权。贷款公司作为唯一受益人收到保险赔偿金后有权进行分配，产生的后果由贷款公司承担，并要求保险公司满足投保人及被保险人诉求。

那么，到底什么人可以作为受益人呢？是不是任何人、任何单位只要经过被保险人同意，都可以成为受益人呢？

《保险法》对受益人的范围并没有做出规定，其第三十九条规定：“人身保险的受益人由被保险人或者投保人指定。投保人指定受益人时须经被保险人同意。投保人为与其有劳动关系的劳动者投保人身保险，不得指定被保险人及其近亲属以外的人为受益人。”从这一条来看，似乎在正常情况下，只要被保险人同意，任何人都可以作为受益人。

但是这样的认识有些绝对，我们可以参考《保险法》第三十一条的规定：“投保人对下列人员具有保险利益：（一）本人；（二）配偶、子女、父母；（三）前项以外与投保人有抚养、赡养或者扶养关系的家庭其他成员、近亲属；（四）与投保人有劳动关系的劳动者。除前款规定外，被保险人同意投保人为其订立合同的，视为投保人对被保险人具有保险利益。订立合同时，投保人对被保险人不具有保险利益的，合同无效。”这一条实际上是对人身保险合同之保险利益的规定。依据现有的法律规定，保险利益指向投保人、被保险人之间的利害关系。但是，受益人、被保险人之间其实更应该考虑保险利益问题。

这是因为，投保人固然应该与被保险人之间具有保险利益，不过那是在保险合同缔结的阶段。保险合同生效后，实际上涉及道德风险的、涉及被保险人生命安全的利害关系人，反而不是投保人，而是受益人。受益人可以直接从被保险人的死亡中获益，而与投保人的利害关系反而是间接的了。如果没有保险利益的控制，这就必然会出现道德风险。在这样的情形下，对受益人无所制约，反而是不正常的。

这个问题，应该是我国《保险法》立法中存在的一个小的漏洞，即过于考虑投保人作为保险合同当事人的权利、义务，对于受益人这样的非当事人、但是在保险合同中非常重要的主体却缺乏制约。

所以，应该比照投保人、被保险人之间的保险利益关系设立规则，即受益人与被保险人之间，也应该符合保险利益关系才行。可见，我国现行《保险法》虽无受益人对被保险人须具有保险利益的明文规定，但通过被保险人同意权的法律规定在实务中的运用，事实上可以达到受益人对于被保险人须具有保险利益的效果。可以理解为：被保险人本人；被保险人的配偶、子女、父母；被保险人有抚养、赡养或者扶养关系的家庭其他成员、近亲属；以及被保险人同意的人。这些人就是受益人的范围，这些人可以由被保险人指定为受益人。

可是，让我们思考一个问题：为何法律要特别规定，投保人为与其有劳动关系的劳动者投保人身保险，不得指定被保险人及其近亲属以外的人为受益人?

我们知道，在投保人、被保险人的保险利益关系中，与投保人有劳动关系的劳动者体现的是最低限度的保险利益，是法定的非亲属关系保险利益、以单位作为人身保险合同当事人的唯一情形。在这个最低限度保险利益的情况下，也必须要求受益人为近亲属，可见，受益人与被保险人之间的亲情关系或者说保险利益关系，是防范道德风险、维护保险制度意义的最后一道屏障，非常重要。受益人对于被保险人应该有保险利益，应该与被保险人有亲情关系，否则极容易出现道德风险。即，被保险人有权利指定受益人，但是受益人范围不是任意的，受益人还是应该在近亲属之内，方为符合法律本意。

法律对于保险利益并未规定亲等，但是我们从普通人的心理来说，也能看出不同关系之间的亲疏远近。单位与被保险人具有劳动合同关系，是保险利益关系的最低限度。那么对于其他单位作为投保人的情形中，对受益人的指定应该更苛刻、更严格才合理。

我们前面谈到的这个案例中，贷款公司为借款人投保人身意外保险，实际上是要获得一种贷款的担保，其实是还款责任保险的变形。被保险人都是债务人，迫于某种压力或者需求，不会提出什么异议，实际上也未必懂行，让其签字就签字。但是这样的操作，与法律规定之本意不符，客观上会导致很大的道德风险。因此，不应该以贷款公司作为受益人。而目前的司法实践中，对于这样的案例，法院可能会认可贷款机构为受益人或者“第一受益人”。

甘肃省张掖市中级人民法院（2014）张中民终字第227号民事判决书

载明，2011年6月22日，孙某杰作为借款人，银行作为贷款人，签订《农户联保借款合同》一份，孙某杰向银行贷款90000元，孙某杰在保险公司处购买了一份“借款人意外伤害险”，投保人和被保险人为孙某杰。第一受益人为银行；第二受益人为“法定”。特别约定：被保险人同意指定本保险合同的意外身故保险金和条款所附“残疾程度与给付比例表”所列等级第一级意外残疾保险金的第一受益人为贷款发放机构，其受益份额为被保险人出险当时未清偿的贷款本金。若应给付的意外身故保险金和条款所附“残疾程度与给付比例表”所列等级第一级意外残疾保险金之和超过被保险人未清偿的贷款本金，则该超出部分的保险金受益人为被保险人的法定继承人或指定受益人。2012年11月2日早晨，借款人孙某杰死亡。后，银行申请理赔，保险公司认为被保险人孙某杰意外伤害导致身故依据不足，予以拒赔。

法院认为，借款人孙某杰与保险公司签订的“借款人意外伤害险”，不违反法律的强制性规定，系当事人真实意思表示，合同合法有效。银行作为合同约定的第一受益人，诉讼主体适格。判令保险公司支付银行保险金90000元。

5. 指定受益人之表现

指定受益人的时候，往往会有几种表现：（1）以姓名、身份证号码、其他证件号码等来确定受益人。这是确定受益人最准确、最稳妥的情形，能够准确指向某一个具体的自然人或者机构。（2）以身份确定受益人。即确定受益人与被保险人的某种身份，以该身份指向某个具体的人，例如被保险人的配偶、儿子、母亲、二舅等，这个方式虽然没有说出受益人的具体姓名，但是对于被保险人而言，这个身份所指向的人是固定的，因此也可确定受益人。（3）以姓名加身份确定受益人。不仅有受益人姓名，还表述出受益人与被保险人的关系，如“被保险人配偶李某”等。（4）法定受益人。不确定姓名、也未明确与被保险人的关系，仅指潜在的法定继承人。《最高人民法院关于适用〈中华人民共和国保险法〉若干问题的解释（三）》第九条规定：“投保人指定受益人未经被保险人同意的，人民法院应认定指定行为无效。当事人对保险合同约定的受益人存在争议，除投保人、被保险人在保险合同之外另有约定外，按以下情形分别处理：（一）受益人约定为‘法定’或者‘法定继承人’的，以民法典规定的法定继承人为受益人；（二）受益人仅约定为身份关系的，投保人与被保险人为同一主体时，根据保险事故发生时与被保险人的身份关系确定受益人；投保人与被保险人为不同主体时，根据保险合同成立时与被保险人的身份关系确定受益人；（三）约定的受益人包括姓名和身份关系，保险事故发生时身份关系发生变化的，认定为未指定受益人。”结合司法解释的规定，再考虑指定受益人的具体表现，可以得出相应的确定最终受益人的规则：

第一，以姓名、身份证号码、其他证件号码等来确定受益人，这个受益人是确定无疑的，因此一旦保险事故发生，即以其作为受益人享有保险金请求权；假如这个受益人存在某种变动，如身份证号码变动、年龄出现误差等，但是只要能够确定是该人，就应判定其是受益人。

河南省郑州市中级人民法院（2014）郑民三终字第1162号民事判决书载明，2001年11月20日，陈某的父亲陈某平与保险公司签订了生命关爱重大疾病终身保险一份。根据保险合同的约定，陈某为该人身保险合同身故受益人。2007年9月1日，陈某平死亡，陈某请求判令保险公司支付陈某保险金100000元。保险公司认为，被保险人陈某平于2001年投保生命关爱重大疾病终身保险，保额10万元。投保单中填写身故受益人为陈某，与被保险人关系为陈某平之女。投保单中没有登记受益人陈某的身份证号，仅填写了出生日期，而陈某的身份证上的出生日期与投保单中填写的日期并不一致。对陈某是否与保单中填写的受益人是同一个人的事实认定不清。

法院认为，陈某的父亲陈某平与保险公司签订的保险合同中，约定了当被保险人陈某平死亡时，由陈某作为受益人领取保险金。保险公司虽然认为在投保单中填写的出生日期与陈某身份证上的出生日期并不一致的情况下，对陈某是否与保单中填写的受益人是同一个人的事实认定不清，但保险公司也未能提交存在其他受益人或另有其他“陈某”的相关证据。故判决保险公司应当支付陈某保险金100000元。

第二，以身份确定受益人的，在保险合同存续期间，该身份关系可能会发生变化，可能是同一人不享有某种身份，或者某种身份指向的人发生变化。譬如配偶可能因离婚发生变化了，也许配偶变成了别人，也许离婚后没有了配偶。再如母亲，可能在保险事故发生前就已经去世了等，总之该身份所指向的人，已经与保险合同订立时相比发生了重大变化。

那么，最终如何确定受益人呢？还是应该从被保险人的意思分析入手，研判哪一个人才是该种身份真正指向的人、真正符合被保险人的期望的人。按照司法解释规定，如果投保人、被保险人是同一人，则按照保险事故发生时，与被保险人的身份关系来确定该指定身份所指向的具体人。譬如在保险合同订立时，被保险人的配偶为李红，受益人为配偶，但是后来双方离婚，被保险人再婚，在保险事故发生时，被保险人的配偶为张丽，则以张丽为受益人。李红不是受益人。这是因为，当该身份发生了变化，意味着该身份指向的人发生了变化，从一般情理上讲，还是应该认为被保险人会倾向于身份变动后指向的人，即这个人才是某种身份所代表的那个人。

但是，如果投保人、被保险人不是同一人，则以保险合同成立时其与被保险人的身份关系确定受益人。譬如在保险合同订立时，被保险人的配偶为李红（化名，下同），受益人为配偶，但是后来双方离婚，被保险人再婚，在保险事故发生时，被保险人的配偶为张丽（化名，下同），则仍然以李红为受益人。张丽不是受益人。

之所以有这样的区别，主要是考虑到投保人作为独立主体的情况下，投保人对于保险单实际上还是有财产权。这个权利，也应该予以尊重与保护。而在保险合同订立时，确定的受益人实际上是符合投保人、被保险人共同的希望和利益的。因此，当某种身份指向的人发生了变化，但是考虑被保险人本意，还是应当认为在保险合同成立时，由投保人、被保险人共同确定的那个人才是某身份真正代表的人。

第三，姓名加身份确定受益人的，如果该身份发生变化，视为未指定受益人。这主要是因为，姓名加身份，与单纯的姓名不同，不仅指某一个自然人，还需要其满足一定的社会角色属性，即其必须与被保险人存在某种身份关系，才具备受益人的资格与条件。这个身份关系不存在了，就意味着该人不具备受益人的资格与条件了，不能作为受益人。

譬如在保险合同订立时，被保险人的配偶为李红，受益人为其配偶李红，但是后来双方离婚，无论被保险人是否再婚，李红都已经不是被保险人的配偶，不具备受益人的资格与条件了，应当视为被保险人未指定受益人。

安徽省合肥市中级人民法院（2018）皖01民终9407号民事裁定书载明，谢某成与保险公司之间形成合法有效的人身保险合同关系。案涉保险合同约定的身故保险金受益人载明“姓名：高某”“与被保险人关系：配偶”。即谢某成与保险公司关于受益人的约定包括姓名和身份关系，既约定受益人为高某，又约定受益人身份是被保险人谢某成的配偶。而在案涉保险事故发生前，高某与谢某成于2017年5月27日已经解除婚姻关系。

法院认为，保险事故发生时“受益人”的身份关系发生变化，不再是被保险人谢某成的配偶，因此依据法律规定应认定为未指定受益人，保险金应作为被保险人人的遗产由被保险人的继承人继承。本案因未指定受益人，高某以指定受益人的身份主张保险金，属原告诉讼主体不适格。驳回原告高某的起诉。

第四，所谓法定受益人，这个情形最为麻烦。按照司法解释的规定，是应该以法定继承人为受益人。因在保险合同订立时，被保险人是不存在法定继承人之说的，故也没有身份之所指。只有在被保险人死亡后，才能确定其法定受益人是谁，因此应该以保险事故发生时，被保险人的法定继承人来指向、确定受益人。而法定受益人是有第一、第二顺序的，不可以同时存在，存在排斥关系。存在继承优先权情形、存在继承的亲疏有别。为了体现这种排斥关系，我认为应该以保险事故发生时，被保险人的法定第一顺序继承人为受益人，第二顺序继承人不是受益人。如果该时刻不存在第一顺序继承人，则以第二顺序继承人为受益人，平均分配保险金。

四川省成都市中级人民法院（2017）川01民终54号民事判决书载明，杨某连系刘某开办的木器加工厂员工。2015年7月24日，刘某为杨某连出资购买电子保单。保险单上载明的投保人及被保险人均为杨某连，受益人为法定受益人。2015年9月13日，被保险人杨某连受伤，医疗费共计28579.96元。刘某要求保险公司向自己理赔。

一审法院认为，从庭审查明情况来看，案涉保险单上载明的投保人及被保险人均为第三人杨某连，而刘某仅是代第三人杨某连缴纳了保费。刘某虽交纳了保费，但并非保险合同的投保人和受益人。刘某不是第三人的法定继承人，其以受益人身份请求人民法院判令保险公司向其支付保险金，于法无据；一审法院判决驳回刘某的诉讼请求。

二审法院认为，刘某既不是被保险人，也不是被保险人杨某连的近亲属，其作为杨某连的雇主，无论其身份是否为投保人，也无论案涉保险合同是否指定受益人，刘某都不可能成为案涉保险合同的受益人。由于刘某既不是案涉保险合同的被保险人，也不可能成为案涉保险合同的受益人，刘某不享有案涉保险合同的保险金请求权。

《保险法》第十八条“投保人、被保险人可以为受益人”的规定是指投保人或者被保险人可以成为指定的受益人，而非投保人、被保险人可以当然成为受益人。刘某并非为自己购买案涉保险，也非案涉保险合同指定的受益人，其主张与事实和法律规定相悖，不予支持，维持一审判决。

二、受益顺序与受益份额

《保险法》第四十条规定：“被保险人或者投保人可以指定一人或者数人为受益人。受益人为数人的，被保险人或者投保人可以确定受益顺序和受益份额；未确定受益份额的，受益人按照相等份额享有受益权。”结合前述内容，可知确定受益顺序、受益份额，依然以被保险人意愿为准。

虽然《保险法》第四十条并未出现“须经被保险人同意”字样，但是依法研判，所谓指定受益人，不仅指定受益人的姓名、身份等以指向某具体的人，也包括指定这些受益人所享有的不同顺序的受益权以及同一顺序受益权中的不同受益份额。也就是说，指定受益顺序、受益份额也需要经过被保险人同意方为有效。

所谓受益顺序，应该指受益权优先。即该顺序内有受益人的，这些受益人对全部保险金享有受益权。后顺序的受益人不享有受益权。所谓受益份额，指同一受益顺序中的受益人，对于全部保险金的分配比例。指定受益顺序，可以是多道顺序，没有限制。指定受益份额，可以是各种比例方式，没有限制。实践中，有些人身保险合同中载明第一受益人、第二受益人、以此类推，那么这是否算指定了受益顺序呢？

我的理解是：还应该具体内容、具体分析。譬如有些保险合同中指定了第一、第二受益人，且约定第一受益人如果可以行使受益权，则第二受益人无权行使受益权。只有在第一受益人死亡、无权行使受益权的情形下，才可以由第二受益人行使受益权。对于这样的指定，我认为反映出被保险人意图使第一受益人全部受益、第二受益人不受益的想法，因此这应该属于指定受益人顺序，而未指定受益份额。

但是，有些人身保险合同中，也指定了第一、第二受益人，但是对于其受益权并无特别说明，有些甚至只字不提。或者，有些合同中载明，第一受益人按照一定的计算方式来进行受益，如按照被保险人所欠借款的本息余额来受益等，剩下的保险金属于第二受益人受益部分。在这种情形下，实际上受益人是同一顺序的，不存在后一受益人无权受益之结果。即便后一受益人一分钱也受益不到，但是其受益权是客观存在的。这种指定的情形，应属指定受益份额，而未指定受益顺序。

新疆维吾尔自治区伊犁哈萨克自治州塔城地区中级人民法院（2017）新42民终1416号民事判决书载明，2016年2月25日，借款人刘某平从信用社处贷款100000元，并按照信用社的要求在保险公司购买了借款人人身意外伤害险，第一受益人为信用社。2016年10月8日，刘某平因意外伤害导致死亡，信用社要求保险公司赔偿意外身故保险金100000元。保险公司称根据双方签订的意外伤害保险条款第四条内容，其受益额度为索赔当时被保险人依贷款合同约定仍未偿还的贷款本金总额，第一受益人的受益额度在任何情况下不超过本保险合同的保险金额。故，信用社应出具刘某平是否偿还贷款的证据，保险公司会根据实际情况确定赔偿数额。

法院认为，意外伤害保险属于人身保险，不适用于财产保险中的”损失补偿原则”。按照通常观念，人的生命价值是无法估量的，因此，”损失补偿原则”不适用于人身保险。本案中，被保险人意外死亡，即保险责任构成时，该保险性质属于典型的定额保险，因此保险公司不能采用损失填补原则确定保险金数额。保险公司辩称其赔偿额度为被保险人仍未偿还的贷款本金总额，没有法律依据，保险公司应定额给付受益人保险金100000元。

这个案件中的保险合同，实际上是约定了受益份额的，信用社作为第一受益人，实际上仅仅对相当于欠款本金余额部分的保险金享有受益权，其余部分还应该归法定继承人进行受益。因此，应该先明确欠款本金的具体数额，明确后才能确定信用社有权受益的保险金额，而不能简单地要求保险公司将全部保险金均向信用社给付。

二、受益人变化

人身保险合同往往持续期限比较长，会发生很多事，受益人会发生一些变化。为何我要使用“变化”这个词，而不是直接使用《保险法》中出现的“变更”字样？因为受益人的变更，更多的是指受益人的更换，是体现出被保险人意志的一种主观变化的结果。但实际上，受益人的变化有些与被保险人的意志无关，譬如基于法律规定丧失受益权等情形中，受益人失去了受益资格，但是并不是一种更换，而是无指定受益人了。所以，“变化”这个词内涵与外延更加宽泛，比起“变更”这个词更合适一些。

1. 法定丧失受益权

《保险法》第四十三条规定：“投保人故意造成被保险人死亡、伤残或者疾病的，保险人不承担给付保险金的责任。投保人已交足二年以上保险费的，保险人应当按照合同约定向其他权利人退还保险单的现金价值。受益人故意造成被保险人死亡、伤残、疾病的，或者故意杀害被保险人未遂的，该受益人丧失受益权。”受益人其实是想故意制造保险事故、造成承保损失，从而索取高额的保险金，这就是最典型的道德风险，不仅对被保险人的生命、健康造成了威胁，也严重地破坏了保险制度的社会意义，因此这样的行为主观恶性非常严重，必须严厉打击，且不能在经济上使之达到目的，不应该使得该恶意受益人获得受益结果。所以法律规定，这样的受益人丧失受益权。换句话说，该受益人就不再是受益人了。

这一法条有两款，要加以区别理解。

首先，如果投保人自己就是受益人，且其故意实施了造成被保险人死亡、伤残或者疾病的行为，则保险人不赔偿保险金。我们知道，受益人也许并不是同一个人，实际上投保人也未必就一定是单独一个人，只要投保人是受益人之一，那么保险人就无需承担赔偿保险金之责任。并且，保险单的现金价值也不应该向该投保人退还，而是应该向“其他权利人”进行退还。由此作为对投保人的一个最深刻的惩罚，让其偷鸡不成反蚀把米。

“其他权利人”指的是谁?《最高人民法院关于适用〈中华人民共和国保险法〉若干问题的解释（三）》第十六条规定，投保人故意造成被保险人死亡、伤残或者疾病，保险人依照保险法第四十三条规定退还保险单的现金价值的，其他权利人按照被保险人、被保险人继承人的顺序确定。也就是说，这时候如果被保险人存活，则保险单的现金价值应退还给被保险人。如果被保险人不幸身故，则保险单的现金价值按照被保险人的遗产处理，退还给被保险人的继承人。至于这个继承人是法定还是遗嘱继承人，并无规定，按照实际情况确定之即可。

但是，如果受益人故意造成被保险人死亡、伤残或者疾病，而投保人与实施该行为的受益人并不是同一人，那么情况就不同了。这样的结果，虽然该受益人丧失了受益权，但是保险人仍然要赔偿保险金，只不过保险金依法应该由其他受益人或者继承人来享有了。可见，这两种情形的处理结果是很不同的。同样是故意造成被保险人死亡、伤残或者疾病，为何结果迥乎不同？我认为，主要还是考虑到主观恶性之不同所导致的不同结果。

保险合同可以理解为附条件的合同，当合同条件成就，即保险事故发生，则产生保险人的合同义务，即应该赔偿保险金。《民法典》第一百五十九条规定："附条件的民事法律行为，当事人为自己的利益不正当地阻止条件成就的，视为条件已经成就；不正当地促成条件成就的，视为条件不成就。"投保人是保险合同当事人，如果其故意制造保险事故，则意味着其故意使得保险合同之条件不合理、不合法、不正当地成就，则依法应该视为该条件不成就，因此不产生保险人赔偿保险金之后果，反而产生保险人解除保险合同之惩罚性后果。

但是，如果受益人故意制造保险事故，情况则不同。皆因受益人虽然是保险合同主体，但是毕竟其不是保险合同当事人，故其行为后果不能比照投保人来确定。因此，受益人故意造成被保险人死亡、伤残或者疾病的，仍然视为保险事故已经发生，即法律行为之条件已经成就，保险人应当承担赔偿保险金责任。但是该恶意受益人不仅不能受益，还应受到处罚。

也有人认为，虽然受益人故意造成被保险人死亡、伤残或者疾病的，但是被保险人受到伤害后，对于被保险人、或者其他受益人、或者被保险人的继承人造成的损害与痛苦却是真实的，伤害程度并没有什么区别，故保险人应该承担给付保险金之责任。但是这样的解释，似乎很难服人。如果是这样，那么投保人故意造成被保险人死亡、伤残或者疾病的，被保险人受到伤害后，对于被保险人、或者其他受益人、或者被保险人的继承人造成的损害与痛苦也是真实的。为何这个时候，保险人就可以不支付保险金呢？这是解释不通的。

上海市浦东新区人民法院（2016）沪0115民初51739号民事判决书载明，李某因无力偿还债务等原因，遂产生寻找结婚对象、制造保险事故进而实施保险诈骗之念。2013年2月，李某与被害人廖某仙相识，并于同年3月5日登记结婚。3月9日购买了保险公司的保额为300万元的意外保险（被保险人为廖某仙，受益人原为法定受益人，后经李某申请变更为自己）。为制造保险事故，李某指使周某于2013年5月9日杀害廖某仙。保险公司认为，涉案保单系李某为骗保而购买，以合法形式掩盖非法目的，属无效合同，故于2016年3月14日回函拒绝赔付。三继承人遂诉至法院。审理中，可以看出操作投保的人系李某，而登记的投保人为廖某仙。

法院认为，保险单明确记载投保人为廖某仙，又因本案系网上投保，保险单内容均基于投保人在网上填写内容而生成，故可推定投保流程中记载的投保人亦为廖某仙。也就是说，根据保险合同书面记载，投保人为廖某仙。第一，保险公司混淆了“投保人”与“实际操作人”。投保人系具有投保意愿并提出投保要求的民事主体，“提出投保要求”并不等同于投保人亲历亲为，且保险公司也确认网上投保操作过程无法识别实际投保人是何人。即使如保险公司所述，咨询客服、选定保险产品、填写投保单均系李某所为，李某系整个购买保险过程的实际操作人，但这也不能证明购买涉案保险产品并非廖某仙本人意愿。关于支付保费，保险公司并未举证证明系李某信用卡支付，即使确系李某信用卡支付，购买涉案保险产品时，李某与廖某仙系夫妻关系，使用夫妻共同财产支付保费亦属合理。第二，刑事判决书认定事实虽然描述为“李某购买”涉案保险产品，但是并未认定李某为投保人；根据刑法关于保险诈骗罪的规定，投保人、受益人故意造成被保险人死亡、伤残或者疾病，骗取保险金的，构成保险诈骗罪，可见故意造成被保险人死亡而构成保险诈骗罪的主体并非只有投保人，李某作为受益人亦可构成保险诈骗罪的主体。第三，保险公司确认“客服在收到被保险人签名为廖某仙的变更申请表后，打过其电话核实情况，廖某仙确认同意变更受益人为其丈夫，保险公司在系统里做了相应变更，并将变更受益人的批单发送给廖某仙，并电话通知了她”，可见，廖某仙本人对本案保单的存在明确知晓，亦可佐证廖某仙应对其本人为投保人知悉，进而佐证廖某仙投保系其真实意思表示。综上，确认涉案保单的投保人为廖某仙。李某作为受益人故意造成被保险人廖某仙的死亡，故丧失受益权。被保险人廖某仙的法定继承人为三继承人，保险人应当向三继承人支付保险金300万元。

2. 受益人因某些事件发生而失去了受益权

基于某些事件的发生，受益人并无过错、无主观恶意，但是也因此失去了受益权，不再具有受益人的身份。

（1）受益人死亡

依据《保险法》第四十二条规定，可知受益人先于被保险人死亡的，或者受益人与被保险人在同一事件中死亡，且不能确定死亡先后顺序的，推定受益人死亡在先。这些情形下，该受益人不再具有受益权，即不再是受益人。

河南省南阳市中级人民法院（2017）豫13民终4064号民事判决书载明，姜某原系保险公司的业务员，2015年1月1日，被保险人姜某在保险公司处购买了终身寿险，约定身故受益人为赵某。被保险人姜某与赵某系夫妻，婚后生育长子赵小某。

2016年11月23日，公安机关发现一面包车。车内有一男一女两人，均已死亡。现场有方便面、农药瓶等物。后查明死者身份：男性尸体为赵某，女性尸体为姜某。继承人赵小某向保险公司索赔，保险公司拒赔，引发诉讼。

法院认为，赵小某依照自身条件已经提供其客观上所能提供的与确认保险事故性质、原因有关的证明和资料。但保险公司认为被保险人姜某系自杀，属于免责事由，但保险公司未能提供充分证据予以证实。赵小某已经提供初步证明材料，如果还要负责调查、确认保险事故发生的具体原因，显然违背保险契约的本质，显失公平。保险人的证据收集能力及分析能力显然要高于赵小某，被保险人死亡已成事实，保险公司若认为被保险人系自杀，应当对此承担举证责任。因保险公司未能提供充分证据证实被保险人系自杀，故对保险公司的辩称理由不予采纳。依据《保险法》第四十二条规定，赵小某作为被保险人姜某的法定继承人有权要求保险公司支付相应的保险金。对于赵小某请求保险公司支付保险金的请求予以支持。

（2）放弃受益权

同样，依据《保险法》第四十二条规定，受益权可以放弃，如果受益人明确放弃受益权，则该受益人不再是受益人。

（3）身份关系消失

依据《最高人民法院关于适用〈中华人民共和国保险法〉若干问题的解释（三）》第九条规定，如果在指定受益人的时候，载明了受益人与被保险人的身份关系，但是在保险合同期间内，该身份关系发生了变化、消失，则可能导致该受益人不再是受益人，失去受益权。

3. 被保险人提出变更受益人

《保险法》第四十一条规定："被保险人或者投保人可以变更受益人并书面通知保险人。保险人收到变更受益人的书面通知后，应当在保险单或者其他保险凭证上批注或者附贴批单。投保人变更受益人时须经被保险人同意"。《最高人民法院关于适用〈中华人民共和国保险法〉若干问题的解释（三）》第十条规定："投保人或者被保险人变更受益人，当事人主张变更行为自变更意思表示发出时生效的，人民法院应予支持。投保人或者被保险人变更受益人未通知保险人，保险人主张变更对其不发生效力的，人民法院应予支持。投保人变更受益人未经被保险人同意的，人民法院应认定变更行为无效。"第十一条规定："投保人或者被保险人在保险事故发生后变更受益人，变更后的受益人请求保险人给付保险金的，人民法院不予支持。"基于上述法律、司法解释规定，我们可以得出如下理解：

（1）投保人、被保险人可以指定受益人，当然也可以变更受益人。

指定受益人的时候，应以被保险人的意思为准，那么在变更受益人的时候，也应该以被保险人的意思为准。所以，投保人也不可以自行变更受益人，而必须得到被保险人的同意后方可为之，且应该能够有证据证明这一点。投保人未得到被保险人同意或者没有证据证明这一点，直接要求变更受益人的，这样的变更行为无法律效力。

所谓受益人变更，应该有两方面的内容：一是指受益人指向的变更，例如受益人由张红变成了李丽；二是指受益人受益顺序、受益份额的变更，例如原受益人张红依然是受益人，但是其受益份额由50%变成了25%等。以上情形均适用前述规则，均应得到被保险人的同意后方为有效。

湖北省武汉市中级人民法院（2015）鄂武汉中民商终字第02386号民事判决书载明，2014年4月17日，君达公司为包括彭某秀在内的员工10人申请投保团体人身保险。2015年1月5日，彭某秀因右拇指末节离断伤住院，期间共花费医疗费28937.72元，该款由君达公司垫付。2015年3月1日，君达公司持“彭某秀”签名的《授权委托书》向保险公司申请理赔。2015年3月27日，保险公司将25867.35元保险金付至君达公司账户。因保险公司未将保险金支付给彭某秀，故彭某秀诉至法院。审理中，君达公司自认其提交的《授权委托书》上“彭某秀”的签名并非彭某秀本人所签。

法院认为，彭某秀作为被保险人及受益人，根据法律规定和合同约定，保险事故发生后，保险公司在理赔时应当将保险金支付给彭某秀。但保险公司却在未变更受益人的情况下，仅凭君达公司提交的《授权委托书》便将保险金支付给君达公司，没有进行其他审核，未尽到审核义务。君达公司庭审中已自认其提交的《授权委托书》上“彭某秀”的签名并非彭某秀本人所签，君达公司也未能举证证实彭某秀委托其代为领取保险金。因此，保险公司没有依约履行合同义务，彭某秀要求保险公司给付意外伤害医疗保险金25867.35元的诉讼请求，应予以支持。至于保险公司与君达公司之间关于已付保险金25867.35元的纠纷，可以另循途径解决。

（2）变更受益人必须以书面形式提出，该书面形式必须到达保险人方为有效。

我们知道，保险合同并不一定是要式合同，口头达成一致也可以认定保险合同的成立。但是，依法来说，受益人的变更必须以书面形式表现，而不能以口头形式表现。不过，对于“书面形式”也不应该狭隘地理解，书面形式只是为了保障证据效力，不一定表现为字据。譬如现在常见的视频方式，足以载明被保险人的真实意思表示、足以表明被保险人的真实身份、足以表明意思表示作出的时间，也应理解为“书面形式”。

变更受益人，实际上是对人身保险合同进行的重大变更。《民法典》第五百四十三条规定：“当事人协商一致，可以变更合同。”不过，变更受益人之意思表示，并不需要与保险人协商、也不需要一致，因为这是投保人、被保险人的单方意思表示，保险人无权评判、无权协商，只能接受与附和。但是，变更受益人的书面申请、通知、意思表示，必须到达保险人，否则保险人不知道这个意思表示，无法表示接受、附和，因此也就无法对保险合同进行变更。

吉林省四平市中级人民法院（2015）四民三终字第131号民事判决书载明，投保人梁某于2015年2月11日在保险公司投保安行宝两全保险，被保险人为梁某，投保时指定受益人为王某杰。梁某于2015年3月7日晚发生车祸，8日入住四平市中心医院，2015年4月5日死亡。投保人、被保险人梁某于2015年3月17日口头向保险公司申请变更受益人，当日保险公司派调查员前往医院对梁某的意思表示进行录像，次日保险公司单位的工作人员前往医院办理了变更手续，包括申请人填写保险合同变更申请书，保险人办理保险合同受益人变更批单、客户基本信息变更批单。虽然梁某四肢瘫痪、不能说话，但录像中显示其能明确用头部及眼睛动作对调查员的询问予以回应，且四平市中心医院护理记录和病程记录载明梁某在2015年3月17日、18日意识清醒。

一审法院对变更受益人是梁某真实意思表示的事实予以确认。王某杰主张保险公司存在欺诈行为，与投保人恶意串通损害原告利益，并未提供相应证据，不予认定。遂判决：驳回原告王某杰的诉讼请求。

二审法院认为，只要梁某的意思表示真实，即合法有效。四平市中心医院的护理记录、病程记录、保险公司派员工到医院当面受理梁某变更受益人申请的录像资料及捺有梁某手印的保险合同变更申请书足以证明梁某变更受益人的意思表示真实。且截至本案二审庭审结束时王某杰也未能向法庭提供梁某在申请变更受益人时已意识不清，不是其真实意思表示的证据。王某杰提供的录音，均不能证实变更受益人不是梁某真实意思表示的事实。在变更受益人的过程中，梁某是否向保险公司以书面形式发出通知、保险公司如何办理受益人变更批单，不是梁某变更受益人行为是否合法有效的法定条件及事由，保险公司派员工到医院当面受理梁某的申请并不违反法律、法规的规定。综上，王某杰的上诉理由因没有证据及法律依据，不予采信，对其上诉请求不予支持。

（3）保险人必须做出批注或者批单。

保险人在收到投保人、被保险人要求变更受益人的书面材料后，且有证据表明被保险人予以同意的情况下，应该无条件接受，且应该即刻做出变更合同之标志，即在保险单或者其他保险凭证上批注或者附贴批单。所谓批注，是指在原保险单、保险凭证上直接加以修订或者注明，表示受益人变更之事实。所谓批单，是指保持保险单、保险凭证不做变动，但是另行制作批单，说明该受益人已经变更之事实。无论什么方式，本质相同，均是表明受益人变动之证据。

但是，即便保险人未依法作出批注或批单，只要投保人、被保险人有证据证明自己已经作出了变更受益人的书面意思表示，且该意思表示已经到达了保险人，则该意思表示即应有效。因该意思表示乃单方变更保险合同之意思表示，只要作出、到达保险人后即有效，保险人是否出具相关证据，均不应影响该意思表示之效力。

吉林省吉林市中级人民法院（2017）吉02民终2681号民事判决书载明，1997年11月30日，吴某涛作为投保人、被保险人向保险公司购买了终身养老保险，受益人处为法定。2011年10月19日，吴某涛作为投保人向保险公司提交了保险合同变更申请书，申请将身故保险金受益人变更为张某梅（姓名：张某梅；是被保险人的：老婆；受益份额为100%）。2016年8月10日，吴某涛于其家中正常死亡。

一审法院认为，吴某涛于2011年10月19日对保险合同受益人作出变更，保险公司亦同意了其变更申请，此时受益人应当变更为张某梅，保险公司应当自保险合同约定条件成就时即吴某涛死亡时，按照保险合同约定向受益人张某梅支付保险金4万元，故对张某梅的请求，一审法院予以支持。

保险公司认为张某梅不符合保险合同约定的“老婆”身份，按照法律规定，属于“保险事故发生时身份关系发生变化的，认定为未指定受益人”，保险金应按照遗产处理。一审法院认为，依据公证书记载，吴某涛自2002年4月16日离婚后至死亡时未再婚，即变更受益人始至死亡时止未再婚，一审法院无法认定吴某涛所述“老婆”这一身份在保险事故发生时属于受益人身份关系发生变化。另外，吴某涛指定受益人张某梅身份为老婆，保险公司亦未对吴某涛提出的此身份进行审核，在此称谓下，就现有证据仅可确定为张某梅，本案所涉保险金为身故保险金，系吴某涛作为投保人及被保险人为张某梅利益而设定的债权，受益人能够确定，不应将其遗产化处理。

二审法院认为，虽然张某梅并非吴某涛的妻子，但因吴某涛于2002年与王某秀离婚后未再婚，并不会因此导致保险受益人无法确定，即根据吴某涛的申请能够确定保险受益人为张某梅。故保险公司上诉主张吴某涛变更保险受益人为张某梅无效，缺乏事实根据和法律依据，不予支持。驳回上诉，维持原判。

（4）变更受益人意思表示原则上以发出时为生效时刻，另有确定时间情形除外。

因这样的变更受益人之意思表示是单方意思表示，只要作出该意思表示就有效。而“作”与“作出”有所不同，譬如这个想法活跃在投保人、被保险人脑海中的时候，是为“作”，无人知晓，也不可能有什么法律效力。必须体现出来，必须表达出来。

那么，投保人、被保险人自己把这个意思表示写出来，才是“作出”，可是这个意思表示还须向保险人送达才可以。所以，必须体现出送达之行为。

因此，以“发出”作为变更受益人意思表示的生效时间，最为合适。只有这样，该意思表示才可能被他人感知，也容易产生证据上的效力。至于这个发出是什么方式，则可多种多样，邮寄信函、电子邮件、网上变更、在聊天软件中通知保险代理人等，我看均可以。

假如在这个书面的意思表示中，投保人、被保险人确定了一个时刻，如“某月某日某时”“三天后”“收件日 24 时”等，确定在这个时刻为变更受益人之时间，则应该以此为准。假如这个书面意思表示中并无具体时间，则保险人可能在批单、批注中会写明一个变更受益人时间，如果投保人、被保险人对此无所谓，也就这么着了。但是，如果投保人、被保险人对此有异议，则保险人定的这个时间无效。

当然，也不能以保险人收到该书面通知的时间或者保险人做出批单批注的时间为准，只能以投保人、被保险人发出变更受益人意思表示的时间为准。因为在这个时间点，投保人、被保险人的意思表示已经准确无误发出，且能够为人感知，当为生效时刻。

北京铁路运输法院（2016）京 7101 民初 35 号民事判决书载明，2014 年 12 月 12 日，常某钢作为投保人、以自己为被保险人，投保终身寿险，投保书上身故保险金受益人姓名一栏为“法定”。常某钢于 11 月 2 日 15 时 18 分死亡，死亡原因：猝死。

法院认为，按照保险合同约定，受益人为常某钢的女儿。假设刘某清可以作为该笔身故保险金的请求权人，那么结合本案来看，前提条件为常某钢在生前将该保险合同的身故受益人由法定变更为刘某清，因此引出本案的第二个争议焦点为本案的受益人是否变更为刘某清。

刘某清主张既是投保人又是被保险人的常某钢在生前将受益人由法定变更为刘某清，其认为证据有二：第一份证据为刘某清和业务员的通话记录，第二份证据为常某钢口头遗嘱。首先对于通话录音，该份通话录音形成于 2015 年 12 月 19 日常某钢去世之后，通话内容为刘某清向贾某华询问常某钢生前是否和贾某华打过电话询问变更受益人的事宜，录音中，贾某华提到“他第一次给我打电话，问到这个问题了”“我不记得你和我说了，不记得给我打过电话了，是被保险人亲自给我打的电话，我也和他说了，这个我记得，他说行，回头联系我，他就没有联系我”“他没有和我说要办理”等，这些回答比较模糊、不清晰，无法得出贾某华在录音中明确承认常某钢生前作出了将受益人变更为刘某清的意思表示。故该份证据不予采信。第二份证据为常某钢口头遗嘱，该份口头遗嘱由常某钢于2015年10月25日下午进行的口述，由刘×于10月27日、28日左右将口述内容记录下来，形成电子文档。口头遗嘱载明：“一、委托女友刘某清全权办理我常某钢一切事宜；二、我所有医疗抢救费用由我及刘某清两人共同经济收入及财产、存款（包括但不限于投资、投保）承担，若有剩余财产由刘某清继承，以报答刘某清多年来对我的照顾，也便于刘某清今后生活；三、鉴于女儿无视我的存在，我不给女儿留任何遗产。”从口头遗嘱的内容上看，常某钢侧重于将保险金作为遗产进行处理，而不是将受益人变更为刘某清。刘某清的两份证据均无法证明常某钢在生前明确作出了主张将受益人变更为刘某清的意思表示，故刘某清关于变更了受益人的主张不予支持。刘某清没有请求的权利，法院驳回刘某清刘某清的诉讼请求。

（5）变更受益人之意思表示必须在保险事故发生前作出。

首先，如果保险事故发生，则被保险人已经死亡，很难判定变更受益人是不是被保险人的真实意思表示了，这与法律规定有所冲突。

其次，人身保险合同中的受益人，是法定的具有保险金请求权的人，一旦保险事故发生、被保险人身故，则受益人请求保险金的条件即为成就，受益人的此种权利是法定权利、而非单纯合同权利，即受益人对于保险金而言是原始权利人而无限制。

因此，我国《保险法》第二十三条规定，任何单位和个人不得非法干预保险人履行赔偿或者给付保险金的义务，也不得限制被保险人或者受益人取得保险金的权利。

这里的“任何单位和个人”当然包括投保人，所以保险事故发生后，投保人无权变更受益人，而被保险人已经身故，也谈不上变更之说了。

所谓“作出”，结合前面的阐述，应该是投保人、被保险人将变更受益人之意思表示向保险人发出。即在保险事故发生之前，这个意思表示已经向保险人发出，但是如果保险人是在保险事故发生后才收到该意思表示，则该意思表示仍然有效，原受益人不享有受益权。

若是在保险事故发生之前，投保人、被保险人已经有变更受益人的打算，哪怕是已经写出了这么一封邮件，可是没有向保险人发出，那也没有法律效力，不算是“作出”，还是应该由原受益人享有受益权。

需要说明的是，要明确“保险事故”之概念。譬如被保险人受到意外伤害、过了一段时间后医治无效死亡，何为保险事故？要看保险合同的约定。

但是对于受益人而言，则只有“死亡”方为保险事故，只有被保险人死亡，保险事故方为成就，受益人方得以享有受益权。否则，即便被保险人受到某种伤害，奄奄一息，但是只要没有死亡，就不算保险事故发生，投保人、被保险人仍然有权变更受益人。

广东省深圳市中级人民法院（2014）深中法民终字第2817号民事裁定书载明，原告分别系被保险人王某甲的父亲和母亲，王某妃系王某甲的女儿。被保险人王某甲于2013年12月14日身故。2010年1月18日，被保险人王某甲申请将身故受益人变更为王某妃，保险公司予以批注同意。

一审法院认为，本案被保险人王某甲于2013年12月14日身故，依法应由该保险确定的受益人王某妃主张保险权利。虽然根据原告出示的证据《委托书》，被保险人王某甲在2012年7月17日曾经书面表示“受益人女儿王某妃因她表现极差，所以受益人不考虑她”，但没有证据显示，被保险人王某甲在身故前将该变更受益人的意思表示书面通知了保险人。被告虽然在被保险人王某甲身故后收到变更受益人的函件，但并没有将涉案保险的受益人变更为本案原告。因此，原告就涉案保险合同主张权利，不符合我国《保险法》第四十一条的规定，缺乏合同依据。鉴于此，原告不是本案的适格当事人，对原告的起诉，依法应当予以驳回。

四、受益份额被处理

如果受益人人数不止一人，并且部分受益人存在失去受益权情形，这时候该受益人的受益份额需要被另行处理。

我们可以对照看一下保险法以及相关司法解释的规定：《保险法》第四十二条规定："被保险人死亡后，有下列情形之一的，保险金作为被保险人的遗产，由保险人依照《中华人民共和国继承法》的规定履行给付保险金的义务：（一）没有指定受益人，或者受益人指定不明无法确定的；（二）受益人先于被保险人死亡，没有其他受益人的；（三）受益人依法丧失受益权或者放弃受益权，没有其他受益人的。受益人与被保险人在同一事件中死亡，且不能确定死亡先后顺序的，推定受益人死亡在先。"《最高人民法院关于适用〈中华人民共和国保险法〉若干问题的解释（三）》第十二条规定："投保人或者被保险人指定数人为受益人，部分受益人在保险事故发生前死亡、放弃受益权或者依法丧失受益权的，该受益人应得的受益份额按照保险合同的约定处理；保险合同没有约定或者约定不明的，该受益人应得的受益份额按照以下情形分别处理：（一）未约定受益顺序和受益份额的，由其他受益人平均享有；（二）未约定受益顺序但约定受益份额的，由其他受益人按照相应比例享有；（三）约定受益顺序但未约定受益份额的，由同顺序的其他受益人平均享有；同一顺序没有其他受益人的，由后一顺序的受益人平均享有；（四）约定受益顺序和受益份额的，由同顺序的其他受益人按照相应比例享有；同一顺序没有其他受益人的，由后一顺序的受益人按照相应比例享有。"

我们可以得出如下的一些结论：

1. 受益份额被处理的情形，仅限于受益人为多人、且仅部分受益人失去受益权的情形

如果受益人仅为一人，或者受益人虽然是多人、但是所有的受益人均失去了受益权，那么依据《保险法》第四十二条，前述情形视为"无受益人"，依法而言，此刻保险金属于被保险人的遗产，不存在什么受益份额之说，更不存在对受益份额的处理问题。

只有当受益人超过一人，且仅部分受益人失去受益权时，因为还存在其他受益人，所以保险金不可能成为被保险人遗产，还需要进行受益权分

配，对受益份额进行重新的变动与处理。

2. 受益份额的处理，首先以保险合同约定为准

需要对受益份额进行处理的时候，应该先尊重当事人的意思，以保险合同的约定为准。

通常来说，保险合同中这样的约定很罕见。这是因为，投保人在签订保险合同、签订投保单的时候，大多是相信受益人的、认为受益人会在被保险人身后死亡，如果没有这样的基本信任，则几乎不可能将某人确定为受益人。

那么基于这样的信任，投保人很难对受益人进行限制、给予不信任的安排等，进而约定受益人故意杀害被保险人情形下怎么办云云。所以，很少看到在保险合同中有人约定，如果受益人丧失受益权、受益人先死亡情形时如何如何，这也是人之常情。

不过，这也不是绝对，也许有投保人在填写投保单的时候确实考虑到这样的情况，对未来变化有所预期，并进行适当的安排，这也是其合法的权利，应当尊重，并且保险人应该配合其行使权利。即投保人可以在投保单中对部分受益人失去受益权后的受益份额分配进行相关的安排，这个安排就未必等同于司法解释的规定，而是投保人有意为之。打个不恰当的比喻，就好像遗嘱继承与法定继承之间的区别。所以应该首先看保险合同中有无相关的约定，如果有约定的话，则以保险合同约定为准进行受益份额的安排。

3. 受益份额的处理仍以被保险人意见为准

按照《保险法》第三十九条规定，投保人指定受益人时须经被保险人同意。我们认为，指定受益人，不仅是指定受益人的姓名、身份，也包括指定受益人的受益份额。若涉及对受益份额进行重新处理与安排，不仅涉及某个受益人失去受益权，而且涉及其受益份额被重新安排给他人，这个过程同样属于指定受益人之情形。因此，此种安排也需事先经过被保险人同意。

假如某受益人失去了受益权，而保险合同中对此并无事先约定，但

是此时被保险人仍然生存，则经投保人、被保险人商议，可以对该受益份额进行重新的安排，即投保人、保险人之间可以进行补充约定、可以达成保险合同的补充协议，这样的补充约定也是保险合同的约定，具有法律效力。

假如某受益人失去了受益权，而保险合同中对此并无事先约定，但是此时被保险人已经身故，则保险事故已经发生。或者说被保险人虽然未死亡，但是已经无法表达意思表示，则此刻已经不存在“被保险人同意”之前提，因此这个时候，不可以由投保人自行决定重新安排受益份额或者比例了，也就是说投保人、保险人之间已经不可以进行补充约定了，也不可以就此问题达成保险合同的补充协议了。只能按照司法解释规定，重新依法确定受益份额。

4. 依法分配受益份额，先考虑受益顺序的约定

按照司法解释的规定，在重新分配受益份额时，应该首先考虑受益顺序。即如果被保险人设定了两个以上的受益顺序，即表明被保险人首先希望第一顺序的受益人完全享有受益权，而第二顺序的受益人原则上不享有受益权，所以才有这种受益顺序的安排。那么，在重新分配受益份额的时候，也应该考虑、尊重被保险人的这一安排。即首先要考虑受益顺序，只要在第一顺序受益人中尚有一位有权的受益人，则第二顺序的受益人就完全不能行使受益权。只有当第一顺序的受益人全部失去了受益权或者全部不在人世，则第二顺序的受益人才有资格行使受益权。当然，受益顺序理论上可以有很多个，不止两个，那就以此类推。

《最高人民法院关于适用〈中华人民共和国保险法〉若干问题的解释（三）》第十二条规定，约定受益顺序但未约定受益份额的，由同顺序的其他受益人平均享有；同一顺序没有其他受益人的，由后一顺序的受益人平均享有。这一条中还规定“未约定受益顺序和受益份额的，由其他受益人平均享有”，其实我们也可以理解为“只有一个受益顺序”。这样的话，前述两项规则就是一回事了。

5. 如果未事先约定受益份额，则应该由同顺序受益人平均享有

在订立保险合同、确定受益人的时候，被保险人完全可以同时确定不同受益人的不同受益份额，以体现亲疏有别，这一点与遗嘱继承类似。如果被保险人不确定不同的受益份额，则可推断为对不同的受益人一视同仁、平等以待，那么重新分配受益份额的时候，也应该使得其余的受益人平等分配之，以体现、尊重被保险人的意愿。

譬如，只有一个受益顺序、或者在第一顺序受益人中，存在四个受益人，无受益份额之分，那么每个受益人的受益份额实际上是各 1/4，如果其中一个受益人丧失了受益权，其拥有的 1/4 受益权由剩余三受益人均分，即剩余三受益人再各获得 1/12 的受益权。

假如同样情形下，如果其中两个受益人丧失了受益权，其拥有的 2/4 受益权由剩余两受益人均分，即剩余两受益人再各获得 1/4 的受益权，以此类推。

6. 如果事先约定受益份额，则应该由同顺序受益人按照比例享有

在订立保险合同、确定受益人的时候，被保险人确定不同受益人的不同受益份额，这体现出亲疏有别，那么重新分配受益份额的时候，也应该按照这样的比例使得受益人分配之，以体现、尊重被保险人的意愿。

譬如，只有一个受益顺序或者在第一顺序受益人中，存在四个受益人，受益份额为 50%、20%、20%、10%，如果其中第一位受益人丧失了受益权，其拥有的 50%受益权由剩余三受益人按照比例分配。

第五节 投资型保险信息披露

投资型保险因其自身特点以及风险控制需要，在条款中必然涉及很多特有的投资性条款、名词、方式等，如与普通人寿保险完全不同的保障责任、不同的投资账户、保险费在不同账户中的分配比例、账户管理费、年费、投资单位、账户价值计算、提前支取以及管理费、部分支取以及管理费等，这些在传统的寿险合同以及业务中是根本不存在的。因此，对于这些内容，更容易出现误解与纠纷。

目前市场上的投资型保险分为三类：分红险、万能寿险、投资联结险。原中国保险监督管理委员会《人身保险新型产品信息披露管理办法》第二条规定，本办法所称人身保险新型产品（以下简称“新型产品”），是指投资连结保险、万能保险、分红保险以及中国保险监督管理委员会（以下简称“中国保监会”）认定的其他产品。所以，投资型保险产品，我们也可以称之为人身保险新型产品。

所谓分红保险，依据原中国保监会《分红保险管理暂行办法》第二条规定，是指保险公司将其实际经营成果优于定价假设的盈余，按一定比例向保单持有人进行分配的人寿保险产品。分红险投资策略较保守，收益相对其他投资险为最低，但风险也最低。

所谓万能保险，是指除与传统寿险一样给予保护生命保障外，还可以让客户直接参与由保险公司为投保人建立的投资账户内资金的投资活动。有的万能保险设计的模式是投资收益可以用于风险保障之保险费。万能寿险设置保底收益，保险公司投资策略为中长期增长，主要投资工具为国债、企业债券、大额银行协议存款、证券投资基金等。

所谓投资连结保险，依据中国保监会《关于规范投资连结保险投资账户有关事项的通知》第一条规定，是指包含保险保障功能并至少在一个投资账户拥有一定资产价值的人身保险产品。本通知所称投资连结保险投资账户（以下简称投资账户）是指保险公司为投资连结保险产品设立的、资产单独管理的资金账户。投资账户应划分为等额单位，单位价格由单位数量及投资账户中资产或资产组合的市场价值决定。其第三条规定，投资连结保险产品投保人有权利选择投资账户。保单账户价值应当根据该保单在每一投资账户中占有的单位数量及其单位价格确定。投资账户产生的全部投资净损益归投保人所有，投资风险完全由投保人承担。

由此可见，三种投资型保险还是有一些不同，简单地说，风险程度、投资功能、投保人的可选择性是递增的。总的来说，投资型保险因其主要考虑点为投资收益问题，因此对于被保险人的保障性能就考虑得少了一些。譬如，有些投资连结保险的保险合同条款就约定，如果被保险人死亡，则保险金为赔偿当日的保单账户价值之105%。让我们打一个不太恰当的比方，就如同一个人存款，如果这个人不幸身故了，则银行多给其存款余额的5%而已。可见，这样的保险险种，实际上对于被保险人的生命、健康之保障已经微乎其微了，主要考虑的是投资收益。既然是这样的指导思想，则投资型保险的合同各方心态就与一般的寿险合同当事人不尽相同，有很多独特的诉求或者独特的矛盾。

一、投资型保险产品应善尽说明义务

《保险法》第十七条规定，订立保险合同，采用保险人提供的格式条款的，保险人向投保人提供的投保单应当附格式条款，保险人应当向投保人说明合同的内容。实际上，这个说明义务本质上是对保险产品的一种信息披露。总体而言，是对保险条款的一种披露。考虑到投资型保险产品的复杂性，监管部门要求保险人除了尽到一般性说明义务之外，还要对投资型保险产品尽到更全面、更深层次的信息披露义务。

譬如，原中国保险监督管理委员会《人身保险新型产品信息披露管理办法》第三条规定：“本办法所称信息披露，是指人身保险公司（以下简称‘保险公司’）及其代理人向投保人、被保险人、受益人及社会公众描述新型产品的特性、演示保单利益测算以及介绍经营成果等相关信息的行为。信息披露方式包括但不限于下列形式：（一）媒体、公司网站上的说明和介绍；（二）产品说明会上的说明和介绍；（三）销售人员的说明和介绍；（四）客户服务人员的回访；（五）定期寄送报告资料。”第四条规定：“保险公司开办新型产品，应当制作产品说明书和投保提示书，并按照本办法的规定进行信息披露。”第六条规定：“保险公司销售新型产品，应当向投保人出示保险条款、产品说明书。向个人销售新型产品的，还应当出示投保提示书。”由此可见，对于投资型保险产品，监管部门实际上规定了多重、递进的信息披露规则，换句话说也是多重的说明义务。

首先，是法定的对于保险合同条款的说明义务；其次，是要有产品说明书；再次，是要有投保提示书；最后，是要有公开信息披露行为，如官网介绍、产品说明会、销售人员、客服回访、定期寄送报告资料等。

例如，《人身保险新型产品信息披露管理办法》第十八条就规定，各投资账户提取的各项费用及提取时间就应该在产品说明书中载明，然而在实践中确实大量存在不载、或者载而不明的情形，那就很有可能出现问题。

江苏省苏州市中级人民法院（2016）苏05民终4437号民事判决书载明，2008年6月20日，陈某荣（投保人、被保险人）在保险公司购买投资连结保险。保险单附件1为年保障费用表，该表载明：33岁女性，年保障费用为0.866元；34岁女性，年度保障费用为0.928元。后，保险公司向陈某荣寄送的第五个保单年度（2012年6月20日至2013年6月20日）《保单年度报告——投连及万能型保险产品》载明，2012年12月20日至2013年6月20日期间，每月扣收保障费用及管理费均为13.7元。第六个保单年度（2013年6月20日至2014年6月20日）《保单年度报告——投连及万能型保险产品》载明，2013年6月20日至2013年12月20日，每月扣收保障费用及管理费均为13.7元。2013年12月21日至2014年6月20日，每月扣收保障费用及管理费均为14.3元。上述扣收费用中5元为保单管理费，剩余为保障管理费。

陈某荣称，2012 年 12 月 20 日至 2014 年 6 月 20 日，保险公司采取四舍五入规则计取的保障管理费用比合同约定的保障管理费用多 0.6 元。陈某荣认为，保险单载明保障管理费精确到厘，保险公司在实际收取费用时采用四舍五入的方式精确到角，缺乏依据。保险公司“四舍”少收取其费用系对自身权利的放弃，未经其同意“五入”多收取费用则系对其权利的侵害。保险公司所谓计算至被保险人 60 周岁，四舍五入误差相抵未多收费用，系误导消费者。若被保险人在 60 周岁之前死亡，则保险公司陈述即不成立。保险公司多收取费用的行为，在签订保险合同时及履行过程均未主动向其披露，直到 2013 年其向保险公司提出该问题，保险公司才解释是四舍五入出现的误差，保险公司刻意隐瞒多收取费用的事实，构成欺诈，应根据消费者权益保护法赔偿其相应损失。

审理中，法院至中国保监会江苏监管局苏州监管分局进行调查。该局工作人员称，保险公司收取保障管理费，不违反法律规定，该项费用亦无需备案。关于收取费用时应精确至小数点后几位，法律法规及行业内均无明文规定。故保险公司采取四舍五入规则精确至角位，并不违法，且行业内也有保险公司如此操作。案涉保险单所附保障管理费用表中数字也是经过四舍五入的。

一审法院认为，根据保险合同，保险公司可按月收取保障管理费，该约定不违反法律规定。保险公司在实际收取该费用时采用了四舍五入规则精确至角位。四舍五入规则自古沿用至今，作为一项重要的结算规则在社会生活中广泛适用，适用该规则时舍与入的概率相当，基本保证双方利益平衡，故该规则存在其合理性。本案中亦是如此，合同期内每年的保障管理费有舍有入，至被保险人 60 周岁时，由于四舍五入产生的正负误差也基本逐步相抵。现陈某荣仅选取合同期内一段时间进行判断，无法全面反映适用该规则的结果和影响。且，案涉保障管理费仅记载于陈某荣保障账户中，合同尚未到期或因其他原因提前终止，双方实际结算时间未至，故目前保险公司采用四舍五入规则计费并未实际侵害陈某荣实体权利。判决：驳回陈某荣的全部诉讼请求。

二审法院认为，陈某荣与保险公司之间的保险关系依法成立并有效。虽然保险单附件1年保障费用表列明保障费用为小数点后三位，这只是告知投保人需交保费的理想状态，在现实生活中不具可行性。保险公司在前几年收取保费即采取了四舍五入的方式，陈某荣未提出异议，视为认可该收取方式。四舍五入保留法的误差总和是最小的，相对其他计算保留法精确度高且公平合理，是众所周知的习惯而无需当事人举证。保险公司收取保费的方式并无不当。陈某荣的上诉理由依法不能成立。驳回上诉，维持原判。

这个案件中，投保人打输了官司，我们都认同计算费用方式应符合一般人的理解模式，判决本身也没有任何问题。不过，从侧面我们可以思考一个问题，就是关于保障费用，实际上就是保险费，这个计算方式是否在产品说明书中载明了？是否说清楚了？如果没有说清楚，导致投保人不满意而提起诉讼，那还是保险人的信息披露义务没有尽到，工作没有做到位，从而导致了投保人的误解、猜疑，以至于产生没有必要的诉讼。如果没有善尽说明义务，则保险人很容易导致败诉风险，从而出现巨大经济损失。

山东省青岛市中级人民法院（2015）青金商终字第295号民事判决书载明，2011年1月1日，刘某春作为投保人及被保险人向保险公司投保分红型保险，并交纳高额保险费。后，退保时，发现现金价值计算无合同依据，双方发生纠纷，诉至法院。

一审法院认为，首先，本案采取电子投保的方式，刘某春仅签署了电子投保申请确认书、人身保险（个人渠道）投保提示书两份文件，该两份文件并未对解除合同涉及的“现金价值”条款进行明确释义和说明，且在双方保险业务往来电子邮件中保险公司亦未对该条款进行明确释义和说明，保险公司亦未提交相关证据证明在签约时对解除合同涉及的“现金价值”条款进行明确释义和说明。因保险合同解除，刘某春从保险公司处的保单贷款及利息应向保险公司返还，保险公司要求扣除贷款本金及利息的答辩请求，有事实和法律依据，予以认可。

二审法院认为，本案主险为保障兼分红型保险合同，每年的分红测算表及现金价值表是保险合同的基本内容。关于在订立合同时，刘某春是否知道或者应当知道分红测算表及现金价值表的问题，保险公司认为，刘某春在《电子投保申请确认书》和《人身保险（个人渠道）投保提示书》上签名，确认书上刘某春手写“本人已阅读保险条款、产品说明书和投保提示书，了解本产品的特点和保单利益不确定性”，投保提示书载明“犹豫期后解除保险合同请您慎重”“请您充分认识分红保险、投资连结保险、万能保险等人身保险新型产品的风险和特点”等内容。在保险公司提交的人身保险投保书（电子版）中，显示刘某春勾选“选择电子保单服务”，即保险合同以数据电文的形式展现在保险公司官方网站上，不再递送纸质合同。根据上述证据，保险公司已履行明确说明义务且刘某春已知晓保险合同内容。对此，明确说明义务制度的主旨是让投保人了解保险合同内容尤其是限制其权利的条款。本案中，刘某春提交的其与保险代理人的通知录音载明，保险公司在订立合同过程中，未明确告知刘某春退保时只退现金价值以及现金价值的具体含义和相应的数额；对于刘某春要求每年百分之五、百分之六的分红要求，保险公司亦未予以明确否认。因此，刘某春在订立本案保险合同时对合同内容存在重大误解。由于刘某春系于2014年2月18日收到书面保险合同，且于2014年4月1日提起诉讼请求撤销合同，故，刘某春的起诉在法律规定的期限之内。

随着互联网保险电子商务的发展，开始出现电子投保方式。借助互联网系统，不仅保单实现电子化、无纸化，保险合同也实现电子化、无纸化。显然，电子保单和电子保险合同具有节省资源、不受时空地理限制等优势。但是，无纸化的电子合同在为保险关系当事人提供节约、便利的同时，并未降低保险人明确说明义务的履行标准。根据保险法及司法解释的相关规定，保险人应向投保人说明格式条款的内容，尤其是免除保险人责任的条款等仍应履行提示和明确说明义务。本案主险为分红型保险，现金价值表和分红测算表系合同最为基本和重要、最容易发生争议的内容。保险人应对上述内容切实履行提示和明确说明义务，让投保人看到相关内容，并真正了解在犹豫期后退保的后果、分红的预期测算情况以及收益的不确定性。尤其是在大额保险业务中，保险人不仅应按照司法解释相关规定的要求让投保人对保险人履行明确说明义务签字确认，更应规范保险营销工作，让投保人全面了解保险责任、退保损失、分红测算等内容，并保留相关证据，以减少纠纷隐患、维护保险公司诚信形象。本案中，虽然保险公司将电子合同、保单发送至为刘某春专门开设的一账通账户，但未注重保留投保人实际浏览、了解相关条款的证据。此外，投保人在未实际阅读、了解保险合同内容的情况下，即签名确认相关文件，亦具有一定过失。综合对于重大误解的后果各方当事人的过错比例，本案应撤销保险合同，保险公司返还刘某春所缴纳的保费，刘某春返还保险公司累计获得的红利加生存保证金。原审判决应予以部分改判。

由此可见，对于投资型保险，如果保险人未能善尽说明义务，很可能导致投保人的错误理解，继而产生错误的意思表示，并会导致保险合同的撤销。

投资型保险合同的撤销与一般的保险合同撤销还不太一样，因为投资型保险的保险费会进入特定投资账户进行投资，而投资可能产生收益，也可能产生亏损。而撤销合同，意味着保险人不得不全额归还保险费，假如存在投资亏损，则这样的全额归还保险费就必然意味着保险人将完全承受投资的损失。

实践中，假如投资真的是存在较大收益的话，则往往投保人还不要求撤销保险合同。所以，撤销保险合同的情形，大抵也都是投资存在暂时亏损的情形。这样的情形下，保险人就不得不面临经济损失了。而这样的经济损失，往往就是信息披露不全导致的。

本案中，主审法官特别提示，对于新型投资型保险产品、电子化投保过程，保险人更应规范保险营销工作，让投保人全面了解保险责任、退保损失、分红测算等内容，并保留相关证据，以减少纠纷隐患、维护保险公司诚信形象。这样的提示是非常有必要、也是非常重要的。因为目前各家保险公司都纷纷采用了电子化投保方式，在改善投保效率、优化客户体验方面确实做得不错，也非常便利，然而对于投保人的知情权问题，却注意不够。保险人往往未能尽到说明义务，导致投保人基于错误意思表示而签署保险合同，最终保险人还要承担损失，那么提高效率的意义就大打折扣了。

二、投资型保险产品的收益具有演示化特点

对于投资型保险，投保人最关注的无非就是投资收益问题。偏偏这个投资型保险并不是单纯的理财产品，我们可以理解为是一种以保险产品为形式的理财产品，本质上虽具有理财属性，但其毕竟是保险产品，所谓“保险姓保”，所以还必须表现出保险产品的一般特点来。问题就出在这个地方，如一般的保险产品，一些收益的返还往往具有固定性，有的是固定金额（如每年向被保险人给付生存金 5000 元等）；有的则是固定比例（如每年向被保险人给付保险金额的 5%生存金等）。而且，保险合同中的很多内容也都要求准确、固定，如保险合同中载明的保险金额、保险费、保险限额、现金价值计算表等，都是准确不变的，以便于投保人、被保险人有一个稳定的预期。内容的精准、固定，也是作为一个民事合同所应该有的基本特征。而在这些投资型保险合同中，不可避免地会载明投资收益的内容，基本上每一个保险合同都会有投资收益演示表，演示表的内容因不同的险种而有所不同，大体上表现为：

（1）不同财务表现状态下的收益，譬如分红型保险，可能会演示如果效益好的情况下，每年分红是多少；效益不太好的情况下，每年分红多少；过去三年平均分红是多少云云；（2）不同账户的收益，譬如对于投资连结保险中的激进型账户、稳健性账户、保守型账户均分别列表演示其收益不同与变化。

实际上，这样的演示仅仅是演示，仅仅是一种可能，就好像我们说做买卖好的话能挣多少钱，这只能说是一种预期，也许根本挣不了那么多

钱，也许还会亏损，也许还会破产。然而，没有一个人是确信会破产而去投资的，都是怀着某种美好的期许，觉得将来能挣到钱。这种收益演示表的实质，就是这样的美好期许。

原中国保险监督管理委员会《人身保险新型产品信息披露管理办法》第七条规定，保险公司在产品说明书和其他宣传材料中演示保单利益时，应当采用高、中、低三档演示新型产品未来的利益给付。利益演示应当坚持审慎的原则，用于利益演示的分红保险、投资连结保险的假设投资回报率或者万能保险的假设结算利率不得超过中国保监会规定的最高限额。第二十五条规定，利益演示时，必须注明用于演示的万能保险的假设结算利率，并用醒目字体注明该利益演示是基于公司的精算及其他假设，不代表公司的历史经营业绩，也不代表对公司未来经营业绩的预期，最低保证利率之上的投资收益是不确定的，实际保单账户利益可能低于中、高档利益演示水平。第三十条规定，利益演示应当用醒目字体标明该利益演示是基于公司的精算及其他假设，不代表公司的历史经营业绩，也不代表对公司未来经营业绩的预期，保单的红利分配是不确定的。由此可见，在所有的投资型保险中，收益演示都是假设性的，是一种美好的预期，不是现实、稳定的收益，也不具有法律效力。

但是，很多普通的投保人往往会误以为这些演示都是一种对于未来的稳定的、准确的、现实的收益，所以觉得这样的理财产品很理想，决定投保。为了迎合这样的心理，很多保险公司的营销人员也有意无意、含含糊糊地不去解释，客观上让投保人更加误以为这个演示是一种现实收益。特别是有些险种中，的的确确还有某些固定收益存在，如有固定的红利、有固定的生存金等，这些与投资收益都被设计在同一份保险合同、同一保险产品中，更增加了理解上的难度。到底收益是固定的？还是不固定的？是真实的？还是虚幻的？人们往往会非常困惑。实践中，大量的投保人因为实际收益与收益演示表差距较大而与保险公司产生纠纷。

北京市第四中级人民法院（2018）京04民终104号民事判决书载明，2011年12月2日，张某斌与人寿保险公司签订分红型保险合同，保险期间6年，保费35万元。产品说明书的首页以加大黑色字体记载了“声明”：本产品说明书旨在帮助投保人了解该产品的主要特点，并演示未来的保单收益，其所载资料仅供客户参考，具体以该产品条款规定为准。该产品为分红保险，其红利分配是不确定的。在投保人和被保险人签名处有张某斌的签名，在保险合同送达书后，有手写的“本人已阅读保险条款，产品说明书和投保提示书，了解分红的不确定性”，下有张某斌的签字。张某斌表示手写体的字体不是其本人所写，但签名是其本人所签。

一审法院认为，张某斌与人寿保险公司之间的保险合同系双方当事人真实意思表示，不违反法律法规的强制性规定，合法有效，予以确认。保险合同是由投保单、保险单和其他保险凭证组成的，人寿保险公司在两全保险（分红型）利益条款的红利事项中明确了红利的分配方式，在两全保险（分红型）产品说明书中明确了分红保险产品的性质，也以加大黑色字体记载了产品说明书是帮助投保人了解产品的主要特点并演示未来的保单收益，其所载资料仅供参考，分红保险产品的红利分配是不确定的。在两全保险（分红型）利益演示表中再次以加粗加黑字体标注了上述演示基于公司的假设，不代表公司的历史经营业绩，也不能理解为对未来的预期。红利金额是不确定的，实际红利金额根据分红保险业务实际经营情况决定。在两全保险（分红型）保险合同书中的投保单“投保人/被保险人声明与授权”中，记载投保人和被保险人的声明，表明投保人对产品说明书及分红保险说明书均已了解，且这些陈述及声明都是作为保险合同的一部分，在需要投保人抄录的“本人已阅读保险条款、产品说明书和投保提示书，了解本保险的特点和保单利益的不确定性”（该部分字体较上述字体稍大且进行了加红加粗处理），虽然没有张某斌的抄录，但下方投保人和被保险人签名处均为张某斌本人亲笔签名。在保险合同送达书上，有手写的“本人已阅读保险条款，产品说明书和投保提示书，了解分红的不确定性”，该段文字虽不是张某斌本人书写，但下方的签字为张某斌本人所签。在人寿保险公司对张某斌进行回访的电话录音中，当客服询问其是否清楚这款保险是分红产品，红利分配是不确定的，所看到的宣传材料上高、中、低档分红演示是基于公司的假设，不代表未来实际收益，具体的分红水平按公司当年的实际经营状况而定，张某斌回答“这清楚”。在人身保险投保提示书中，也记载了保险人对投保人的提示，即建议投保人着重了解保险产品的保险功能，不宜将人身保险新型产品与银行存款、国债、基金等金融产品进行片面比较，更不要仅把它作为银行存款的替代品。

从上述的两全保险（分红型）利益条款、两全保险（分红型）产品说明书、两全保险（分红型）利益演示表中均对分红产品的性质、红利分配方式、特点等进行了充足提示和说明，并且在保险合同送达书、回访电话、人身保险投保提示书中均对张某斌进行了多次的提示和明确说明，张某斌均未作出否定或不清楚的表示。在投保单上投保人声明栏中，已经明确反映保险人就保险条款履行了明确说明义务，对保险产品说明书及分红说明书均已了解。即便张某斌对于购买的理财产品性质、收益存在误解，待其收到保险合同文本时也应当已经明晰，但并未见张某斌于犹豫期行使合同解除权。根据本案现有证据，能够证明张某斌在购买人寿保险公司的保险产品时，均在投保单、人身保险投保提示书上签名，在电话回访中表示清楚，应当是明知该保险产品以及该产品的收益、风险等。张某斌具有完全民事行为能力，应当对其自主行为的后果承担相应的责任。当事人对自己提出的诉讼请求所依据的事实或者反驳对方诉讼请求所依据的事实有责任提供证据加以证明。没有证据或者证据不足以证明当事人的事实主张的，由负有举证责任的当事人承担不利后果。张某斌没有提供任何证据证明人寿保险公司在销售该产品时曾经向其许诺年利率5.8%，应该对此承担举证不能的不利后果。保险合同到期后人寿保险公司已经向张某斌返还了满期金并给付了红利和红利利息，保险合同已经终止，对张某斌的诉讼请求不予支持。综上，判决驳回张某斌的全部诉讼请求。

二审法院认为，张某斌上诉称在投保时人寿保险公司工作人员已经口头允诺除不确定的红利外，保险金额带给张某斌的收益不会低于每自然年度按年利率5.8%计算的利息。而被上诉人人寿保险公司坚称，张某斌最终获得的款项就是按照双方之间保险合同的约定计算的满期保险金加红利及红利利息。因此，二审的争议焦点在于保险期间届满后被上诉人人寿保险公司应给付上诉人张某斌多少保险产品收益。

首先，张某斌选择了分三期向人寿保险公司交纳各35万元的保险费，交费期间为3年。那么，按照保险合同条款第四条第一项的约定，满期保险金=370300元×3年=1110900元。其次，虽然涉案保险产品因涉及红利分配，较之一般保险产品更具有专业性和技术性，投保人容易对红利的概念、内容、法律后果等产生误解，但是本案中保险合同的客户服务指南已告知上诉人张某斌自签收保险合同之后十日内为犹豫期，在犹豫期内上诉人张某斌可解除保险合同，人寿保险公司将退还全部保险费，但上诉人张某斌并未在犹豫期内提出解除合同。并且，张某斌不仅在投保单投保人申明栏签名确认其本人已阅读保险条款、产品说明书和投保提示书，了解本保险的特点和保单利益的不确定性；还在人寿保险公司对其进行的电话回访中，亦表示知悉该保险是“每年交35万元，保险期间是6年，交（缴）费期间是3年”以及该保险产品收益及风险，从法律上应视为人寿保险公司已对张某斌送达了保险条款并尽到了条款的提示与说明义务。鉴于此，在保险期间届满后张某斌应获得的满期保险金按照合同约定就应是1110900元，该金额的满期保险金加上红利及红利利息即张某斌应得的保险产品收益。上诉人张某斌称被上诉人人寿保险公司在其投保时口头允诺过高于此的收益，一审法院认定上诉人张某斌未能对此举证证明应承担举证不能的不利后果，对张某斌的该项主张未予支持，并无不妥。即便事实确如上诉人张某斌所说，人寿保险公司口头允诺过更高的收益，但是张某斌作为具有完全民事行为能力的自然人，对己方签订的保险合同有义务持谨慎态度，口头约定与书面约定不一致时，应及时提出修改或者及时行使合同解除权，其未及时行使自己的权利，亦应由其为此承担不利后果。遂驳回上诉，维持原判。

这样的判例中，投保人往往因缺乏证据而无法支持自己的主张，最后导致败诉。但是，的确也有很多投保人是基于种种错误的意思表示而签署保险合同并交纳保险费的。其原因在于，虽然《人身保险新型产品信息披露管理办法》第三十三条规定，对分红保险投保人的回访应当包括以下内容“（四）确认投保人是否知悉宣传材料上的利益演示是基于公司精算假设，保单的红利分配是不确定的”。可是，这句到底是什么意思？很多营销人员都没有解释清楚。很多投保人在接受电话回访的时候，其实也是稀里糊涂的，根本也弄不懂这句话到底意味着什么，于是乎就一律做肯定性回答，其实是一种意思表示错误。

其实这样的演示本身就是矛盾的，作为理财产品而言，股市没有演示表、基金没有演示表、外汇没有演示表、期货等没有演示表。因为这些理财产品的不确定性非常大，谈不上演示的问题。而投资型保险收取的保险费，大多也是投资到这些理财产品中，其实也一样，并不存在什么演示不演示的问题。可是，一方面收益不确定，另一方面又煞有介事地列明表格，展示收益的种种可能，这样的行为本身确实存在某种自相矛盾之处。也难怪投保人容易认为这样的收益是现实的、可期待的，从而产生错误理解、错误意思表示。

三、有限信息披露

由于投资型保险的根本吸引点就是投资收益问题，与保险事故基本没有太紧密关系，因此投保人不像一般寿险那样关注保险理赔问题，而是非常关注收益情况。投资收益是如何测算的、计算是否准确合理等，都非常牵动投保人的心。

譬如投资连结保险，不像一般投资股市、债券、基金那么直观，投资单位价格不是直接由市场形成，而是经过测算、加权平均后，才能形成每一个投资单位的价格，与投资市场关联程度隔了一层。

这个价格究竟是怎么形成的？一般来说很难有公开的计算公式。就算有，估计也没有几个人能看得懂。但是有些投保人就觉得可能存在不公平、不公开、不透明的情形，因此怀疑投资单位价格的形成机制与结果。有些投保人会因此要求保险公司提供深入的信息披露资料，如审计报告、财务报表等，那么这样的要求是否合理呢？

重庆市第五中级人民法院（2017）渝05民终5456号民事判决书载明，2008年3月1日，周某向保险公司投保了聚富年年投资连结保险，条款中约定：本主险合同的保险金额等于主险合同项下投资单位价值总额和基本保险金额之和；投资单位价值总额，是指本主险合同中各投资账户的投资单位数与相应投资账户的投资单位卖出价的乘积之和；投资账户是指保险公司为履行主险合同的保险责任，依照国家政策和相关法律法规进行资金运用而设立的一个或多个专用账户，投资账户的投资组合及运作方式由保险人决定；投资账户的价值以投资单位计量，投资账户每年由保险监管机关认可的独立会计师事务所进行审计；在本主险合同有效期内，被保险人身故，保险公司按照被保险人身故当时的基本保险金额和收到被保险人死亡证明书后的下一个资产评估日的主险合同项下投资单位价值总额的和给付身故保险金。周某在投保单中注明，其选定的投资账户为平安基金投资账户及平安精选权益账户，可投资期交保险费的账户分配比例为各50%。2013年3月28日，保险公司出具了投资连结保险个人保单投资报告，其中载明，截至2013年3月28日，周某所持有的投资连结险保单中的财产状况为：期缴保险费累计36000元，分配入投资账户期交保险费累计29700元，基本保险金额40000元，投资单位价值总额21534.79元，初始费用扣除6300元。并附有自2008年3月2日起至2013年3月28日的投资账户交易明细。后，周某要求保险公司向其提供审计报告，保险公司不同意，周某遂向法院提起诉讼。

审理中，保险公司举示保险公司出具的2013年度信息披露报告及保险公司出具的投资连结保险投资账户2013年年度报告。

一审法院认为，保险公司出具的年度信息披露报告中，已明确载明该报告系委托专业会计师事务所进行审计后，认为其财务报表的编制符合企业会计准则的规定，即出具了无保留的审计报告，因此可以认为保险公司就其财务报表已经委托专业的会计师事务所进行了审计。另外，保险合同中约定的投资账户的价值以投资单位计量，投资账户每年由保险监管机关认可的独立会计师事务所进行审计，该约定系保险公司对其提供的投资账户有委托会计师事务所进行审计的义务，但并未约定保险公司在进行审计后，有义务向周某提供审计报告。

本案中，周某认为保险公司未按约将投资账户进行审计，但并未举示相关证据证明保险公司未经会计师事务所审计即公布年度报告，也未举示证据证明保险公司存在投资账户未经会计师事务所审计而受到相关行政处罚的情形。综上，周某诉称的要求保险公司对其投资账户进行审计并提供审计报告的请求，缺乏事实和法律依据，不予支持。判决：驳回原告周某的诉讼请求。

二审期间，周某明确表示其查阅了审计报告原件后，即实现本案诉讼请求。平安重庆公司在二审中提供了2008年至2012年的审计报告原件供周某查阅。周某起诉认为保险公司未按合同约定进行审计的事由不成立，合同中亦未明确约定保险公司向周某提供审计报告的义务，周某的诉讼请求应予驳回，一审判决结果正确，应予维持。遂驳回上诉，维持原判。

对于投资连结保险，《人身保险新型产品信息披露管理办法》第二十条规定："开办投资连结保险的保险公司每周应当至少在公司网站或者中国保监会认可的公众媒体上公告一次投资账户单位价格。保险公司应当在公司网站上保留至少最近10年的投资账户单位价格历史信息；运作时间不足10年的，应当保留投资连结保险开办以来投资账户单位价格的全部历史信息。保险公司在网站上公布的投资账户单位价格的历史信息应当方便公众查询。"第二十一条规定："开办投资连结保险的保险公司每半年应当至少在公司网站及中国保监会认可的公众媒体上发布一次信息公告。信息公告应当包括以下内容：（一）各投资账户简介，包括投资策略、主要投资工具及各类资产比例；（二）各投资账户财务状况的简要说明；（三）列表比较各投资账户自设立以来各年度的投资回报率；（四）投资连结保险账户资产估值原则，包括上市交易和未上市交易的各类证券品种的估值原则和处理方法；（五）投资连结保险账户投资回报率及其他涉及业绩表现的财务指标的计算公式；（六）报告期末股票资产中各行业股票市值及占比；（七）报告期末债券资产中各类债券账面余额及占比，不同信用等级的债券账面余额及占比；（八）报告期末基金资产中各类基金净值及占比；（九）报告期内资产托管银行变更情况；（十）其他根据中国保监会要求应当公开披露的信息。”第二十三条规定：“保险公司应当在保险合同条款中约定每年向投保人提供一份保单状态报告。保单状态报告应当包含以下内容：（一）保险单信息，包括保险产品名称、保险单编号、保险单生效日、投保人姓名、被保险人姓名、报告期间等；（二）保单周年日（若保单周年日为资产评估日）或者保单周年日后第一个资产评估日（若保单周年日为非资产评估日）各投资账户余额，包括持有的单位数、单位价值、账户价值总额；（三）报告期间保单项下各投资单位数变动情况及报告期初和期末各投资账户余额；（四）逐笔列示报告期间内发生的期缴或者趸缴保险费、部分领取、账户转换、保单管理费、死亡风险保险费、追加保险费等事项；（五）报告期间发生的其他需要告知投保人的重要信息。保单状态报告不得用于销售宣传等其他目的。”由此可见，信息披露的范围、深度不可能是无限的，不可能是完全任意的。否则的话，保险公司根本无法满足客户的需求，也完全不具有任何可预见性，保险行业会立刻陷入混乱状态。信息披露的方式、范围、深度等，必须有特定的规则，只要保险公司按照这样的规则进行信息披露，即为合格合规。

而从原保监会的《人身保险新型产品信息披露管理办法》内容看，实际上就是这么一种信息披露规则，只要保险公司照此办理即可。而这个规则全篇并无要求保险公司向社会大众、投保人提供审计报告，所以投保人这样的要求显然属于不合理之诉求，因此得不到法院的支持。

北京市第二中级人民法院（2013）二中民终字第14956号民事判决书载明，2007年5月18日，刘某在保险公司处投保了两全万能保险等投资型保险。刘某在人身保险投保提示和客户声明投保人签名处签名，其中，人身保险投保提示载明：“六、目前市场销售的产品较多，如果您购买分工、投资连结、万能等寿险产品，请重点关注下列提示……投资连结保险产品：投资连结保险产品的投资回报具有不确定性，投资风险由投保人承担。产品说明书或保险利益测算书中关于未来收益的测算仅为假设，实际投资可能赢利或出现亏损，需要您具有长期投资的打算和较强的风险承受能力。您所缴纳的保险费并不是全部进入投资账户用于投资，而是要扣除风险保障费用和经营管理费用。请您详细了解费用扣除情况。在犹豫期内退保，如投资账户资产价值已发生变化，保险公司依据条款相关规定退还保费，请认真阅读相关条款。”客户声明载明：“本人已收到并认真阅读了《‘丰盛尊贵’理财系列产品说明书》的全部内容，贵公司业务员已就产品说明书中的保障利益、责任免除、保险费的交纳、相关费用的扣取、个人账户、个人投资连结账户、合同解除与部分提取的相关规定以及产品的投资风险等内容做了详细的说明。同时本人明白产品说明书中的‘投保示例’仅供理解产品时参考，不作为贵公司对未来投资业绩的保证或估计，保险单账户价值将视贵公司实际投资状况而定，可能高于或低于测算示例中所列的数据。”

后保险公司对丰盛系列产品进行了更新，对险种名称等项目进行了变更，签发了新的保险合同替换原保险合同。2007 年 10 月 27 日，刘某在更新确认书上签名，认可将原投保书和本确认书作为新保险合同的组成部分。刘某称保险公司未向其披露结算利率的计算依据，认为保险公司构成欺诈，要求进行惩罚性赔偿。

一审法院认为，刘某与保险公司订立的保险合同合法有效，双方之间成立保险合同关系，双方均应按照保险合同的约定行使权利、履行义务。保险合同由保险单、保险条款、个人业务投保书、人身保险投保提示书等部分组成，刘某在投保书、人身保险投保提示书、客户声明等文件上签名，表明保险公司已经履行了对条款相应的提示、解释、说明义务；刘某已经知晓该保险合同条款内容，同意按照保险条款行使权利、履行义务，并了解投资连结保险的投资回报的不确定性和风险性。

两全保险（万能型，A 款）第二十一条虽约定保险公司负有公布结算利率的义务，但并未约定保险公司负有公布结算利率计算依据的义务，保险条款亦未约定保险公司负有公布每周刘某保险单中个人投资账户单位价格的变化情况、每半年刘某投资连结账户的投资回报率及计算公式、投资连结账户资金的投资收益情况（包括投资方式、投资对象、操作人即资金管理人的投资资质、委托投资对象的投资记录、账户盈亏情况）及其他信息的义务，且法律亦未规定保险公司负有上述义务，故刘某的诉讼请求无事实及法律依据，一审法院不予支持。

二审法院认为，首先，刘某要求保险公司公布 2007 年 10 月至 2012 年 10 月刘某个人账户年化结算利率的计算依据。对此，保险合同第二十一条约定，保险公司根据保险监管机关的有关规定，并结合个人账户的实际投资状况，于每月十五日确定当月的结算利率，在六个工作日内公布。可见，保险公司有义务公布每月的结算利率，但并无义务公布刘某个人账户年化结算利率的计算依据，故对刘某的该项诉讼请求不予支持。

其次，刘某要求保险公司公布 2007 年 10 月至 2012 年 10 月每周刘某保险单中个人投资账户单位价格的变化情况和该期间每半年刘某投资连结账户的投资回报率及计算公式。对此，根据保险公司提交的证据，其在官方网站上进行投资连结保险投资单位价格公告，在《中国证券报》上进行投资连结保险投资账户半年度、年度信息公告，其中包含了投资账户单位价格的变化情况以及投资回报率等信息，而保险合同及相关法律法规并未规定保险公司须公布投资回报率的计算公式，故对刘某的此项诉讼请求亦不予支持。

最后，刘某要求保险公司公布 2007 年 10 月至 2012 年 10 月刘某投资连结账户资金的投资收益情况（包括投资方式、投资对象、操作人即资金管理人的投资资质、委托投资对象的投资记录、账户盈亏情况）。对此，根据保险公司提交的证据证明，其已根据法律规定在中国保监会认可的公众媒体，即《中国证券报》发布了信息公告，故对刘某的此项诉讼请求亦不予支持。二审驳回上诉，维持原判。

原保监会的《人身保险新型产品信息披露管理办法》第二十六条规定："保险公司每月应当至少在公司网站上公布一次当月的日结算利率和年化结算利率。保险公司应当在公司网站上保留至少最近 10 年万能保险各月结算利率的历史信息，供社会公众查询。运作时间不足 10 年的，应当保留万能保险开办以来各月结算利率的全部历史信息。”第二十八条规定：“保险公司应当在保险合同条款中约定每年至少向投保人提供一份保单状态报告。保单状态报告应当包含以下内容：（一）保险单信息，包括保险产品名称、保险单编号、保险单生效日、投保人姓名、被保险人姓名、报告期间等；（二）报告期内本保单账户价值变动情况：1. 期初保单账户价值；2. 本期保单账户价值增加情况，包括基本保险费、额外保险费、趸缴保险费、追加保险费、累计保险费、初始费用（扣除项）、保单账户结算收益、持续奖金等；3. 本期保单账户价值减少情况，包括风险保险费、保单管理费、部分领取等；4. 期末保单账户价值。（三）报告期内各月的年化结算利率。保单状态报告不得用于销售宣传等其他目的。”

由此可见，投资连结保险、万能保险、分红保险作为投资型保险，大体上都差不多。其信息披露义务确实比一般的寿险产品要求更高，但是无论要求怎么高，这样的信息披露义务也必然是有限的、确定的，只要符合监管机构的规则，就是可行的，就是合理合法的，不能任意地要求保险公司进行不合理的信息披露。

第三章　人身保险合同履行与变更

第一节　保险合同中止

人身保险合同存续期间，由于某种原因的发生而使该保险合同效力暂时停顿，对一方或者双方、多方暂时停止产生法律约束力，待该特定原因或者说中止事由消失后，合同继续产生法律约束力、继续履行。在合同中止期间发生的保险事故，保险人不承担赔偿或给付保险金的责任。

《民法典》第五百二十七条规定：“应当先履行债务的当事人，有确切证据证明对方有下列情形之一的，可以中止履行：（一）经营状况严重恶化；（二）转移财产、抽逃资金，以逃避债务；（三）丧失商业信誉；（四）有丧失或者可能丧失履行债务能力的其他情形。当事人没有确切证据中止履行的，应当承担违约责任。”第五百二十八条规定：“当事人依据前条规定中止履行的，应当及时通知对方。对方提供适当担保的，应当恢复履行。中止履行后，对方在合理期限内未恢复履行能力且未提供适当担保的，视为以自己的行为表明不履行主要债务，中止履行的一方可以解除合同并可以请求对方承担违约责任。”

从法律规定看，中止合同履行的条件并不是合同对方当事人现实存在的违约情形，而仅仅是一种巨大的、不合理的商业风险或者违约可能，如果继续履行合同，会对本方当事人产生重大而不合理的损失。所以在这样的情形下，本方当事人才暂停合同履行，采取观望态度，根据情况的发展而决定恢复履行合同、或者解除合同。

通俗地理解这个情况，可以解释为：估计对方可能会违约，所以我方先违约，先给对方造成损害或者损失，但是我方不承担违约责任。由此可知，这种合同效力中止情形，须有明确的规定或者约定方为可行，否则的话很可能会对合同当事人产生重大损失，且会对合同的稳定性、有效性产生较大的破坏。

一、保险合同中止的前提是投保人未按期支付保险费

1. 人身保险合同的中止，须有法律依据

这个法律依据可能是法律规定，也可能是保险合同的约定。

（1）法律规定

例如，《保险法》第三十六条规定："合同约定分期支付保险费，投保人支付首期保险费后，除合同另有约定外，投保人自保险人催告之日起超过三十日未支付当期保险费，或者超过约定的期限六十日未支付当期保险费的，合同效力中止，或者由保险人按照合同约定的条件减少保险金额。被保险人在前款规定期限内发生保险事故的，保险人应当按照合同约定给付保险金，但可以扣减欠交的保险费。"第三十七条规定："合同效力依照本法第三十六条规定中止的，经保险人与投保人协商并达成协议，在投保人补交保险费后，合同效力恢复。但是，自合同效力中止之日起满二年双方未达成协议的，保险人有权解除合同。保险人依照前款规定解除合同的，应当按照合同约定退还保险单的现金价值。"

（2）合同约定

例如，有的人身保险合同中，保险人与投保人约定"保险费的自动垫交条款"，即如果投保人在宽限期内没有交纳续期保险费的，则以宽限期结束时保险合同的现金价值垫交其应付的保险费和利息，使保险合同继续有效。当保险合同的现金价值不足以垫交其应付的保险费和利息时，合同效力中止。

但是仔细看，其实两者是一回事，仍然是基于投保人未按期支付保险费这个事实导致的保险合同中止。

需要说明的是，“投保人未支付保险费”与“保险人未收到保险费”是两个概念，有些情况下，投保人支付了保险费，例如往交费账户中存入了款项，但是保险人却没有及时收到，例如因为银行程序问题等，导致了保险人收不到费。这个不能归责于投保人，不符合投保人“未支付”保险费的法律规定，不能导致保险合同中止的后果。

新疆维吾尔自治区巴音郭楞蒙古自治州中级人民法院（2018）新28民终240号民事判决书载明，2013年6月，赵某田向保险公司投保，缴费日期为每年的3月26日。赵某田自订立保险合同以来向保险公司交纳了2014年3月26日–2016年3月25日两年的保险费合计14220元，2016年3月26日以后的保险费未交纳。2016年10月，赵某田因菌血症、胸膜炎、肝功能异常入院，出院时诊疗结果为临床愈、好转。后赵某田向保险公司申请理赔，保险公司以其未在规定期限内交纳保险费，保险合同中止为由拒绝理赔。赵某田将保险公司诉至法院，要求保险公司承担保险责任。

一审法院认为，赵某田已经授权并通过银行自动扣划保险费，其应当及时在银行账户中存入足额现金以便于银行扣划，但其未尽到审慎注意义务，导致保险费未能扣划。双方保险合同中没有约定保险公司对保险费有通知或催告义务，法律也并未规定保险公司对保险费有催告义务；此外，赵某田在2017年7月24日离职前本身就系保险公司保险营销员，应当比一般人更清楚未按时交纳保险费的后果，赵某田却一直到2016年10月因身体不适首次去医院诊断治疗时都未交纳保险费，因此，因赵某田自己的原因导致不能及时扣划保险费的责任，应当由赵某田本人承担。中止期间保险公司不应当对赵某田发生的保险事故承担责任。综上，赵某田的诉讼请求无事实及法律依据，不予支持，驳回赵某田诉讼请求。

二审期间，赵某田提供银行卡的流水明细单，证实在2016年3月26日至2016年5月25日期间，该卡上的金额足够支付保险金，保险公司对该证据的真实性没有异议，但认为上诉人赵某田在保险公司处购买多份保险产品，保险公司在扣划本案保险费时，该卡显示余额不足，对此上诉人赵某田又提供2016年3月26日至2016年5月25日缴费的另外三份保险合同，证实加上以上三份保险，该银行卡也足够扣划。

二审法院认为，2016年3月26日至2016年5月25日，该卡上的金额足够支付保险金，保险公司对该证据的真实性没有异议，故保险公司在双方合同约定交纳保险费期间内，未扣划保险费，造成脱保，导致合同效力中止，责任在保险公司。虽然双方合同约定，合同效力中止期间，保险公司不承担保险责任，但造成合同效力中止的原因并不归责于上诉人，故双方的该约定对上诉人没有制约力。判决撤销一审判决，由保险公司支付赵某田保险金142890元。

2. 人身保险合同中约定其他导致合同中止的条件、前提等，是否可行

我的理解，保险合同是一种合同，是双方当事人协商一致的产物。即便保险合同条款是格式条款，也是双方自由协商的结果，而非强制性接受的。所以从契约自由原则考虑，当事人可以在保险合同中约定其他关于保险合同中止的条件或者内容。

不过，这个契约自由也不是无限的、不是随意的。即导致保险合同的中止情形或者条件，须符合《民法典》第五百二十七条之规定才可。只有那些会显著地、严重地、不合理地引发投保人不履行合同根本义务的情形，才可以被作为保险合同中止的条件。

而在人身保险合同中，保险合同成立之后，可以说投保人的各项义务基本上都履行完毕，只有按期支付保险费才是仍需履行的根本义务，所以导致人身保险合同中止的条件，可以说基本上都与这个交费义务有关。

因为保险合同主要是一种格式合同、格式条款，所以保险人不可以随意地、缺乏法律依据地在合同条款中加入能够引发合同中止的其他条件。如果随意为之的话，可能会被认定为《保险法》第十九条中的免除保险人依法应承担的义务或者加重投保人、被保险人责任的条款，或者被认定为排除投保人、被保险人或者受益人依法享有的权利的条款，继而可能被认定为无效条款。

湖南省益阳市中级人民法院（2016）湘09民终1351号民事判决书载明，2014年8月15日，陈某新与保险公司签订重大疾病保险。双方还约

定了借款条款：当本合同当时的现金价值不足以抵偿欠交的保险费、借款及利息时，本合同效力中止。2016 年 6 月 14 日，陈某新被确诊患有膀胱癌。之后，陈某新按照保险金申请要求，将相关申报材料提交给保险公司申请保险金 20 万元，

保险公司认为，陈某新于 2015 年 10 月 14 日以《国寿康宁终身重大疾病保险》保单担保向保险公司借款 2700 元，约定还款期六个月。2016 年 4 月 14 日借款到期后，陈某新没有还款，直到 2016 年 6 月 28 日陈某新才偿还借款。2016 年 4 月 14 日至 2016 年 6 月 28 日为《国寿康宁终身重大疾病保险》保险合同效力中止期间，陈某新于 2016 年 6 月 14 日确诊患有膀胱癌，发生在保险合同效力中止期间，保险公司不承担保险理赔责任。

法院认为，陈某新在重大疾病保险合同期间患有膀胱癌，符合重大疾病范围，保险公司应当按合同约定承担给付保险金的责任。因借款与保险是两个不同的法律关系，不能混为一谈。本案中，保险公司向陈某新提供的《个人保险基本条款》是格式条款，其中第八条第三款属于免责条款，保险公司没有尽到提示义务，也没有提供证据证明该变相免责条款向陈某新进行了明确说明。根据《保险法》的有关规定，应属于无效条款，对陈某新不具有约束力。

二、保险合同中止不一定需要保险人催告

《保险法》第三十六条规定，除合同另有约定外，投保人自保险人催告之日起超过三十日未支付当期保险费，或者超过约定的期限六十日未支付当期保险费的，合同效力中止。从这一规定中可以看出，如果投保人未按期支付保险费导致保险合同中止，并不一定以保险人催告为要件。

现实生活中，绝大多数保险人为了维护客户关系、保持保险合同稳定长效，一般会在投保人交费期临近的时候，向投保人进行催告，催告的方式可能是信函，也可能是打电话、发短信、发微信等，提醒、要求投保人按期交费，或者往其交费银行账户内存入足够的款项。绝大多数投保人也

会按照这样的要求办理交费事宜。

假如投保人未按期交费或未按期存款，则保险人还会进一步与其联系，要求投保人赶紧办理相关交费存款事宜。

然而，现在有些人误以为这个催告行为是保险人的一种合同义务，如果保险人没有进行催告，或者说保险人没有证据证明自己进行了催告，投保人就理直气壮地不交续期保险费且不必承担任何责任。甚至很多法院也这么认为，在保险人无法举证自己催告投保人交费的情形下，判决投保人不必承担任何不利的后果。

辽宁省沈阳市中级人民法院（2015）沈中民四终字第00722号民事判决书载明，1998年6月3日，焦某华作为投保人为史某投保终身保险。2011年2月10日，保险公司为投保人焦某华办理了《保险费自动转账付款授权书》，并在法库县工商银行办理了借记卡。但授权书上投保人、账户所有人焦某华的签字及提供的通讯地址和电话并不是焦某华本人的签字和电话号码，授权书全部是保险公司的业务员代为填写的。投保人焦某华将保费交纳至2012年6月。2015年2月6日19时45分许，被保险人史某因交通事故死亡而发生保险事故。另查明，2009年之前的保费均由业务员到投保人处代收后交至保险公司。

法院认为，投保人自1998年起已缴纳保费十二年之久，在2009年之前均由业务员通知其交费，并由其交付给保险公司，即双方已就缴纳保费的方式形成一定的交易习惯，保险公司负有在缴费期间通知投保人缴费的义务。后更换保险代理人并由其为投保人办理《保险费自动转账付款授权书》，但该授权书中留的电话号码并非投保人本人电话号码，而是业务员的联系方式，导致投保人此后无法接收到保险公司每年的缴费短信通知。故造成投保人2012年之后未能缴费这一后果的责任在于保险公司未按以往交易习惯尽到通知缴费的责任，在该种情况下其无权依据保险法相关规定中止合同效力。因此，判令保险公司承担保险责任。

但是这样的认识是不全面的，大多数情况下，保险人的这种催告行为并不是必需的，催告行为应该算是保险人的一种权利，而不是义务。保险合同作为一份契约，对双方都是具有法律约束力的。投保人的交费义务，是保险合同中最重要的义务，投保人应该按照合同约定的时间、数额、方式等主动履行。在合同约定的时间、数额、方式等非常确定的情况下，无论保险人是否进行催告，投保人都应该按照约定支付保险费，不能说等别人催一催才履行一点、不催不告就不履行，那不叫履行合同，那叫合同违约，要承担不利的后果。

现实中，考虑到投保人有可能记不住交费的日期、数额、方式、账户等，保险人进行提醒、催告，是一种善意的表现，是行使债权人权利的表现，但是绝非义务。因此，即便保险人不催告，也不构成任何违约，不应该承担任何不利后果。不过，如果保险合同中未确定投保人交纳续期保险费的具体时点、也无法通过推理来确定这个时点，那么就需要保险人进行催告，以确定交费的时点。这种特定的情形比较少，但是在这样的情形下，保险人的催告行为既是一种权利，也是一种义务，即确定交费时点的义务。保险人完成了催告，则催告日即交费日，投保人宽限期为 30 日，30 日后投保人仍然未交费的，则应该由投保人承担不利后果。但是，如果保险人不催告，则投保人不知道何时该交费。“不知者不罪”，投保人即便未及时交费，实际上也谈不上“不及时”的问题，谈不上逾期违约的问题，因此也不应该承担不利的后果。

河南省南阳市中级人民法院（2015）南民二终字第 01375 号民事判决书载明，2013 年 6 月 28 日，马某梅的丈夫彭某臣作为投保人，向保险公司投保两全保险。交费方式为年交，交费日期为每年的 6 月 29 日，交费期间为 10 年。第二年的保费马某梅未如期交纳，2014 年 11 月 24 日，马某梅在南阳市中心医院住院治疗。2014 年 12 月 29 日，马某梅通过保险公司的业务员张某向保险公司申请合同复效。2014 年 12 月 30 日，保险公司通过彭某臣账户转账扣缴保费 3720.07 元，但是拒绝承担保险赔偿责任。

一审法院认为，投保人彭某臣按合同约定数额交纳了第一年的保险费后，未在合同约定的交费日期 2014 年 6 月 29 日交纳第二年的保费，且在随后的六十日宽限期内仍未交纳保费。根据保险条款的约定，合同效力中止。原告在合同效力中止期间患病，按照合同约定，合同效力中止期间发生保险事故的，保险公司不承担保险责任，故马某梅请求保险公司赔付基本保险金额3倍的保险金，不符合合同约定，依法不予支持。

二审法院认为，保险公司在保险单（正本）下方以黑体加粗字体提示投保人详细阅读保险条款，特别是责任免除和投保人、被保险人义务，说明保险公司在提醒彭某臣注意免责条款上已有相当善意，可以认定保险公司对免责条款尽到了提醒义务。一个审慎的投保人，应当注意到保险单的重要提示和保险条款责任免除部分的字体与其他条款不同，从而对上述内容加以阅读。本案中保险公司据以拒赔的免责条款，在文义表达上具体明确且浅显易懂，并无专业术语而导致歧义，因此，该免责条款应为约束双方权利义务的有效条款。因马某梅未按时交纳保费，导致本案所涉保险合同中止，上诉人在保险合同中止期间发生保险事故，根据合同约定，保险公司不承担赔付责任，故马某梅的上诉理由无事实及法律依据，不予采信。驳回上诉，维持原判。

《保险法》第三十六条规定，除合同另有约定外，投保人自保险人催告之日起超过三十日未支付当期保险费，或者超过约定的期限六十日未支付当期保险费的，合同效力中止。那么，该如何理解这两个期限的关系与影响呢？

一般来说，保险合同中都会约定续期保险费的交付日期，如“每年2月5日前”“每年6月1日”等，很少有不清不楚的。有些保险合同中，即便没有约定具体的日期，也基本上可以从合同成立日、合同生效日、合同签发日等具体的时点推出来，如“本合同成立日的下一年度对应日”“本合同每年满期日”等。如果这个交费时点是确定的或者可以推定的，这个交费日就应当视为“约定的期限”，投保人只要在这个期限之前或者这个期限之后60日内完成交纳续期保费义务，就视为依法、依约履行了保险合同义务。在这个情形下，无论保险人是否催告，都不影响投保人的交费期限。例如，某投保人交费日应为每年6月1日，也就是说该投保人只要在每年7月31日前完成交费就可以。假如保险人在6月5日向投保人进行催告，也不能认为投保人必须在 8 月 4 日前交费。这种情形下，该投保人仍然在 7 月 31 日前完成交费就可以了。

《保险法》实际上给了投保人一个法定的宽限期，可能是考虑到投保人也许会手头紧张、投保人也可能会在国外、投保人也可能会时间不便等等。不管什么原因都无所谓，因为法律设定了一个合理的拖延期，这是为了保护投保人而设定的，可以理解为投保人享有的一个法定的权利，也可以理解为是对保险人中止合同权的一个法定的限制。

既然投保人有这个法定的权利，保险人就无权侵犯、取消该项权利。如果在保险人催告的情形下，投保人的 60 日宽限期缩短为 30 日，则意味着投保人的权利被限制、被损害，这是不对的。《保险法》既然规定了“除合同另有约定外”，那么能否在保险合同中进行约定，将投保人的 60 日宽限期缩短？

我认为，要具体分析，因该期限是投保人的法定宽限期，如果通过合同约定予以缩短的话，起码不能通过格式合同、格式条款的形式来办。那样的话，这个变动很可能会被认定为排除投保人、被保险人或者受益人依法享有的权利的条款，继而可能被认定为无效条款。但是，如果通过投保人、保险人的单独协商、单独约定来进行修改，则不属于格式条款，因而并无法律上的障碍，应该是可行的。

三、合同中止是自动的后果，但是减少保险金额需有事先约定

《保险法》第三十六条规定，合同约定分期支付保险费，投保人支付首期保险费后，除合同另有约定外，投保人自保险人催告之日起超过三十日未支付当期保险费，或者超过约定的期限六十日未支付当期保险费的，合同效力中止，或者由保险人按照合同约定的条件减少保险金额。这一点与《民法典》的规定不尽一致。《民法典》第五百二十七条规定，当事人可以中止履行。那么言下之意，也可以不中止履行。《民法典》第五百二十八条规定，中止履行的，应当及时通知对方。而《保险法》并无类似规

定，而是直接规定了保险合同效力中止，也并不要求保险人再去通知一下投保人。

我的理解：主要是因为投保人逾期未交保险费这个事实比较清楚、与保险合同中止之间的因果关系也很明确、理由也很充分，没有必要再啰嗦什么，所以《保险法》直接确认合同中止的后果。

从这个规定看，保险合同效力中止原则上是一种自动出现的后果。即只要投保人逾越了宽限期后仍未交纳续期保费的，保险合同自然中止，无需保险人再次通知投保人。当然，如果保险人、投保人事先在保险合同另有约定，则可以按照约定。譬如在保险合同中约定，合同中止前需要保险人再次通知投保人或者需要某种缓冲时间等，这都是可行的。按照这样的约定办理后，保险合同才可以中止。

合同中止后，各种保险责任均中止。可能我们本能地理解，保险合同效力中止，就意味着保险人不再给付保险金。这种认识倒也没错，但是不完整。因为保险合同效力的中止，是指整个保险合同中止，也就是保险人可以暂停履行合同义务。而保险人的合同义务，不仅指给付保险金，还有其他的各种义务，也就是其他的保险责任，均得以暂停。例如，有些保险合同，保险单每年、甚至每日会累积现金价值。还有些保险合同存在分红的情形。这些都是保险责任，或者说是保险人的合同义务，一旦保险合同中止，则这些合同义务均将暂停，不会再继续履行。这些内容，即便在保险合同中未作约定，也是具有法律效力的，因为这是保险合同效力中止的当然之意，无需在保险合同中再作约定、解释。

也有保险合同约定，在投保人逾期不支付保险费的情况下，可以减少相应的保险金额，或者可以用保险单的现金价值予以垫付续期保险费，或者可以由保险人向投保人给予借款，这些就必须有保险合同的事先约定。

主要原因在于，保险金额乃保险合同的基本内容，保险合同生效期间应维持不变。而现金价值则应归属于投保人，且按照年度、约定计算方式等累加，并不存在自动垫付之功能。现在这种改变保险金额、扣除现金价值等情形，其本质等同于保险合同的变更，即投保人逾期未支付保险费而引发的保险合同的变更。

《保险法》第二十条规定："投保人和保险人可以协商变更合同内容。变更保险合同的，应当由保险人在保险单或者其他保险凭证上批注或者附贴批单，或者由投保人和保险人订立变更的书面协议。"由此可知，变更保险合同需要投保人、保险人予以协商一致才可。不过如果投保人逾期不支付保险费，估计这时候保险人想找到该投保人也很难，更谈不上去协商一致修改合同了。

那么，在这样的情形下，就需要双方对此情况有预案，预先有所研判、有所协商、有所记载。所以，需要双方事先在保险合同中约定对于这样的情况该怎么办。如果事先有约定，那么就是一个附条件的合同，一旦该条件出现，譬如投保人逾期未支付续期保险费，则可以由保险人按照合同约定去降低保险金额或者以现金价值垫付续期保险费，且不需要再临时获取投保人的知情或同意。

四、保险费足够交纳部分险种所需的，保险人不能拒绝收取

实践中还有这样的情况，就是投保人账户中的款项确实不够足额交纳当期全部的保险费，但是却够交纳部分的保险费。这样的情形下，如何处置?

大多数情况下，由于保险公司设置的收费模式问题，基本上在收费日按照当期保险费总金额去划扣投保人账户，如果不够这个金额，则保险公司不会收款，而是默认投保人未存入足额保险费，也就是未按期交费之意。从而可能导致保险合同中止的后果。

但是，这样的模式确实也令人疑惑，因为《保险法》第三十六条规定"支付当期保险费"，从字面理解，是"所有的当期保险费都没有支付"之意，而不能理解为"全部当期保险费均应支付"或"没有支付部分当期保险费"。这几个表述看起来差不多，但是意思还是多有不同。

湖北省襄阳市中级人民法院（2016）鄂06民终897号民事判决书载明，杨某丽于2013年1月1日向被告保险公司提交了个人业务投保书。013年1月8日，杨某丽缴纳了首期保费3796元。被告保险公司于2013年1月9日同意承保，合同生效日期为2013年1月10日。险种名称分别为祥和万家两全保险（分红型）、附加08定期重大疾病保险、附加防癌疾病保险，每年保险费分别为2660元、684元、452元，共计3796元，交费方式为年交，交费期间为20年，续期保险费交费日期为每年1月10日。

某银行账户在2014年12月21日的余额为2383.13元，2015年1月17日杨某丽向该账户存款1050元，余额为3433.13元，截至2015年9月21日，余额为3431.98元。由于余额不足3796元，被告保险公司未能从该指定账号划走杨某丽当年应交的保险费3796元。杨某丽也未采取其他方式交纳2015年保险费。

2015年8月21日，被保险人因突发疾病被急救至襄阳中心医院，诊断为“左侧大脑前动脉A2段动脉瘤”，经抢救无效于当天死亡。嗣后，原告杨某丽要求被告保险公司进行理赔，被告知2015年保险费未交纳，合同效力中止。2015年10月9日，杨某丽向指定账号存款500元，余额为3931.98元，被告保险公司未予扣划，并向杨某丽下发了理赔不予立案决定通知书。双方协调未果，导致纠纷发生。

一审法院认为，保险单上载明每年的交费期间为1月10日，保险条款约定，宽限期是自保险单所载明的交费日期的次日零时起60日，即原告杨某丽应在2015年3月11前将当年保险费存入指定账号。在此期间杨某丽指定账号余额一直未达到应交的保险费金额3796元，导致保险公司未能收取到2015年保险费。杨某丽在2014年2月12日及2015年1月17日均在指定账号存入现金，显然杨某丽是知道保险费的交纳时间的。由于杨某丽自身疏忽，存款余额不足以交纳保险费，保险合同条款未约定被告保险公司有提醒、通知杨某丽续交保险费的义务，因此杨某丽未交纳保险费的责任不在于保险公司，杨某丽与保险公司之间的保险合同效力中止。合同约定逾宽限期仍未交纳续期保险费的，合同自宽限期满的次日零时起效力中止，合同效力中止期间发生保险事故的，保险公司不承担保险责任。该约定不仅是保险人的免责条款约定，而且是对投保人未履行保险合同约定的交费义务产生后果的一种约定，因此保险公司不需要对原告杨某丽明确说明，该条款是有效的。依照该约定，保险公司不承担保险责任。判决驳回原告杨某丽的诉讼请求。

二审法院认为，主险与附加险的保险合同签发在编号相同的保险单上，这三份保险每年的保险费分别为祥和万家两全保险（分红型）2660元、附加08重疾险684元、附加防癌险452元；关于的交费方式和交费日期，三份保险均为“交费方式：年交；续期保险费交费日期：每年01月10日”。上述约定与投保单上关于保险费的金额、交费方式、交费期间等内容相一致。上述三份保险是一份主险和二份附加险的关系，由于附加险在效力上依附于主险，故双方约定附加险应与主险同时交纳保险费，但是附加险之间并无效力上的牵连关系，投保人在购买主险时可选择投保附加险，且三份保险合同保险标的各异，三份保险的保险费、保险金额均分别核算，故在续交保费时，投保人都有权且能够选择继续履行主险和其中一份附加险合同，不继续履行另一附加险合同。保险人关于上述三份保险是一个整体，不能分割履行的抗辩理由不能成立。2015年1月17日处于交费宽限期间内，这时指定账户上有存款余额3433.13元，该余额虽不足以全部支付三份保险合同合计3796元保险费，但是足够支付主险和附加险中保费较高的附加08定期重大疾病险保险费。由于指定账户上余额不足3796元，保险人始终没有划转该账户上的余额3433.13元。对此，投保单上客户声明第五项约定：本人授权贵公司委托本人开户银行对指定账户按照保险合同约定的方式、金额，转划首期、续期保险费及以转账方式将保险金、退保金、退费等给付转入指定账户，若本人指定账户发生变更，及时至贵公司办理变更手续。这说明投保人确保交费期间指定账户上有足够存款余额即履行了保险费交纳义务，转划资金是保险人的权利，投保人如何转划、是否转划不影响投保人履行行为的效力。

2015年8月21日，被保险人突发疾病经抢救无效于当天死亡，经诊断为“左侧大脑前动脉A2段动脉瘤”。此时祥和万家两全保险（分红型）和附加08重疾险有效，附加防癌险处于效力中止状态。保险人应承担主险和附加08重疾险的保险责任。判决撤销一审判决，保险公司支付杨某丽保险金140756元。

由此我们可以认识到：主险与附加险虽然记载在同一份保险合同中，但是并不等同于是同一个保险合同。实际上，主险与附加险是可以分离的，但是前提是主险必须成立。即主险只要成立，则附加险可能成立，也可能不成立。所以，如果投保人的存款余额等于或者大于主险当期保险费，即便投保人的存款余额不够支付全部的主险加附加险当期保险费，保险人也不能够拒绝收取保险费，而是有义务收取这个保险费，以维持主险的合同效力。如果这样的情形下，即便保险人拒绝收取保险费，那也不能导致保险合同中止的法律后果。即主险合同仍然有效，保险人仍然应该承担保险责任。

但是，如果投保人存款余额不足够交纳主险的当期保险费，却足够交纳附加险的当期保险费，我认为保险人不能收取该附加险的当期保险费。原因在于，附加险是一种从合同，必须依附于主合同才能存在，如果主合同效力存疑，则附加险合同不能单独存在。现在主险的当期保险费没有交纳，则主险合同将面临中止、失效的后果，即其效力存疑。那么，附加险保险合同的效力也存疑，起码无法单独继续存在。这样的情形下，保险人不应该单独收取附加险的保险费。

五、特定期限内的保险事故仍然可以得到保险金

从《保险法》第三十六条规定可知，保险合同效力如果中止，则从中止日开始，保险人就不再承担保险责任，不过在中止日之前保险合同仍然是效力正常的。因此，“自保险人催告之日起三十日”内或者“超过约定的期限六十日”内这段宽限期限中，虽然投保人未交续期保险费，但是因为保险合同效力依然正常，所以一旦被保险人出现了保险事故，保险人还

是应该按照正常的标准、流程承担保险责任，给付或者赔偿保险金，但是可以将投保人未支付的保险费予以扣除。

从法律规定看，只要保险事故发生在宽限期限内就算符合条件，至于被保险人的损失出现在何时、在何时提出报案、在何时提出理赔等时点，并不要紧。

譬如某份保险合同，不仅包括重疾保险，也包括医疗费用保险，每年的交费日为6月1日，投保人在7月31日也没有交费，则本保险合同效力中止。但是，被保险人于7月29日确诊为胃癌，7月30日住院。8月3日进行手术，8月5日向保险公司报案，8月28日向保险公司正式提出理赔。在这个案例中，因被保险人系在交费宽限期内确诊罹患胃癌，则依法应由保险公司承担重疾险的理赔责任，保险公司应支付保险金。

对于医疗费用保险险种而言，应具体分析条款约定，确定该案之保险事故该如何理解：是以手术日为准，以住院日为准，还是以确诊日为准？确定后，才可以确定保险事故之时点。确定时点后，即能明确保险公司是否应承担给付保险金责任。至于报案、理赔之时点，均已超过了宽限期最后一日，但是并没有任何影响。

不过，有的人将这个条款错误理解为效力中止期间，保险人仍然应该承担保险责任。这种理解是比较荒谬的，但是仍然会有这样的错误认识。例如这个案件，就让人很不能理解。

河北省石家庄市中级人民法院（2016）冀01民终9147号民事判决书载明，2007年1月5日，赵某云为其丈夫安某平在保险公司投保终身保险一份，交费日期为每年的1月5日。2007年1月5日，赵某云缴纳了首期保险费，之后每年按期交费至2014年1月5日。2015年1月5日起赵某云未按约定期限交纳保险费。保险公司也未提出解除保险合同。2016年4月25日，被保险人安某平因患脑瘤去世。赵某云要求理赔时保险公司以保险单已失效拒绝赔偿。赵某云起诉要求支付保险赔偿金30000元。

一审法院认为，赵某云自投保之日起直到2014年1月5日均交纳保险费，未按期缴纳2015年1月5日当期保险费，经过60日后，直至2016年

4月25日被保险人安某平去世仍未缴纳，双方签订的保险合同应属于效力中止状态，故对保险公司所称合同已经失效，保险公司不应承担保险责任的辩解，无法律依据，不予采纳。

二审法院认为，保险合同中止期间，保险公司仍应当承担保险赔付责任，但可以扣减少交的保险费。依据该规定，保险公司主张不应承担责任的理由不能成立，应予驳回。

你看这个案件，竟然认定“保险合同中止期间，保险公司仍应当承担保险赔付责任”，如果这样，那么保险合同中止还有什么意义呢？再次强调，是中止之前的宽限期内，保险人才依然承担保险责任。保险合同中止后，保险人即不再承担保险责任。

需要注意的是，《保险法》规定“可以将投保人未支付的保险费予以扣除”，就说明保险人可以扣除、也可以不扣除未支付的保险费。区别何在呢？我的理解是，这个规定实际上意味着保险合同效力的走向，保险合同中止与保险合同解除不同，并不是为了消除保险合同的效力，而只是因为投保人不能按期交费，迫使保险人采取的暂停行为，是一种预防措施、一种自我保护。因此，一旦“投保人未交费”这个问题解决、这个担忧消除，再继续保持合同中止就失去了意义。

从这个意义上说，如果保险人扣除了未交保险费，实际上保险合同并不存在欠费的问题，投保人等于履行了交费义务，保险人没有损失，那么继续使得保险合同效力中止就没有道理了，对投保人来说就不公平了。所以，这个时候保险合同的效力自然恢复。但是，如果保险人有其他一些损失，如保险费欠交期间的利息等，并不仅仅是扣除欠交保险费那么简单，或者说欠交保险费的数额大于保险金数额，无法进行全额扣除，那么轻易地就让保险合同复效可能保险人不乐意，也不公平。这时候，保险人有权不扣除保险费，可继续与投保人谈判，以解决复效的问题。如果这样，则保险合同效力仍然属于中止状态。反过来说，如果保险人完全可以从保险金中扣除欠交的保险费，但是保险人却故意不去扣除、从而故意维持保险合同效力中止，也是不可取的。

不过，如果投保人就指望这点保险金渡过难关，恳求保险人不要扣除未交保险费，难道保险人不可以同情一下吗？难道不能仁慈一次吗？完全可以。难道保险人基于仁慈不扣除保险费，还有错吗？没有。难道保险人因此还要承担不利后果吗？不应该。所以，事情还得具体问题具体分析，扣不扣除未交保险费，是由保险人说了算，但是也不能强求，可由投保人、保险人妥为商量处理。正因如此，《保险法》才使用了“可以扣减欠交的保险费”这个表述。

六、保险合同复效

保险合同效力中止，是一种暂时的停顿，发展趋势有两种：一种是投保人继续不履行合同的情况下，特别是指不交保费的情况下，则保险人有权解除保险合同；另一种是在投保人、保险人达成协议，投保人支付保险费的情况下，保险合同的效力得以恢复，即保险合同复效。

《保险法》第三十七条规定：“合同效力依照本法第三十六条规定中止的，经保险人与投保人协商并达成协议，在投保人补交保险费后，合同效力恢复。但是，自合同效力中止之日起满二年双方未达成协议的，保险人有权解除合同。保险人依照前款规定解除合同的，应当按照合同约定退还保险单的现金价值。”

第一，所谓合同效力恢复，指该合同自最初成立时的效力恢复，相关时效均应从合同成立日起算，而不是从合同复效日再起算。有关如实告知的两年抗辩期、自杀两年抗辩期等关键期限，仍应该按照合同成立日起算，这一点应特别注意。

河南省安阳市中级人民法院（2015）安中民金终字第 32 号民事判决书载明，2010 年 10 月，冯某国与保险公司签订一份保险合同，2010 年 10 月 15 日合同生效后，冯某国缴纳了第一年的保险费 2632 元。2011 年 1 月 12 日，冯某国被诊断为中风即脑梗塞。冯某国未按期在 2011 年 10 月 15 日前缴纳第二年的保险费，在宽限期限即 2011 年 12 月 15 日前也未缴纳，其与保险公司之间的保险合同因而效力中止。冯某国出院后向保险公司申请恢复合同效力，并补缴了保险费和相应的利息，但未如实告知自己患中风两次住院治疗的事实，保险公司同意自2012年1月18日起恢复合同效力，后冯某国按期缴纳了保险费。2013年12月13日，冯某国被诊断为脑出血、高血压，后冯某国向保险公司提出索赔申请，保险公司于2014年11月28日以冯某国复效时未告知所患疾病为由拒绝赔付，并决定解除所有保险合同，退还冯某国所交保险费共计10800元。

一审法院认为，冯某国缴纳了第一年的保险费，第二年的保险费未按期缴纳，在宽限期内也未缴纳，保险合同因而效力中止，但冯某国随后按照规定申请恢复了合同效力，故本案保险合同的保险期间仍自合同成立之日即2010年10月15日零时起至终身或合同列明的终止性保险事故发生时止。冯某国三次因中风住院治疗均发生在保险期间内。本案中，冯某国在与保险公司订立合同时并未患中风而住院治疗，其不存在未履行如实告知义务情形，保险合同虽然发生过中止，但冯某国补交了保险费和相应利息后双方又恢复了合同效力，中止后恢复合同效力并非重新订立合同，保险合同保险期间仍自合同成立之日即2010年10月15日零时起至终身或合同列明的终止性保险事故发生时止。冯某国三次住院治疗均发生在保险期间内，而非订立合同时，故保险公司以冯某国未履行如实告知义务为由解除合同的理由不能成立。

二审法院认为，本案保险合同2010年10月15日生效，上诉人保险公司于2014年11月28日拒绝赔付，并决定解除所有保险合同，已超过二年。被上诉人冯某国未按期缴纳保险费，其与上诉人保险公司之间的保险合同中止。中止后恢复合同效力并非重新订立合同，被上诉人冯某国在与上诉人保险公司订立合同履行了如实告知义务，上诉人保险公司以冯某国未履行如实告知义务为由解除合同的理由不能成立。维持原判。

第二，我们知道，保险合同效力中止的基本原因就是投保人未按期支付续期保险费，并且，法律也规定“在投保人补交保险费后，合同效力恢复”，既然这样，那投保人支付保险费不就完事了吗？

现实生活中，的确会有相应的矛盾与纠纷。有些情形下，由于物价、通货膨胀、精算等因素的变化，保险人按照原有的保险费率继续承保会不经济，所以干脆趁保险合同效力中止的机会，拒绝投保人的复效要求。还有一些情况下，保险人会要求投保人承担一些损失、补偿之类的，否则不同意复效，而投保人又不乐意，双方就会形成争执。这个协议就协商不成，复效也就谈不上了。

针对这一情形，《最高人民法院关于适用〈中华人民共和国保险法〉若干问题的解释（三）》第八条规定："保险合同效力依照保险法第三十六条规定中止，投保人提出恢复效力申请并同意补交保险费的，除被保险人的危险程度在中止期间显著增加外，保险人拒绝恢复效力的，人民法院不予支持。保险人在收到恢复效力申请后，三十日内未明确拒绝的，应认定为同意恢复效力。保险合同自投保人补交保险费之日恢复效力。保险人要求投保人补交相应利息的，人民法院应予支持。"

我们可从如下几个方面理解这一问题。

（1）所谓"保险人与投保人协商并达成协议"不一定需要书面形式，哪怕是口头形式，只要投保人、保险人同意复效即可。投保人需提出复效的要求，并且同意支付续期保险费，其实也意味着投保人需要先支付该续期保险费，保险人就可以（实际上也基本应该）同意复效。保险合同在保险费交付给保险人之当日，即恢复合同效力。

（2）保险人原则上必须接受投保人的复效请求，而如果被保险人的危险程度在中止期间显著增加，如被保险人罹患了某种疾病，或者身体健康严重受损，或者工作以及生活条件发生重大变化，虽然保险事故尚未发生，但是保险事故发生的几率大为增加，在这样的情形下，再要求保险人按照原条件承保被保险人就不公平、不合理，因此保险人有权利拒绝复效。

重庆市第五中级人民法院（2013）渝五中法民终字第03981号民事判决书载明，1999年10月19日，李某友向保险公司投保，2008年10月后李某友未再按约交纳主险保险金。2008年12月18日，因李某友超过约定期限60日未支付当期保险费，李某友在保险公司处投保的前述主险效力中止；2009年1月19日，李某友向保险公司申请恢复其所投保的主险的效力；2009年2月16日，保险公司要求李某友进行体检，后经医院体检，诊断李某友患有慢性支气管炎、慢性阻塞性肺气肿等疾病，其心电图亦有窦性心动过速等症状；2009年2月18日，保险公司向李某友发出《保全核保意见通知函》，载明由于李某友心电图异常、胸片异常，拒绝整单的复效申请。后因李某友死亡，受益人江某银起诉至法院。

法院认为，自2008年10月起李某友即未再缴纳保险费，根据法律规定，2008年12月本案所涉保险合同效力中止。保险合同复效需同时具备三个条件：一是投保人应当向保险人提出合同复效的请求；二是投保人应当与保险人就合同复效达成协议；三是投保人应当补交保险费。本案所涉保险合同的效力于2008年12月中止，李某友于2009年1月向保险公司提出复效申请，但保险合同效力的恢复并不因投保人恢复效力的单方意思表示而恢复其效力，必须是保险人与投保人合意的结果，即保险人接受投保人的复效请求。保险公司在接到李某友的复效申请后，根据保险条款的约定要求李某友进行体检，保险公司根据体检结果拒绝了李某友的复效申请，即双方未对保险合同效力的恢复达成协议。同时，李某友也未缴纳2008年10月以后的保险费，本案所涉保险合同的效力并未恢复，李某友于2011年1月26日死亡，保险公司不应承担给付身故保险金的责任。

（3）如果投保人不同意补交欠交的保险费相应利息，保险人也有权拒绝复效。

单纯从字面看，固然保险人有权要求投保人补交利息，但是似乎利息的补交并非保险合同复效的必要条件，即法律规定只要投保人补交了保险费，保险合同就复效，没有规定一定要同时支付保险费以及相应利息。

但是，《保险法》第三十八条规定："保险人对人寿保险的保险费，不得用诉讼方式要求投保人支付。"我的理解是，既然保险人对于保险费不能以诉讼方式要求支付，那么对于保险费的相应利息也不能以诉讼方式要求支付。如果这样的话，那司法解释规定的"保险人要求投保人补交相应利息的，人民法院应予支持”岂非空谈？

所以，基于保护保险人之合法权益考虑，正解肯定是允许保险人将利息作为保险合同复效的一个条件，即将这个利息问题作为协议的重要内容与投保人协商，投保人同意支付后保险人才能予以同意复效。若投保人不同意支付利息，则复效不可能。只有这样，才能强制投保人支付相应利息，以维护保险人的合法权益，这也与司法解释规定相吻合。至于这个利息到底按照什么标准计算，法律、司法解释并无明确规定。我的理解是，这个利息应该按照活期利息计算。因为这个利息是保险费欠交期间产生的利息，假如保险费没有欠交，则保险人收取后，没有理由去存一个定期存款，更没有理由去买什么理财产品，而是应该以活期形式存在公司账户内备用。所以，以活期存款利率计算“相应利息”是比较恰当的。

第三，保险人同意保险合同复效的意思表示，可以是不明确的，可以是口头的，可以是含糊的，但是如果拒绝保险合同复效，则该意思表示必须是明确的。

投保人提出复效申请且送达保险人之后三十日内，如果保险人拒绝合同复效且不明确的话，那么此后，保险合同自动复效。可以理解为，沉默就是默许、含糊也是默许，凡是没有答复的或者答复含糊不清的，则推定为保险人同意复效。并且，这个举证责任在保险人一方。因此，保险人必须拿出证据，证明自己在三十日内、明确地、合法合理地拒绝了投保人的复效请求。并且，这个复效请求还在三十日内送达到了投保人处。如果没有这样的证据，仅仅是保险人的一种口头答复的话，则保险人实际上无法举证。那么，保险人就要承担不利的后果。

在这样的情形下，拒绝复效的证据就非常重要。目前，很多保险人都会在法定期限内，向投保人发出信函、快递等，作出自己拒绝复效的意思表示，这个基本上都可以做到。但是往往在形式上不够细致，例如，无法证明该快递的内容就是拒绝复效之意思表示，或者信函、快递之收件地址并非投保人预留地址，或者拒绝复效的理由不符合法律、司法解释之规定等。这样细枝末节的问题，往往会导致很大的麻烦。

江苏省徐州市中级人民法院（2017）苏03民终4710号民事判决书载明，2003年2月18日，投保人付某华（王某侠的丈夫）在保险公司投保了重大疾病保险（分红型），约定被保险人为付某（付某华、王某侠的儿子），受益人为王某侠，缴费方式为年缴，缴费日为每年的2月18日，保险期限为2003年2月18日至终身。2003年至2015年，王某侠将保费存入保险公司指定存折，保险公司亦委托银行进行了扣划。2016年，王某侠于4月20日将保费存入指定存折。2016年11月19日，被保险人付某因病去世，王某侠向保险公司理赔时，该公司以王某侠2016年交纳保费的时间已超过保费宽限期2日、保险合同效力已中止为由拒赔。

一审法院认为，双方约定的保费交纳时间为每年的2月18日，并约定了60日的保费交纳宽限期，原告于2016年4月20日将当期保费存入被告指定存折，确实已超出宽限期二天，依据《保险法》第三十六条关于“投保人超过约定的期限六十日未支付当期保险费的，合同效力中止”的规定，本案保险合同已在2016年4月19日中止。但保险合同的中止并不等同于保险合同的无效，当出现法定情形时，保险合同的效力即予以恢复。结合该案而言，王某侠在保险合同中止后，虽未向保险公司提交恢复效力申请，但其已交纳保费的行为亦是希望合同继续履行的意思表示，保险公司并未举证证明被保险人付某在2016年4月19日至4月20日期间的危险程度显著增加，其拒绝恢复合同效力，依法不予支持。即使退一步讲，涉案保险合同于2016年4月19日中止，而保险法赋予投保人申请恢复合同效力的期限为合同效力中止之日起二年，截至目前，仍在王某侠可以申请复效的法定期间内，保险公司认为涉案保险合同已失效的理由依法不能成立。依据法律规定，保险合同自投保人补交保险费之日恢复效力，故涉案已于2016年4月20日恢复效力，被保险人付某于2016年11月19日去世，在保险合同的有效期内，依据法律规定及双方保险合同的约定，保险公司应当予以理赔。

二审法院认为，2003年至2015年，王某侠均在规定的期间内交纳保费，2016年度的保费交纳期限截至2016年4月18日，王某侠于2016年4

月20日交纳保费，在极短的两日期间内，可以排除被保险人在保险合同中止后恶意进行逆选择的道德风险；且按照理性保险人的判断标准，被保险人的危险程度在两日内显然不会显著增加，保险公司亦未提供证据对“风险显著增加”的事实加以证明。因此，在王某侠已交纳保费意图使保险合同继续生效的情况下，即使王某侠未及时向保险公司提交书面复效申请，保险公司亦不得拒绝复效。维持原判。

第四，保险人解除保险合同，必须待保险合同中止满两年后方可进行。即便在此期间，保险人一次又一次明确拒绝了投保人的复效请求，也不能直接解除保险合同。因为在这个期间内，投保人的收入可能增加、经济状况可能好转，仍然可以再次提出复效请求，只要符合法律规定，保险人就应该接受。所以，合同的复效是非常可行的。需要尽可能地给予投保人相应的时间与机会。

为了保护投保人、被保险人之权益，也是为了维护保险合同的稳定与持续生效，法律规定了保险人必须有一个长时间的等待期——2年，之后才可以解除保险合同。

需要注意的是，2年的期限是从保险合同中止日起算的，那么依法而言，起码在投保人未支付续期保险费2年零2个月后，保险人才可以解除保险合同。

第二节 保险合同撤销、解除

我国的《保险法》最早于1995年6月30日通过，而我国原《合同法》于1999年3月15日通过。因《保险法》出台时间在先，所以原《合同法》中的某些细分的法律概念在《保险法》中不体现、不存在。例如，在《保险法》中只存在“解除”概念、不存在“撤销”概念。那么，对于人身保险合同而言，到底能否适用合同撤销这个概念？当事人是否可以行使撤销权呢？目前争论比较大。例如，保险人根据《保险法》第十六条规定，基于投保人的不如实告知情形，行使解除权。但是该条规定，自合同成立之日起超过二年的，保险人不得解除合同。为了规避这一限制，很多保险人又要求行使合同撤销权。这个问题引发了很多争论。

一、保险合同应适用《民法典》

《民法典》第四百六十四条规定：“合同是民事主体之间设立、变更、终止民事法律关系的协议。婚姻、收养、监护等有关身份关系的协议，适用有关该身份关系的法律规定；没有规定的，可以根据其性质参照适用本编规定。”可以理解为，除了“婚姻、收养、监护等有关身份关系的协议”之外，其余的平等民事主体之间订立的合同，均受《民法典》调整、制约。

而《保险法》第十条规定：“保险合同是投保人与保险人约定保险权利义务关系的协议。投保人是指与保险人订立保险合同，并按照合同约定负有支付保险费义务的人。保险人是指与投保人订立保险合同，并按照合同约定承担赔偿或者给付保险金责任的保险公司。”可见，投保人、保险人乃平等民事主体，通过保险合同来约定双方权利义务，完全符合《民法典》规定情形，因此人身保险合同作为保险合同之一种，应该、也必须受《民法典》的调整、制约，《民法典》肯定适用于人身保险合同的订立、变更、履行、终止等各个环节。

不过，《民法典》第十一条规定："其他法律对民事关系有特别规定的，依照其规定。"由此可知，如果《保险法》有特别规定的，则仅适用《保险法》，不适用《民法典》。假如《保险法》无特别规定的情形，则可适用《民法典》进行调整。

所以，对于人身保险合同而言，是否存在、适用"撤销"法律概念，当事人是否享有合同撤销权，就应看对于相关情形，《保险法》是否有特别规定。

二、合同撤销、解除的一般概念

1. 关于合同撤销的相关法律规定

《民法典》第一百四十七条规定："基于重大误解实施的民事法律行为，行为人有权请求人民法院或者仲裁机构予以撤销。"

《民法典》第一百四十八条规定："一方以欺诈手段，使对方在违背真实意思的情况下实施的民事法律行为，受欺诈方有权请求人民法院或者仲裁机构予以撤销。"

《民法典》第一百四十九条规定："第三人实施欺诈行为，使一方在违背真实意思的情况下实施的民事法律行为，对方知道或者应当知道该欺诈行为的，受欺诈方有权请求人民法院或者仲裁机构予以撤销。"

《民法典》第一百五十条规定："一方或者第三人以胁迫手段，使对方在违背真实意思的情况下实施的民事法律行为，受胁迫方有权请求人民法院或者仲裁机构予以撤销。"

《民法典》第一百五十一条规定："一方利用对方处于危困状态、缺乏判断能力等情形，致使民事法律行为成立时显失公平的，受损害方有权请求人民法院或者仲裁机构予以撤销。"

《民法典》第一百五十二条规定：“有下列情形之一的，撤销权消灭：（一）当事人自知道或者应当知道撤销事由之日起一年内、重大误解的当事人自知道或者应当知道撤销事由之日起九十日内没有行使撤销权；（二）当事人受胁迫，自胁迫行为终止之日起一年内没有行使撤销权；（三）当事人知道撤销事由后明确表示或者以自己的行为表明放弃撤销权。当事人自民事法律行为发生之日起五年内没有行使撤销权的，撤销权消灭。”

2. 关于合同解除的相关法律规定

《民法典》第五百六十三条规定：“有下列情形之一的，当事人可以解除合同：（一）因不可抗力致使不能实现合同目的；（二）在履行期限届满前，当事人一方明确表示或者以自己的行为表明不履行主要债务；（三）当事人一方迟延履行主要债务，经催告后在合理期限内仍未履行；（四）当事人一方迟延履行债务或者有其他违约行为致使不能实现合同目的；（五）法律规定的其他情形。以持续履行的债务为内容的不定期合同，当事人可以随时解除合同，但是应当在合理期限之前通知对方。”

《民法典》第五百六十四条规定：“法律规定或者当事人约定解除权行使期限，期限届满当事人不行使的，该权利消灭。法律没有规定或者当事人没有约定解除权行使期限，自解除权人知道或者应当知道解除事由之日起一年内不行使，或者经对方催告后在合理期限内不行使的，该权利消灭。”

《民法典》第五百六十五条规定：“当事人一方依法主张解除合同的，应当通知对方。合同自通知到达对方时解除；通知载明债务人在一定期限内不履行债务则合同自动解除，债务人在该期限内未履行债务的，合同自通知载明的期限届满时解除。对方对解除合同有异议的，任何一方当事人均可以请求人民法院或者仲裁机构确认解除行为的效力。当事人一方未通知对方，直接以提起诉讼或者申请仲裁的方式依法主张解除合同，人民法院或者仲裁机构确认该主张的，合同自起诉状副本或者仲裁申请书副本送达对方时解除。”

《民法典》第五百六十六条规定：“合同解除后，尚未履行的，终止履行；已经履行的，根据履行情况和合同性质，当事人可以请求恢复原状或者采取其他补救措施，并有权请求赔偿损失。合同因违约解除的，解除权人可以请求违约方承担违约责任，但是当事人另有约定的除外。主合同解除后，担保人对债务人应当承担的民事责任仍应当承担担保责任，但是担保合同另有约定的除外。”

可以看出，合同的解除和撤销虽然都是合同消灭的制度，但两者并不相同。

合同解除，是指在合同有效成立后，当解除合同的条件具备时，因当事人一方或双方意思表示，使合同自始或仅向将来消灭的行为。双方当事人以协议方式解除合同或者一方行使约定解除权而解除合同称为合意解除。合同解除的条件由法律直接加以规定的称为法定解除。在法定解除中，有的以适用于所有合同的条件为解除条件，有的则仅以适用于特定合同的条件为解除条件。

合同撤销，是指当事人在订立合同时，因意思表示不真实，法律允许撤销权人通过行使撤销权而使已经生效的合同归于无效的行为。

合同的解除和撤销主要区别在于：

（1）从适用范围来看，撤销的适用范围比较广泛，不仅适用于欠缺有效要件的合同领域，而且适用于有瑕疵的意思表示及民事行为场合；而解除仅适用于有效成立的合同提前消灭的情况。

（2）从发生原因来看，撤销的原因由法律直接规定，结合《民法典》的相关规定看，撤销合同的原因主要有两类：意思表示不真实、显失公平；而解除的原因既有法律的规定，也有当事人的约定。

（3）从发生的效力看，撤销都有溯及力，被撤销的民事行为从开始起无效；而解除则往往无溯及力，只有在当事人有特别约定或者法律有特别规定及违约解除非继续合同时，才有溯及力。

（4）从行使权利程序看，合同撤销需要通过诉讼或仲裁程序进行，撤销权人须请求人民法院或仲裁机关撤销合同，自己单方面撤销合同是不可以的；合同解除则不需要经过诉讼或仲裁程序。

（5）从行使权利时间限制看，行使撤销权有明确的时间限制，撤销权人自知道或者应当知道撤销事由之日起一年内行使撤销权。而对于解除权人来说，虽然也可能存在约定的时间限制，但是法律并无明文规定。

三、投保人享有合同撤销权

在我国《保险法》中，规定了投保人享有绝对的、不受限制的合同解除权。例如，《保险法》第十五条规定："除本法另有规定或者保险合同另有约定外，保险合同成立后，投保人可以解除合同，保险人不得解除合同。"但是，这个解除权并不等同于"解除+撤销"，因为在第四十七条中规定："投保人解除合同的，保险人应当自收到解除合同通知之日起三十日内，按照合同约定退还保险单的现金价值。"可见，投保人的解除权是一种不具有溯及力的解除权，解除之前的合同仍然是有效的、仍然是有法律约束力的。所以保险人才要按照合同约定退还现金价值，通常情况下，这就意味着退还现金价值计算截止到合同解除日，而不是将保险合同视为自始不成立，也不是将全部的保险费均退还给投保人。

而根据合同撤销的法律概念，如果撤销合同，则被撤销的合同自始没有法律约束力，因该合同取得的财产应当予以返还。这就意味着，如果是撤销保险合同的话，则保险合同自始就被视为无效，则全部的保险费均应退还给投保人。可见，在《保险法》中，并未规定合同撤销之权利或情形。

但是，没有规定不意味着投保人无权行使撤销权，恰恰相反，没有规定意味着没有特别的限制，投保人有权行使保险合同的撤销权。这是因为，《保险法》第十五条规定的投保人解除权是一种无限的、任意的、绝对的权利，即便保险人没有任何过错、合同没有任何问题，投保人也有权随时解除合同，不需要理由，这是特别保障投保人的体现。不过，投保人也要为自己的任性付出一点代价，那就是要承担合同解除之前期间的保费损失，即只能得到现金价值，而无法得到全额保险费。

假如遇到保险人有过错的情形，如保险人存在欺诈、误导、强迫、趁人之危等情形，导致投保人基于错误的意思表示订立了保险合同，那么投保人是无辜的受害者。在这样的情形中，投保人更有权使得保险合同归于无效，且更不应该为此蒙受损失才对。投保人反而无权取消该保险合同效力、投保人反而要蒙受损失，那就太不公平、太不合理了，在逻辑上也说不通。因此，如果是因为保险人存在欺诈、误导、强迫、趁人之危等情形，导致投保人需要取消保险合同效力，则投保人完全可以行使该权利，且应得到全额的保险费返还。可以看出，这就是保险合同撤销之情形。

从法理推导，此种情形属于“《保险法》没有特别规定”之情形，可以适用《民法典》之规定，投保人可以依法主张撤销保险合同，但是应该按照法律规定的期限，向人民法院、仲裁机构提出，而不能自己单方就撤销了。

山东省青岛市中级人民法院（2014）青金商终字第111号民事判决书载明，2012年1月1日，吴某通过保险公司业务员与保险公司签订了人身保险合同1份，交纳了保费100538.3元，并在投保提示书和电子投保申请确认书中签名确认。从整个通话记录来看，保险公司工作人员的承诺与合同文本的条款内容差距巨大。保险公司业务员并未就相关内容向吴某作出真实、全面的解释与说明。保险公司提交保单回执，以证明吴某已经将合同文本及相应条款及时交付给吴某，并有吴某的签名为凭。吴某称，保险合同系合同签订半年后才收到，且签名非本人书写。经司法鉴定，该回执单中投保人签字并非吴某本人书写。

一审法院认为，结合吴某与保险公司业务员的通话记录内容，保险公司并未就合同的真实内容向吴某作出披露和说明，亦未在合同签订后及时将合同文本交付给投保人，致使吴某对保险合同的利益产生重大误解。吴某诉求撤销双方签订的人身保险合同，于法有据，应当予以支持。合同撤销后的法律后果，包括将因该合同取得财产予以返还。吴某诉求保险公司返还保费100538.3元，予以支持。

二审法院认为，保险公司和吴某均提交了相应的录音证据证明自己的观点，保险公司提交的录音证据不能证明其已经就合同条款向吴某履行了明确说明的义务。吴某提交的证据证明保险公司的业务员动员吴某投保时，存在未就合同的真实内容向吴某作出真实披露和说明，亦未在合同签订后及时将合同文本交付给投保人的事实，致使投保人吴某对保险合同的利益产生重大误解，保险公司应当承担相应的法律后果，维持原判。

四、投保人撤销或者变相撤销保险合同后，不享有损害赔偿权

辽宁省本溪市中级人民法院（2016）辽05民终1320号民事判决书载明，2008年3月19日，冯某娟到银行购买了由银行代售的保险公司发行的“投资连结保险”，冯某娟在“投资连结保险投保单”上签名，冯某娟当日交纳保险费8万元。2009年3月12日，冯某娟出具转让声明一份，内容为：“本人解除保险合同。以捌万元转让，转让费肆仟捌佰元，本人同意承担3%即贰仟肆佰（2400）元，其余部分由保险公司协商购买方承担，转让费本人同意直接从账户中扣除。转让人：冯某娟。”2009年4月1日，经过保险公司审批同意，自2009年3月16日起终止该保险，退费金额为7.76万元。冯某娟在庭审中自认，收到退回本金7.76万元及利息1600元。后冯某娟提起诉讼，请求保险公司、银行赔偿本金损失、收益损失8000元、两倍赔偿16万元、精神损失费等。

一审法院认为，该合同在订立过程中缺少必要的风险告知，该合同属于可撤销合同，但冯某娟并未行使撤销权，特别是当保险合同订立一年后，冯某娟按照预期去领取所谓“利息”时，经过冯某娟与保险公司、银行协商，达成了“转让协议”。从履行情况看，实质上是解除了该保险合同，冯某娟在签写“转让声明”时已对该保险的性质等具有明确的认知，在此情况下，冯某娟签写的“转让声明”，可以认为是其真实意思表示。后双方解除了保险合同并已实际履行，冯某娟亦未提供证据证明该“转让声明”在签订时具有法定撤销的情形，且该撤销主张已经超过了法定的除斥期间。故冯某娟无权要求本案的相关赔偿。驳回冯某娟的诉讼请求。

二审法院认为，关于冯某娟请求保险公司及银行承担违约责任并赔偿损失的主张，因2009年3月12日冯某娟出具的“转让声明”是其真实意思表示，保险公司接受了该转让声明，且按照声明约定内容向冯某娟返还了剩余保险金77600元，故双方保险合同已经协商解除且双方约定关于清算的内容已经履行完毕，至此，冯某娟与保险公司关于保险合同履行发生的争议已经实际处理完毕。现冯某娟无任何证据证明“转让声明”存在可撤销的情形，故其主张本金和收益损失是对转让声明的违约，不予支持。判决驳回上诉，维持原判。

投资连结保险，简称投连保险，顾名思义，就是与投资挂钩的保险，是指一份保单在提供人寿保险时，在任何时刻的价值是根据其投资基金在当时的投资表现来决定的。投资连结保险是一种集保险与投资功能于一身的新险种，设有保证收益账户、发展账户和基金账户等多个账户。每个账户的投资组合不同，收益率就不同，投资风险也不同。由于投资账户不承诺投资回报，保险公司在收取资产管理费后，所有的投资收益和投资损失由客户承担。客户在获得高收益的同时也承担投资损失的风险。因此，投资连结保险适合于具有理性的投资理念、追求资产高收益同时又具有较高风险承受能力的投保人。

对于一般投保人而言，投资连结保险有利有弊。有利之处在于，保险公司依据资金实力和专业投资人才进行投资，会比自身个人投资来得更为稳健。如果保险公司经营好，保户将获得比普通的寿险多得多的收益；弊端在于，较普通寿险而言，收益不固定，有可能没有任何收益；有时候，保险公司会收取各种管理费、手续费，导致投保人产生经济损失。并且，保险费本金在一定期限内不能退还，会带来一些不便。

对于投资连结保险而言，因其自身特点以及风险控制需要，在条款中必然涉及很多特有的投资性条款、名词、方式等，如与普通人寿保险完全不同的保障责任、不同的投资账户、保险费在不同账户中的分配比例、账户管理费、年费、投资单位、账户价值计算、提前支取以及管理费、部分支取以及管理费等，这些在传统的寿险合同以及业务中是根本不存在的。

因此，普通的投保人对此往往非常陌生，甚至保险公司的营销人员也对此半懂不懂，这也非常常见。

基于此，在投资连结保险营销过程中，更应该保障投保人的知情权，更应该善尽保险人说明义务，以使得投保人在意思表示正确的前提下签订保险合同。政府监管部门也要求保险公司、代理银行等机构，必须加大力度，保证营销过程中的真实性、完善性。譬如，银保监会《商业银行代理保险业务管理办法》第三十二条就规定，销售保单利益不确定的保险产品，包括分红型、万能型、投资连结型、变额型等人身保险产品和财产保险公司非预定收益型投资保险产品等，存在以下情况的，应当在取得投保人签名确认的投保声明后方可承保：1. 趸缴保费超过投保人家庭年收入的4倍；2. 年期缴保费超过投保人家庭年收入的20%，或月期缴保费超过投保人家庭月收入的20%；3. 保费缴费年限与投保人年龄数字之和达到或超过60；4. 保费额度大于或等于投保人保费预算的150%。在投保声明中，投保人应当表明投保时了解保险产品情况，并自愿承担保单利益不确定的风险。同时，第三十七条规定："商业银行及其保险销售从业人员代理销售投资连结型保险产品和财产保险公司非预定收益型投资保险产品等，应在设有销售专区以上层级的网点进行，并严格限制在销售专区内。"

实践中，保险营销过程中确实存在大量不专业、不完整、不准确的情形，导致投保人基于错误的意思表示而签订了投资连结保险合同。发现问题、出现纠纷后，保险人有时候会采取某种变相的措施，实际上是和投保人协商撤销了保险合同。如前述案例，所谓的保险合同转让，实际上就是保险合同变相撤销的一种表现。大体上，可以视为保险合同自始无效，保险费基本上可以算是全额退还。那么，双方签署了这样的撤销或者变相撤销协议后，投保人是否还可以主张损害赔偿责任呢？

我认为是不可以的，因此从主观看，依据《民法典》相关规定，导致合同撤销的情形如重大误解、显失公平、一方欺诈或胁迫的情形，基本就已经涵盖了所有意思表示不真实情形。从后果看，依据《民法典》第一百五十七条之规定，合同无效或者被撤销后，财产应当予以返还，或折价补偿，或赔偿损失，或各自承担相应的责任。这也基本上涵盖了全部的损失弥补情形。如果在撤销合同后，还要提出损害赔偿的诉求，则实际上意味着，在导致合同撤销的意思表示不真实情形之外，还有其他的意思表示不真实情形。也就意味着，在法定的撤销合同后损失弥补方式之外，还要求其他的合同撤销损失弥补方式。而这些，显然是不成立的，既不符合逻辑，也没有法律依据。

五、保险人是否享有保险合同撤销权

在《保险法》无明确规定的情形下，投保人既然能享有保险合同撤销权，那么保险人是否也能按照这个逻辑，同样享有保险合同撤销权呢？

保险合同得以撤销的原因，主要是欺诈、误导、强迫、趁人之危等情形，导致当事人基于错误的意思表示订立了保险合同。可以大致分为两类，一类是不涉及如实告知问题，但是可能存在投保人趁保险人之危、强迫保险人订立保险合同的情形，这样的情形当然很罕见，但是我们也不好说就一定没有。譬如投保人使用暴力、威胁等手段，强迫保险人签订了一份保险合同，投保一块钱，年年要求保险公司给 10 万元生存金，固然很荒诞，但是不敢说就一定不存在。假使这样的情形存在，该怎么看待呢？

按照《保险法》第十一条的规定，订立保险合同，应当协商一致，遵循公平原则确定各方的权利和义务。除法律、行政法规规定必须保险的外，保险合同自愿订立。同时，按照《保险法》的规定，保险人原则上不享有合同解除权，那么如果是不自愿而订立保险合同，保险人就没有一个救济渠道，就要被迫接受这样的强迫吗？这显然也是不合理的。

我的理解是：之所以法律规定保险人原则上不享有合同解除权，是基于“保险合同自愿订立”这一前提，对于所有自愿订立的保险合同，则自然原则上应该维护、保持，保险人不能解除合同。但是，对于非自愿订立的保险合同，则《保险法》没有提及。那么，在这样的情形下，我认为可以适用《民法典》，保险人依法应享有合同撤销权。

四川省宣汉县人民法院（2014）宣汉民初字第1250号民事判决书载明，2012年4月9日，宣汉宏发建筑公司向保险公司购买团体意外伤害保险。《团体人身保险投保单》载明：保单生效时间为2012年4月10日零时；项目为毕某某私人联建房；被保险人为建筑工人100人。2012年8月10日，符某某在毕某某私人联建房施工中发生意外事故，当场死亡。2013年4月12日，保险公司出具理赔结案通知书，理赔结论：拒赔。理赔结论说明：投保人并未承包该施工工地，对出险人无可保利益，保险合同不成立。

法院认为，《团体人身保险投保单》载明：项目为毕某某私人联建房。2012年8月10日，工人符某某在毕某某私人联建房施工中发生意外事故，符某某当场死亡。2013年4月12日，保险公司以“投保人并未承包该施工工地，对出险人无可保利益，保险合同不成立”为由拒赔，并出具理赔结案通知书。2014年5月14日，保险公司提起诉讼，请求撤销原、被告签订的《保险合同》。保险公司2013年4月12日出具理赔通知书时，就明知有撤销事由，但主张权利时间是2014年5月14日，已经超过一年的期限，其撤销权消灭。故保险公司撤销保险合同的诉讼请求不予支持。保险公司认为知道或者应当知道撤销事由的时间是其向被告发出调查函的时间即2013年7月9日，与庭审查明的案件事实不符，其理由不成立，不予支持。

然而对于因投保人的欺诈、误导等行为，导致保险人基于错误意思表示而订立的保险合同，要说也属于非自愿订立的合同，可是对于此种情形，在《保险法》第十六条已经有明确的规定，保险人不仅享有合同解除权，还享有不赔偿保险金、不退还保险费等权利，这个权利比撤销权更强大。也就是说，已经存在“其他法律对合同另有规定”的情形了，那怎么办？自然就应该“依照其规定”。即对于这样的情形，涉及询问、告知、如实告知、不如实告知等问题，保险人依法只能解除合同，不存在撤销合同之权利。

六、犹豫期退保是解除权而非撤销权

人身保险合同条款中，基本上都规定了犹豫期，在犹豫期内，投保人可以无条件取消保险合同，全额保险费应该予以奉还，业内通俗称之为“犹豫期退保”。

不过“退保”这个词并不是一个法律概念，到底是指保险合同撤销还是保险合同解除，可能会有一些争论。很多人认为，犹豫期退保是指保险合同撤销，因为保险费因此得以全额返还。也有人认为，犹豫期退保是指保险合同解除，因为只要投保人单方意思表示即可，不需要经过法院、仲裁机构。

广东省广州市中级人民法院（2016）粤01民终14258号民事判决书载明，王某英于2014年10月28日向保险公司投保了年金保险（分红型）。该保险单所附保险条款第四条犹豫期内撤销保险合同条款约定，投保人可自签收本合同当日二十四时起的十日内以书面形式通知保险公司撤销本合同，并退回本合同的原件；保险公司在收到撤销本合同书面通知的当日二十四时，本合同被撤销且自始无效，保险公司将无息退还投保人已交保险费。王某英在签收上述保险合同后未在十日犹豫期内以书面形式通知保险公司撤销保险合同。

一审法院认为，本案的争议焦点是王某英是否在保险合同犹豫期内行使撤销权。根据保险合同约定，投保人撤销保险合同需在犹豫期内以书面方式通知保险公司。其一，王某英并未在犹豫期内以书面形式通知保险公司撤销保险合同，其未按合同约定行使撤销权。其二，王某英虽提交了李某的证言为证，但从该证言的内容看王某英撤销保险合同亦需提交身份证原件，且撤销合同亦需核对王某英身份，在王某英未提交身份证的情况下保险公司无法确认是否王某英意思表示。王某英因交通通信原因导致其身份证未在十日犹豫期内寄达广州，此不属于可归责于保险公司的原因。故王某英主张其已行使撤销权依据不足，对王某英该主张不予认可。

二审中，经王某英申请，证人李某到庭作证。李某表示，其当时是保险公司的保险代理人，客户在她手上购买了保单，买完保单后在十天内可以选择全额退保，公司会在十天内进行电话回访，如果没有回访成功，公司就将一个问卷交到代理人手中。当时其向公司反映了该客户要求退保，但存在身份证问题，身份证快递到公司的时候已经超过十天时间，但实际上其在十天内已经将该问题反馈给公司。

二审法院认为，本案中王某英知悉其投保的情况，投保是其真实意思表示，双方保险合同关系合法有效。王某英主张在犹豫期内已向保险公司作出了撤销保险合同的请求并获同意，但考虑到李某目前不在保险公司工作，可能作出有利于王某英的陈述，在王某英没有依照合同约定在犹豫期内以书面方式通知保险公司的情况下，不支持王某英关于保险公司同意其撤销合同的主张。综上，王某英的上诉请求不能成立，应予驳回。

实际上这两种认识都不太全面。我认为，犹豫期退保本质上是一种合同解除行为，但是属于一种特殊的保险合同解除情形。事实上，在《保险法》中并不存在“犹豫期”这个概念，而是基于保险监管机构的要求，保险人均在人身保险合同条款中设定了“犹豫期”条款，并设定了投保人的相关权利。

例如，《中国保险监督管理委员会关于规范人身保险业务经营有关问题的通知》第四条“关于犹豫期”规定：“（一）“犹豫期”是从投保人收到保险单并书面签收日起10日内的一段时期。（二）投保单或保险条款中应载明投保人在犹豫期内的权利，保险公司销售人员展业时以及保险公司向投保人、被保险人发送保单时，应对犹豫期内的权利进行说明。（三）在犹豫期内，投保人可以无条件解除保险合同，保险公司除扣除不超过10元的成本费以外，应退还全部保费，并不得对此收取其他任何费用。保险公司对投资连结保险投保人在犹豫期内解除保险合同的费用扣除应当符合《人身保险新型产品信息披露管理办法》的有关规定。”2019年10月31日，修订后的《健康保险管理办法》由中国银保监会公布，自2019年12月1日起施行。该办法第十五条规定：“长期健康保险产品应当设置合同犹豫期，并在保险条款中列明投保人在犹豫期内的权利。长期健康保险产品的犹豫期不得少于 15 天。”可知，犹豫期是从人身保险合同被投保人签收之日起的一段时间，原来业内普遍是 10 日，现在普遍都是 15 日，这个期间内，投保人可以无条件解除该保险合同，不需承担任何损失，已经支付的全额保费原银奉还。

犹豫期退保这个行为只要投保人单方面提出即可生效，不需要经过法院、仲裁机构的确认与裁判。犹豫期退保不需要任何理由，而保险合同的撤销总归需要证明存在欺诈、误导、强迫交易、趁人之危等情形的存在才行。从这个区别看，犹豫期退保肯定不是撤销保险合同。

不过，犹豫期退保也不是一般的合同解除。我们知道，合同解除实际上是合同自解除日失效，解除日之前的合同还是有效的，因此才存在保险人退还现金价值之说，而不是全额退还保险费。而犹豫期退保是全额退还保险费，该人身保险合同自始就没有法律效力。从这个意义上说，与一般的合同解除不同。

我的理解是：犹豫期退保是一种特定的合同约定解除情形。虽然保险监管机构的规章、办法中规定了犹豫期退保事宜，但那毕竟不是法律、不是行政法规，不能直接创设投保人的这种合同解除权，而仅仅是要求保险人在设计保险合同条款时，应该加入犹豫期退保的内容与条款。保险合同条款中的犹豫期退保条款，才是投保人行使退保权的依据。也就是说，投保人的这种退保权利，不是天然的，不是法定的，而是基于合同约定产生的。《民法典》第五百六十二条规定：“当事人协商一致，可以解除合同。当事人可以约定一方解除合同的事由。解除合同的事由发生时，解除权人可以解除合同。”而犹豫期退保，就是这么一种“约定一方解除合同的条件”。所以，犹豫期退保是一种合同约定解除人身保险合同的情形。

七、保险人解除合同的时间限制

《保险法》中对人身保险合同保险人解除合同的条款有很多，但是只有两处规定了保险人解除保险合同的时间限制：第十六条第三款规定，前款规定的合同解除权，自保险人知道有解除事由之日起，超过三十日不行使而消灭。自合同成立之日起超过二年的，保险人不得解除合同；发生保险事故的，保险人应当承担赔偿或者给付保险金的责任；第三十二条第一款规定，投保人申报的被保险人年龄不真实，并且其真实年龄不符合合同约定的年龄限制的，保险人可以解除合同，并按照合同约定退还保险单的现金价值。保险人行使合同解除权，适用本法第十六条第三款、第六款的规定。也就是说，因被保险人年龄不真实导致保险人解除合同的情形下，保险人也必须在知道该情形后30日内行使解除权，否则就丧失解除权。之所以有这样的规定，主要还是为了保护投保人、受益人、被保险人，以防他们长期处于无保险保障的境地。同时，也是为了防止保险人以此图利，长期不决却占有投保人支付的保险费，这就显得很不公平。

福建省南平市中级人民法院（2014）南民终字第691号民事判决书载明，投保人陈某列向保险公司投保终身寿险（万能型），2012年3月21日，投保人陈某列死亡。陈某意作为受益人向保险公司申请理赔。保险公司经调查以被保人投保前存在严重健康状况未告知为由于同年5月4日作出《理赔决定通知书》并于同年5月7日送达陈某意。

2005年5月11日，投保人陈某列因病服用抑亢丸药。2012年3月18日，投保人陈某列的入院记录载明："既往史：有'甲状腺功能亢进'病史6年余……"2010年11月15日，投保人陈某列未如实告知保险公司业务人员曾患有甲状腺疾病。

法院认为，保险公司提出基于陈某列未如实告知投保前患有"甲状腺亢进症"的事实，其有权解除保险合同并拒付理赔款，但再退言之，保险人知道其有解约权或抗辩权，但明示或默示地放弃权力，构成弃权，其后不得再行主张。因此，即便投保人陈某列系故意未履行如实告知义务，保险公司在陈某列第一次理赔时已经得知其患有"甲状腺亢进症"等疾病，此时其未进一步对陈某列是否隐瞒病史进行审查，是对己方权利的放弃，故据此认定其解除权已经过期，并无不当。综上，保险公司应该承担赔偿责任。

这也与法律规定吻合。《民法典》第五百六十四条规定：“法律规定或者当事人约定解除权行使期限，期限届满当事人不行使的，该权利消灭。法律没有规定或者当事人没有约定解除权行使期限，自解除权人知道或者应当知道解除事由之日起一年内不行使，或者经对方催告后在合理期限内不行使的，该权利消灭。”这就反向要求保险人对时间期限问题承担举证责任。譬如，保险人要证明如下的事项：（1）何时知道可以导致解除合同事由的；（2）何时发出的解除通知；（3）解除通知是否送达投保人处。

湖北省随州市中级人民法院（2015）鄂随州中民二终字第00114号民事判决书载明，2013年6月21日，李某之妻刘某清与保险公司签订终身重大疾病保险合同，被保险人为李某。2014年2月8日至2014年4月15日，李某因急性胰腺炎住院治疗66天，开支医疗费343585.08元。尔后，李某向保险公司申请理赔。2014年5月22日，保险公司作出拒绝给付保险金通知书，以李某在投保前患疾病未如实告知为由拒赔，并解除该合同、不退还保费。该通知书于同年6月16日由李某的亲戚代领。为此，李某诉至法院。

庭审中，李某称即便保险公司有解除权，但通过保险公司于2014年5月14日向被保险人李某作的《调查笔录》可知，其对李某投保前隐瞒病情的情况已知晓，李某直至2014年7月2日才接到保险公司解除合同通知书，保险人行使解除权已超过法律规定的三十日期限，其已无权解除合同。经审查，2014年5月14日，保险公司向李某做的《调查笔录》只是在保险理赔环节的一般询问，不能以该日作为保险公司知道有解除事由之日。保险公司于2014年5月19日前往武汉协和医院进行了调查取证，并获知李某于2011年及2013年因急性胰腺炎住院治疗的情况，故2014年5月19日应为保险公司知道有解除事由之日。保险公司发出《拒绝给付保险金通知书》于2014年6月16日由李某的亲属代收，说明保险公司在知道有解除事由之日起三十日内向李某发出了上述通知书，故李某上述辩称理由不能成立，不予支持。驳回李某的诉讼请求。

很多案件中，保险人在这个方面普遍处理得不到位。保险人的绝大多数精力都用在解约事由方面了，努力证明导致合同解除的事由合法、正当等。但是，对于这个时间期限问题，普遍都不在意。例如，很多保险人不能确定自己是何时知晓解除事由的。还有很多保险人提供的往往只是一张解除合同通知书，或者理赔通知书内有解除保险合同的字样，但是这个通知书何时寄出的不知道，何时送达给投保人的不清楚，或者没有证据证明。甚至有些通知书是通过保险营销员或者相关渠道直接交给了投保人、被保险人或受益人，也没有什么签收的凭证。那么如何证明保险人在法律规定的期限内行使了合同解除权呢？这就很难了。

程序、期限问题是很重要的，是法定的限制，超期后保险人就丧失了合同解除权，而不是再来“补办个手续”那么简单，所以这是非常重要的一个规则。

山西省临汾市中级人民法院（2016）晋10民终513号民事判决书载明，2013年12月28日，段某丽与保险公司签订了重大疾病保险合同，被保险人为段某丽。2015年3月19日，段某丽因病住院治疗，被诊断为冠状动脉粥样硬化性心脏病、劳力型心绞痛、高血压病2级（高危）、高脂血症。段某丽出院后向保险公司申请理赔，后被答复不予理赔，遂成讼。

法院认为，保险人解除保险合同应受期间的限制：一是知道解除权之日起30日，二是合同成立之日二年内，超过任何一个期间解除权即丧失。本案保险公司于2015年5月在接到段某丽的理赔申请后就向山西省心血管病医院调取了段某丽的病历资料，就应该知道了病历记载段某丽高血压病史的情况，但至今未能提供证据证明在法定期间行使合同解除权解除该保险合同。故保险公司的理由不能成立，不予支持。

此外，《民法典》第五百六十五条规定：“当事人一方依法主张解除合同的，应当通知对方。合同自通知到达对方时解除；通知载明债务人在一定期限内不履行债务则合同自动解除，债务人在该期限内未履行债务的，合同自通知载明的期限届满时解除。对方对解除合同有异议的，任何一方当事人均可以请求人民法院或者仲裁机构确认解除行为的效力。”既然法律规定了"通知对方"，那么就应该确定这个"对方"指的是谁。

我的理解是："对方"应该指合同对方当事人。那么，对于保险合同而言，就应该是指投保人。至于被保险人、受益人，虽然是保险合同关系人，但是并不是缔结保险合同的主体，并不是合同当事人。因此，保险人如果要解除保险合同，势必要向投保人进行通知。如果通知了被保险人、受益人，却没有通知到投保人，则该通知没有法律效力。

如果保险人要解除合同，应该注意以下几点：（1）必须是书面形式；（2）在快递单据上务必注明解除某某编号合同字样；（3）快递单据应该留存备查；（4）快递寄收痕迹应该查询、记录；（5）必须寄往投保人预留的收件地址；（6）只要投保人存活的，均应寄送给投保人，而不是寄给被保险人、受益人；（7）如果采取其他方式，如营销员代为传送，则应该有投保人的签收记录。

八、某些情形下，合同解除是拒绝承担保险责任的前提

《最高人民法院关于适用〈中华人民共和国保险法〉若干问题的解释（二）》第八条规定："保险人未行使合同解除权，直接以存在保险法第十六条第四款、第五款规定的情形为由拒绝赔偿的，人民法院不予支持。但当事人就拒绝赔偿事宜及保险合同存续另行达成一致的情况除外。"从以上条文可看出，对于未如实告知情形导致保险合同解除、保险人拒绝承担保险责任的，必须以解除合同为前提，保险人未作出解除合同的决定而径直拒赔保险金的，该理赔决定无效。

贵州省贵阳市中级人民法院（2015）筑民二（商）终字第249号民事判决书载明，吴某海与苏某妹系夫妻关系，2012年10月24日吴某海与保险公司签订保险合同，投保重大疾病保险，被保险人为苏某妹。2014年1月25日，被保险人苏某妹因病死亡。2014年3月6日，保险公司出具了《拒付保险金额通知书》，以投保时未如实告知为由拒赔，退还保险费28584元。吴某海遂诉至法院。

法院认为，合同解除权是在合同生效后一定期间内，保险人基于投保人或者被保险人不诚信等事由，产生的一种使合同终结的权利，一旦过了法定或约定的解除权行使期间，即便再次出现行使解除权的事由，按照禁反言原则，保险人也不得再行使，即反复行使解除权只能在合同约定的期限内，而非贯穿于合同有效期的全过程。一旦发生保险事故，保险人应当承担保险责任，如果承担了保险责任后仍在保险合同确定的合同解除权行使期间，保险人仍有权行使合同解除权，但是，因解除权行使只对以后发生效力，不具有追溯力，保险人不能以此为由要求投保人、被保险人返还保险金。

本案中，吴某海在投保时未将被保险人患病情况如实告知保险公司，且该内容对保险公司是否同意承保或者提高保险费率具有决定性影响，保险公司依法享有解除合同的权利。但是，保险公司在接受吴某海的理赔申请后，曾于2014年2月26日委托其兄弟公司前往医院调取被保险人苏某妹相关病历，此时，其应当已知晓投保人存在违反如实告知义务的情形。保险公司于2014年3月6日向吴某海出具的《拒绝给付保险金通知书》虽表示拒绝承担保险责任，主张终止合同，但并未主张解除合同。之后，保险公司亦未在法定期限内依法行使解除权，其解除权因此丧失。本案所涉保险合同在未被解除的情况下，仍对双方当事人具有法律约束力，双方应当按照约定享有和承担相应的权利和义务。保险公司拒绝理赔于法无据，但是，其此前已退还的保险费28584元应予扣除，即保险公司应付保险金为：500000元-28584元=471416元。

之所以有这样的规定，是因为在类似的特定情形下，保险合同并未终止，而是处于效力待定、走向待定的时刻。有些保险人在通知中，会含含糊糊地写“合同终止，且不退还保险费、不承担保险金给付责任”云云，这个表述是不准确的。

我们知道，合同解除与合同终止是不可混淆的两个概念。合同终止是指因发生法律规定或当事人约定的情形，也就是一定的法律事实发生时，使得合同当事人之间的权利义务关系消灭，合同的法律效力终止。

《民法典》第五百五十七条规定："有下列情形之一的，债权债务终止：（一）债务已经履行；（二）债务相互抵销；（三）债务人依法将标的物提存；（四）债权人免除债务；（五）债权债务同归于一人；（六）法律规定或者当事人约定终止的其他情形。合同解除的，该合同的权利义务关系终止。"从法律规定可得知，合同终止实际上属于当事人之间权利义务的一种客观状态，因某一法律事件或法律行为的发生而产生权利义务消灭的法律效果。

合同终止的原因多种多样，其会因合同解除而终止，也会因当事人合同已履行等而终止。合同终止必然以某一法律事实的发生为前提，也由此可知，合同终止本身不是如合同解除一般的一种法律行为，它是在合同解除等法律事实发生的前提下当事人间权利义务归于消灭的一种客观状态。因此，合同解除可以产生合同终止的法律效果，但是如果合同不解除的话，则合同并不必然终止或者不终止，两者系完全不同的法律概念。

合同解除权为形成权，享有合同解除权利的一方不需经对方同意即可单方作出解除合同的权利。但《民法典》第五百六十五条规定："当事人一方依法主张解除合同的，应当通知对方。合同自通知到达对方时解除；通知载明债务人在一定期限内不履行债务则合同自动解除，债务人在该期限内未履行债务的，合同自通知载明的期限届满时解除。对方对解除合同有异议的，任何一方当事人均可以请求人民法院或者仲裁机构确认解除行为的效力。当事人一方未通知对方，直接以提起诉讼或者申请仲裁的方式依法主张解除合同，人民法院或者仲裁机构确认该主张的，合同自起诉状副本或者仲裁申请书副本送达对方时解除。"因此，解除合同必须通知对方，且自该通知达到对方时才产生合同解除的效果。换言之，发生解除合同的事由时，合同并不当然解除，只有享有合同解除权一方将其欲解除合同的意思明确告知于对方时方产生相应的法律效果。

合同解除，保险人的保险理赔责任就失去了依据，保险人也就可以拒绝承担保险理赔责任。从逻辑上说，保险人的拒赔权利，来源于合同解除的行为，而合同解除权来源于投保人的未如实告知行为。但是，我们不能直接说，因为投保人未如实告知，所以保险人就可以拒赔。这么表述的话，逻辑链条就少了一环，就不能成立。

此外，我们看《保险法》第十六条的表述，是“投保人故意或者因重大过失未履行前款规定的如实告知义务，足以影响保险人决定是否同意承保或者提高保险费率的，保险人有权解除合同”。而第三十二条的表述，是“投保人申报的被保险人年龄不真实，并且其真实年龄不符合合同约定的年龄限制的，保险人可以解除合同，并按照合同约定退还保险单的现金价值”。实际上，其他很多条款在涉及保险人解除权的时候，均使用了“可以”“有权”等字样。这一方面赋予了保险人解除权，一方面也表明，这个解除权是否行使，完全由保险人自己定，不是必须，也不强求。保险人完全可以不解除合同，而采取其他的方式来处理问题，如容忍投保人的某些过错、接受相应的不利后果、追认合同效力、让投保人补充告知等，维持保险合同效力，也就是司法解释规定的“保险合同存续另行达成一致的情况”。

但是如果保险人既不解除保险合同，也没有与投保人达成协议、继续维持保险合同效力却又拒绝承担保险责任，这就不合理、不公平了。因为保险合同如果继续有效的话，保险人就应该履行保险合同，而不能理直气壮地不履行保险合同，所以是不是要解除保险合同，保险人必须有一个态度，有所表示才行。而在保险人没有解除意思表示之前，则保险合同仍然处于有效状态，理论上保险人仍需承担保险赔偿责任。因此，如果此刻保险人径直拒绝承担保险责任，则此种拒赔行为没有法律依据。

九、解除主合同、附加合同的区别

《保险法》从 1995 年颁布至今已经有二十多年了，中国发生了巨大的变化，中国保险业发生了巨大的变化。而《保险法》不可避免地带有那个年代的特征，也就是说当时的保险实务是什么样，在立法者眼中的认知就会是什么样，反映在立法中。这很正常，毕竟实践决定认识。

如果我们看《保险法》的规定，似乎会认为：一个投保人为一个被保险人进行投保，签订一份保险合同，如果这个被保险人有什么状况，导致了投保人未如实告知，或者被保险人的年龄不对，则保险人有权解除该保险合同。这样的认识很正常，原因在于至今我们常见的保险业务基本也都是这样，所以一般不会觉得有什么不对。

时代变化快，保险合同也变得多种多样。譬如，一份保险合同中，可能涉及不同的被保险人，数量众多，特别是很多团体人身保险，被保险人往往是数量众多的学生、工人等，互相之间并无血缘关系。投保人则往往是学校、厂矿、公司等，对于这些被保险人的情况，也并不太了解。但是，保险单只有一份。

还有一种新的保险合同，如父母为儿女投保，但是被保险人中不仅有儿女，还可以加入父母，险种不仅有普通的主险，还可以有多种附加险。在这种情况下，虽然投保一次，但是成立的保险合同，含主险、附加险等多个险种，可以有很多份。即，一份合同多被保险人、一被保险人多份合同等，均有可能出现。这就对于保险人的解除权会产生一些影响了。

如果对于某个附加险来说，还好办一些。例如，现在某些父母作为投保人、儿女作为被保险人的保险产品中，主险大体上是重疾、意外医疗、住院费用等险种。同时，还设计了将父母作为被保险人，险种为保费豁免，即一旦父母罹患某种重疾，则剩余保险合同期间的保险费均不用交纳。实际上，这个险种的保险责任就是剩余期限的保险费总额，保险人实际上要向投保人给付这个总额，只不过是与投保人的交费金额互相抵销了。这个险种，往往会作为一个附加险出现。

如果作为被保险人的父母存在某种投保前就罹患的疾病，但是投保人就此未如实告知，则影响到的仅仅是这份附加险合同，对于儿女作为被保险人的主险合同并无影响。因此，如果保险人要据此解除合同，只应解除该保费豁免的附加险合同。

这样的险种设计，主险合同、附加险合同比较接近于民法上的主合同、从合同之理论。主合同是无须以其他合同存在为前提即可独立存在的合同。从合同，又称附属合同，是以其他合同的存在为其存在前提的合同。因为从合同要依赖主合同的存在而存在，所以从合同又被称为“附属合同”。从合同的主要特点在于其附属性，即它不能独立存在，必须以主合同的存在并生效为前提。主合同不能成立，从合同就不能有效成立；主合同转让，从合同也不能单独存在；主合同被宣告无效或被撤销，从合同也将失去效力；主合同终止，从合同亦随之终止。主、从合同是相对而言的，没有主合同就没有从合同，没有从合同，也就无所谓主合同。尽管主合同的存在并生效将直接影响到从合同的成立及效力，但从合同不成立或失效，一般并不影响到主合同的效力。所以，仅仅解除一份从合同——保费豁免保险合同，并不影响主合同的效力，保险人单独解除该保费豁免保险合同即可解决这个问题。

但是，对于团体保险来说，这个问题就比较复杂。譬如，投保人为某工厂，被保险人为成百上千的工人，投保一份团体人身意外保险，这个合同仅有一份，编号仅有一个，这很合理。然而，如果其中一个被保险人存在未如实告知问题，保险人是否有权解除合同呢？依法而言有权。然而如果保险人解除该合同，则其余成百上千无辜的被保险人顿时失去了保险保障，这似乎很不合理、很不厚道。另外，市场环境下，保险人未必敢这么得罪客户。可是，如果不解除合同，保险人是否具有拒赔权利呢？

我认为，《最高人民法院关于适用〈中华人民共和国保险法〉若干问题的解释（二）》第八条规定，保险人未行使合同解除权，直接以存在保险法第十六条第四款、第五款规定的情形为由拒绝赔偿的，人民法院不予支持。由此可知，保险人解除合同是拒绝赔偿之当然前提、必经程序，否则不可拒绝承担保险责任。

广东省深圳市中级人民法院（2015）深中法民终字第 1638 号民事判决书载明，段某华系中邦公司员工，在涉案工地施工时发生意外，被电梯卡伤脖子，共发生医疗费 162306.17 元。中邦公司为建设工程项目在保险公司处投保了建筑工程团体意外伤害保险，约定保险期间为 2013 年 3 月 29 日至 2014 年 4 月 1 日，计算方式为总造价 1000 万元，总保险金额为

1287万元，总保险费为19000元，保险范围为被保险人在指定的施工区域和施工指定的生活区域内发生的意外伤害事故，保险金额为建筑施工人员团体意外伤害保险20万元/人、附加意外伤害医疗保险2万元/人、附加团队意外伤害住院及骨折生活津贴保险100元/天/人，最多90天。被保险人数为30人。

后，保险公司于2014年10月21日向中邦公司发出一份《解除保险合同通知书》，称由于保险公司获悉中邦公司投保的工程项目总造价与投保造价严重不符，中邦公司在投保时有为取得低保费而虚报总造价之故意，该投保造价不实已严重影响到保险公司决定是否决定承包或者提高保险费率，根据保险诚信原则和保险法规定，通知中邦公司解除该保险合同。

法院认为，根据事故发生后的调查结果，涉案工程的公示牌载明的工程造价为18780万元，明显与中邦公司在保险合同中载明的工程总造价1000万元差异巨大。格式合同中要求投保人填写的部分，属于保险公司需要掌握的材料，可以视为保险公司的“提问”，鉴于本案合同已经书面记载了工程总造价，且现有证据证明合同载明的工程总造价与施工现场公示的总造价不符，保险公司主张中邦公司存在未如实告知的情形，具有事实依据。但是根据双方特别条款的约定，“如投保资料虚假或明显与客观情况不符并且对保险人确定风险、费率或者保费金额产生影响，保险人有权要求投保人按实际情况补交保费或按投保造价占实际造价的比例赔付”，应视为双方已经以特别约定的方式排除了保险公司的合同解除权，保险公司可以按照合同约定选择要求中邦公司补交保费或者按比例赔付。保险公司要求按照比例进行赔付，予以准许。由此，段某华应得保险金为12194元（229000元×1000万元÷18780万元），保险公司应予赔付。

法律必须遵守，也不能歪曲，解除合同就是解除合同，司法解释并不区分是团体险合同还是个体险合同，也不考虑这份合同中有多少位被保险人。所以依法而言，保险人要么解除这份保险合同、置其他被保险人于险境，要么就乖乖地承担保险理赔责任，不做他想。

要说这种“鱼死网破”的结局并不好，也不可取，这就需要一些技术性手段来解决。譬如，可以考虑在团体人身保险险种投保时，对每一位被保险人单独设立一份保险单、单独确定一个保险合同编号，这样的话，虽然投保仅有一次，但是可以视为成立了成百上千份保险合同。某一个被保险人出现了问题，某一份保险合同被解除，均不会影响到其他被保险人的保险合同继续存在，不会影响到他们的利益。

十、被保险人、受益人的赎买权

《最高人民法院关于适用〈中华人民共和国保险法〉若干问题的解释（三）》第十七条规定："投保人解除保险合同，当事人以其解除合同未经被保险人或者受益人同意为由主张解除行为无效的，人民法院不予支持，但被保险人或者受益人已向投保人支付相当于保险单现金价值的款项并通知保险人的除外。"这一条款赋予了被保险人、受益人一项很重要的权利，即赎买权，从而对投保人任意解除权形成了一个补充。实践中，因此情形而出现的问题越来越多，值得探讨。

1. 各方权利的优先权问题

如果投保人自己就是被保险人、受益人的话，这个问题就不会存在。但是如果投保人、被保险人、受益人并不是同一人，各方的利益就可能产生矛盾与冲突。如何保障各方利益都不受损害呢？

投保人的对于保险合同的解除权，是一种任意解除权，按照《保险法》的规定，投保人的这种权利是不受限制的。所谓不受限制，就是说并不需要与被保险人、受益人协商或者征求意见，投保人自己就可以决定解除保险合同。

但是，人身保险合同，特别是投保人、被保险人、受益人并不是同一人的情况下，目前已经公认是一种利他合同（或称之为第三人利益合同），即缔结该保险合同并非为了投保人的利益，而是为了保障被保险人的人身损害得到及时的救助与补偿，保障受益人能够得到一定的经济资助等，即主观目的是保障被保险人、受益人。

在这样的情况下，被保险人、受益人对于该种利益便有了一种合理的、合法的期待，因此他们可能不再进行其他的投保、不再进行其他的财务安排、会围绕该保险单进行财务乃至生活的安排等。一旦该保险单被投保人任意解除，则对于被保险人、受益人的利益期待便产生了不小的影响与打击。所以，各方主体的利益可能会产生冲突，但是各方主体的权利都应该得到尊重与保障，那么怎么办？就应该分析各方主体权利的优先权问题。

从司法解释的制定意图分析，投保人作为保险合同的当事人、保险合同的主体，其享有的处分权显然是法律明确的、保护的。因此投保人的解除合同权是一种绝对权利，他人不可限制，即被保险人与受益人无权限制。而被保险人、受益人虽然对于未来的利益具有一定的期待，但是这样的期待并不是期待权，不是一种受法律保护的权利，而仅仅是一种期待地位。譬如通过按揭方式购买楼宇的，购买者对于将来的房屋享有期待权，这样的权利受法律保护。而被保险人、受益人则不然，主要区别在于楼宇购买者是支付了购买对价，而被保险人、受益人并未支付保险费，并未支付合同对价，一切都是投保人赠与的，所以被保险人、受益人的期待不能算是一种法定的权利，只能说是一种合同地位。

相比之下，被保险人、受益人的权利不能优先于投保人，故投保人的任意解除权不受影响。但是，被保险人、受益人可以通过赎买的方式，取得投保人的法律地位、取得处分保险合同的权利，从而决定不解除保险合同、维持保险合同效力。被保险人、受益人不赎买的，则保险合同解除乃必然后果。

北京市第四中级人民法院（2018）京04民终49号民事判决书载明，1997年12月1日，北京会计师事务所向保险公司投保商业养老保险。投保单载明起保日期为1995年12月1日，被保险人为35人。王某红为涉案保单被保险人之一，王某红于1994年7月进入该单位工作，2006年离职。

据王某红陈述，北京会计师事务所系当时北京市财政局所属国家事业单位，经一系列改制后，更名为京都天华公司。原保险人经一系列改制后，涉案保险合同权利义务由保险公司承接。2011 年 12 月 27 日，京都天华公司向保险公司申请解除涉案保险合同，并向保险公司出具说明一份，主要内容为：被保险人已经离职且不符合投保人制定的养老保险发放标准，故向保险公司申请退保，被保险人已经知悉此事，产生法律纠纷由投保人承担。保险公司据此解除保险合同，并向京都天华公司返还被保险人王某红的保单现金价值 28201.22 元。

庭审中经法庭询问，王某红表示如果可以恢复合同效力，应当由京都天华公司向保险公司返还现金价值，王某红不愿支付相应的现金价值。

法院认为，保险合同关系对应的双方当事人为投保人与保险人，与之相应，解除保险合同关系的法律权利亦应由投保人以及保险人依法行使。根据京都天华公司于 2011 年年底向保险公司主张解除涉案保险合同以及保险公司向京都天华公司退还涉案保险单现金价值之行为，可以认定京都天华公司承继了涉案保险合同中投保人权利义务，保险公司承继了保险人权利义务。

涉案保险合同属于商业养老保险，北京会计师事务所为其员工投保商业性保险并非法定义务，京都天华公司主张解除保险合同，亦没有直接法律障碍。诉讼中王某红提出涉案保险合同属于利他合同，其作为被保险人，未经其同意京都天华公司与保险公司不得解除保险合同，故相应解除行为无效。就此，涉案保险合同属于利他合同自无异议，但从相应立法精神均不足以推断出投保人必须征得被保险人同意才能解除保险合同的结论。《最高人民法院关于适用〈中华人民共和国保险法〉若干问题的解释（三）》第十七条但书之前的部分亦明确规定，“投保人解除保险合同，当事人以其解除合同未经被保险人或者受益人同意为由主张解除行为无效的，人民法院不予支持”。且合同解除权为形成权，相应意思表示一经到达合同相对方合同即告解除。涉案保险合同中关于王某红的内容于多年前即已经解除，相应事实不可逆转，现王某红要求将业已因解除而终止的保险合同恢复法律效力，显然缺乏法律依据。至于当事人之间因解除涉案保险合同产生的其他法律关系，本案不涉。判决驳回王某红的诉讼请求。

2. 投保人解除保险合同，并不需要事先通知被保险人、受益人

因为投保人有权任意解除保险合同，所以其行使解除权的时候，并不需要事先通知被保险人、受益人，当然投保人如果主动通知也没有任何问题。相应地，保险公司在收到投保人解除保险合同的通知时，既没有义务去通知被保险人、受益人，也无权要求投保人提供相关证明，以证明被保险人、受益人并不反对。

有的保险公司出于种种考虑，会通知被保险人、受益人，然后坐等他们把这个问题解决，这样的做法不能说不合情理，但是依法并无依据。因投保人解除合同的通知到达时，保险合同即已经解除，后面再谈什么也不能改变这一点。

3. 被保险人、受益人可以赎买

如果被保险人、受益人希望维持保险合同效力，不发生解除之后果，则可以通过赎买的方式，取得投保人的法律地位。具体而言，就是被保险人或者受益人向投保人支付保险单现金价值，从而取得该保险单的财产性权利。

注意，这里的赎买对价是“保险单现金价值”，而不是保险费。事实上，投保人支付的保险费原则上是大于保险单现金价值的，但是如果投保人解除保险合同的话，则只能得到保险单现金价值，而不能得到保险费的返还。所以对于该保险单而言，解除后的财产性权利就是现金价值。如果被保险人、受益人支付了该对价，即等同于买下了这张保险单，从而取得投保人之处分权利。

4. 赎买不可以强求

被保险人、受益人的这种赎买行为，严格来说不算是一种权利，只能说是一种自由。被保险人、受益人可以进行赎买、也可以不进行赎买。反过来说，投保人可以接受这样的赎买，也可以不接受这样的赎买，双方均无权强求对方。所以，完成赎买行为还要双方协商，必须你情我愿，并不仅仅是一个财务交易。不能说只要被保险人、受益人拿出款项，赎买就视为完成，这不能成立。

5. 赎买完成后即具有强制力

但是，如果被保险人、受益人已经向投保人支付了相当于保险单现金价值的款项，且投保人已经接受。所谓已经接受，不仅是指投保人已经接受了该笔款项，并且也知道这笔款项目的是赎买保险单，并同意该赎买行为。一旦该赎买行为完成，视为保险单的财产性权利已经让渡，则投保人即丧失了对保险单的处分权，无权再提出解除合同，处分权归出资人享有。

湖北省十堰市中级人民法院（2018）鄂03民终1209号民事判决书载明，受益人之子孙某魁于2015年9月起在东汽技校就读，系该校学生。2016年9月28日，东汽技校与保险公司签订“学生幼儿平安人身意外伤害保险单”和“学生幼儿平安人身意外伤害保险团体投保单”，约定东汽技校为全体（包括孙某魁在内）4056名学生在保险公司处投保意外伤害险团体险，保费金额405600元，保险期为2016年9月1日至2017年8月31日。2017年1月31日晚，孙某魁意外身亡。受益人要求保险公司及东汽技校按保险合同赔偿无果，引起诉讼。

法院认为，东汽技校于2016年9月28日向保险公司为该校4056名学生投保“学生幼儿平安人身意外伤害保险”团体险，保险公司予以承保并签发了保险单，双方保险合同成立。孙某魁作为被保险人记载于保险单附件被保险人清单中，可以确认孙某魁为被保险人之一。东汽技校、保险公司在一审答辩中均称，因为孙某魁没有缴纳保险费，所以保险公司对孙某魁进行批改，孙某魁不再是被保险人。该事实说明，该保险虽然以东汽技校名义进行投保，保费的实际承担人为被保险人。在一审诉讼中，东汽技校提供证据证明孙某魁所在班有49人缴纳了保费，而孙某魁不在该49人中，但东汽技校提供的批退人员名单却显示该49人均为批退人员，两份证据自相矛盾。因此，对保险公司与东汽技校主张的孙某魁未交保费的事实不予认定并无不当之处。且保险公司与东汽技校均没有提供证据证明，对部分批退的被保险人进行了通知。本案中，东汽技校以孙某魁等学生未缴纳保费为由申请批退，实际为部分解除保险合同的行为，因东汽技校及保险公司对保险费由被保险人负担的事实明知，依照上述规定，东汽技校、保险公司应当向被保险人就解除合同的事实进行告知。受益人关于保险公司批退实际为解除保险合同行为，因未向实际缴纳保费的被保险人告知而不发生法律效力的抗辩意见与《最高人民法院关于适用〈中华人民共和国保险法〉若干问题的解释（三）》第十七条规定精神相符，予以支持。综上所述，判决赔偿保险金5万元。

6. 赎买完成后，赎买双方均应通知保险人

赎买完成后，仅仅是投保人与被保险人、受益人之间知晓还不够，还必须通知保险人。保险人知情后，才可以产生赎买的最终后果。

司法解释规定“但被保险人或者受益人已向投保人支付相当于保险单现金价值的款项并通知保险人的除外”，听起来似乎是只要出资赎买的“被保险人、受益人”来通知保险人就行了，但实际上并不是这样。如果是单方通知保险人，则保险人对于该赎买行为是否发生、是否成功、是否完备很难做出判断，很难据此来抗辩投保人的解除权。因此，需要参与赎买过程的投保人、被保险人、受益人等均向保险人发出通知，保险人才能确定此行为的真实、合法、有效。赎买行为也因此才能产生法律上的约束力。

7. 赎买通知必须在解除合同通知之前到达保险人

投保人可能会通知保险人解除保险合同，但是一旦赎买行为完成，也可能会通知保险人不要解除保险合同，原则上以先到达保险人处的通知为准。

即便赎买行为完成，但是通知到达保险人之前，投保人的解除通知已经先到达了保险人，则保险合同已经解除，再来赎买也无济于事了。其后果应由投保人承担，譬如投保人应向被保险人、受益人退还赎买款项，或者赔偿损失，或者承担损害赔偿责任等。但是，各方无权要求保险人将已经解除的保险合同恢复。

河南省开封市中级人民法院（2017）豫02民终384号民事判决书载明，1992年，原国营开封县杏花营农场为顺利开展计划生育工作，经与原

保险公司协商，开办双女户养老保险，该农场秫米店村三组王某钟是双女户，双方约定由王某钟出资300元，农场政府为其出资200元，一次性向保险公司缴纳500元保险费，由该农场计生委作为投保人，王某钟作为被保险人，并约定王某钟年满六十周岁后每月领取养老金32.75元。2004年6月，国营开封县杏花营农场擅自退保，并领取保险单现金价值。

法院认为，由杏花营农场计生委作为投保人，王某钟作为被保险人，双方共同出资为王某钟在原保险公司办理的双女户养老保险，是利国利民的有益之举，保险合同一经成立即具有法律效力。该保险合同的成立是由原告王某钟和被告杏花营农场协商一致并共同出资，而后由杏花营农场计生委作为投保人为王某钟及符合条件的其他人员统一办理的，但杏花营农场未经王某钟同意，私自到保险公司办理了退保手续并领取退保的相关款项，违反了王某钟和杏花营农场的约定，致使王某钟按照双方约定可以获得的保险利益受到损失，对此杏花营农场应当承担赔偿责任。保险公司在杏花营农场办理退保的过程中虽有瑕疵，但并不必然能够避免杏花营农场解除保险合同，故解除保险合同的后果应当由杏花营农场承担。判决杏花营农场自2014年12月起每月月底前赔偿王某钟32.75元的保险损失至其死亡时止。

8. 投保人名称并不变动

从司法解释规定看，在赎买行为完成后，被保险人、受益人只是有权阻止投保人解除保险合同，但是被保险人、受益人并没有成为新的投保人，没有投保人名称变更之后果。

《保险法》第二十条规定："投保人和保险人可以协商变更合同内容。变更保险合同的，应当由保险人在保险单或者其他保险凭证上批注或者附贴批单，或者由投保人和保险人订立变更的书面协议。"我的理解是：在《保险法》中，不存在所谓"变更投保人"的规定。所谓合同变更，是指合同主体不变，仅仅是合同内容的变动。而所谓变更投保人，是合同主体完全改变，原来的投保人已经与该保险合同完全无关，而由新人充任合同主体。

保险合同是投保人与保险人缔结的合同，如果投保人退出，实际上这个保险合同就已经解除了。新的投保人与保险人签订了一份新的保险合同，也许这个合同的期限、条件、费用与原保险合同存在某些联系，但是从法律上说，原来的保险合同已经消失，现在的保险合同是全新的，只不过，从保险费用上看，是原有保险费的延续，而不是重新缴纳一年的保险费。因此，这份新的保险合同不是原保险合同的延续与变更。

从这个意义上说，如果想要变更投保人，可以，但是原有的保险合同必须解除，而解除后的剩余保险费也必须退还给原投保人。新人愿意缴纳剩余期间的保险费，则是可以的，是一种特定的优惠待遇。所以，对于我们探讨的这个赎买行为而言，原有的合同继续保留、延续，并不存在“投保人变更”的问题。即使被保险人、受益人向投保人支付了相当于保险单现金价值的对价，也只是取得了该保险单的财产性权益，保险单上载明的投保人并不变，依然是原来的投保人，不过该投保人无权再解除该保险合同，无权再处分该保险合同，也不需继续支付保险费。

第三节 保险金请求权转让

我国《保险法》第十二条规定，被保险人是指其财产或者人身受保险合同保障，享有保险金请求权的人。投保人可以为被保险人。第十八条规定，受益人是指人身保险合同中由被保险人或者投保人指定的享有保险金请求权的人。由此可见，只有被保险人、受益人才是享有保险金请求权的人。现实生活中，确实存在一些特殊的情形，导致被保险人、受益人向他人转让保险金请求权的后果，对此问题，该如何看待？

《最高人民法院关于适用〈中华人民共和国保险法〉若干问题的解释（三）》第十三条规定："保险事故发生后，受益人将与本次保险事故相对应的全部或者部分保险金请求权转让给第三人，当事人主张该转让行为有效的，人民法院应予支持，但根据合同性质、当事人约定或者法律规定不得转让的除外。"从司法解释看，承认受益人可以在一定的情形下转让保险金请求权，但是对于被保险人是否可以转让保险金请求权则并无规定。同时，也对转让行为进行了一定的限制，即在"根据合同性质、当事人约定或者法律规定不得转让的"情形中，即便转让了保险金请求权也是无效的，可是这样的限制情形到底是什么，也没有解释得很清楚。本节中，笔者将对此问题进行一些探讨。

一、与民法规定吻合

所谓保险金请求权，是指被保险人、受益人有要求保险人向其给付保险金的权利。《民法典》第一百一十八条规定："民事主体依法享有债权。债权是因合同、侵权行为、无因管理、不当得利以及法律的其他规定，权利人请求特定义务人为或者不为一定行为的权利。"

由此可见，保险金请求权乃债权的一种，而保险金请求权的转让本质上就属于债权转让。债权转让需为合法，《民法典》第五百四十五条规定："债权人可以将债权的全部或者部分转让给第三人，但是有下列情形之一的除外：（一）根据债权性质不得转让；（二）按照当事人约定不得转让；（三）依照法律规定不得转让。当事人约定非金钱债权不得转让的，不得对抗善意第三人。当事人约定金钱债权不得转让的，不得对抗第三人。"可见司法解释之规定与《民法典》的相关规定吻合。

受益人享有的保险金请求权、被保险人享有的保险金请求权作为债权而言并没有什么不同。既然债权可以转让，那么如果受益人可以转让该请求权，则被保险人也可以转让该请求权。但是，为何在司法解释中未体现出被保险人的字样，却是语焉不详。就笔者看来，被保险人、受益人的转让权是相同的。

二、转让的前提是保险事故已经发生

受益人虽然享有保险金请求权，但是这个权利是一个或然性权利，可能有，也可能没有。如果保险事故还没有发生，受益人的保险金请求权仅仅是一种可能性，还不能算是一个确定的债权。

不确定的第一个含义，是权利存在与否不确定。因为如果保险事故没有发生，对于人身保险而言说白了就是指被保险人没有死亡的时候，受益人的保险金请求权根本不存在，即便被保险人伤、残、病，那么也是被保险人具有保险金请求权，而受益人无权可言。不确定的第二个含义，是依法而言，受益人可能因为种种情况丧失受益权、放弃受益权等，在没有最后结果之前，不能说受益人一定享有该受益权。不确定的第三个含义，是数额不确定，如保险事故发生之后，是否会存在拒赔情形、是否会存在按照一定比例赔偿保险金情形，均不得而知。所以这个保险赔偿金的数额是不确定的，也就是受益人的这个债权也是不确定的。

转让债权的前提是这个债权客观存在，如果一个债权完全不确定，存在与否都谈不上，那就更不可能进行什么转让了。只有当保险事故发生——基本上也就意味着被保险人死亡——之后，受益人才享有保险金请求权，成为债权人，才具备债权转让的起码前提。随着理赔过程的发展、细化，保险金的数额也随之确定。这时候，受益人享有的债权，也就是保险金请求权就详尽、确定了。这时候，才具备了转让该债权的前提。

三、受益人只能转让自己的份额

司法解释中的“与本次保险事故相对应的全部或者部分保险金请求权”，应该是作为债权人的受益人所享有的特定份额。

受益人并不一定就是一个人，很可能是多人。多个受益人之间，也许是均分保险金，也许是按照特定比例分配。这些受益人中，可能是全部受益人都想把保险金请求权转让给某个第三人，也可能是其中一个受益人想转让给某个第三人，也可能是不同的受益人想把自己享有的保险金请求权转让给不同的第三人，什么情况都可能会发生。但是，债权人只能处分自己的债权，不能处分他人的债权。所以，每个受益人只能将其享有的那部分保险金请求权进行转让，不能擅自转让其他受益人的保险金请求权。

常见的受益人多为父、母、子女等第一顺序继承人，互相之间常有家庭、血缘、亲缘关系。但是，保险金受益权与一般性的家庭财产还是不同的。这是各位受益人原始取得的财产，各个受益人按法定比例、约定比例分别享有。譬如，受益人多是年幼的、未成年的子女，不具有完全民事行为能力或者是限制民事行为能力人，就算拿到保险金，这个钱也多半是父母管着。那么，父母能否将未成年子女享有的保险金请求权自行转让呢?

《民法典》第二十七条规定：“父母是未成年子女的监护人。”第三十四条规定：“监护人的职责是代理被监护人实施民事法律行为，保护被监护人的人身权利、财产权利以及其他合法权益等。监护人依法履行监护职责产生的权利，受法律保护。监护人不履行监护职责或者侵害被监护人合法权益的，应当承担法律责任。因发生突发事件等紧急情况，监护人暂时无法履行监护职责，被监护人的生活处于无人照料状态的，被监护人住所地的居民委员会、村民委员会或者民政部门应当为被监护人安排必要的临时生活照料措施。”第三十五条规定：“监护人应当按照最有利于被监护人的原则履行监护职责。监护人除为维护被监护人利益外，不得处分被监护人的财产。未成年人的监护人履行监护职责，在作出与被监护人利益有关的决定时，应当根据被监护人的年龄和智力状况，尊重被监护人的真实意愿。成年人的监护人履行监护职责，应当最大程度地尊重被监护人的真实意愿，保障并协助被监护人实施与其智力、精神健康状况相适应的民事法律行为。对被监护人有能力独立处理的事务，监护人不得干涉。”

依法而言，父母作为监护人，除为维护被监护人（未成年子女）利益外，不得处分被监护人（未成年子女）的财产，包括保险金请求权。然而，转让保险金请求权，难道等同于维护未成年子女利益？从逻辑上说，这不合常理。没有特别情况，很难令人相信。

问题在于，就算该父母手持证据，向保险人诉说，是为了维护未成年子女利益才转让该未成年子女享有的保险金请求权，保险人如何能够信服？如何能够分辨？实际上保险人是很难确定其真实性、合理性、合法性的。而如果保险人就这样同意了该监护人的做法，则一旦情况有变，很有可能会面临该未成年子女的损失与追责，这就非常麻烦，辩解会非常无力而苍白。其结果，往往是保险人承担相应的损失与麻烦。为了避免这种麻烦与损失，建议保险人对这样的情形一概拒绝配合。

四、哪些受益权不能转让

按照司法解释的规定，并不是所有的保险金受益权都可以转让，在根据合同性质不得转让的情形、按照当事人约定不得转让的情形、依照法律规定不得转让的情形中，保险金受益权都不能进行转让。

按照当事人约定不得转让的情形、依照法律规定不得转让的情形，这两种情形似乎还好理解一点。假如投保人、保险人在订立保险合同的时候，明确约定保险金受益权不可以转让第三人，则受益人不可以转让保险金受益权。如果某法律规定某种保险金请求权不得转让，则受益人不可以转让保险金受益权。但是目前，尚未看到有此种法律规定。无论如何，这两种情形总归有成文法律规定、有合同约定，能够看得到，能够为人感知，所以不是什么难事。

问题在于，“合同性质不得转让”就是一个比较模糊的规则。

《民法典》第五百三十五条规定：“因债务人怠于行使其债权或者与该债权有关的从权利，影响债权人的到期债权实现的，债权人可以向人民法院请求以自己的名义代位行使债务人对相对人的权利，但是该权利专属于债务人自身的除外。代位权的行使范围以债权人的到期债权为限。债权人行使代位权的必要费用，由债务人负担。相对人对债务人的抗辩，可以向债权人主张。”从法律规定可以看出，如果某种债权属于专属债权，即对于债权人有某种人身特性、与该债权人本人无法分割，则这样的债权是不可以转让的。到底哪些债权属于专属债权呢？

《最高人民法院关于适用〈中华人民共和国合同法〉若干问题的解释（一）》[①] 第十二条规定：“合同法第七十三条第一款规定的专属于债务人自身的债权，是指基于扶养关系、抚养关系、赡养关系、继承关系产生的给付请求权和劳动报酬、退休金、养老金、抚恤金、安置费、人寿保险、人身伤害赔偿请求权等权利。”照这么说，人寿保险产生的请求权，包括保险金请求权都属于专属债权，都不应该转让、不允许转让。但是，《最高人民法院关于适用〈中华人民共和国保险法〉若干问题的解释（三）》第十三条本身就允许、支持了保险金请求权的转让，可见《保险法》司法解释修订了原《合同法》司法解释，所以人寿保险产生的保险金请求权本身不能理解为“合同性质不得转让”的债权。

那到底什么才是“合同性质不得转让”的债权？

这个规定还应该根据个案，发挥法官的自由心证予以判断之。譬如说

① 现已废止。

现在常见的民工意外伤害保险，死亡赔偿金的意图很明显，就是给这些民工家庭的一家老小、孤儿寡母留点生活费用。在这样的情况下，保险金受益人往往也就是父母妻儿，保险金款项就应该交到他们手里做个生活保障，这是订立保险合同的本来目的，也就是合同性质使然。

假如在这样的情形下，受益人还要把这个保险金请求权转让给其他人，这与保险合同订立之目的是相违背的。所以，不允许这样的保险金请求权转让，我认为是合理的。

然而，现实并非如此，可以说类似案例绝大多数的判决结果，都是支持了受益人将保险金请求权转让，且基本上受让对象都是该农民工、工人所在的企业或者单位。几乎都是因为该企业向死者家属支付了赔偿金，所以要求将保险金予以转让。

江苏省苏州市中级人民法院（2017）苏05民终2985号民事判决书载明，璞实公司、华宇公司（投保人）为钟某在保险公司投保了团体境外工作人员意外伤害保险。被保险人钟某未指定保险受益人。

几内亚当地时间2016年1月20日10时10分，被保险人钟某因大面积心肌梗塞造成心脏骤停在几内亚共和国境内死亡。2016年2月5日，璞实公司（受委托人）与朱某、钟甲、钟乙、孙某（该四人均为委托人）签订《委托协议》1份，载明："钟某生前在保险公司投保了团体境外工作人员意外伤害保险；委托人系钟某的直系亲属，委托人为依法享有保险金请求权的受益人；委托人委托受托人代为处理保险理赔一切事宜，委托权限包括但不限于：提供材料办理保险理赔、领取保险理赔款项、与保险公司协商处理理赔事宜，必要时可采取法律途径解决相应纠纷；委托与受托人已就钟某事宜达成《工伤死亡赔偿协议书》，委托人放弃保险理赔款项，由受托人领取，委托人提供必要的配合；协议约定委托授权不可撤销，委托期限截至保险理赔办理完毕。"2016年3月，璞实公司向保险公司提交申请书，要求领取钟某所涉保险理赔款，并提供了与被保险人钟某家属签署的委托书。因保险公司拒绝理赔，璞实公司诉至法院。

法院认为，保险金请求权依法可以进行转让。具体就本案而言，由于被保险人钟某的意外死亡，其家属依法对保险公司享有案涉意外保险合同项下保险金的请求权，而根据璞实公司与被保险人家属签署的协议书，死者家属已经将案涉保险合同的保险金赔偿请求权转让给璞实公司。而本案法律关系涉及的是意外伤害保险金赔偿请求权的转让，并非法律规定依法不得转让的基于继承关系产生给付请求权，保险公司以此否定璞实公司的诉请基础不能成立。其次，根据璞实公司与死者钟某家属签署的协议书，明确约定家属放弃案涉保险单项下保险理赔款由璞实公司领取，故璞实公司依据保险合同约定主张丧葬保险金15000元，于法有据。最后，璞实公司与钟某之间的劳动关系赔偿问题，系该双方之间的法律关系，与保险公司并无关联性，且本案没有证据表明璞实公司对于钟某死亡免除其责任或者获得其他不当利益，故保险公司以此主张不应赔付保险金不能成立。

应该说，这样的判例极具广泛性，所以真正的受益人往往都会接受这一转让行为、后果。为什么呢？其实就是因为用人单位向死者家属，也就是受益人，支付了较大金额的赔偿款项，并声称这笔款项就是包括保险公司的保险金，家属信以为真，所以才签订了保险金请求权转让协议。

问题在于，这样的理由到底能不能成立？到底是不是真实的？这就要具体分析了。因为，如果一个工人意外死亡，用人单位难道不应该给予赔偿吗？应该的。赔偿的款项到底是多少呢？这个就不好说了。如果用人单位本来就应该给死者家属100万元赔偿金，或者工伤赔偿，或者其他补偿，那么即便给了这部分钱，死者家属也就是受益人仍然有权利向保险公司申请保险理赔。保险金也仍然归受益人所有。如果用人单位欺骗死者家属，谎称赔偿款项中包括保险金，使得死者家属基于错误的理解，做出了错误的意思表示，即签订了保险金请求权转让协议，将保险金请求权转让给了用人单位。这样的协议，是因欺诈而形成的协议，是可以撤销的协议。死者家属，也就是受益人，可以向法院申请撤销该协议，继而要回自己应得的保险金。

第四节 保险中介行为

保险中介是保险市场精细分工的结果。保险中介的出现推动了保险业的发展，使保险供需双方更加合理、迅速地结合，减少了供需双方的辗转劳动，既满足了被保险人的需求，方便了投保人投保，又降低了保险企业的经营成本。保险中介的出现，解决了投保人或被保险人保险专业知识缺乏的问题，最大限度地帮助客户获得最适合自身需要的保险商品。此外，保险中介的出现和发展也使保险经营者从繁重的展业、检验等工作中解脱出来，致力于市场调研、险种开发、偿付能力管理、保险资金运用以及住处传递迅速、系统运转高效的管理制度建设等方面。

常见的保险中介有保险代理机构（代理人）、保险经纪机构（经纪人）、保险公估机构等。关于公估机构，我们会在保险理赔章节中详谈。本节主要谈保险代理机构（代理人）、保险经纪机构（经纪人）的行为以及法律后果等。

一、关于保险代理机构（代理人）

保险代理，实际上是一种民事代理。而民事代理是一个非常重要的法律概念、制度、行为。《民法典》第一百六十二条规定："代理人在代理权限内，以被代理人名义实施的民事法律行为，对被代理人发生效力。"《保险法》第一百一十七条规定："保险代理人是根据保险人的委托，向保险人收取佣金，并在保险人授权的范围内代为办理保险业务的机构或者个人。保险代理机构包括专门从事保险代理业务的保险专业代理机构和兼营保险代理业务的保险兼业代理机构。"可知，保险代理人并不仅仅指自然人，还包括保险专业代理机构、保险兼业代理机构。

《保险法》第一百二十二条规定："个人保险代理人、保险代理机构的代理从业人员、保险经纪人的经纪从业人员，应当具备国务院保险监督管理机构规定的资格条件，取得保险监督管理机构颁发的资格证书。"

保险代理人资格考试的确存在过，不过，2012年12月21日，《保险销售从业人员监管办法》经中国保险监督管理委员会公布，自2013年7月1日起实施，其第二条规定："本办法所称保险销售从业人员是指为保险公司销售保险产品的人员，包括保险公司的保险销售人员和保险代理机构的保险销售人员。"第六条规定："从事保险销售的人员应当通过中国保监会组织的保险销售从业人员资格考试（以下简称资格考试），取得《保险销售从业人员资格证书》（以下简称资格证书）。"也就是说，从2013年7月开始就不叫代理人资格考试了，而叫保险销售从业人员资格考试。"保险代理人"这个名词，实际上已经渐渐地不再是一个法定的概念，严格来说已经被"保险销售从业人员"替代。

实际上，现在很多地方连这个"保险销售从业人员资格考试"都没有了，都是由各个保险公司自己组织考试、自己组织招收遴选保险销售从业人员。有的保险公司会与保险销售人员签署相关协议，协议的形式也有所不同。有的保险公司是与保险销售人员签订劳动合同，这时候保险销售人员就是保险人的雇员；也有的保险公司是与保险销售人员签订代理合同，这时候保险销售人员就是保险人的代理人。

二、保险代理关系与保险劳动合同关系不同

北京市第二中级人民法院（2018）京02民终11888号民事判决书载明，2017年11月28日王某与保险公司签订了《电话行销保险代理合同》，该合同第二条法律关系部分约定"甲乙双方的关系为《保险法》及相关法律所规定的保险人与保险代理人之间的委托关系；乙方了解并同意甲乙双方之间不会因任何因素构成劳动或者聘用关系"，第三条授权范围部分约定"甲方授权乙方在北京行政区域内从事代理行为，承担相应的法律责

任，获得甲方支付的佣金及其他待遇”。上述合同确认落款处有王某的签字确认。对此签字的真实性王某提出异议，但表示不申请司法鉴定。2017年12月24日，王某因个人原因离职。

王某曾向北京市西城区劳动人事争议仲裁委员会申请仲裁，要求保险公司向其支付工资1200元。2018年7月19日，该仲裁委员会作出裁决，认为王某、保险公司不存在劳动关系，驳回了王某的申请请求。裁决后，王某不服，向法院起诉。

法院认为，王某称其与保险公司建立了劳动关系，但双方签订的《电话行销保险代理合同》中明确载明王某与保险公司之间建立的是以王某接受保险公司委托，在授权范围区域内代理保险公司营销保险项目的委托代理关系，而非劳动关系。王某关于保险公司向其承诺基本工资标准并与其签订劳动合同的陈述查无所据，且保险公司均不予认可，法院无法认定。据此，法院对王某向保险公司基于劳动关系提出的诉讼请求，不予支持。判决驳回王某的诉讼请求。

让我们再看另外一个案例：

山西省高级人民法院（2017）晋民申661号民事裁定书载明，乔某禄于2006年6月即到保险公司单位工作，既做内勤工作也做外勤工作，当时按职工对待，乔某禄认为双方之间事实上实行的是劳动关系，该劳动关系一直延续到2012年4月，双方才签订了保险委托合同。2012年4月后，双方虽然签订了保险委托合同，但乔某禄不仅履行了保险委托合同之内的部分内容，还履行了大量的委托合同之外的工作。其中包括保险公司口头任命乔某禄为部门经理，长期管理着数量庞大的营销业务员。以上工作，委托保险代理合同中并未规定，而由乔某禄实际履行，这些工作并非保险委托代理合同的内容，而是企业员工所履行的工作内容。保险公司给乔某禄的报酬是以工资的形式发放的，可以说明双方之间形成了事实上的劳动关系；总之，乔某禄到保险公司工作以来，前期从事的工作已形成劳动关系，后双方虽签订委托合同，但乔某禄从事了企业职工的工作。而且，2013年保险公司给乔某禄颁发了总经理亲笔签署的”七年功勋员工-荣誉证书”，能够证明乔某禄系公司员工，双方已形成了事实上的劳动关系。遂要求法院确定其与保险公司之间构成劳动关系。

法院认为，保险代理人以独立的主体身份充当保险公司与客户的中介，具有独立的民事法律地位。而在收入方式上，保险代理人的收入是向保险公司收取的代理手续费，无固定工资，不享有职工福利待遇。本案中，乔某禄与保险公司签订《个人业务保险营销员委托合同》，其中不仅明确约定了合同为代理制合同，并非劳动合同，依据此合同形成委托代理关系，不形成劳动关系或劳务关系，而且约定了乔某禄应遵守法律法规、按时参加公司各种培训、会议活动等内容。结合上述法律规定，乔某禄与保险公司之间形成的是代理合同关系，乔某禄的身份应系保险代理人，其与保险公司未形成劳动关系，并不属于《劳动法》《劳动合同法》的调整范围。

本案中，虽然乔某禄主张其在保险公司从事了管理、宣传、培训、授课等委托合同之外的工作，且保险公司是以工资的形式向其发放报酬的，以此证明双方之间形成事实上的劳动关系，但是乔某禄所做的上述工作与其业务性质具有关联性及延展性，应属于保险代理人的工作范畴。同时，从保险公司每月向乔某禄支付报酬的数额可以看出，乔某禄每月获得的报酬数额不等，其获得的报酬数额应是根据业务量计算的，报酬数额具有不固定性。乔某禄获得报酬的方式符合保险代理人的收入特征，并不符合用人单位向劳动者发放工资的特征。因此，对于乔某禄主张其与保险公司形成事实上的劳动关系，无法予以支持。

我们前面提到，保险销售从业人员可能与保险公司签订劳动合同、也可能签订代理合同。但是，现实中，很多从业人员就活动在保险公司职场，很多合同也语焉不详，且保险销售从业人员的职务、岗位、行为等，大都与保险公司正式在岗员工无异。活干得一样、工资拿得差不多，搞不好还有一样的福利，工会还一样发电影票。一样遵守保险公司的规章制度与纪律、一样的作息时间、一样听领导吩咐，似乎没有什么不同。可是，最后却发现身份不同。所以，很多案例是会让人感到困惑，搞不清保险销售从业人员与保险公司到底是什么关系。

事实上，保险销售从业人员是很不容易的。不带任何偏见地看，做这一行的人要有强大的心理承受能力、强大的沟通能力才行。虽然社会对这个行业的从业人员可能存在某些偏见，但是不可否认的是，保险销售从业人员对保险公司业绩的贡献是很大的，不能不正视这个人群的合法权益、义务、责任等。如果保险销售从业人员的身份、关系、权益始终是模模糊糊的，那么对他们是很不公平、很不合理的。

劳动关系，是用人单位与劳动者达成的一种特殊合同关系。而劳务关系是平等主体之间就劳务的提供与报酬的给付所达成的协议。实际上，两种合同关系有很多共同点，如遵循意思自治、合同自由和等价有偿的原则，容易引起混淆。我们可以从以下几点来予以区分：

1. 主体不同，劳动关系一方是符合劳动年龄并具有与履行劳动合同义务相适应能力的自然人，另一方是符合劳动法所规定条件的用人单位；而劳务关系不限于自然人与用人单位之间，还可以是单位之间、自然人之间，并且可能是两个主体以上。

2. 关系不同，劳动关系中形成的是管理与被管理、监督与被监督、指挥与被指挥的隶属关系；劳务关系是平等主体依据双方约定所形成的一种财产关系，不存在人身的隶属性。

3. 关系的稳定性不同，劳动关系比较稳定，反映的是一种持续的生产资料、劳动者、劳动对象之间的结合关系；而劳务关系中多为一次性或临时性的工作，一般以完成特定工作为目的。

4. 待遇不同。劳动关系中劳动者除定期得到劳动报酬外还享有劳动法律法规所规定的各项待遇，如社会保险待遇等；而劳务关系一般只涉及劳动报酬问题，劳动报酬都是一次性或分期支付，无社会保险等其他待遇。

譬如，前保监会《关于规范人身保险经营行为有关问题的通知》第十二条规定：“（关于保险公司正式员工展业）保险公司的正式员工可以承揽保险业务，但保险公司不得向其支付佣金、手续费。严禁正式员工假冒营销员之名销售保单，再通过营销员领取佣金、手续费。”这个规定的目的，就是要区分正式员工、代理人。不过现在这个规定基本不适用了，因为保险销售从业人员可以是劳动关系，也可以拿佣金。

依据《劳动部关于确立劳动关系有关事项的通知》的规定，用人单位招用劳动者未订立书面劳动合同，但同时具备下列情形的，劳动关系成立：（1）用人单位和劳动者符合法律、法规规定的主体资格；（2）用人单位依法制定的各项劳动规章制度适用于劳动者，劳动者受用人单位的劳动管理，从事用人单位安排的有报酬的劳动；（3）劳动者提供的劳动是用人单位业务的组成部分。《劳动部关于确立劳动关系有关事项的通知》同时规定，用人单位未与劳动者签订劳动合同，认定双方存在劳动关系时可参照下列凭证：（1）工资支付凭证或记录（职工工资发放花名册）、缴纳各项社会保险费的记录；（2）用人单位向劳动者发放的“工作证”“服务证”等能够证明身份的证件；（3）劳动者填写的用人单位招工招聘“登记表”“报名表”等招用记录；（4）考勤记录；（5）其他劳动者的证言等。应当按照上述特征、区别等来确定保险销售从业人员到底属于保险公司的劳动者还是保险代理人。

两者不是绝对不同的，有的时候可能会发生转化，一位保险销售从业人员可能先是与保险公司之间存在劳动合同关系，此后转化为保险代理合同关系。当然，反过来的转化也有可能。所以，还是要依据具体的事实、证据判定双方间的合同关系到底是什么样的，从而确定双方间权利义务关系。

三、代理合同解除后的佣金支付问题

其实无论什么样的名分，可以说所有的保险营销人员都有一个共同的特点，即主要以保费佣金作为自己的重要收入。通过保险营销人员的营销活动，获得客户，取得保险费收入，则收入的一部分要作为佣金支付给保险营销人员，这是保险营销或者保险代理的当然之意，也是保险营销人员的重要收入组成部分。甚至有些保险营销人员的唯一收入就是保费佣金。

投保人支付保费，起码存在趸交与期交两种模式。所谓趸交模式，即投保人在签订保险合同时，将保险合同期间内的全部保险费一次性向保险人支付完毕。所谓期交模式，即投保人在签订保险合同后，按照保险合同约定的期限和数额，分期将保险合同期间内的保险费向保险人陆续支付。期交可以是按年支付、按月支付，也可能是其他形式的分期支付。

趸交还简单，一旦投保人支付了保险费，保险人就可以按照规则或者约定向“有功的”保险营销人员给付佣金。清清楚楚，原则上没有后账。期交麻烦一点，通常第一期支付的保险费中，会有较大比例佣金向保险营销员给付，有的甚至高达30%。而从第二期支付的保险费开始，向保险营销员给付的佣金比例会急剧减少。这也是一般的行业规则，反正会有个规矩，陆续会向保险营销员进行佣金支付也可以。

问题在于，有的保险营销员会在中途离职，或者说解除保险代理合同。而投保人却仍在继续支付保险费，那么此后每期的保费收入，到底是否应该继续向保险营销员给付佣金呢？

山东省德州市中级人民法院（2017）鲁14民终1861号民事判决书载明，2014年4月1日，李某芹、保险公司双方签订《服务营销客户经理代理合同》，合同约定李某芹代保险公司销售保险产品，保险公司向李某芹发放佣金，同时李某芹向保险公司交纳履约保证金3000元。2015年1月1日、2016年1月1日，双方分别续签代理合同两份。2016年9月26日，李某芹、保险公司双方解除代理合同。李某芹要求保险公司支付2016年9月之后的佣金，保险公司不予支付，双方协商未果，李某芹诉至法院。李某芹已领取代理合同解除之日即2016年9月26日前的全部佣金。2016年9月26日后的佣金，经双方核对确认，在李某芹未离职、投保人每年持续投保并按期交费、被保险人未出险的前提下，保险公司应支付给李某芹的佣金是14444.37元。

一审法院认为，保险续佣作为一项合同权利，基于委托合同关系而存在，其作为完成委托人委托事项而取得的相应报酬，一旦委托合同解除，双方权利义务即终止，请求权基础丧失。李某芹、保险公司双方于2014

年4月1日签订的《服务营销客户经理代理合同》系双方当事人真实意思表示，亦不违反法律法规等强制性规定，合法有效，应予认定。根据《服务营销客户经理代理合同》第十三条第（六）项的约定，合同终止后，保险公司只需支付代理合同解除前的佣金，而无需支付代理合同解除后的佣金。因保险公司已经向李某芹支付了合同解除前已发生的续期佣金，且合同解除后的续期佣金等并未实际发生，故李某芹向保险公司主张合同解除后的可期待利益既无合同依据，也无法律依据，不予支持。

二审法院认为，双方当事人签订的保险代理合同系其真实意思表示，也不违反国家法律法规的强制性规定，属有效合同。根据李某芹提供的离职申请登记表及诉讼中双方当事人的陈述，李某芹已于2016年9月26日与保险公司解除了保险代理合同，其也承认在此以前的佣金已经支付，其主张2016年9月26日以后的佣金不符合双方所签保险代理合同的约定以及保险公司与保险代理人之间支付佣金的交易习惯，且李某芹离职以后其销售的保险产品仍需保险公司派专人进行维护和管理，付出劳动和成本，李某芹离职后继续享有后续佣金利益对公司及其他保险代理人有失公平。虽双方在诉讼中核对了后续佣金的数额，但保险公司同时注明了支付上述佣金的条件，其中包括保险代理人不离职，而目前李某芹处于离职状态，显然不符合支取佣金的条件，一审法院判决驳回其支付后续佣金的诉讼请求并无不当。综上所述，李某芹的上诉请求不能成立，应予驳回。

分析类似的案件，我们首先应该思考一个问题，即保险人、保险营销人员之间的这种合作关系，如果不是劳动合同关系，那么究竟属于何种合同法律关系？

《民法典》第九百一十九条规定：“委托合同是委托人和受托人约定，由受托人处理委托人事务的合同。”第九百六十一条规定：“中介合同是中介人向委托人报告订立合同的机会或者提供订立合同的媒介服务，委托人支付报酬的合同。”第九百六十二条规定：“中介人应当就有关订立合同的事项向委托人如实报告。”从法律规定看，保险人、保险营销人员之间的合作合同像是委托合同，又像是居间合同，且两种合同法律关系中均出现了“委托人”字样，所以更加接近，那么到底是什么法律关系呢？

中介合同，或者说居间合同，主要特征就是“居间人向委托人报告订立合同的机会或者提供订立合同的媒介服务”，也就是居间人主要是撮合交易、提供交易信息、提供交易机会，基本上并无其他服务与责任。譬如我们常见的房屋中介机构或者人员，提供了交易机会后，基本上不会为房屋质量、收费等承担什么责任。然而保险营销人员则不同，可不仅仅是提供交易机会那么简单。一个保险营销人员需要干什么工作、需要承担什么责任呢？

通常来说，一个保险营销人员，无论是专业或者兼业保险代理机构内的工作人员，抑或是保险公司直接管理的营销人员，其工作起码有如下的内容：代理销售保险产品；向投保人说明保险合同的内容；对免责条款进行明确说明；向投保人提出询问，接受投保人的如实告知；代理收取保险费；代理相关保险业务的损失勘查和理赔。由此可见，一个保险营销人员的职责范围，远远超出了提供交易机会的范畴，其服务不仅仅是一种居间服务，可以理解为一种全方位的委托服务。即接受保险人的委托，将保险人的一些法定义务、合同义务等代为履行，或行使保险人的一些法定权利或者合同权利。

因此笔者认为，保险人、保险营销人员之间的合作合同应为包含了中介服务的委托合同法律关系，应受《民法典》第二十三章、第二十六章约束。《民法典》第九百二十八条规定：“受托人完成委托事务的，委托人应当按照约定向其支付报酬。因不可归责于受托人的事由，委托合同解除或者委托事务不能完成的，委托人应当向受托人支付相应的报酬。当事人另有约定的，按照其约定。”第九百六十三条规定：“中介人促成合同成立的，委托人应当按照约定支付报酬。对中介人的报酬没有约定或者约定不明确，依据本法第五百一十条的规定仍不能确定的，根据中介人的劳务合理确定。因中介人提供订立合同的媒介服务而促成合同成立的，由该合同的当事人平均负担中介人的报酬。中介人促成合同成立的，中介活动的费用，由中介人负担。”从法律规定看，即便委托合同解除，但是如果不是因为受托人的过错导致的，那么委托人仍然应该向受托人支付相应的报酬。但是如果双方另有约定，则可以不如此处理。

具体到前述案例中，虽然代理合同解除了，但是原则上保险人应该继续向李某芹支付佣金的，只是因为双方间签订的《服务营销客户经理代理合同》约定，合同终止后，保险公司只需支付代理合同解除前的佣金，而无需支付代理合同解除后的佣金。所以，法院认为双方间“另有约定”，才决定“按照其约定”，判决保险公司无需向李某芹支付剩余佣金。假如没有这样的合同约定，则保险代理合同解除后，保险营销员仍有权获得自己促成交易的期缴保费佣金。

另外，需要注意的是，《民法典》第九百三十三条规定：“委托人或者受托人可以随时解除委托合同。因解除合同造成对方损失的，除不可归责于该当事人的事由外，无偿委托合同的解除方应当赔偿因解除时间不当造成的直接损失，有偿委托合同的解除方应当赔偿对方的直接损失和合同履行后可以获得的利益。”也就是说，假如这个案例中，保险公司与李某芹是和平解除代理合同，双方并无过错，则没有什么问题。但是，假如保险公司存在过错，恶意解除代理合同，而李某芹无过错，则客观上会给李某芹带来损失——无法获得续期保费佣金。那么，对于这部分损失，李某芹可要求保险公司予以赔偿。

四、保险合同失效后佣金返还问题

实践中还可能出现另一种情形，就是保险人与保险营销人员的代理合同并没有发生问题，仍然有效，可是该营销人员促成交易的保险合同却因为种种原因而丧失了效力，如投保人解除保险合同、投保人撤销保险合同、保险合同被认定自始无效等，那么这种情况下，就可能涉及营销人员已得佣金的返还问题。

《民法典》第九百二十八条规定：“受托人完成委托事务的，委托人应当按照约定向其支付报酬。因不可归责于受托人的事由，委托合同解除或者委托事务不能完成的，委托人应当向受托人支付相应的报酬。当事人另有约定的，按照其约定。”第九百二十九条规定：“有偿的委托合同，因受托人的过错造成委托人损失的，委托人可以请求赔偿损失。无偿的委托合同，因受托人的故意或者重大过失造成委托人损失的，委托人可以请求赔偿损失。受托人超越权限造成委托人损失的，应当赔偿损失。”

结合上述条款，探讨此问题的关键，在于受托人，也就是保险营销人员是否有过错。

第一，如果保险营销人员无过错，则保险合同效力丧失不应损害保险营销人员的已得利益。因保险营销人员以及履行了代理合同义务，促成了保险合同成交，故其获取佣金等收益，乃其合同权利。

如果因为种种情况，导致保险合同效力丧失，但是保险营销人员无过错，则其因此受损的话就不公平、不合理，因此这样的情形于法无据。应保障保险营销人员的已得利益不受损害。

譬如，投保人享有绝对的保险合同解除权，随时可以行使，不需要理由。但是，如果在保险人一方无过错的情形下，投保人解除合同，不等于其可以全额拿回保费。依法来说，保险合同被解除的，投保人通常只能得到保险合同现金价值，而现金价值要比保费少得多。这部分差额哪里去了？主要就是因为这部分保费已经作为保险营销人员的佣金支付了，不可能退还投保人，而只能向其退还少额的现金价值，所以法律才如此规定，其目的也就是建立一个规则，以保护无辜的保险营销人员之收益。这实际上也是公平合理的交易秩序的体现。

又如，有些投保人因为某种原因，觉得投保不划算，收益没有银行存款高等，随意制造理由，要求保险人全额退还保费。保险人明知该投保人系无理取闹，但是怕影响不好，为息事宁人，就违心地同意了全额退费之要求。但是自始至终，保险营销员并无过错。如果保险人要求保险营销员退还保险费佣金，实际上意味着要求保险营销员为保险人的胆小怕事买单，等于不合理地损害了营销员的合法权益，这也是不合理的。

类似这样的情形中，只要保险营销人员无过错，则不应要求其退还已经取得的佣金收益。

广东省江门市中级人民法院（2015）江中法民二终字第85号民事判决书载明，2008年5月30日，人寿保险公司与冯某尧签订了一份《保险营销员保险代理合同》，合同明确双方的权利义务关系，人寿保险公司授权冯某尧在江门市行政区域内依法开展保险代理业务。冯某尧是人寿保险公司的保险营销员。2011年1月7日，吴乙在人寿保险公司处投保了一份保险（分红型），该保单销售人员是冯某尧。办理该保单时被保险人吴甲未在现场签名。2012年5月8日，人寿保险公司经吴乙申请出具批单批注：因投保时签名不真实，被保险人吴甲于2012年5月8日对本保险合同进行补签名，确认投保要约为其本人真实意思表示，本保险合同维持有效。以上两份保险吴乙已缴交2011年和2012年的保险费合计260000元。2012年10月29日，吴乙向人寿保险公司提出个人保险合同变更申请书，以险种不理想为由申请解除保险合同，人寿保险公司为吴乙办理了退保手续，通过银行转账退回保险费。后人寿保险公司起诉要求冯某尧退还佣金，赔偿损失。

一审法院认为，本案属保险代理合同纠纷。人寿保险公司与冯某尧之间签订的《保险营销员保险代理合同》，属于有偿委托合同，系双方的真实意思表示，未违反法律法规的强制性规定，属于有效合同，对双方均具有约束力。本案的焦点问题是冯某尧在办理吴乙和吴甲的保险合同过程中是否存在违规行为，这些行为与人寿保险公司全额退还保费给吴甲、吴乙是否有直接的因果关系以及吴乙的退保行为是否给人寿保险公司造成了损失、损失是多少。第一，虽然冯某尧在办理吴乙和吴甲的保险合同过程中存在为吴乙垫付体检费600元、出资800元为吴乙夫妇投保了两份健康吉祥卡、没有亲自面见被保险人即允许投保人吴乙代替被保险人吴甲签名等行为，但国寿福禄双喜两全保险并不是以死亡为给付保险金条件的合同，且被保险人吴甲已于2012年5月8日对保险合同进行补签名，人寿保险公司亦为被保险人办理了补签名手续，保险合同已生效；第二，冯某尧的上述行为与吴乙以险种不理想为由申请解除保险合同没有直接的因果关系，且冯某尧的上述行为不足以导致人寿保险公司要全额向吴甲、吴乙退还保险费260000元；第三，人寿保险公司全额退还保费260000元给吴甲、吴乙的行为并没有给人寿保险公司造成实际损失。故对于人寿保险公司主张因冯某尧冯某尧的过错而导致其全额退款给投保人并要求冯某尧赔偿104000元的诉讼请求，不予支持。判决如下：驳回人寿保险公司的诉讼请求。

二审法院认为，首先，人寿保险公司未能提供充分的证据证明是因冯某尧的违规行为直接导致第三人吴甲、吴乙解除保险合同。虽然第三人吴甲、吴乙指证冯某尧曾游说和诱导其解除保险合同，但仅仅是第三人吴甲、吴乙一方的陈述，冯某尧对此予以否认。即使冯某尧在为第三人吴甲、吴乙办理保险过程中存在游说其解除保险合同的行为，也仅是冯某尧个人的职业操守问题或者违反了人寿保险公司的管理规定，但其并没有强迫或者擅自解除第三人的保险合同。解除保险合同的决定权仍然在于第三人吴甲、吴乙。事实上，第三人吴甲、吴乙在保险合同变更申请书上填写解除保险合同的原因也是“险种不理想”而并不是与冯某尧的违规行为有关的其他因素。另外，虽然投保人吴乙曾代替被保险人吴甲在保险合同中签名，但事后经人寿保险公司和吴甲同意，办理了补签名手续，保险合同已生效。其次，人寿保险公司主张的损失104000元是因第三人吴甲、吴乙解除保险合同导致其全额退还保费而产生的损失。根据保险合同的约定，投保人自签收保险合同10日内为犹豫期，在此期限内解除保险合同可全额退还保费。但在本案中，第三人吴甲、吴乙并非在犹豫期内解除保险合同，而人寿保险公司未能提供充分依据证明在此种情形下应当全额退还保费。也就是说，人寿保险公司未能提供充分证据证明其主张的损失104000元是必然产生的损失。综上，人寿保险公司请求冯某尧赔偿损失104000元的依据不充分，原审法院驳回其诉讼请求并无不妥，应予维持。

第二，因保险营销人员的过错，导致了保险合同效力丧失，则必然会对保险人带来经济损失，此时保险营销员继续持有该保险合同的收益毫无道理，应该为自己的行为负责，所以要退还已得佣金。

这是我们代理保险公司向有过错的营销员进行追偿的一个案例。

2015年9月23日，孙某刚与保险公司签订《保险营销员合同书》，后孙某刚向客户倪先生销售了八份保险，并因此获得了相应的佣金与奖金，总计50万元。但在2018年6月6日，倪先生向保险公司提出解除以上八份投保单所对应的保险合同，并退还所有已缴保费，其主要理由为：投保单均非其本人签字，其从未接到回访电话，其从未与保险营销员孙某刚直接接触，从未获营销员告知保险合同内容等。

经审查，保险公司发现倪先生以上所述基本属实，保险营销员孙某刚确实从未向倪先生进行保险销售工作，从未向倪先生说明及介绍保险合同条款、险合同相关的材料与内容。所有向倪先生进行的保险营销行为，均是由孙某刚擅自转委托于无资质的第三人销售保险。孙某刚违背了有关的保险销售人员职业操守，存在过错。因此，保险公司同意解除倪先生的八份保险合同，且全额退还了倪先生所缴纳的所有保费。孙某刚应返还其因以上八份保险合同所获得的税前佣金及相应的奖金、津贴等。但孙某刚无理由拒绝返还，我们遂代理保险公司向法院提出诉讼，要求孙某刚返还相应款项。

经过审理，法院作出（2019）京0101民初3743号民事判决书，认为：根据本案查明的事实，孙某刚作为保险公司的保险代理人，未向投保人释明保险合同条款，并擅自将签订保险合同的事项转委托第三人，导致投保人与保险公司之间的保险合同解除，保险公司退还了全部保险费，孙某刚应当依约将已领取的税前佣金及相关奖金退还保险公司。判令孙某刚退还佣金、奖金50万元。

那么，保险营销人员的过错体现在什么地方？换句话说，是不是这个过错可以随意认定呢？

我们认为，保险营销人员的过错不能随意认定，那样的话就等于完全没有了规则，过错行为应该是法定的。所谓法定，是一个广义的概念，包括《保险法》第一百三十一条规定；也包括原保监会《保险销售从业人员监管办法》第二十四条规定。除这些明文规定外，其他的过错不应视为导致合同效力丧失之过错。

第三，如果保险人、保险营销人员有特别约定，则应按照约定办理。

大多数情况下，如果保险营销人员没有过错，基本上等同于保险人也没有过错。说实在的，就算保险人不愿惹是生非，让保险合同失去效力，也谈不上什么大的过错。固然不能因此损害保险营销员的已得利益，可是要让保险人利益受损，似乎也不应该。在这样的情况下，出于公平原则，有的保险人与保险营销人员会在合同中提前约定，即一旦出现保险合同解除、撤销等情形导致效力丧失的，则无论何种情况，保险营销人员已得的佣金均退还给保险人。这样的约定，大体上是公平合理的。在此情形下，即便保险营销人员无过错，但是在保险合同效力已经丧失的情形下，按照约定也应将已得佣金退还，以免保险人蒙受不应该的损失。

江苏省徐州市中级人民法院（2018）苏03民终3975号民事判决书载明，2014年3月12日，彭某（乙方）与保险公司（甲方）签订保险代理合同，约定乙方作为甲方的保险代理人在授权范围内代理甲方的保险业务，获得甲方支付的代理费。合同还约定了双方的权利义务。第十三条约定："犹豫期外，保险合同一旦被甲方解除（包括客户提出退保导致解除）并退还已缴保费（不包括仅退还保险合同现金价值），乙方应同时将因该保险合同所已领取的税前代理费相应退还甲方，本合同终止后乙方仍承担此义务。"

2016年3月31日，彭某代理蔺某丽在保险公司处投保"鑫享人生"险种，保险公司依保险代理合同约定向彭某支付了该笔保险代理费。同年6月7日，投保人蔺某丽申请退保。2017年8月10日，保险公司将投保人蔺某丽缴纳的10万元保费退还给投保人。后保险公司依据保险代理合同约定从彭某佣金中扣除部分保险代理费，经彭某、保险公司认可、一审法院核算共计扣除15219.896元，保险公司另外要求彭某退还15000元保险代理费。

一审法院认为，根据合同约定，投保人退保成功后，彭某应将保险公司支付的保险代理费退还。现彭某要求保险公司返还该笔保险代理费，无事实和法律依据，判决驳回彭某的诉讼请求。

二审法院认为，彭某系保险公司的保险代理人，双方之间存在保险代理合同关系。保险公司将彭某10万元业务的佣金扣回，理由是双方之间的保险代理合同约定投保人退保导致保险合同解除并退还已交保费的，彭某应将领取的代理费退还保险公司。彭某认为双方之间的保险代理合同中不存在该约定，保险公司一审提交的保险代理合同是伪造的，由此成讼。不论双方签订的保险代理合同中是否存在上述约定，根据此前劳动争议案件庭审笔录可知，在保险公司将10万元保险金退还客户时，曾要求彭某将佣金退还，彭某"当时就同意说行"，说明双方当事人对退还佣金一事已达成合意，保险公司据此扣回佣金并无不当。彭某在本案中要求保险公司返还已扣回的佣金，在无证据证明彭某此前承诺非真实意思表示的情况下，对其主张不予支持。一审判决正确，予以维持。

五、对于保险公司的其他损失，保险代理人是否承担赔偿责任

代理人的过错往往会给保险公司造成一些损失，我指的是代理人佣金以外的损失。譬如，有些情况下，保险公司本来不应该、不需要承担的保险金赔偿责任，结果却不得不承担；有些情况下，保险公司本来可以得到的保险合同存续收益，结果却因为保险合同被解除而荡然无存。这些都是保险公司的损失，那么这样的损失，可否要求保险代理人予以赔偿?

《民法典》第五百八十四条规定："当事人一方不履行合同义务或者履行合同义务不符合约定，造成对方损失的，损失赔偿额应当相当于因违约所造成的损失，包括合同履行后可以获得的利益；但是，不得超过违约一方订立合同时预见到或者应当预见到的因违约可能造成的损失。"第九百二十九条规定："有偿的委托合同，因受托人的过错造成委托人损失的，委托人可以请求赔偿损失。无偿的委托合同，因受托人的故意或者重大过失造成委托人损失的，委托人可以请求赔偿损失。受托人超越权限造成委托人损失的，应当赔偿损失。"从《民法典》的规定来看，存在过错的保

险代理人给保险公司带来的损失，视为受托人的过错导致委托人损失，因此作为受托人的保险代理人均应该承担赔偿责任。

这样的损失，大体上有两类：一类我称之为正向损失，如本不该出现的保险金损失，但是出现了；另一类我称之为反向损失，如本来保险合同应该生效、存续，保险公司本来因此获得利益，结果保险合同被解除、被撤销、导致了保险公司本来理应得到的利益就此失去。

对于正向损失，大家比较好理解、好接受。实践中，法院一般也支持保险公司向有过错的代理人进行追偿。

辽宁省大连市中级人民法院（2018）辽02民终3070号民事判决书载明，保险公司与刘某签订《保险代理合同书》，在代理合同履行期间，刘某代理保险公司与案外人林某涛于2014年12月9日签订了人身保险合同，在填写前述合同对应的人身保险投保书（电子版）时，刘某未按照投保书上的健康告知项逐项询问案外人林某涛，仅询问其是否得过重疾、是否患有妇科疾病、是否住过院。随后，刘某便在其投保单上健康告知项中对案外人林某涛的健康状况予以勾画。此前，案外人林某涛于2013年4月23日，在大连市中心医院所作的《体检报告》显示，其甲状腺左叶可见0.4×0.4cm结节。2016年4月12日，案外人林某涛因颈部不适住院，确诊为甲状腺左叶乳头状癌，并于2016年4月14日进行了甲状腺左右叶及峡部全切除术改良颈部廓清术。随后，案外人林某涛依据前述保险合同的约定，向保险公司提出理赔申请，保险公司以案外人林某涛未履行如实告知义务为由拒绝理赔并解除前述保险合同。案外人林某涛就前述纠纷提起诉讼，刘某作为证人在前述纠纷中证实其在办理该保险合同过程中并未就甲状腺问题向案外人林某涛进行询问。该案经一审、二审法院审理，判令保险公司给付案外人林某涛平安福重疾保险金900000元，前述款项保险公司已赔付完毕。后保险公司在扣除刘某佣金后，又向刘某追偿，遂成讼。

一审法院认为，刘某作为保险公司的保险代理人应按照保险公司规定的保险办理流程认真履行代理职责，完成代理任务。刘某在为案外人林某涛办理保险业务过程中，未能按照规定的流程逐项询问健康告知事项，仅粗略地询问后便在投保单上对案外人林某涛的健康状况予以勾画，其存在工作上的过失，应承担相应的责任，但无证据证明刘某在此过程中存在恶意隐瞒和串通。案外人林某涛的甲状腺结节病史在一定程度上虽增加了病变的可能性，但并非必然发展成案涉保险合同的理赔事项。

无论是基于双方保险合同的约定还是工作实践，刘某系经保险公司培训并在保险公司的管理监督下从事相关保险业务，保险公司对刘某的行为应承担一定的监管责任，案涉保险合同最终由保险公司审核签署，保险公司对于合同的审查亦应尽到审慎义务，故综合本案案情及保险理赔事项产生的各种因素，结合刘某因案涉保险合同所获的收益比例，判决刘某赔偿保险公司 16960.23 元。

二审法院认为，保险公司的损失不能完全归责于刘某未尽到询问职责。保险公司关于完全由于刘某未尽职行为导致理赔损失的主张没有合同和法律依据，不予支持。关于原审酌定 50000 元赔偿金额能否用代理费、罚款抵扣的问题，依据《保险代理合同》之约定，对于刘某因违反合同约定给保险公司造成损失的，保险公司有权在刘某的代理费及缴交的保证金中扣除，对不足弥补的损失部分，保险公司有权继续追偿。因此，原审在减去保险公司已扣除的代理费、罚款后，仅判令刘某向保险公司赔偿 16960.23 元并无不当，予以维持。

在这个案件中，法院认为保险代理人的过错导致保险公司承担了本来可以不承担的保险金 90 万元，从而判令保险代理人赔偿损失 5 万元。由于在这个案件中，保险合同效力是存续的，因此不存在保险代理人佣金返还的问题，保险公司扣除了已付佣金 3.3 万余元后，保险代理人还应支付 1.6 万余元的赔偿金。由此可见，法院认为，保险代理人虽然有过错，但是不等于就要把保险公司的所有损失都扛下来，因此最终判决保险代理人承担的损失赔偿额与保险公司的实际损失相比，可以说是少了很多。但是对于保险公司存在损失、保险代理人应该赔偿损失这两个问题的认识，倒是比较清晰的。

然而，对于某些保险合同被投保人解除、撤销、退保、退保费的案例，认识就会产生差异：在这些情形下保险公司究竟是否存在损失？保险代理人究竟应该赔偿多少损失？这就会产生较大的争议了。

北京市通州区人民法院（2018）京0112民初28570号民事判决书载明，贾某增与保险公司签订《保险代理合同书》及附件，成为保险公司的保险营销员，后贾某增销售保险单时，因存在投保人未签字情形、新契约回访电话均非投保人本人电话，签字的保单由贾某增在玻璃上拓写等情形，保险公司同意保单协解，协解差额由渠道承担为处理依据，于2018年6月11日向投保人退还保费20万元。保险公司诉求，贾某增退还佣金1万元，同时赔偿保险公司因退保而产生的其他损失。

法院认为，贾某增默许了投保人对被保险人的代签，并在拆单后对投保人签字通过拓写进行代签。上述行为违反了《保险代理合同书》及其附件的约定，贾某增在投保人与保险公司解除合同过程中存在过错，导致保险合同无效，其领取的佣金应退还保险公司。故对保险公司要求贾某增返还保险公司佣金10000元的诉讼请求，予以支持。

关于保险公司因退保造成的损失，系保险公司以涉案保险合同有效为前提计算的可得利益，而涉案保险合同因缺乏当事人的真实意思表示属于无效合同，保险公司不应因无效的合同获得额外利益。另外，结合《保险代理合同书》约定及保险合同签订的一般流程，保险公司对保险代理人在其授权范围内销售的保单具有最后确认权，并且有权对保险代理人的代理活动进行监督、管理、检查。同时结合保险公司陈述的保险代理人通过拆单可以额外获取管理利益来看，保险公司在对保险代理人的考核激励方面也存在只看表面业绩、缺少检查复核的问题，若保险公司在此情况下仍可按正常退保情况获得预期利益，则可能造成保险公司放松对保险代理人的监督、管理、检查义务，不利于保险行业的健康发展。故对保险公司主张的该项诉讼请求，不予支持。

这个案件中，法院认为，投保人依法解除保险合同、保险公司全额退还保险费，实际上保险合同的效力自始就不存在，那么保险公司其实不存在什么收益问题，当然也就不存在什么损失，因此不能要求有过错的保险代理人在退还佣金之外再承担其他赔偿责任。

这样的认识也有一定的道理，但是我个人认为不够全面。保险公司基于合同效力存续而产生的收益的确是不存在的，但是不等于保险公司就没有损失。例如，在合同订立过程中产生的工本费、体检费、人员管理费用等，其实都是损失。对于这样的损失，有过错的保险代理人是应当赔偿损失的。

需要注意的是，《民法典》第五百八十四条规定的“包括合同履行后可以获得的利益”可能在这个地方会产生一些误解。我认为，这里的“合同”应是指委托人、受托人之间签署的合同（如保险公司与保险代理人签署的保险代理合同），而不是指委托人与第三方（如与投保人签署）的保险合同。所以，仍不能考虑保险合同履行所产生的期待利益问题。

六、代理人未询问、未说明、接受如实告知，效力如何理解

我们知道，订立保险合同过程中，投保人、保险人双方都有如实介绍情况，满足并实现对方知情权的法定义务。

《保险法》第十六条规定，订立保险合同，保险人就保险标的或者被保险人的有关情况提出询问的，投保人应当如实告知。保险人在合同订立时已经知道投保人未如实告知的情况的，保险人不得解除合同；发生保险事故的，保险人应当承担赔偿或者给付保险金的责任。第十七条规定，保险人应当向投保人说明合同的内容。对保险合同中免除保险人责任的条款，保险人以书面或者口头形式向投保人作出明确说明。由此可以看到，在投保过程中，保险人有询问、说明、明确说明的义务，投保人有向保险人告知的义务。且保险人已知告知内容的，还可能存在禁止发言的法律后果。

问题在于，保险人作为一家机构，是法人，是虚拟的人，其本身是不会去说、去听的，这些行为必须通过人来完成。大多数情况下，需要通过保险营销人员来完成。而保险营销人员的行为与法人行为在某些情况下未

必就完全吻合，那么到底以何为准？

譬如：保险营销员未向投保人出示保险条款；保险营销员只是简单询问了几个问题，其他问题均由投保人按照询问表进行答复；保险营销员简单询问了几个问题，其他问题由保险营销员在询问表中勾选，投保人根本未见到询问表；保险营销员在询问表所列问题之外，又询问了几个问题，而投保人存在不如实告知情形；投保人向保险营销员进行了如实告知，但是保险营销员出于种种考虑，要求投保人不必在投保单中勾选，显示为未如实告知；仅仅存在保险询问表，但是营销员全程没有口头提出任何的询问内容。在这些情形中，保险营销员的行为与保险人的法人行为均不是完全吻合的，那就会产生不同的影响，投保人、保险人、被保险人、受益人等出于不同的利益考量，就会站在自己的角度去认定前述行为的效力，由于利益是冲突的，当然结论也会是矛盾的，这时候就涉及效力优先的问题。

问题的解决，还是应该从法律规定出发来研判。《民法典》第一百七十条规定："执行法人或者非法人组织工作任务的人员，就其职权范围内的事项，以法人或者非法人组织的名义实施的民事法律行为，对法人或者非法人组织发生效力。法人或者非法人组织对执行其工作任务的人员职权范围的限制，不得对抗善意相对人。"同时，我们考虑《保险法》第一百三十一条的规定，即"保险代理人、保险经纪人及其从业人员在办理保险业务活动中不得有下列行为：（一）欺骗保险人、投保人、被保险人或者受益人；（二）隐瞒与保险合同有关的重要情况；（三）阻碍投保人履行本法规定的如实告知义务，或者诱导其不履行本法规定的如实告知义务"，可知无论保险营销员与保险人是委托代理关系还是劳动合同关系，其行为后果均应由保险人承担，由此我们可以对实践中常见的一些现象得出一些结论了。

1. 保险营销人员在保险合同订立过程中，向投保人提供了保险人设计的格式询问表，由投保人进行答复或者勾选，同时保险营销人员问了其中的一些问题，而对其他问题没有涉及。

在这种情形下，投保人对于保险人的询问需要进行如实的答复，这是法定的义务，即对于全部的询问内容，投保人均有如实作答的义务，只要保险营销人员没有阻止投保人进行答复、没有引诱投保人虚假答复，则即便其他内容没有被保险营销人员询问到，投保人也应该对于询问表全部如实作答。否则，即为投保人不如实告知，投保人应该承担不履行法定义务而导致的民事责任。

2. 保险营销人员在保险合同订立过程中，向投保人提供了保险人设计的格式询问表，但是在询问表之外，又向投保人提出了某些问题，投保人未如实告知的，不应该承担民事责任。

这是因为，《最高人民法院关于适用〈中华人民共和国保险法〉若干问题的解释（二）》第六条规定："投保人的告知义务限于保险人询问的范围和内容。当事人对询问范围及内容有争议的，保险人负举证责任。保险人以投保人违反了对投保单询问表中所列概括性条款的如实告知义务为由请求解除合同的，人民法院不予支持。但该概括性条款有具体内容的除外。"

由此可见，投保人的告知限于"投保单询问表"范围，只有对此范围问题未如实告知的，才承担不利后果。而对于投保单询问表之外的问题，投保人不存在如实告知的义务，也不存在不如实告知的法律后果。所以，保险营销员的额外问题，无法律意义。

3. 保险营销人员在保险合同订立过程中，未向投保人提供保险人设计的格式询问表，只是提了其中的一些问题，而对其他问题没有涉及。

在这种情形下，因为保险人未向投保人进行询问，所以投保人也无从作答，也不承担不如实告知的责任。但是，如果保险营销人员将询问表中的特定问题以口头或者另行书面的方式，向投保人提出了询问，则应该视为保险人向投保人进行了询问，当然投保人的回答义务仅限于这几个特定问题，如果对于这些问题的答复存在不如实告知，则投保人也应该承担不利后果。

4. 保险营销人员在保险合同订立过程中，未向投保人提供保险人设计的格式询问表，也没有提其中的一些问题，或者提出的问题不包含在询问表中。则投保人完全不承担未如实告知的法律责任。

需要说明的是，这一点与《最高人民法院关于适用〈中华人民共和国保险法〉若干问题的解释（二）》的规则也是吻合的。该司法解释第三条规定，保险人或者保险人的代理人代为填写保险单证后经投保人签字或者盖章确认的，代为填写的内容视为投保人的真实意思表示。但有证据证明保险人或者保险人的代理人存在保险法第一百一十六条、第一百三十一条相关规定情形的除外。也就是说，原则上看，就算询问表是保险营销人员代为勾选答复的，只要得到了投保人的签字或者盖章确认，就视为投保人的真实意思表示，但是，如果出现未如实告知情形，可以理解为属于《保险法》第一百三十一条中“阻碍投保人履行本法规定的如实告知义务，或者诱导其不履行本法规定的如实告知义务”的情形，而这种情形则不应视为投保人的真实意思表示。

天津市第二中级人民法院（2015）二中民一终字第0704号民事判决书载明，原告许某之夫陈某伟与保险公司于2014年4月23日签订了《个人人身保险单》1份。2014年3月2日，投保人陈某伟驾驶其自有的小轿车行驶至天津市津南区津港公路38.7公里处，汽车前部与津港公路西侧行道树相撞，后坠入公路西侧十米河中，造成陈某伟当场死亡。被保险人出险后原告许某及时报案，并按照保险公司的要求将相应的理赔资料报至保险公司，保险公司于2014年5月26日作出理赔决定通知书，以投保人陈某伟未如实告知同业投保，影响保险人决定是否同意承保或提高保险费率为由拒绝理赔。

一审法院认为，对于保险公司当庭提出的“本案投保人陈某伟在短时间内向多家保险公司投保，存在恶意骗保的嫌疑，本案中证人推荐保险时陈某伟并没有购买，而是几个月后才主动购买，期间已经向多家保险购买。证人陈述陈某伟已经看过保单并签字确认。陈某伟未能履行如实告知义务，这是本案的拒赔理由。现本案疑点并没有查清，保险公司认为拒赔理由成立，请求驳回原告诉讼请求”的辩解意见，庭审中原告证人康××明确表示其向陈某伟销售保险时，没有就合同内容及相关免责等条款向陈某伟说明，仅仅让陈某伟在合同中签字，且表示“其他保险代理员在销售保险时都是这样做的”，并表示问卷调查项目均为证人康××自行填写，证实了投保人陈某伟不存在故意或重大过失未向保险公司尽到如实告知义务的事实。且保险公司就其主张的辩解意见未能提供证据证实，对保险公司该辩解意见不予采信。

二审法院认为，保险公司以陈某伟未就其存在的同业投保的情况向保险公司履行如实告知义务为由拒绝理赔。根据《最高人民法院关于适用〈中华人民共和国保险法〉若干问题的解释（二）》第六条的规定，投保人的告知义务限于保险人询问的范围和内容，当事人对询问范围及内容有争议的，保险人负举证责任。保险公司出具的制式合同《个人人身保险投保单》系电子版投保单，其第四部分的基本告知事项以问卷调查形式提出，提问中载有“除本公司产品外，是否已购买或正在申请任何其他公司的人身保险合同?”的内容。虽然陈某伟在《电子投保确认书》中签字，对电子版《个人人身保险投保单》进行了确认，但该《电子投保确认书》中并无叙明投保人需要如实告知的具体内容，且向陈某伟销售保险的保险代理人康××出庭作证，证明其给陈某伟销售保险时，没有就保险合同内容及相关免责等条款向陈某伟说明，仅是让陈某伟在合同中签字，并表示问卷调查项目均为证人康××填写。因此，保险公司所举证据不足以证明陈某伟投保时存在故意或重大过失未向保险公司尽到如实告知义务的事实发生。综上，保险公司拒绝向许某理赔的理由不能成立，保险公司的上诉请求不予支持。原审判决并无不当，予以维持。

5. 如果投保人确实向保险营销人员进行了如实告知，即视为向保险人进行了如实告知，但是保险营销人员出于某种考虑，尽快地签单使得被保险人得到保险保障，都应该视为投保人已经如实告知，且保险人已经放弃以不如实告知为由解除保险合同、拒赔保险金、拒退还保险费的权利。这实际上是一种弃权与禁反言的规则。

江苏省苏州市中级人民法院（2013）苏中商终字第0814号民事判决

书载明，2012年1月30日，投保人沈某琰为被保险人朱某安投保了重大疾病保险受益人为沈某乙。在投保人和被保险人签名确认的投保单中，关于“是否患有或接受治疗肝硬化、肝炎、肝炎病毒感染、胆道感染等疾病”的病史询问项均勾选了“否”。

2012年12月22日朱某安死亡，死亡原因为上消化道出血。2013年1月沈某乙向保险公司申请理赔，保险公司于1月24日作出拒付保险金的通知，终止了上述保险合同效力，并告知投保人办理应返还的部分保险金相应手续。

一审法院认为，根据医院2009年10月6日的病历记录，被保险人朱某安患有慢性乙型肝炎、肝硬化、胆结石，而投保人在2012年1月30日向保险公司投保时，作为其配偶和被保险人本人却均未向保险公司告知，违反了《保险法》第十六条的如实告知义务。2009年12月朱某安所患疾病好转出院，未能治愈，应属带病投保，这足以影响保险人决定是否同意承保或者提高保险费率，因此保险人有权解除合同，对沈某乙的诉请不予支持。

二审法院认为，本案所涉投保单中关于“是否患有或接受治疗肝硬化、肝炎、肝炎病毒感染、胆道感染等疾病”的病史询问项均选择了“否”，沈某琰及朱某安在上述投保单上签字予以确认。二审中三位证人出庭陈述证明，投保人一方在投保前曾告知保险公司的保险代理人谭某英朱某安有肝炎病史。谭某英在与沈某甲的通话录音中认可其知晓朱某安曾患病住院并长期吃药的情况，其作为保险公司代理人基于职责、结合常理，也应了解朱某安具体的病史。谭某英在投保单填写过程中，作为保险代理人明知朱某安有相关病史，却仍在相关病史询问项下勾选否。综合上述分析，谭某英在保险合同订立时知晓投保人和被保险人在投保单上隐瞒了肝炎病史，该行为的效力及于保险公司。保险人在合同订立时已经知道投保人未如实告知情况的，保险人不得解除合同，发生保险事故的，保险人应当承担赔偿或者给付保险金的责任，因此保险公司依法不得解除保险合同，并应当承担相应的保险责任。沈某乙的上诉请求成立，撤销一审判决，改判保险公司支付保险金65000元。

但是，如果投保人不是善意的、不是无辜的，而是在了解相关情况后，与保险营销员串通，刻意虚构事实、隐瞒真相，则情况就发生变化了。因《民法典》第一百七十条规定是基于“善意相对人”而为之，如果相对人不善意的话，我认为应参考《民法典》第一百六十四条规定，代理人和相对人恶意串通，损害被代理人合法权益的，代理人和相对人应当承担连带责任。即恶意的相对人不仅不应该得到法律保护，反而应该为自己的行为付出代价、受到惩罚。

6. 保险营销人员未对保险合同条款进行说明、明确说明的，视为保险人未进行说明与明确说明。

说明义务原则上要通过自然人的行为得以履行。譬如，起码要有人将保险合同条款交给投保人，投保人才能看到、才能知晓，才算履行了保险人的说明义务。又如，法律规定，对保险合同中免除保险人责任的条款，保险人要以书面或者口头形式向投保人作出明确说明。即对于书面条款，还必须再次给予解释、提示等才行，这也得要人来完成吧。

一般来说，需要保险营销人员来完成前述说明、明确说明行为。如果保险营销人员没有做这个行为，当然也就意味着保险人的该种法定行为、法定义务未完成，那当然需要由保险人承担责任。

需要说明的是，如果未完成说明、明确说明行为，则对于保险合同条款中那些限制投保人、被保险人、受益人的特定条款固然是无效的，保险人应该按照保险合同约定来承担责任，却不能按照保险合同条款来免除责任。

可是，假如有些保险合同营销员任意夸大保险责任，譬如声称给予投保人某种金钱返还或者随意夸大保险金等，那么这样的行为是否有效呢？

我的理解是：保险营销人员的此种行为，仍然属于对于保险条款未进行说明。因为，假如涉及保险费返还、保险金夸大等情形，本质上仍然是对于保险产品或者说保险合同条款的一种误解，也就是对于保险合同条款存在曲解，本质上仍然是对正确的、原始的保险合同条款未尽到说明义务。如果尽到了说明义务，则所有的曲解都不应出现。那么未尽到说明义务的，则对保险人、投保人也都是无效的，保险人还应按照原始的保险合同条款来承担保险责任。

但是，对于投保人而言，却可能认为自己被欺诈、意思表示不真实等，这个就属于可撤销合同的一种情形了。投保人可以因此而申请法院、仲裁机构来撤销这份保险合同。但是，如果该保险合同最终未撤销，则还是应该按照原始条款来确定双方权利义务。

山东省济南市中级人民法院（2016）鲁01民终291号民事判决书载明，2011年1月4日，投保人傅某志向保险公司投保主险生命富贵全能年金保险（分红型），投保后，傅某志向保险公司一次性交纳保费272000元。2014年1月13日，傅某志向山东保监局投诉保险公司，称投保人于2011年1月12日投保金管家年金保险（万能型），首年交费27.2万元，已收到9万元生存金返还。投保时业务员介绍称“这种保险有钱的时候就交，没有钱的话交这一次以后也可以不用再交费了，就当是一份趸交费的保险”，投保人亲笔签名，签收保单前接受了电话回访。投保人收到保险合同后发现实际交费方式为年交，与业务员所讲不符，考虑到经济能力有限，投保人便在犹豫期内向公司提出撤单申请，但业务员和公司经理一直极力劝说投保人不要退保，并承诺会将其保单交费方式改成趸交。然而，直到现在公司也没有给投保人变更合同的交费方式，这期间投保人已经多次向公司反映上述问题，公司一直不予答复。后其起诉要求保险公司全额退还剩余18.2万元保费。

一审法院认为，投保人傅某志投保时，刘某国并非保险公司的保险业务员，而作为保险公司保险业务员的刘某鹏在投保单上签字。故刘某鹏应对该保单的订立、解除所产生的法律后果承担相应的法律责任。根据保险代理合同的约定，保险代理人不得代替签署需由投保人、被保险人亲笔签名的保险单证及相关证明文件。根据《人身保险新型产品信息披露管理办法》第六条的规定，“本人已阅读保险条款，产品说明书和投保提示书，了解本产品的特点和保单利益的不确定性”等内容应由投保人抄录并签名。根据投保人傅某志的询问笔录和刘某国的谈话笔录，信息披露等内容并非傅某志本人抄写，而是由刘某鹏代写。刘某鹏的上述行为违反了其与保险公司之间签订的保险代理合同的约定，应根据合同约定赔偿保险公司的经济损失。故刘某鹏因涉诉保单所获得的佣金46828元应返还给保险公司。综上，保险公司要求刘某鹏返还佣金46828元的诉讼请求，事实清楚，证据充分，予以支持。对超出该部分的其他诉讼请求，不予支持。判决：刘某鹏返还保险公司佣金46828元。

二审法院认为，根据2014年2月24日刘某国在谈话笔录中的陈述，本案所涉保险合同的投保人傅某志投保时，系刘某鹏作为保险公司保险业务员在投保单上签字，故刘某鹏应对该保险合同的订立、解除所产生的法律后果承担相应的法律责任。刘某鹏因该保险合同取得相应佣金，则亦应履行相应义务。作为保险销售人员，其对《人身保险新型产品信息披露管理办法》应是明知的，该管理办法规定，投保单中的语句“本人已阅读保险条款，产品说明书和投保提示书，了解本产品的特点和保单利益的不确定性”应由投保人亲笔书写，但据刘某国在谈话笔录中的陈述，涉案保险合同的投保单中该语句并非由投保人傅某志亲笔书写。投保人向山东保监局投诉并主张解除保险合同的原因是销售人员存在误导行为，即将期缴产品当作趸缴产品销售，因投保单中应由投保人书写的语句并非其本人书写，故可以此确认销售人员在销售该笔保险业务时并未完全履行保险人应明确告知的义务，在涉案保险合同的订立过程中销售人员的行为与该保险合同的解除具有因果关系。刘某鹏因该保险合同的订立取得佣金利益，保险合同解除后，其亦应予返还，故原审判令其返还该佣金，并无不当。

七、保险营销人员代理激活保险卡

目前，以保险卡方式销售保险的情形越来越多，这种方式简单快捷，确实迎合了一定的市场需要。

保险卡有一个激活的环节，或者说是确定保险责任开始时间的程序，很多情形下，投保人都是交给保险营销人员去进行激活的，而在这个保险卡介绍、销售过程中，也缺乏一般的投保、核保环节，所以与常见的保险营销过程具有很大不同，出问题的概率也比较大。

湖北省襄阳市中级人民法院（2014）鄂襄阳中民三终字第00039号民事判决书载明，2012年7月，刘某敏将名称为“生命金运”的人身意外伤害保险销售给姚某洲之妻曹某琴，收取保费380元，其中意外身故险保险金额为30万元，本合同激活后生效。2012年7月17日，曹某琴通过刘某敏让保险公司代被保险人激活保险卡，保险合同责任自激活后开始。保险人没有提供证据证明其向投保人及被保险人就免责事项、承保对象的职业等相关情况进行询问和说明。2012年9月24日，被保险人姚某洲发生交通事故死亡。原告为此向保险公司索赔，保险公司于2013年3月5日向原告书面下达了拒赔决定通知书，以被保险人职业为大货车司机，不符合其投保范围为由拒赔。

一审法院认为，本案争议合同是以保险卡为表现形式的人身意外伤害保险合同，以激活为生效要件。保险卡是保险人交付于投保人用以证明双方存在保险合同关系的凭证，保险卡记载的保险责任、保险金额等内容为保险合同的组成部分。2012年7月17日，该保险卡经由保险人代为激活后保险合同生效，该合同的订立及其内容等并不违反法律禁止性规定，属有效合同，双方应当按约定履行。根据保险卡及保险合同条款约定，意外身故保险金为30万元。2012年9月26日，被保险人姚某洲因交通事故死亡，保险人应按保险合同条款第3条第1款约定向被保险人的法定受益人（本案原告）赔偿保险金30万元。对此，保险公司拒绝赔偿并以保险条款第6条第2项规定的货车司机属于拒保职业为由提出抗辩。但保险人在投保人投保时有权就被保险人的有关情况进行询问（未经询问的，投保人无主动告知义务），保险人在未经询问查明被保险人职业的情况下，仍同意承保并收取保费，系保险人自动放弃自己的权利，由此产生的法律后果应由保险人自行承担。而保险人拒保理由中“拒保职业”，其字面理解为：保险人有权对特定职业的被保险人（或投保人）提出的投保请求有权拒绝承保。由此说明，对特定职业人群提出的投保请求拒绝承保是保险人的权利，且不属于被保险人义务。故不管被保险人为何种职业类别，也不管被保险人是否知道自己属不属于拒保对象，都有权向保险人发出订立保险合同的要约、请求投保，但对投保人的投保要约是否作出承诺、同意承保，决定权在保险人，一旦同意承保，保险人就放弃了原本属于自己的拒保权利。保险人弃权后，不得再以已经放弃的权利为由提出抗辩、拒绝赔偿。故保险公司以此为由拒赔与法相悖，不能成立。从另一角度看，保险人拒绝赔偿的，须根据保险法规定和保险合同约定，证明保险事故存在免责事由，或保险人享有合同解除权并已经解除了合同。否则，保险人应当按合同约定支付保险金。本案中不存在保险合同第4条责任免除条款约定的14种情形，保险人也没有行使合同解除权解除合同。故保险公司拒绝赔偿缺乏事实依据，不能成立。判决保险公司赔偿保险金30万元。

二审中，保险公司为说明保险卡激活过程提供的《自助保险卡网上激活使用手册》载明，在激活过程中的“拒保类行业提示”步骤中有“营业用货车驾驶员”一项，对该步骤需要激活人进行“是”或“否”的回答；该手册对该步骤的说明提到，如果选择“是”并点击“确认”对话框则“激活失败”，如果选择“否”并点击“确认”对话框则“激活此保险卡”，若填写的信息符合承保规定则进入“激活确认界面”，通过点击“保险确认书”对话框获取“承保确认书”，“至此，激活过程结束”。刘某敏在庭审中陈述，保险卡给受益人后，受益人表示不会激活，保险卡服务手册也给受益人看了后受益人才让激活，是通过保险公司激活的，买保险时其问过被保险人职业，但受益人未回答。

二审法院认为，被保险人姚某洲从事的职业为涉案保险合同拒保职业，对于被保险人的职业，如果投保时保险人提出询问，投保人负有如实告知义务，投保人故意或因重大过失未如实告知的可能导致产生保险人法定的合同解除权。保险公司提供的保险卡激活流程显示，保险人提出关于被保险人职业的询问是在保险卡激活过程中进行的，而涉案保险卡是由曹某琴通过刘某敏让保险公司代为激活的，不排除曹某琴未被询问的可能，保险公司主张受益人故意未履行如实告知义务，应当对其就被保险人职业向受益人作出过询问承担举证责任。即使涉案保险卡激活过程中对上述询问的回答是按照受益人的回答作出的，依据受益人提供的其与刘某敏的交谈录音，可以认定刘某敏在投保时是知道姚某洲的职业为拒保职业的；保险卡是刘某敏销售并经其激活的，刘某敏的行为属于职务行为，可以认定保险公司在合同订立时属于已经知道被保险人姚某洲的职业为拒保职业的认知状态。应认定保险公司已丧失因投保人故意或因重大过失未履行如实告知义务而解除合同的权利，发生保险事故的，保险公司应按照保险合同约定的保险责任范围承担赔偿或给付保险金的责任。本案中，保险公司拒赔的理由是被保险人从事的职业为拒保职业，被保险人从事职业的情况属于《保险法》第十六条第一款所规定的“被保险人的有关情况”，保险卡激活流程显示保险人就被保险人的职业进行了询问，该项情况属于保险合同订立时投保人所负如实告知义务的告知事项，若保险人以投保人违反如实告知义务为由而拒赔，应当先行解除合同，直接拒赔的人民法院不予支持。涉案保险合同未将被保险人的职业为拒保职业作为“责任免除”条款，虽然保险卡服务手册上在拒保职业相关内容处写有“不承担相应的保险责任”，但关于保险卡是激活前还是激活后交付受益人，以及保险卡激活前服务手册是否交付受益人，当事人之间陈述不一，且刘某敏在庭审中陈述的情况与其在交谈录音中的说法相互矛盾；保险卡背面载明其“非保险凭证”，保险卡背面关于拒保职业的内容并不属于上述规定之提示，对投保人不产生提示效力；保险卡激活过程是由保险公司代为操作，尚不能因为保险卡已被激活而确认保险公司已就拒保职业条款向受益人作出了提示和明确说明。故保险公司上诉称其已就货车司机属于拒保职业及相应的免责后果进行了明确的提示和说明依据不足，不予采信。关于受益人提供的其与刘某敏的交谈录音，其中并无内容表明刘某敏在投保时向受益人告知了拒保职业条款，其系在交谈中向受益人姚星告知的大货车驾驶员属于拒保职业；凭该交谈录音尚不足以说明交谈双方在投保时系共同隐瞒被保险人职业或构成恶意串通。受益人在投保时是否知道涉案保险的承保或拒保职业范围，不影响本案当事人权利义务及相应责任的确定。综合以上情况，保险公司拒赔不论是依据投保人违反如实告知义务还是依据拒保职业条款为免责条款，均缺乏相应的事实和法律依据，其应承担保险金给付责任。驳回上诉，维持原判。

首先我们要思考一个问题：保险卡的性质是什么？

《保险法》第十三条规定："投保人提出保险要求，经保险人同意承保，保险合同成立。保险人应当及时向投保人签发保险单或者其他保险凭证。保险单或者其他保险凭证应当载明当事人双方约定的合同内容。当事人也可以约定采用其他书面形式载明合同内容。依法成立的保险合同，自成立时生效。投保人和保险人可以对合同的效力约定附条件或者附期限。"从这个意义上说，任何保险合同都应该有投保、核保、承保、签发保险单或保险凭证这几个环节。保险卡是一个非常简单的卡片，其中不可能包含投保单、询问表、保险条款、保险单记录等内容。因此，保险卡的实质乃一个"保险凭证"。

不仅如此，按照保险法的规定，应该是保险合同订立完毕之后，保险人才出具这么一个保险凭证。但是，实践中销售保险卡的时候，保险合同根本没有开始订立。而是等待投保人开始进行激活，才开始保险合同订立的过程。即保险卡通常不记名，但是指向的保险责任是固定的。投保人所谓的激活程序，实际上是确定投保人、被保险人、受益人、保险期限等保险合同基本要素。这些要素确定后，则保险合同基本就确定了。可见，对于保险卡这类的保险合同业务而言，可以认为保险合同订立程序是倒置的。

同时，这个激活过程也是唯一的一次履行投保、询问、告知、说明等法定义务的过程。虽然投保人已经支付了保险费、已经持有保险凭证，但是保险合同并不必然已经成立。保险人仍然可以因为某种原因而拒绝承保或者要求增加保险费。投保人不同意的，则双方间保险合同不成立，则投保人可将保险卡退还、保险人应将已经收取的保险费退还。即保险卡只能意味着保险合同效力待定。

但是，如果完全由保险营销人员包办了保险卡激活程序，则等同于保险人的询问、说明、明确说明义务完全没有履行，也等同于无需投保人进行任何形式的告知。这显然意味着，保险人放弃了很多的权利，那保险人确实无权再解除合同或者拒赔保险金了。

但是，保险营销人员代为激活保险卡，对于投保人而言，保险合同依然成立，这是因为，《最高人民法院关于适用〈中华人民共和国保险法〉若干问题的解释（二）》第三条规定："投保人或者投保人的代理人订立保险合同时没有亲自签字或者盖章，而由保险人或者保险人的代理人代为签字或者盖章的，对投保人不生效。但投保人已经交纳保险费的，视为其对代签字或者盖章行为的追认。"所以，保险单的激活虽不是投保人本人所为，但投保人早已向保险公司交纳保险费，保险公司也出具了保险凭证（保险卡），所以保险合同关系依然合法成立，双方当事人应当依约履行合同义务。

湖南省衡阳市中级人民法院（2016）湘04民终837号民事判决书载明，周某宇跟随罗某正在衡东县城关镇从事装修工作。2015年4月25日，罗某正为周某宇在被告保险公司一次性购买了4份意外伤害保险每份保险意外身故保险金为5万元。2015年5月12日6时50分，被保险人周某宇在上工途中，因发生交通事故意外身亡。受益人遂向保险公司申请索赔，保险公司受理后于2015年9月9日出具了拒赔通知书。周某宇购买的四份电子保单中登记的使用人为上诉人保险公司的业务员何某萍。何某萍在法院核实情况时均承认保险卡的网上激活程序是受罗某正的委托而为。

保险公司认为，其业务员代为激活的行为属于民事代理行为，代理人行为的法律后果及于周某宇本人，应当视为投保人周某宇已经阅读了保险条款和免责内容。法院认为，保险公司提供的投保手册中明确禁止保险公司的工作人员及其代理人为客户提供代投保（激活）服务。保险公司的业务员在明知禁止条款的情况下代为激活而不告知委托人免责条款的行为，属于滥用代理权的行为，损害了委托人利益，减轻了保险公司应当承担的义务，其代理行为产生的不利后果应由保险公司承担。判令保险公司支付保险金。

八、保险营销人员代收理赔资料

很多投保人与保险人的接触，实际上都是通过保险营销人员进行的。即很多投保人、被保险人、受益人根本没有去过保险公司，都是通过保险营销人员进行事务的办理。很多保险营销人员也有很强的服务意识，不仅办理投保手续，还经常到客户家中嘘寒问暖，一旦出现保险事故，保险营销人员可能还会去医院、家中进行慰问，并且收取投保人、被保险人、受益人提供的理赔资料，转交给保险人。但是，收取理赔资料后，保险营销人员往往因各种情况，交给保险人的有关机构、处室、岗位等（如理赔岗、核赔中心等）会延误一定时间，这就会产生时间差。

时间差有时候很重要。

譬如，《保险法》第十六条规定，前款规定的合同解除权，自保险人知道有解除事由之日起，超过三十日不行使而消灭。自合同成立之日起超过二年的，保险人不得解除合同；发生保险事故的，保险人应当承担赔偿或者给付保险金的责任。第二十三条规定："保险人收到被保险人或者受益人的赔偿或者给付保险金的请求后，应当及时作出核定；情形复杂的，应当在三十日内作出核定，但合同另有约定的除外。保险人应当将核定结果通知被保险人或者受益人；对属于保险责任的，在与被保险人或者受益人达成赔偿或者给付保险金的协议后十日内，履行赔偿或者给付保险金义务。保险合同对赔偿或者给付保险金的期限有约定的，保险人应当按照约定履行赔偿或者给付保险金义务。保险人未及时履行前款规定义务的，除支付保险金外，应当赔偿被保险人或者受益人因此受到的损失。"由此可见，接收理赔资料，意味着保险人收到被保险人或者受益人的赔偿或者给付保险金的请求，而往往在收到这个请求后，保险人才会发现或者才会调查有关不如实告知问题的线索。所以接收理赔材料的时间节点还是很重要的。

我们在实践中发现，几乎所有的保险人都将自己的理赔岗位、理赔部门收到理赔材料的时间视为接收理赔请求的时间。至于是不是保险营销员转交的资料、保险营销人员又是何时收到的材料，则几乎无人在意。对此，《保险法》第一百一十七条规定："保险代理人是根据保险人的委托，向保险人收取佣金，并在保险人授权的范围内代为办理保险业务的机构或者个人。"《民法典》第一百七十条规定："执行法人或者非法人组织工作任务的人员，就其职权范围内的事项，以法人或者非法人组织的名义实施的民事法律行为，对法人或者非法人组织发生效力。法人或者非法人组织对执行其工作任务的人员职权范围的限制，不得对抗善意相对人。"无论是保险人的员工还是保险代理人，经办保险业务，就包括接收理赔请求之业务。

对于投保人、被保险人、受益人而言，其之所以将理赔资料交给保险营销人员，是认为该保险营销人员就代表了保险人。而一旦保险营销人员接收了理赔材料，则该行为对保险人发生效力，即视为保险人接收了理赔资料。起算理赔时间，就应该从该保险营销人员接收资料之日起算。而保险人内部的岗位划分、职责分工、流程配合等问题，对于投保人、被保险人、受益人而言无抗辩效力。

北京市第四中级人民法院（2018）京04民终162号民事判决书载明，2017年3月20日，朱某作为投保人在保险公司以自己为被保险人投保了重大疾病保险。后，朱某罹患甲状腺癌。庭审中，朱某提交了朱某和丈夫与保险公司业务员石某霞的微信聊天记录：2017年12月27日，石某霞向朱某告知理赔所需资料；2018年1月10日，朱某对石某霞说："住院的那些都是医院的章，就是门诊那些结果是复印件。我先提供吧，到时候不行你再告诉我。"2018年3月13日，朱某向石某霞微信送达了2015年至2017年的健康体检报告。另外，关于朱某向保险公司提出索赔的时间，朱某称是2018年1月10日左右。而保险公司出示了《理赔申请书》，落款时间为2018年3月14日，申请人签名处写有朱某的名字，所以保险公司认为朱某向保险公司提出索赔的时间是2018年3月14日，朱某不认可《理赔申请书》的签名系朱某亲笔所签。

一审法院认为，通过朱某提交的微信聊天记录以及法庭在庭审中向石某霞核实的情况可以看出，《理赔申请书》上的签名并非朱某所签，可以认定朱某通过微信的方式在2018年1月10日左右就向业务员石某霞提出了理赔申请。石某霞作为保险公司的保险代理人员，根据保险人的授权代为办理保险业务的行为，由保险人承担责任。但是，保险公司于2018年3月13日才要求朱某补充体检材料，明显超过法律规定的核保期限。因此，保险公司解除保险合同的行为没有事实和法律依据。保险公司应当赔偿朱某重大疾病保险金200000元，扣除保险公司已经退还的保险费5320元，保险公司还需要赔偿朱某保险金194680元。

二审法院认为，石某霞作为保险公司的保险代理人员，其有权代理保险人办理保险业务，朱某于2018年1月10日左右已经提出理赔申请，一审判决认定保险公司由此时开始承担核保义务并无不当。

九、保险营销人员骗取投保人款项

保险营销人员作为一个数量庞大的群体，难免良莠不齐，特别是保险营销人员熟悉保险投保、承保、理赔的环节，又往往很受投保人、被保险人、受益人的信赖，确实有个别保险营销人员利用规则漏洞，进行违法犯罪活动。常见的是保险营销人员利用虚假的合同，直接骗取投保人的钱财。

上海市第一中级人民法院（2014）沪一中民六（商）终字第19号民事判决书载明，2010年8月16日，周某瑾签署了“富贵有余两全保险（分红型）”人身保险投保单一份，以其丈夫黄某震为被保险人，向保险公司投保了该险种。上述投保单上载明营销员是本案第三人李某灿，但实际营销该保险的是其下级保险公司员工潘某溢。2013年1月28日，保险公司向周某瑾发函，称有不法分子假冒该公司名义在保险合同中私自夹带伪造合同页，擅自变更合同约定，要求周某瑾在2013年3月15日前办理退保，否则视为同意按保险公司真实签发的、未经非法变造的保险合同继续履行。2013 年 2 月 4 日，周某瑾回函保险公司，明确表示不同意保险公司上述方案，要求该公司按系争合同页内容履行。双方争执无果，周某瑾遂提起本案诉讼。

一审法院认为，周某瑾与保险公司签订的合同系当事人真实意思表示，合法有效。双方当事人协商一致，可以对该合同进行补充、变更，现双方争议焦点即之后出具的系争合同页是否有效。审理中，保险公司辩称案外人潘某溢伪造该公司印章属于刑事违法行为，不应适用民事法律规范。潘某溢犯职务侵占罪、信用卡诈骗罪，与本案的保险合同纠纷属于两个法律关系。刑事法律规范评价的是潘某溢利用职务便利侵吞被害单位即保险公司的财物并冒用他人信用卡的行为，并未对潘某溢对外签订保险合同进行评价、认定。对合同效力进行判断和认定属于民商事审判的范围，其标准也应当是民事法律规范。本案中，潘某溢于 2012 年 1 月 29 日出具系争合同页时，担任保险公司营销服务部育成经理，其职责是代为招募保险营销员及管理、指导保险营销业务员，并不具有对外代理销售保险公司保险合同的权利。更何况，潘某溢采用私刻保险公司印章的形式，伪造系争合同页，该页所载内容超越了原涉案富贵有余两全保险（分红型）合同的固有内容。故潘某溢出具系争合同页的行为属于无权代理。而行为人无代理权以被代理人名义订立的合同，一般情况下对被代理人不发生效力，但相对人有理由相信行为人有代理权的除外。本案争议焦点和审理难点在于，潘某溢的上述行为是否构成表见代理。此需从权利外观和主观因素两方面分析，即行为人是否在客观上形成具有代理权的表象，以及周某瑾相信行为人有代理权是否善意且无过失，法院对此详述如下：

第一，关于权利外观方面。首先，潘某溢的身份、职务与保险公司具有密切关联性。潘某溢交付系争合同页时担任保险公司营销服务部育成经理。保险公司虽辩称育成经理无权销售保单，但未举证证明该内部规定已在缔约前向投保人披露。而潘某溢在保险公司担任一定领导职务，且负责管理、指导保险营销工作，其职务等级和从事业务的关联度，足以令一般投保人产生其有权代理保险公司销售保险的认知。其次，潘某溢对周某瑾存在可合理推断的授权关系。2010 年 8 月 16 日周某瑾通过潘某溢的介绍向保险公司投保时，虽然当时潘某溢尚未和保险公司签订代理合同，并不当然具有代理保险公司的保险业务的权利，但保险公司最终出具涉案富贵有余两全保险（分红型）保单，亦收取了周某瑾交纳的保险费，该结果足以使周某瑾相信潘某溢事实上具有代理权。本案保险投保单上虽写明营销员为李某灿，但审理中保险公司确认李某灿和潘某溢存在上下级关系，李某灿亦承认潘某溢实际从事销售业务以及存在同事销售保险由自己挂名的情况。故李某灿形式上的营销员名义对周某瑾相信实际操作的潘某溢具有代理权尚不构成充分阻碍。因此，就同一份合同，经周某瑾正式提交《保险合同内容变更申请书》，潘某溢补充交付系争合同页时，基于以往的合同订立过程，周某瑾有合理理由推断潘某溢的该行为亦基于保险公司合法授权。再次，从周某瑾提供的录音分析，原保险合同成立后，潘某溢与周某瑾就本案合同“修改”问题磋商、讨论时，系处于保险公司的某办公场所，而非潘某溢的私人处所。该交易环境和周围情势使潘某溢的行为产生具有代理权的表象，周某瑾有理由认为后出具的系争合同页系基于保险公司的意思表示。最后，系争合同页上加盖了“公司契约管理部业务专用章”和“公司保险合同专用章”，虽然上述印章系潘某溢伪造、私刻，但其大小、样式、风格均与原合同章极为相似，难以用肉眼辨其真伪。保险公司称其不存在契约管理部，但一般投保人并不熟知保险公司内部机构设置和职能分配，并无充分动机质疑其存在。

第二，关于主观因素方面。首先，周某瑾与潘某溢之间存在交易历史且具有一定熟识度。除本案保险外，周某瑾还在同期通过潘某溢向保险公司成功投保了天佑意外伤害保险、天祥终身重大疾病保险、天宁两全保险（分红型）等。故周某瑾对潘某溢有代理权产生信赖具有合理理由。其次，周某瑾已尽与交易内容、过程及自身知识程度基本相称的注意义务。录音表明，周某瑾也曾对保险收益、修改合同的手续等产生疑问，并向潘某溢提出质询。潘某溢则以该高收益的产品只针对 VIP 客户且即将停产、其他保险公司还有收益更高的内部产品、其上级正核实名额故需收回合同原件等理由回复，承诺自己从未违反保险公司的规定，并根据利益测算书详细计算、核对了系争合同页上的项目及金额，用以打消周某瑾的顾虑。考虑到交易历史、熟悉程度，以及周某瑾作为普通人对保险公司及保险知识的认知程度，周某瑾相信潘某溢出具的系争合同页是原合同的一部分并不具有显著过失。尤其考虑到潘某溢在保险公司处的职位和业务范围，周某瑾也难有其他更方便、快捷及廉价的手段核实其代理权限和合同真伪。再次，保险公司辩称，系争合同页的收益项目及金额不符合保险常识、高于正常回报，周某瑾应当注意到该明显瑕疵。但是，原保险合同中并未向投保人明确收益的构成、概念和计算方式，保险利益测算书上部分金额并不确定。周某瑾作为不具备相当保险知识的普通投保人，对系争合同页所载基本保额、现金价值、累积生存金等专业术语的理解和适用无法达到与保险人一致的程度。尤其经潘某溢详细解释并计算、核对后，周某瑾对其承诺的收益具有期待符合常理，并不能体现周某瑾具有恶意。最后，潘某溢的刑事案件表明，其伪造印章、修改合同的行为长期存在，保险公司及大量投保人均未曾发觉，直至2012年年底公安机关和司法机关介入后才予以查明。在此之前，要求周某瑾以一己之力洞察潘某溢的上述违法行为，未免过苛。

综上，考量系争合同页的订立过程中的各种因素，案外人潘某溢的行为足以令周某瑾产生其具有代理权的表象；周某瑾不知道潘某溢无权做出系争合同页所载约定的承诺，并在作出相应判断时已尽到合理注意，不存在明显的疏忽或懈怠。因此，潘某溢向周某瑾出具系争合同页的行为构成表见代理，其所载内容是本案富贵有余两全保险（分红型）合同的组成部分，对周某瑾及保险公司均具有约束力。周某瑾与保险公司签订的补充合同有效。

这样的案件，几乎均涉及表见代理法律问题。

原《民法通则》中没有关于表见代理的规定，原《合同法》颁布后弥补了这一缺漏。原《合同法》第四十九条规定："行为人没有代理权、超越代理权或者代理权终止后以被代理人名义订立合同，相对人有理由相信行为人有代理权的，该代理行为有效。”从原《合同法》规定看，存在一个重要的法律概念，即表见代理仅仅在“订立合同”情形中才出现，否则其他情形不存在表见代理问题。与此相吻合，《保险法》第一百二十七条规定：“保险代理人根据保险人的授权代为办理保险业务的行为，由保险人承担责任。保险代理人没有代理权、超越代理权或者代理权终止后以保险人名义订立合同，使投保人有理由相信其有代理权的，该代理行为有效。保险人可以依法追究越权的保险代理人的责任。”也正因如此，《保险营销员管理规定》第四十四条规定：“保险营销员根据保险公司的授权从事保险营销活动的行为，由保险公司承担责任。保险营销员在从事保险营销活动过程中有超越授权范围的行为，投保人有理由相信其有代理权，并已经订立保险合同的，保险公司应当承担保险责任；但是保险公司可以依法追究越权的保险营销员的责任。”可见，表见代理在保险法律领域中，原来是限定于订立合同的情形中。

后来，在《民法总则》和《民法典》的制定过程中，原《合同法》中关于表见代理的条款被移至总则的位置上，由此可理解为表见代理制度被明文规定适用于全部民事法律行为（包括单方行为和合同行为）。《民法典》第一百七十二条规定：“行为人没有代理权、超越代理权或者代理权终止后，仍然实施代理行为，相对人有理由相信行为人有代理权的，代理行为有效。”虽然此前原《合同法》关于表见代理的表述仅限于订立合同的代理行为，但在司法实践中其实已经有一定数量的案例表明，法院并不将表见代理规则的适用局限于“订立合同”，而是在民商事交易活动的语境下，着重审查某项民事行为中，相对人是否主观上善意无过失、客观上存在形成代理权的表征。现《保险营销员管理规定》已经废止，现行的《保险销售从业人员监管办法》则无关于营销人员表见代理方面的规定。

这就存在一个问题，这样的案例中，保险营销员能够犯罪得逞，可以说均是利用了自己的身份，迷惑了受害人。难道在这样的案件中，只要是保险营销员违法犯罪，就一定构成表见代理吗？保险人就必然承担一切后果吗？

我认为，不一定完全如此。

《最高人民法院关于在审理经济纠纷案件中涉及经济犯罪嫌疑若干问题的规定》第五条规定："行为人盗窃、盗用单位的公章、业务介绍信、盖有公章的空白合同书，或者私刻单位的公章签订经济合同，骗取财物归个人占有、使用、处分或者进行其他犯罪活动构成犯罪的，单位对行为人该犯罪行为所造成的经济损失不承担民事责任。行为人私刻单位公章或者擅自使用单位公章、业务介绍信、盖有公章的空白合同书以签订经济合同的方法进行的犯罪行为，单位有明显过错，且该过错行为与被害人的经济损失之间具有因果关系的，单位对该犯罪行为所造成的经济损失，依法应当承担赔偿责任。"从最高人民法院的规定可以看出，行为人是否是某单位的工作人员，并不必然导致单位承担责任，只有单位有明显过错且该过错行为与被害人的经济损失之间具有因果关系的情形下，单位才存在承担民事责任的可能。因此，我认为还应从以下几个方面区别分析之：

1. 保险人是否存在违规行为

例如，所涉及的保险险种，是否依法经过了银保监会报备，保险人是否依法进行市场销售，是否存在任何违规销售保险行为。

2. 保险人是否存在管理不善的情形

即保险人对于公章、合同章、业务章、格式合同的管理是否严格。

3. 保险人是否向相对人说明了保险营销员的行为规范

若保险人已经向相对人界定了保险营销员的行为规范，则保险营销人员仅靠口说就骗走了相对人交付的钱财，是违背了该行为规范的，保险人对此并无过错。

4. 保险合同是否变更

《保险法》第二十条规定："投保人和保险人可以协商变更合同内容。变更保险合同的，应当由保险人在保险单或者其他保险凭证上批注或者附贴批单，或者由投保人和保险人订立变更的书面协议。"有些案例中，保险营销员借口变更合同骗取钱财。相对人提交的所谓《保险合同变更申请书》，是由保险营销人员伪造的，对于相对人而言，也许并不知情。但是这个申请书的内容，充其量是相对人的一个申请，并没有“保险人在保险单或者其他保险凭证上批注或者附贴批单，或者由投保人和保险人订立变更的书面协议”的回应或者后续。也就是说，无论相对人是否知情，这个合同变更的程序并没有发生，或者说并没有完结，双方间的保险合同并没有变更。

5. 相对人支付的款项是否进入过保险人账户

如果这笔款项从未进入保险人账户，也从未被保险人控制、管理，足以认定该款项是销售员骗取、掌控的款项。

6. 相对人是否未尽合理的审查义务

如果相对人在付款过程中以及前后时间，均未尽基本的审查义务，不慎重、不理智、具有过错，则应对其损失承担责任。

7. 保险人与相对人的损失间是否有因果关系

重庆市第一中级人民法院（2019）渝01民终2241号民事判决书载明，2003年，杨某被聘为保险公司营销员。2005年3月24日，投保人李某兰通过业务员杨某投保并缴纳了相应的保费。2011年年初，杨某虚构保险公司为回馈VIP客户推出一款高收益的理财产品，吸引李某兰投资，并伪造《保险合同变更申请书（核保及退补费类）》要求李某兰进行填写。之后，李某兰向杨某交付巨额款项。2016年3月11日，因涉嫌犯罪，杨某被渝中区公安分局批准拘留。被拘留期间，渝中区公安分局经侦支队对杨某进行了多次讯问，杨某在讯问笔录中称其虚构理财产品，利用私刻的公章对李某兰等人进行诈骗，承诺李某兰的季度利息为10%，有时年息甚至达到100%，李某兰等人的投资是以杨某的名义投入公司，如果出了问题，杨某就可以作为李某兰等人的代表向公司申请赔偿。

一审法院认为，杨某因经济问题离职之后，保险公司已经按照《保险销售从业人员监管办法》的规定，主动在五日内对杨某的保险从业人员资格进行了注销，已经尽到了法定的管理义务，因杨某在职期间所犯经济问题与李某兰并无关联，故保险公司未将杨某离职的原因告知李某兰并无不妥。保险公司曾安排杨某作为保险代理人与李某兰进行接触，在2011年之前，李某兰通过杨某购买过两份保险，还办过一次退保和一次变更，知道保险公司购买产品的正常流程。而李某兰在购买杨某虚构的理财产品时，直接将大金额的保费支付给杨某，且始终未取得保险公司出具的正式保单，该两项情况明显与正常的保险购买及变更程序不相符合，但李某兰为了追求高额的利息回报，在事件发生过程中未尽到合理的注意义务，持续向杨某个人账户支付款项直至杨某无力偿还，李某兰对其损失具有明显的过错。杨某自2011年2月起虚构高息理财产品引诱李某兰等人进行投资的行为已经由法院认定为诈骗罪，并判处了相应的刑罚，该行为系杨某个人行为而非职务行为。《零现金管理制度》出台后，保险公司与杨某补签的委托代理合同中仍然允许杨某代收保费，但该代收金额是有上限规定的，保险公司未将该上限金额在代理合同中加以明示，系管理瑕疵，但因代理合同的签订是发生在保险公司和杨某之间的内部行为，并不具有对外的公示性，故保险公司允许杨某代收保费的行为并不是导致事件发生的直接原因，杨某的犯罪行为才是导致事件发生的直接原因。综上，李某兰的损失与保险公司的管理瑕疵无因果关系，保险公司不应当对李某兰的损失承担赔偿责任。判决驳回李某兰的全部诉讼请求。

二审法院认为，首先，李某兰与保险公司之间发生的本案纠纷并不属于正常意义上的保险纠纷案件范畴。李某兰在本案中所称的保险费，系李某兰2011年至2013年期间通过自己和丈夫账户向杨某个人划转的款项，该款项的损失纯属杨某虚构保险理财产品对李某兰实施诈骗的结果。根据已查明的事实，杨某于2011年至2014年期间以返还收益的名义还陆续向李某兰账户支付过资金1605227.98元款项。可见，本案所涉的保险费及收益并不属于正常的保险业务，与保险公司并无关联。

其次，李某兰向杨某个人支付的涉案款项，与保险公司并无关联，双方之间未形成保险关系，而杨某离职系因另外的保险业务所涉经济问题导致客户投诉所致，与李某兰之间亦无关联，故对杨某已经离职的事实，保险公司并无通知李某兰的作为义务。另有证据表明李某兰曾于2010年12

月在保险公司开通了网络e服务以及电子函件服务，故李某兰通过该服务网上查询自己的保单情况以及收取保险公司发送的邮件，完全能够知悉自己的保险服务人员从2012年起已不是杨某。

再次，李某兰作为购买过保险产品的老客户，对购买保险产品的正常流程应当清楚。从李某兰与保险公司先前发生的保险业务看，李某兰均是以银行转账方式向保险公司支付保费。而本案中，李某兰听信杨某虚构的理财产品，直接将大金额的保费划转给杨某个人，为了追求高额的利息回报，对杨某始终没有向其出具保险公司的批单、签单及正式发票，没有尽到合理的注意义务，自身存在重大过错。《零现金管理制度》出台后，保险公司在与杨某补签的委托代理合同中仍然允许杨某代收保险费，且未就代收上限规定加以明示，应属该司的管理瑕疵，但该管理瑕疵既不会导致保险产品购买的正常流程发生改变，也并非李某兰受骗所致损失的直接原因。

最后，李某兰遭受的涉案资金损失，系杨某的个人诈骗犯罪导致，杨某的个人犯罪是造成李某兰损失的直接原因，损失的侵权主体是杨某个人。保险公司不具有作为或不作为的侵权行为或过错，也并未提供任何导致李某兰资金损失的外部条件、空间或场所，与李某兰之间的资金损失并无因果关系，故保险公司不应承担损失赔偿责任。二审驳回上诉，维持原判。

十、保险经纪人是否具有询问、说明义务或者接受告知义务

保险经纪人与保险营销人员其实都是保险中介机构，但还是有所不同。《保险法》第一百一十八条规定：“保险经纪人是基于投保人的利益，为投保人与保险人订立保险合同提供中介服务，并依法收取佣金的机构。”现行的《保险经纪人监管规定》第二条规定：“本规定所称保险经纪人是指基于投保人的利益，为投保人与保险公司订立保险合同提供中介服务，并依法收取佣金的机构，包括保险经纪公司及其分支机构。本规定所称保险经纪从业人员是指在保险经纪人中，为投保人或者被保险人拟订投保方案、办理投保手续、协助索赔的人员，或者为委托人提供防灾防损、风险

评估、风险管理咨询服务、从事再保险经纪等业务的人员。”通常来说，保险代理或营销与保险经纪行为的区别如下：

1. 代表的利益不同。保险经纪人接受客户委托，代表的是客户的利益；保险代理人为保险公司代理业务，代表的是保险公司的利益。

2. 提供的服务不同。保险经纪人为客户提供风险管理、保险安排、协助索赔与追偿等全过程服务；保险代理人一般只代理保险公司销售保险产品、代为收取保险费。

3. 服务的对象不同。保险经纪人的客户主要是大中型企业和项目，保险代理人的客户主要是中小型企业及个人。

4. 承担的责任不同。客户与保险经纪人是委托与受托关系，如果因为保险经纪人的过错造成客户的损失，保险经纪人对客户承担相应的经济赔偿责任。保险代理人与保险公司是代理与被代理的关系，被代理保险公司仅对保险代理人在授权范围内的行为后果负责。

我们知道，在投保过程中，询问、告知、说明等环节是一个都不能少的，投保人、保险人都有各自的法定义务需要履行、各自的法定权利需要行使，除非双方或者一方放弃自己的权利，否则双方均应配合完成前述各个环节。

经纪人的重要职责是“为投保人或者被保险人办理投保手续”，在这些环节中，如果经纪人替代投保人来完成、来行使，那么我们认为，在投保过程中经纪人应该被认定为得到了投保人的委托授权而全权办理投保事务，从这个意义上说，经纪人在投保过程中应为投保人的代理人，其行为应该由投保人承担民事后果。

江苏省南通市中级人民法院（2016）苏06民终1108号民事判决书载明，田某玲系升阳公司的员工。2013年12月30日，升阳公司通过明亚公司的介绍向保险公司投保了团体意外伤害保险。2014年5月11日9时左右，田某玲在工作中受伤，构成十级伤残。田某玲提供的投保单及《保险A条款》复印件上盖有升阳公司及保险经纪人明亚公司印章，但未加盖保险公司印章。其中，《保险A条款》约定，工伤等级十级保险金给付比例为10%。保险公司已赔付田某玲保险金13760元。

一审法院认为，投保单系经投保人填写交付给保险人的表示愿意与保险人订立保险合同的单方申请，其性质为要约；而保险单是由保险人签发给投保人，完整记载合同双方当事人的权利和义务的凭证，其性质为保险合同。本案中，田某玲所投保的保险系保险经纪人明亚公司为其利益与保险公司办理，相关投保资料由明亚公司向保险公司提供。田某玲向法院提供的投保单及《保险A条款》均未有保险公司盖章确认，不能证明由保险公司在承保时交付升阳公司，故相关内容对保险公司并不具有约束力。而保险单系保险公司向投保人升阳公司签发，明确记载了被保险人意外伤残保险金按照《保险B条款》赔付，该条款的约定作为涉案保险合同的附加险条款，应当作为田某玲残疾保险金计算的比例标准。因此，田某玲主张按照《保险A条款》计算残疾保险金与合同约定不符，法院不予支持。故田某玲两次事故应获赔保险金共计13876元（7653.7元+6222.3元）。保险公司已赔付保险金13760元，尚有116元未赔付，应当足额赔付。驳回田某玲的其他诉讼请求。

二审法院认为，本案争议焦点为赔偿比例应当根据保险单还是田某玲提供的投保单记载的保险条款确定。田某玲提供的投保单和保险公司提供的保险单对伤残保险金赔付标准应适用《保险A条款》还是《保险B条款》记载不完全相同。《最高人民法院关于适用〈中华人民共和国保险法〉若干问题的解释（二）》第十四条规定，投保单与保险单或者其他保险凭证内容不一致的，以投保单为准，但本案中田某玲不能证明升阳公司向保险公司提交了其所举证的投保单，双方的权利义务只能根据保险单的记载确定。

升阳公司称其向明亚公司提交了投保单，因明亚公司是保险公司的保险代理人，故其向明亚公司提交投保单的法律后果应当由保险公司承担，即视为保险公司收取了投保单。但升阳公司没有证据证明明亚公司在案涉保险合同的签订中是保险公司的保险代理人，升阳公司没有证据证明保险公司向明亚公司出具过授权委托；且根据明亚公司的登记情况，其公司名称即表明其性质为保险经纪人而非保险代理人，案涉保险单也载明是通过经纪业务销售，故明亚公司是保险经纪人而非保险公司的保险代理人，其在案涉保险合同签订过程中进行的是保险经纪行为而非保险代理行为，即使升阳公司向明亚公司提交了投保单，该行为对保险公司也没有约束力。故升阳公司关于双方权利义务应当以投保单为准没有事实基础。

升阳公司称保险公司持有投保单而故意不提供，故应当对其作不利解释，但升阳公司没有提供证据证明保险公司持有其所称的投保单；升阳公司还称保险公司《保险A条款》和《保险B条款》赔偿比例有重大差异，保险公司应当向投保人说明，但保险条款版本不是免责条款，不属于保险人应当提示和明确说明的范围；且升阳公司没有提供证据证明其连续在保险公司投保该险种，保险条款版本的中途变更对其认知有重大影响。综上，升阳公司与保险公司的保险合同内容应当以保险单为准，原审处理并无不当。驳回上诉，维持原判决。

不过，实践中保险经纪人的地位、角色有时候比较模糊。我国的实际情况是，因国内保险行业起始于非市场经济，原来只有一家保险公司办理保险业务，根本也不需要什么渠道、市场等，所以就算开始改革开放、市场经济之后，其他陆续进入市场的保险公司也主要是依靠自己的保险代理人队伍来开展市场营销，缺少保险经纪公司产生的土壤。这种情形下逐渐发展起来的保险经纪人制度、市场，本身就是不完善、不清晰的，很多情况下，保险经纪人对自己的定位也一样不清楚。就算清楚定位，往往也会因为市场需要而变来变去。

事实上，很多经纪公司为了生存，不得不依靠强势的一方主体。如果投保人强势了，则经纪公司往往依附于投保人，才有资格与保险人平等对话。如果保险人强势了，则经纪公司往往依附于保险人，才有资格参与市场运作。这也是没有办法的事情，什么道理都比不上市场的规则，但是这样的情形下，有的时候保险经纪人到底是谁的代理人，就显得比较迷惑了。

贵州省黔南布依族苗族自治州中级人民法院（2017）黔27民终2111号民事判决书载明，2013年10月31日，原告安江公司与被告保险公司的经纪人大中公司签订《建筑施工人员团体意外伤害保险合同》，被告保险公司签发《建筑施工人员团体意外伤害保险单》。2015年6月25日，原告路遥公司的施工人员杨某云工作时受伤后，原告方按照合同内容电话联系被告保险公司的保险经纪人大中公司报案，大中公司电话告知已向被告保险公司柴姓工作人员报案。

法院认为，本案的争议焦点是原告方是否向被告履行了合同约定的通知报案义务。原告方的证据足以证实杨某云系在保险合同载明的施工作业中从高处意外坠落受伤，案涉事故符合双方合同约定的保险责任条款规定，属于该保险合同约定的保险责任事故；被告保险公司提出该事故不属保险责任事故的意见，并无证据证实，且与查明事实不符，不予采信。原告方给付杨某云赔偿款后通过保险经纪人报案符合保险合同约定，予以确认；被告保险公司主张原告方未报案的意见，与被保险人在保险事故发生后都会及时报案的情理不符，不予采纳。又因原告方是否向被告履行合同约定的通知报案义务，并不能免除被告方的保险理赔义务，即使诉讼前原告方未通知，那么被告方在本案诉讼中接到应诉材料后也应知晓保险事故已发生，应依照合同约定及时履行赔付的义务，而不能仍以原告方未通知为由拒绝赔偿。最终，法院判决保险公司承担保险责任。

你看，在这个案件中，保险经纪人就被认定为“保险公司的保险经纪人”，准确地说，更像是保险公司的代理人，因为原告向该经纪人报案，就被视为向保险公司报案了。

《民法典》第一百六十八条规定：“代理人不得以被代理人的名义与自己实施民事法律行为，但是被代理人同意或者追认的除外。代理人不得以被代理人的名义与自己同时代理的其他人实施民事法律行为，但是被代理的双方同意或者追认的除外。”可知，原则上保险经纪人不可能从事双方代理的行为，除非被代理人同意。不过，这个双方代理行为应以同时发生为条件，就是说不能同时代理当事人双方。但是在不同的时间环节上，却可能出现代理不同当事人的情形。

《保险经纪人监管规定》第三十六条规定，保险经纪人可以经营下列全部或者部分业务……（二）协助被保险人或者受益人进行索赔……可见，保险经纪人并不是保险人的代理人，只是提供一个协助义务，而不是行使保险人的理赔义务。然而，这个规定并不是一种法定代理的表述。实际上，即便监管机关有这样的规定，但是现实中，如果保险人赋予经纪人某种代理权限，或者投保人有充分的理由认为经纪人存在对保险人的代理权，则投保人完全可能将经纪人当作保险人的代理人对待，因此会向经纪人报案、提交保险理赔材料等。在这样的情况下，保险人不能以经纪人无代理权而排除自己的义务与法律责任。

第四章　保险事故与理赔

第一节　保险事故

《保险法》第二条规定：“本法所称保险，是指投保人根据合同约定，向保险人支付保险费，保险人对于合同约定的可能发生的事故因其发生所造成的财产损失承担赔偿保险金责任，或者当被保险人死亡、伤残、疾病或者达到合同约定的年龄、期限等条件时承担给付保险金责任的商业保险行为。”第十六条规定，保险事故是指保险合同约定的保险责任范围内的事故。第二十三条规定：“保险人收到被保险人或者受益人的赔偿或者给付保险金的请求后，应当及时作出核定；情形复杂的，应当在三十日内作出核定，但合同另有约定的除外。保险人应当将核定结果通知被保险人或者受益人；对属于保险责任的，在与被保险人或者受益人达成赔偿或者给付保险金的协议后十日内，履行赔偿或者给付保险金义务。保险合同对赔偿或者给付保险金的期限有约定的，保险人应当按照约定履行赔偿或者给付保险金义务。保险人未及时履行前款规定义务的，除支付保险金外，应当赔偿被保险人或者受益人因此受到的损失。任何单位和个人不得非法干预保险人履行赔偿或者给付保险金的义务，也不得限制被保险人或者受益人取得保险金的权利。”第二十四条规定：“保险人依照本法第二十三条的规定作出核定后，对不属于保险责任的，应当自作出核定之日起三日内向被保险人或者受益人发出拒绝赔偿或者拒绝给付保险金通知书，并说明理由。”《民法典》第五百零九条规定：“当事人应当按照约定全面履行自己的义务。当事人应当遵循诚信原则，根据合同的性质、目的和交易习惯履行通知、协助、保密等义务。当事人在履行合同过程中，应当避免浪费资源、污染环境和破坏生态。”

我们知道，保险人在保险合同项下最大的、最重要的义务就是支付保险金。但是与一般合同不同，因为保险合同是射幸性的，所以必须以特定的事件发生作为保险人支付保险金的条件。这个“特定的事件发生”指的就是“保险事故发生”。

“保险事故”“保险事故发生”是两个不同的概念。所谓“保险事故”指一种特定的事件、情形、状态，是一个理论上的描述，也就是法律规定的“死亡、伤残、疾病或者达到合同约定的年龄、期限等条件”。这些条件是一种静态的、设想的、预料的理论值，可能发生也可能不发生。

对此可能有人存在疑惑。譬如，伤残、疾病可能发生，也可能不发生，这还容易理解；那年龄、期限怎么可能会不发生呢？其实辩证地看，年龄未到而被保险人不幸突然故去，这也是有可能的，所以保险合同约定的年龄等自然条件，其实也并非必然会达到。

而所谓“保险事故发生”，则是指前述条件从理论变成了现实、客观发生了。例如，被保险人死亡了、确定伤残了、确诊疾病了、到年龄了、到期限了、等等，这个时候保险人履行保险责任的前提条件就已经具备了，保险人就依法应该支付保险金。所以，对于保险事故的认定十分重要：需要认定某种约定是在确定保险事故范围还是属于免责条款；需要确定某个情形之发生到底是此种保险事故还是彼种保险事故；需要考虑某种损失到底与保险事故之间有无因果关系……林林总总、繁繁杂杂，即便鸿篇巨著也很难说清楚，更何况我们这一个章节。为此，我们只能挑选几个实践中常见且易产生争议的话题做探讨。

一、意外事故的外来性问题

导致被保险人损害最重要的近因必须是外来的损害、外部的损害，而不能是被保险人自己身体内部产生的损害，这是判断意外事故与疾病的最基本区别。

外来性也有不同的表现。

有的外来致害事件，表现为外部物体、生物对人体的直接伤害，例如狂犬咬人、蜱虫叮咬、人体感染病毒等，从而导致了人体的病变。病变是外来伤害的后果，外来伤害是近因。对于这样的情形，我称之为外来的积极伤害。

新疆维吾尔自治区昌吉回族自治州中级人民法院（2018）新23民终1391号民事判决书载明，被保险人胡某依在2017年向保险公司投保了新农合团体意外伤害保险。2017年5月18日被保险人胡某依在北沙窝放牧时因不明原因身体出现发热，伴寒战，医院诊断：脓毒血症，蜱咬伤。胡某依于2017年5月27日在家中不治身亡。后受益人向保险公司申请意外伤害理赔，保险公司以被保险人胡某依在北沙窝被蜱虫叮咬发生的事故损失不属于保险责任赔偿范围为由，于2017年9月19日向受益人下发保险拒赔通知书。

一审法院认为，在寿险和意外伤害险的人身保险实务中，经常会遇到死因和保险事故之间存在多种因果关系的情况，然而因果关系的判断直接涉及发生的事故是否属于保险责任范围的问题，并进而关系到保险公司赔与不赔问题。因果关系有远因与近因、直接原因与间接原因之分，绝不能简单地根据表面事实就认定有或没有因果关系，而是应当将各个原因在导致结果中的作用按照比例加以划分，尤其是在混合原因造成损害结果的情况下，更要注意各个原因在损害结果发生中所处的地位和作用。新疆医科大学第一附属医院医疗证明书、出院证明书中被保险人诊断为：脓毒血症，蜱咬伤，多脏器损伤，肾衰竭，肝功能不全，心肌损害，代谢性酸中毒，血小板减少症，慢性阑尾炎急性发作，真菌感染。从表面上看被保险人是因上述疾病治疗无效导致死亡，不属于意外伤害保险承保的责任范围。但是以上疾病发作的近因是蜱虫叮咬后导致引发了一系列感染症状。另根据医院诊断及住院病历也未发现被保险人介坎以前存在其他既往病史。综上，没有蜱虫叮咬导致的人身伤害，被保险人上述症状也不会发作，上述因果关系链条中从最初的原因发生到结果发生是完整、紧密的，蜱虫叮咬作为整个环节的启动因素，亦应当成为死亡结果的直接原因，据此蜱虫叮咬与被保险人的死亡间存在因果关系。故保险公司抗辩理由不成立，被保险人死亡属于保险合同中约定的意外伤害。据此保险公司应当按照保险合同的约定向受益人支付保险金33000元。

二审法院认为，有证据证实胡某依是因蜱虫叮咬而死亡的事实，且胡某依在死亡前的症状及被医院诊断的病症均符合被蜱虫叮咬后出现的病症。因此可以确定胡某依被蜱虫叮咬是导致死亡的直接原因。另胡某依被蜱虫叮咬而死亡的后果完全符合保险条款中的意外伤害的释义。故保险公司提出“蜱虫叮咬不属于意外，蜱虫叮咬与病情无必然联系，不属于保险责任”的上诉理由，无事实和法律依据，不予支持。驳回上诉，维持原判。

还有一种外来性伤害，与前述情况不一样，并不是对被保险人身体直接进行损害，而是客观上使得人类某种必需的生活基本要素减少或者缺失，从而导致人体的严重损害、不正常。

例如，某种情况使得被保险人得到的氧气、水分、阳光、食物突然减少或者灭失，使得被保险人无法正常存活，最终严重受害或者死亡。这样的情形，我称之为外来的消极伤害。

珊女士于2008年6月参加了新疆慕士塔格峰登山活动。某高山探险服务有限公司以参加登山活动的队员为被保险人，向保险公司投保了“畅游神州”境内旅行意外伤害保险，其中意外身故险种的保险金额为人民币30万元。

珊女士与登山队员于2008年7月4日进驻登山大本营（海拔4430米）后，一直在此海拔高度以上的山上进行训练、修整、适应、攀登。2008年7月18日8:50到达顶峰后下撤，于18:40回到大本营。在前述整个过程中，珊女士身体健康，体能状况处于全队中等水平，无显著的劳累、不适。

2008年7月19日11:30，其他登山队员发现珊女士已无生命迹象，后经法医鉴定，珊女士“在低氧环境活动后出现缺氧致呼吸及循环功能紊乱并作用于心脏，引起呼吸及循环衰竭而死亡”。

但是，保险公司在2008年8月28日出具拒赔通知称：相关资料显示珊女士所遭受的本次保险事故不属于意外事故，因此拒绝赔偿意外身故保险金30万元。

家属对保险公司的拒赔决定不能接受，可是也不知道是对是错，遂多方咨询，他们找过法律界、保险业内多方人士，可是当时几乎所有的人都认为这个事情的确不属于意外，不应该得到保险赔偿。这样的结果使得家属非常失望，不知道该如何是好。

2008年10月，家属找到我。了解案情后，我的态度很鲜明，我认为这明显属于意外身故情形，保险公司的说法根本不能成立，应该赔偿30万元保险金。家属经过考虑，下定决心打这个官司，因此家属委托我作为代理律师，全权代理本案。

2008年12月3日，本案第一次开庭。审理后发现，案件复杂程度超过了法院的预估，因此法院决定暂时休庭，另行开庭审理。2009年4月24日，本案第二次开庭，由主管民事的副院长任审判长，由三位法官组成合议庭。这个案件此时已经得到了社会的较大关注，中央电视台《经济与法》栏目、东方卫视等均派摄制人员到庭拍摄、访问。在法庭上，保险公司一方的律师认为，珊女士的死亡是基于高山病，并且缺氧情形是可以预见的，不符合“非疾病的、不可预见”这两个条件，因此才拒绝赔偿。

我作为代理律师当庭提出，保险公司的这种说法是毫无依据和道理的。

所谓疾病原因，应是指人体自身的反应导致的死亡、伤害。而本案中，法医鉴定结论很明确，是缺氧导致的死亡，但又是什么导致的缺氧呢？并没有任何说明。总之，缺氧本身并不是疾病。如果认定有什么疾病，那么该疾病就必然先导致缺氧，接着导致后面一系列的反应。

我们向法庭提供了珊女士连续三年的体检报告，证明珊女士从来没有得过什么病，身体非常健康。珊女士喜欢登山，已经多次征服海拔超过

7000 米的高山，身体也没有什么不适。其他山友、登山公司的证明也能够佐证，在这次登山活动中，直到最后一刻，珊女士的身体都很不错，没有见其得过什么病，也没有证据表明，珊女士在睡梦中忽然患了重病而不能摄入氧气。所以我们有充分的理由认为，珊女士的死亡不是基于疾病。

如果保险公司认定缺氧这个事件是疾病，保险公司就必须提供证据，来证明珊女士得了什么疾病，并且该疾病导致缺氧而致人死亡。可是，保险公司没有任何证据表面珊女士在死亡前罹患能够导致死亡的疾病，只是凭猜测，认定珊女士是罹患了高山病而导致缺氧。

那么，保险公司就必须证明珊女士到底罹患了哪一种高山病，并且保险公司还要证明，是高山病导致了缺氧而致人死亡，而不是缺氧导致了高山病而致人死亡。并且，高山反应的规律是，海拔越高反应越大，时间越长人体的适应性也就越强。为何珊女士在海拔 4430 米以上的高度健康地生活了 15 天都没有罹患高山病，却在最后一晚休息的时候、在海拔 4430 米的低处，突然罹患了高山病，保险公司如何能证明这一点？与这样缺氧的情况类似的还有，被保险人在沙漠中缺水、不慎掉入洞穴中缺氧或者没有了食物等情形，在这些情形中，即便被保险人身体并无损伤，但是由于缺乏人类生活最起码条件与要素，也会导致伤害甚至死亡，而这样的损害事件不是来自人体内部，而是来自外部的情形。所以，这样的情形也是意外伤害，而不是疾病。

2009 年 7 月 29 日，本案再次开庭，法官在庭上作出了判决。判决称：首先，在无证据证明被保险人珊女士系因身体固有疾病或自身内部机能存在缺陷导致死亡的情况下，被告（保险公司）关于被保险人珊女士的死亡是缺氧耦合被保险人特殊体质或疾病所导致之主张，难以采信。其次，依据日常生活经验，除非有特殊原因，一般人士对于高原低氧环境在短期内是可以适应的，被保险人珊女士不仅经过高原登山专业训练，而且具有多次高海拔登山的经历和经验，其出现高原缺氧致死的概率不应高于普通人士。况且，珊女士的死亡是发生在其高海拔环境中正常生活了十多天之后，而且是发生在登山过程中的海拔相对较低的大本营中。故在没有证据印证的情况下，被告关于缺氧作为被保险人珊女士死亡的原因不是不可预见之主张，亦难以采信。因此，被保险人珊女士在低氧环境活动后出现缺氧致呼吸及循环功能紊乱并作用于心脏，引起呼吸及循环衰竭而死亡，构成保险合同所约定的“意外事故”。保险公司应当赔偿家属30万元保险金，同时承担诉讼费用。

四、意外事故的可预见性问题

在前述珊女士的案件庭审过程中，保险公司还声称，登高山必然会出现缺氧，缺氧是一个可以预见的事件，不符合意外的构成要件，因此拒赔。

这种认识具有很大的迷惑性，因为涉及对于意外事故的可预见性问题。

保险法的法理不允许被保险人、受益人故意制造、或放任保险事故的发生，如果被保险人、受益人预见到某一事件发生、且会造成损害后果，也就是造成保险事故发生，却放任、纵容之，然后获得保险金赔偿，这对保险公司而言是不公平、不合理的。很多保险公司认为，只要被保险人能够预见到意外发生的可能，那么再去冒险就是故意或者严重过失制造保险事故，就不应该得到保险金。

这样的认识过于简单，实践中很难成立。这是因为，如果被保险人、受益人根本不能预见到某一事件发生，或者根本不能预见到有什么损害后果，却也不能得到保险赔偿，那么对于被保险人、受益人而言，也是不公平、不合理的。事实上，不论是谁投保意外保险，也不论哪一家保险公司承保意外保险，所有可能导致损害后果的事件、原因等，其实全部都是可以预见到的。例如，我们在车险保险条款上都能看到“爆炸、水灾、火灾、倾覆、垮塌、坠落”等事件造成的损害，保险公司负责赔偿，这些都写在字面上了，难道不是大家可以预见的吗？肯定是预见到了，才写在保险合同里的嘛。如果这些事故完全不可预见，则既无人投保、也无人承保。

所谓对保险事故的预见，起码有两个方面：

1. 对于损害情形的预见

即可能预见到某种损害情形的存在、发生，所以要进行投保。譬如，我们仍然以攀登雪山的这些驴友为例，他们在登山前，是否知道登山危险呢？知道。所以他们投保保险。那么，他们知道存在什么危险呢？这些危险实际上就是某种损害情形。例如，高海拔地区因环境气压下降、空气稀薄或于高海拔运动所产生诸多身体不适症状包括：呕吐、耳鸣、头痛、头晕、胸闷心慌、呼吸急迫（急性高山病）；极度疲乏无力、严重呼吸困难、面色苍白、心跳加快、持续性咳（高山肺水肿）；剧烈头痛、呕吐频繁、反应迟钝、视力障碍、嗜睡以致昏迷、大小便失禁（高山脑水肿）等生理反应。又如，登山者从高山上坠落、滑落，扭伤脚部等。

2. 对于损害后果的预见，或者说对于损失事件是否必然导致损害后果这一推理关系的预见

譬如，登山缺氧是否必然导致人体不健康？不一定，因为很多登山人士身体好得很。登山是否必然会出现人体损害？不一定，很多人照样全身而退。登山缺氧是否必然会导致死亡？更不一定，事实上，缺氧导致身体伤害、残疾或身故的概率很小。中国登山协会登山户外运动事故调查研究小组出具的报告，证明了这样的山难仅占山难人数的11%，并不是主要风险。因此，作为半专业的登山者，对这样导致死亡的原因，相比于其他风险因素，更不太可能预见。

本案中，保险公司承保的是山友登山遭遇的风险。山友投保、保险公司承保的时候，恐怕都会预见到可能会出现登山者从高山上坠落、滑落的事件，可是当这样的事件真的发生后，保险公司是否会理赔呢？一定会的。可是，这样的事故概率是缺氧致死事故概率的很多倍，为何更容易预见到的事故反而能够得到理赔？更不容易预见到的事故却无法得到理赔呢？原因就在于把事件与损害后果间的因果关系混淆了。

缺氧是攀登高山的必然反应，每个人都会预见到。所以，因为缺氧导

致的一些反应，譬如缺氧导致头晕、头痛、耳鸣、恶心、呕吐等损害性后果，恐怕任何保险公司都不会理会的，不会因为山友们缺氧就给大家每人30万元，因为这是必然发生的。但是，缺氧却不必然导致身体伤害、残疾或身故的后果。如果是那样，去登山的登山者们，就不是去运动，而是去集体自杀了。况且，每一个人对于缺氧的反应差别也很大。

珊女士热爱登山，多次征服过海拔很高的山峰，身体比常人更能适应缺氧的环境，也从来没有在高山上缺氧患病的经历，虽然知道高海拔相对于低海拔，氧气含量一定会减少，但是自己作为一个准专业的登山运动员，并不能预见到自己会缺氧。这次登山又是由专业登山公司组织，由当地高山居民进行辅助，在高海拔上，她生活了15天安然无恙，同一组登山者、登山公司的证明都能证实，珊女士并没有任何缺氧的反应。所以，她如何能够预见到缺氧会导致自己很快死亡呢?

也就是说，被保险人虽然预见到缺氧的客观风险，但是不可能、也不会预见到自己必然死亡或者极大可能死亡这个严重的不利后果，她不是去自杀、不是去玩命，不会在预见到这么危险的后果后还要豁出去。所以，本案根本不存在所谓“可预见”的问题。

由此可知，探讨意外事故的可预见问题，一定要分析被保险人是否对于意外损害事件、意外损害事件带来的损害后果均可以预见到。假如有一方面不可能预见到，那么就完全不存在被保险人预见到意外事故、但仍然故意或者过失导致意外事故发生之可能。

五、意外？疾病？很难说清楚的情形下怎么处理

现实往往比理论复杂，很多案例中，的的确确难以说清楚被保险人的损害后果到底是意外导致的还是疾病导致的。这个时候就得靠法官的自由裁量权了。

有些法院看到医院证明、死亡证明上有“意外”两个字，就直接判决保险人承担保险责任。当然，保险人肯定不会服气。于是，法院就会以其

他的方式，如声称保险人未尽到明确说明义务或者不利解释原则等来进行说理。这样的结果，其实保险人仍然不服气。

江西省景德镇市中级人民法院（2017）赣02民终340号民事判决书载明，2011年7月19日，高某清通过面签在保险公司投保意外伤害保险。2016年10月3日，高某清被发现死于家中。经景德镇市公安局珠山分局石狮埠派出所认定，高某清的死亡不属于刑事案件，系意外死亡，高某清的尸体未进行死因鉴定。被告保险公司接到报案后，于2016年11月11日向原告高某发出理赔决定通知书，予以拒赔。

一审法院认为，保险公司提出：根据保险条款约定，死亡保险金的理赔条件为被保险人遭受外来的、突发的、非本意的、非疾病的意外伤害使被保险人死亡，且该条款不属于免责条款。在庭审中，高某未提供证据证明高某清符合合同约定的理赔条件。高某认为，保险条款中约定了保险责任为“意外伤害”，被告对“意外伤害”概念的解释属于免责条款，被告未对该条款进行明确说明义务，应当予以理赔。意外，意为意料之外、料想不到。伤害，意为使人的身体或精神受到损害。那么意外伤害的词义为意料不到的情形使人的身体或精神受到损害。高某清与被告保险公司签订的保险合同条款为格式条款。《保险法》第三十条规定，采用保险人提供的格式条款订立的保险合同，保险人与投保人、被保险人或者受益人对合同条款有争议的，应当按照通常理解予以解释。被告保险公司对“意外伤害”的通常概念进行了限制解释，《最高人民法院关于适用〈中华人民共和国保险法〉若干问题的解释（二）》第九条规定：“保险人提供的格式合同文本中的责任免除条款、免赔额、免赔率、比例赔付或者给付等免除或者减轻保险人责任的条款，可以认定为保险法第十七条第二款规定的‘免除保险人责任的条款’。”被告保险公司对“意外伤害”的解释属于免除保险人责任的条款。被告保险公司未提供证据证明其对“意外伤害”的概念进行了明确说明义务，“意外伤害”的解释属于无效条款，故应当按照通常理解进行解释。高某清的死亡经公安认定系意外死亡，符合意外伤害的通常解释。因此，被告保险公司应当按照高某清投保的平安意外伤害保险、平安附加倍安行意外伤害保险约定给付赔偿金。

二审法院认为，2016 年 10 月 7 日、10 月 9 日，石狮埠街道办事处半边角社区居民委员会、景德镇市公安局石狮埠分别出具证明，证明高某清系意外死亡。在高某提供的公安派出所证明已初步证明了保险事故是意外所致的情况下，保险公司主张事故不属于保险合同约定的理赔情形则应由其承担举证责任。保险人在一审中提供了高某清的住院记录，但该住院记录时间是 2014 年 12 月，与高某清死亡时间相隔近一年，时间相隔较久，且高某清住院原因与本案关联性不强，不能作为否认高某清系意外伤害死亡的证据。综上，高某清的死亡符合保险合同约定的意外伤害致死的情形，即高某清的死亡是因遭受外来的、突发的、非本意的、非疾病的使身体受到伤害的客观事件伤害致死。保险公司主张高某清的死亡不是保险合同约定的意外伤害死亡，但没有提供具有证明力的证据予以证明，保险公司应承担举证不能的不利后果。因此，高某清的死亡属于保险合同中约定的意外死亡，保险人应当按照合同的约定支付保险理赔金 500000 元给受益人高某。

这一案件中，被保险人既没有受到外来的积极伤害（如被外力打击、切割、碰撞等）；也没有受到外来的消极伤害（如缺氧、缺水、缺阳光、缺食物），就这么在家里身故。虽然居委会、派出所的证明里面出现了“意外”二字，但是这样的证明只能说是一种单方认定，实在谈不上是什么证据——居委会、派出所凭什么认定是意外？到底是什么意外？说不清。

再看另一种处理方式：

湖南省岳阳市中级人民法院（2017）湘 06 民终 2445 号民事判决书载明，刘某生系刘某之父、胡某连之夫，其生前就职于岳阳市华胜水运有限公司。岳阳市华胜水运有限公司于 2017 年 3 月 2 日为在职职员刘某生等六人购买了保险公司的一份意外伤害保险。2017 年 7 月 16 日，在岳阳市华胜水运有限公司船只上作业的刘某生用过晚饭后在船舱内床上休息时被同事发现口吐鲜血，同事立即联系小船于次日上午将刘某生送至岳阳县鹿角码头的122救护人员处急救。急诊病历记载病人刘某生高热一天，胸痛并咳血，医生建议刘某生转上级医院就诊。2017年7月17日23时33分，刘某生被送往岳阳市抢救，于2017年7月18日零时抢救无效临床死亡；岳阳市一人民医院于2017年7月18日出具刘某生居民死亡医学证明（推断）书，证实刘某生死亡原因为“院外呼吸心脏骤停、热射病?”。刘某作为刘某生之女随后向保险公司提出保险理赔申请，保险公司派员前往被保险人刘某生就医医院了解就医情况后，于2017年7月21日向刘某邮寄送达理赔通知书，认为不构成意外伤害赔偿条件，不符合意外伤害保险责任，予以拒付；同时告知若受益人对此结论有异议，请行尸体检验明确具体死亡原因。刘某、胡某连在接到该理赔通知书后将被保险人刘某生的尸体从岳阳市一人民医院取出并运回沅江市殡仪馆，于2017年7月26日火化。之后，刘某、胡某连因保险公司的拒赔决定提起本案诉讼。

一审法院认为，保险公司在收到保险受益人的保险理赔申请及递交的理赔资料后，核实被保险人刘某生死亡原因推定为“院外呼吸骤停、热射病?”，保险公司认定被保险人刘某生系疾病导致身故，不构成意外伤害赔偿条件，不符合意外伤害保险责任，遂作出拒赔通知。刘某、胡某连在收到保险公司寄来的理赔通知书后，虽对拒赔决定不服，但在能作被保险人刘某生尸体检验明确具体死亡原因的情形下选择将尸体火化，导致现有证据无法证实刘某生最终死因，刘某、胡某连出示的证据不足以证明其主张的刘某生系意外伤害死亡符合保险理赔条件，应承担举证不能的法律后果。判决：驳回刘某、胡某连的全部诉讼请求。

二审法院认为，本案争议焦点为被保险人刘某生的死亡原因是疾病还是意外事故。刘某生死亡后，岳阳市一人民医院出具的居民死亡医学证明（推断）书中结论后标记了问号，表明该结论不能完全排除其他可能性。保险事故发生后，保险人收到被保险人或者受益人的赔偿或者给付保险金的请求后，应当及时作出核定，投保人、被保险人或者受益人应当向保险人提供其所能提供的与确认保险事故的性质、原因、损失程度等有关的证明和资料。查明本案保险事故是否属于保险合同约定的保险范围的责任是由保险公司承担，投保人、受益人有提供其所能提供的相关资料的义务。因此，是否需要通过尸检查明死因应当由保险公司决定，刘某、胡某连已向保险公司提交了其所能提供的病历等资料，尽到了举证责任。保险公司拒赔理由为医学死亡证明推定被保险人死于疾病，不是以刘某、胡某连拒不同意尸检导致死因不能查明拒赔，且发出拒赔通知书时，尸体尚未火化，保险公司也未提供证据证明其要求尸检被拒，因此本案被保险人死因不能确定的责任不在刘某、胡某连。结合本案实际情况，医院推断的死亡原因可能性最大，酌情认定保险公司按10%的比例支付保险金，金额为60236元［（60万×10%）+（2368.23元×10%）］。判决：撤销一审判决；保险公司支付刘某、胡某连保险金60236元；

《最高人民法院关于适用〈中华人民共和国保险法〉若干问题的解释（三）》第二十五条规定："被保险人的损失系由承保事故或者非承保事故、免责事由造成难以确定，当事人请求保险人给付保险金的，人民法院可以按照相应比例予以支持。"现实中，不可能所有的案件、所有的事实都清清楚楚，确实有一些说不清道不明的情况。这个时候怎么办？看着死者家属也怪可怜的，法官们当然会起怜悯之心，会希望由保险公司给点保险金。这是现实，没有必要讳言。但是，如果要保险公司完全支付保险金，保险公司也不乐意。一种办法，其实就是有多少让保险公司出点保险金，大家都能说得过去。

司法解释客观上就起到了这一作用，但是我认为这没有错，有时候在说不清的情况下，确确实实折中一下是最好的处理方式。

六、确定保险事故范围不是免除保险责任

保险公司在设计、制作保险合同条款的时候，均会在保险合同中尽可能地确定、定义、解释保险责任，或者说是去框定一个保险事故的范围。因为任何一家保险公司、任何一种保险产品，总归不可能保障世间所有的风险，所以必须予以限定。这就不可避免地要使用大量限制性、限定性的

词汇或者方法，然而在某些极端情况下，这可能会被认为是保险人的一种免除、减少自己保险责任的表现。在审判实践中，这样的情况确实出现了。

内蒙古自治区通辽市中级人民法院（2017）内05民终1185号民事判决书载明，胡某华患病后于2016年10月20日至11月15日住院治疗，期间作了开胸手术，手术后诊断为：（1）二尖瓣脱离垂并重度关闭不全，三尖瓣重度关闭不全重度肺动脉高压；（2）心律失常阵发性房颤心功能异常；（3）心功能Ⅲ级；（4）陈旧性脑梗死；（5）肺结核。上述疾病是否属于重大疾病双方有争议。

一审法院认为，重大疾病保险条款属免责条款，保险公司未就该免责条款履行明确说明或做特别解释的义务。保险条款列举的二十种重大疾病的病症条件是一般人难以理解的，而保险公司的业务员并不具有专业的医学知识，对病症的赔付条件也没有向投保人进行释明。因此，该免责条款不具有效力。双方争议的焦点是胡某华所患疾病是否属于重大疾病。重大疾病不是具体的病种，所以，其不是医学上的专门术语，而是一个外延难以确定的不确定概念。通常理解应当指因病情严重导致花费巨大和因病情重大对患者正常生活影响巨大。因此，通常理解的重大疾病是指对患者健康及生活构成重大影响的疾病。本案中，胡某华在做开胸手术后，身体健康受到严重影响，并支出医疗费149213.96元。保险条款只是列举了二十种疾病为重大疾病，远小于常人理解的重大疾病的正常范围。从胡某华患病后的症状、治疗过程、支出情况以及身体现状，应属于常人所理解的凡是对投保人健康、生活造成重大影响的疾病均应视为重大疾病，也符合投保人的真实意图和一般人的合理期待。因此，对重大疾病内涵与外延的理解应做有利于胡某华的解释。重大疾病的范围不能只限于保险合同解释的范围。对保险公司辩称胡某华所患疾病不属于重大疾病以及胡某华没有履行如实告知义务的意见，不予支持。判决保险公司给付胡某华保险理赔金60000元。

二审法院认为，本案中上诉人保险公司是否应当理赔，首先要确认被上诉人胡某华的理赔事由是否属于保险责任范围。双方签订的保险合同中明确约定了二十种重大疾病的范围、名称和定义，该约定属于保险责任条款，不是免责条款。现根据被上诉人胡某华提供的病例，其所患疾病均不包括在合同约定的二十种重大疾病之中。因此，被上诉人胡某华要求上诉人保险公司支付60000元保险金的诉讼请求，不应得到支持。判决：撤销一审判决；驳回被上诉人胡某华的诉讼请求。

确定保险事故范围是一种列举式逻辑，即列举哪些情形、哪些损失可以得到保险金。而免责条款则是排除式逻辑，即对于已经属于保险事故范围的情形，由于特定情况存在，而免除、或减少保险公司的保险金支付责任。所以免责条款适用的前提必须是已经构成保险事故。如果保险事故尚未构成或者说尚不存在，就不可能适用存在免责条款的问题。如果把确定、定义、解释保险事故的情形全部理解为免责条款，可以说保险事故的限定为零、无限制，那么保险公司需要承保的风险是无限的。譬如重疾保险，通常一个保险产品限定的重疾大体上就是几十种左右，如果没有这样的限定，则承保的重疾可能达到成千上万、甚至更多。那么可以想见其保险费也是无限的，这样的保险产品根本不可能存在，这样的认识没有任何意义。

七、确定疾病保险事故范围不能与医学一般规则相违背

在常见的疾病保险中，每个保险产品都需要对保险事故范围进行界定，如界定某种疾病或者手术属于保险事故范围、界定某个疾病的某种严重状态属于重大疾病、界定某种身心不利状态持续若干时间属于疾病等。

世界在不停地变化，医疗、医学、医药领域变化更快，一个保险产品无论如何先进，制作出来之后就必须面对不停的社会变化。所以，保险产品中的疾病保险事故界定，永远不可能完全准确地反映医学现实。最常见的是重疾保险，大多数情况下，随着医学发展，某些重疾可能不会像在保险合同条款中呈现的那么痛苦、那么危险了：在保险合同条款中用于界定

重疾保险事故的某些手术，可能已经被微创手术替代；在保险合同条款中用于界定重疾保险事故的某项持续时间，可能已经不需要那么久了；在保险合同条款中用于界定重疾保险事故的某种人体表现，可能已经不会发生了；在保险合同条款中用于界定重疾保险事故的某种治疗手段，可能已经被新的方式取代了……在这种情况下，被保险人罹患的疾病，到底还算不算重疾呢？

实践中，这样的问题普遍存在。保险人往往认为，合同就是合同、标准就是标准，没有达到这样的标准，就是不构成保险事故，不构成重疾或者疾病，那么就不应该得到保险金。被保险人则往往认为，科学技术发展，浩浩汤汤，势不可挡，难道一定要被保险人毫无意义地吃苦受罪才算符合标准吗？明明打一针青霉素就能解决的疾病，难道非得要被保险人死去活来才能得到保险金？这样的矛盾与争议在某段时间非常常见。

吉林省松原市中级人民法院（2019）吉 07 民终 1888 号民事判决书载明，2009 年 6 月 5 日，马某喜为其父马某林在保险公司处投保保险，合同第十五条释义第十二款约定："深度昏迷：指因疾病或意外伤害导致意识丧失，对外界刺激和体内需求均无反应，昏迷程度按照格拉斯哥昏迷分级结果为 5 分或 5 分以下，且已经持续使用呼吸机及其他生命维持系统 96 小时以上。"2018 年 10 月 22 日，马某林突发头晕、头痛，伴左侧肢体活动不灵 1 小时到乾安县医院就诊，经诊断马某林为脑疝，继发性脑干损伤、右侧基底节脑出血、高血压病 3 级。住院治疗 3 天后，其于 2018 年 10 月 25 日死亡。2018 年 12 月 10 日，马某喜向保险公司提出索赔申请。2018 年 12 月 14 日，保险公司向原告出具理赔决定通知书，以未达到合同约定的特种疾病保险金赔付标准为由，不予给付重疾保险金。

一审法院认为，根据本案被保险人的治疗过程，被保险人因脑疝入院治疗，此后持续处于昏迷状态，给予手术治疗后，仍无好转，直至死亡。根据乾安县人民医院的死亡记录，入院查体时，格拉斯哥昏迷分值为 3 分，符合第十五条释义第十二款约定。因被保险人的病情处于逐渐加重直至死亡，期间也曾使用呼吸机辅助治疗，未能达到 96 小时以上，系因为被保险人已经死亡，本案中深度昏迷是被保险人死亡前必然具备的状态，被告承保的重大疾病包含深度昏迷，根据举轻明重的原则，被保险人持续昏迷后死亡，应当判断其符合保险合同中约定的重大疾病范围。同时，重大疾病保险产品目的在于为病情严重、花费巨大医疗费用的疾病提供经济支持，是否为重大疾病，并非以是否进行了某种治疗措施来予以判定，如患有重大疾病，但限于当地的医疗水平或患者的经济状况以及其他不可抗力的原因，导致不能或无法相应的措施进行治疗，而否认重大疾病的存在，则显然不合常理。综上所述，保险公司应按照约定的金额给付重大疾病保险金。

二审法院认为，上诉人保险公司提出被保险人使用呼吸机辅助治疗未达到96小时以上，不符合保险责任承担的约定，因此不应承担保险理赔责任。因保险合同中关于持续使用呼吸机96小时以上的约定，是保险公司提供的格式条款对非保险术语所作的解释，本案中专业医疗机构已认定被保险人处于深昏迷状态，且格拉斯哥昏迷分值为3分。而持续使用呼吸机96小时以上的约定，是保险公司在专业意义之外附加了条件，该附加条件能发生免除保险人责任的效力，则其应在订立合同时作出足以引起投保人注意的提示，否则该条款不产生效力。而本案中，并无证据证明上诉人吉林新华人寿保险分公司履行了该义务，故认定保险人未履行提示说明义务，该条款不产生效力。综上所述，保险公司的上诉请求不能成立，应予驳回。

《最高人民法院关于适用〈中华人民共和国保险法〉若干问题的解释（二）》第十七条规定：“保险人在其提供的保险合同格式条款中对非保险术语所作的解释符合专业意义，或者虽不符合专业意义，但有利于投保人、被保险人或者受益人的，人民法院应予认可。”自2019年12月1日起施行的《健康保险管理办法》第二十二条规定：“保险公司拟定医疗保险产品条款，应当尊重被保险人接受合理医疗服务的权利，不得在条款中设置不合理的或者违背一般医学标准的要求作为给付保险金的条件。”第二十三条规定：“保险公司在健康保险产品条款中约定的疾病诊断标准应当符合通行的医学诊断标准，并考虑到医疗技术条件发展的趋势。健康保险合同生效后，被保险人根据通行的医学诊断标准被确诊疾病的，保险公司不得以该诊断标准与保险合同约定不符为理由拒绝给付保险金。”从司法解释、银保监会规章看，实际上还是以人道主义、人性关怀为根本，一方面，限制保险人在保险合同条款中擅自设置不合理或者违背一般医学标准的要求作为给付保险金的条件；另一方面，如果这样的要求在设置时虽然是合理的，但是随着时间经过，逐渐变得不符合医疗现实、逐渐出现不合理情形，那么保险人也不能坚持以这样的相对不合理条件为由拒绝承担保险责任。简单地说，这叫与时俱进，当然根本还是为了保护被保险人的权益。所以，如果被保险人不幸罹患重疾，则即便其治疗情形不完全符合保险合同条款中设定的某些标准，然而这一情形是因医学技术发展所致的，那么实际上不符合就不符合，无所谓，保险人还是应该承担保险责任。

八、轻症与重症不同

我们还要注意一个情况，就是很多疾病保险实际上是重疾保险，一般性的疾病不属于保险事故范围，这样可能会带来某种误解。

在某些情况下，重疾保险承保的是某种疾病的重症阶段，如严重哮喘、深度昏迷、严重面部烧伤等。而这些疾病实际上还存在轻症情形、或者轻症阶段。同一疾病名称下，如果被保险人并没有出现某种特定的症状或者未达到某种疾病发展阶段，则实际上并未发生保险事故，不应得到保险赔偿。但是很多被保险人并没有这样的意识，认为自己只要罹患了某种疾病，管它轻重与否，保险公司就应该支付保险金。当然，这就会产生争议了。

2018 年 7 月 6 日，张女士向保险公司投保。其中重大疾病包括“严重的多发性硬化”。合同条款对“严重的多发性硬化”的定义为“指因中枢神经系统脱髓鞘而导致的不可逆的身体部位的功能障碍，需由神经科专科医生提供明确诊断，并有CT或核磁共振检查结果诊断报告。不可逆的身体部位功能障碍指诊断为功能障碍后需已经持续180天以上。由神经科专科医生提供的明确诊断必须同时包含下列内容：1. 明确出现因视神经、脑干和脊髓损伤而导致的临床表现；2. 神经系统散在的多部位病变；3. 有明确的上述症状及神经损伤反复恶化、减轻的病史记录”。2018年11月、12月，张女士经医院诊断有多发性硬化等疾病。张女士于2018年12月21日出院。后于2019年1月4日向保险公司申请理赔。

我们接受保险公司委托后，向法院申请了调查令，到医院进行调查，获取了张女士的治疗病案。张女士入院时的检查报告中显示，其12对脑神经检查结果基本都为正常。特别是视神经的表现，如果视神经受损，应表现为视力障碍、视野缺损，而张女士在入院时、出院时接受检查，报告均显示其视神经正常、无异样。所以我们可以认为，张女士的视神经并没有什么问题。

我们在法庭上陈述，从病案看，张女士罹患多发性硬化，是无疑的。不过，保险公司承保的保险事故是“严重的多发性硬化”，因此本案的关键实际上就是要看张女士的基本是否是重疾、是否属于严重的多发性硬化、是否达到合同约定的条件。应该说，这些条件是必要条件、而非充分条件，并且同时确定存在，即缺一不可，而不是有一个就行。只有这些条件同时满足，即“视神经损伤、脑干损伤、脊髓损伤同时存在、神经系统散在的多部位病变”，且导致了临床表现，即功能性缺失或者障碍，才算是达到了保险合同约定的重疾条件。张女士的病情不符合“视神经受损而导致的临床表现”这一条件。即张女士的病情未达到“视神经损伤”，也就是未达到保险合同约定的重疾条件，因此也就未达到给付保险金的条件。目前而言，保险公司不应该向张女士给付保险金。

法院认可我们的表述，经过沟通，张女士决定撤诉。

还有一种情况，就是重症疾病的保险事故界定为，经过治疗后仍然存在的某种创伤程度，但是被保险人经过治疗后，并未达到这样的创伤程度，那也未能达到保险事故成立的条件。

天津市第一中级人民法院（2019）津01民终5919号民事判决书载明，2018年5月14日，高某玺在保险公司投保保险。保险合同第9.3.11条约定“单眼视力丧失，指因疾病或意外伤害导致单眼视力永久不可逆性丧失，但未达到本合同所指重大疾病‘双目失明’的标准，患眼须满足下列至少一项条件：（1）眼球缺失或摘除；（2）矫正视力低于0.02；（3）视野半径小于5度，被保险人在3周岁之前因疾病导致单眼视力丧失不在保障范围内”；10.24条约定“永久不可逆指自疾病确诊或意外伤害发生之日起，经过积极治疗180天后，仍无法通过现有医疗手段恢复”。

2019年2月13日，高某玺因为眼疾到天津市眼科医院做了检查，医生出具诊断证明记载左眼视力眼前指数白内障OS。高某玺通过更换晶体进行了白内障治疗，后视力恢复接近1.0。高某玺于2019年2月14日向保险公司提出理赔申请，保险公司作出理赔决定通知书，认为不符合保险合同中的保险责任约定，不同意承担保险责任。

一审法院认为，合同条款对于“轻症疾病保险金”“轻症疾病豁免保险费”“单眼视力丧失”“永久不可逆”等内容均有明确记载，是对于保险公司承保疾病的范围即保险责任范围所作的相关解释说明，而非法律所规定的免除或限制保险人责任的条款。且投保确认书、保险合同签收回执、人身保险产品销售服务确认书投保人签章处均有高某玺签字；合同签订后高某玺接受了保险公司对于保险相关内容的电话回访，认可对保险条款、投保提示内容已经阅读并理解，对保险责任及免除责任了解；高某玺在收到保险合同后也未按照合同条款中约定的犹豫期内提出异议。故对于高某玺要求撤销保险合同条款中部分内容的诉讼请求，没有法律依据，不予支持。高某玺所提供的证据不能够证明其所患有的疾病属于条款中约定的保险责任范围。故对于高某玺要求保险公司赔付轻症疾病保险金及轻症疾病豁免保险费的诉讼请求，没有相关合同依据，不予支持。综上所述，法院判决驳回高某玺的全部诉讼请求。

二审法院认为，高某玺所主张的相关保险条款均是对于保险公司承保疾病的范围所作的相关解释说明，而非法律所规定的免除或限制保险人责任的条款。故，高某玺关于相关保险条款无效的主张，缺乏法律依据，不予支持。高某玺所患眼疾通过更换晶体进行了白内障治疗后视力恢复接近1.0，不属于保险条款中约定的保险责任范围，故对于高某玺要求保险公司进行赔付的主张，缺乏事实依据，不予支持。高某玺的其他主张，理据不足，亦不予支持。综上所述，高某玺的上诉请求不能成立，应予驳回。

但是这样的案例通常会有很大的争议，即医疗技术发展，导致重症能够有一些补救的手段与方法，难道被保险人因此就不能得到保险金了？这不是与我们前述的情况相悖吗？譬如耳聋，现在有了助听器这样的先进产品，有了助听器则听力能恢复一点，但是一旦不使用助听器，则听力荡然无存。那么，这到底是否属于“仍无法通过现有医疗手段恢复”呢？

对此，我的理解是，我们应该确定一个原则，即司法应当以保护被保险人权益为指导思想，这一点是不可改变或者质疑的。假如被保险人不治疗或者不使用某种医疗辅助设备，肯定能达到确诊重疾标准的话，那就应该视为被保险人已经达到了重疾标准。保险人因此就应该给付保险金，而无论被保险人是否治疗，也无论治疗后果如何。

第二节　理赔资料与举证责任

一、理赔资料

《保险法》第二十二条规定："保险事故发生后，按照保险合同请求保险人赔偿或者给付保险金时，投保人、被保险人或者受益人应当向保险人提供其所能提供的与确认保险事故的性质、原因、损失程度等有关的证明和资料。保险人按照合同的约定，认为有关的证明和资料不完整的，应当及时一次性通知投保人、被保险人或者受益人补充提供。"即在保险事故发生后，投保人、被保险人或者受益人应当提供相关的证明与资料，我们通称为理赔资料。实践中，在这个时间节点，是投保人、被保险人或者受益人最需要求助于保险人的时候，基本上可以说是有求必应，保险人要求提供什么，他们就提供什么，实在拿不出来也没有办法。但，是不是保险人就可以任意要求他们提供资料呢？我认为也不是如此。

1. 这样的理赔资料必须是法定的

理赔资料必须是"与确认保险事故的性质、原因、损失程度等有关的证明和资料"，是为了证明保险事故、损失、因果关系情形存在以及程度等所需的资料。要求不是随意的、不是任意的，而是必须符合法律规定。保险人超过这个范围要求提供的资料，没有法律依据，属于不合理地增加投保人、被保险人或者受益人的合同义务。

譬如，有的保险人在得到被保险人索赔申请后，会要求被保险人提供多年前的就诊记录、确诊病历、B 超报告单等，那么这样的要求是为了什么呢？其实并不是为了"确认保险事故的性质、原因、损失程度"，而是为了看看被保险人有无在投保前的既往病史，看看是否存在不如实告知情形，也就是为了免除或者减少保险人的保险责任。这就与《保险法》的规定不符，保险人如果想要获得免除或者减少保险责任的相关资料，可以自己去调查，但是无权要求被保险人提供，无权要求被保险人自证清白，因为这方面的材料不属于被保险人提供资料的法定范围。

2. 这样的理赔资料必须是合同约定的

按照《保险法》的规定，保险人按照合同的约定，认为有关的证明和资料不完整的，应当及时一次性通知投保人、被保险人或者受益人补充提供。也就是说，保险人要求投保人、被保险人或者受益人提供资料的前提，只能是“按照合同约定”。保险合同有约定的，保险人可以提出相应的要求。保险合同无约定的，则保险人无权提出要求。这个道理在于，要求投保人、被保险人或者受益人提供何种资料、如何提供资料等，实际上也是保险合同条款的一部分，才对投保人、被保险人或者受益人产生法律效力。

假如保险人要求投保人、被保险人或者受益人提供某种资料，而这个要求在保险合同中根本没有任何载明，那么这个要求就没有法律依据、没有合同依据，对于投保人、被保险人或者受益人就没有法律约束力。保险人的要求无效。

假如保险人要求投保人、被保险人或者受益人提供某种资料，而这部分资料不属于保险合同约定范围之内，则其实质仍然等同于保险合同中未作载明，道理同上，保险人的要求无效。

譬如，保险合同载明，被保险人申请理赔时，需提交由医院专科医生出具的被保险人的疾病诊断证明书，以及由医院出具的与该疾病诊断证明书相关的病理显微镜检查、血液检验报告。那么，如果保险人事后再增加要求被保险人提供 B 超、核磁检查结论，就没有合同依据，就不具有法律约束力。

假如保险人要求投保人、被保险人或者受益人提供某种资料，这部分资料确实在保险合同中某个地方有记载，但是却未经说明程序，那么也是无效的。例如，有的保险人在保险单上会写上一个“特别约定”，要求被保险人索赔时应该提供某某资料。但是，这个特别约定在保险合同条款中不存在、在投保过程中不存在，这就不行。这是因为，《保险法》第十七条规定："订立保险合同，采用保险人提供的格式条款的，保险人向投保人提供的投保单应当附格式条款，保险人应当向投保人说明合同的内容。"既然是"特别约定"，则双方必然有一个"约定"的过程，也就是要有谈判的过程。

《保险法》第十三条规定："投保人提出保险要求，经保险人同意承保，保险合同成立。保险人应当及时向投保人签发保险单或者其他保险凭证。保险单或者其他保险凭证应当载明当事人双方约定的合同内容。当事人也可以约定采用其他书面形式载明合同内容。依法成立的保险合同，自成立时生效。投保人和保险人可以对合同的效力约定附条件或者附期限。"由此可见，保险单是保险合同成立的标志，不是投保的过程。直接写在保险单上的内容，实质是未作说明的格式条款。因为这个内容在投保单、投保文件上不存在，投保人在投保过程中根本看不到，不可能对此进行理解、研判、谈判，更不可能进行意思表示。这些内容未经过投保人约定的过程，说白了只是保险人单方面的意思表示，因此这部分内容不应该成为保险合同内容。仅仅在保险单上的记载，不能等同于保险合同的约定，不具有法律效力。除非经投保人事后追认，否则该"特别约定"等于没有约定，不发生法律效力。

山东省烟台市中级人民法院（2014）烟商二终字第606号民事判决书载明，2013年3月19日，门楼矿业为100名工人在保险公司处投保团体意外伤害保险，保险公司出具保险单。保险单的特别约定载明：申请索赔时，申请人须提供安全监督管理部门出具的事故证明。该特别约定的字体与保险单其他内容的字体、颜色相同，并无加黑加粗、加大或颜色异常等显著标志或特别性标注。2013年3月21日，朱某国在门楼矿业井下施工时不慎被石头砸伤腿部，造成大腿骨折断。因无法提供安全监督管理部门出具的事故证明，保险公司拒赔。

法院认为，保险公司主张根据保险合同中特别约定条款，因朱某国未提供安全监督管理部门出具的调查和处理报告，故不能确认朱某国的此次受伤的保险事故是否属实，其无需承担赔偿责任。对此，保险合同中的特别约定虽然约定被保险人索赔需提供安监部门出具的事故证明，但上述约定内容未列为免责事由。因此，不能认为朱某国未提交安监部门的事故证明属于保险人的免责事由，其只是为了确认保险事故的真实性而设定的程序性约定，未能提供事故证明不能归于责任免除的情形。保险公司认为只有安全监督管理部门的证明才能证明朱某国受伤的真实性没有法律依据。保险公司应当承担保险赔偿责任。

3. 兜底条款

现在很多保险合同条款中有类似的规定，投保人、被保险人、受益人提供的申请理赔材料中，有些是列举的特定材料，如“被保险人的疾病诊断证明书，以及由医院出具的与该疾病诊断证明书相关的病理显微镜检查、血液检验报告”，但是这些列举的范围毕竟比较窄，难以涵盖。于是很多保险合同条款中还有一个兜底条款，即规定“与确认保险事故的性质、原因等有关的其他证明和资料”，这就算一种兜底条款。实际上，这也是与《保险法》第二十二条“与确认保险事故的性质、原因、损失程度等有关的证明和资料”的规定相吻合的。那么该如何理解这样的兜底条款呢？

兜底条款在法律文本中非常常见，主要是为了避免法律的不周严以及社会情势的变迁问题。因为法律一经制定就具有了相对的滞后性，况且法律制定者也无法准确预知法律所要规范的所有可能情形，所以就有必要通过这些兜底性条款来尽量减少主观认识能力不足所带来的法律缺陷。譬如，保险事故千种万种，每个保险事故需要的证明材料都不太一样，不可能由法律来统一规定，实际上在保险合同条款中统一约定也很难。有的保险合同中约定了具体的类目，如我们前面提到的“被保险人的疾病诊断证明书，以及由医院出具的与该疾病诊断证明书相关的病理显微镜检查、血液检验报告”，这些可以理解为列举式约定，就是指把具体的情况一一列举出来。这样的约定明晰，对人们的行为具有明确的指引作用。但是，这样的约定又过于简单，无法应对千变万化的实践需求，所以在法律条文、保险合同条款中出现了兜底性条款，以弥补列举之不足。

兜底性条款有利有弊，虽然存在便利性，但是也存在很大的不确定性。最大缺陷在于其模糊性，其抽象的表述方式与保险合同要求的明确性还存在较大差距。兜底条款通常的表述方式为“或者其他……”。什么是“其他”？“其他”所包含的方式、方法都有什么？兜底条款都没有给出答案。因此，其可能被扩大化适用，可能会导致当事人双方滥用解释权，也给守法、司法带来了困难，导致纠纷的发生。实践中确实存在保险人随意要求被保险人提供理赔资料的情形，因为保险人认为该材料属于“与确认保险事故的性质、原因、损失程度等有关的证明和资料”，而被保险人或者受益人并不这么认为，双方因此就产生纠纷。

那么，兜底条款是否合法呢？我认为仍属合法，你看法律表述就是如此，那么引用在保险合同中有何不可呢？所以肯定是合法有效的。但是，这仍然属于不确定的、模糊的条款。《保险法》第三十条规定：“采用保险人提供的格式条款订立的保险合同，保险人与投保人、被保险人或者受益人对合同条款有争议的，应当按照通常理解予以解释。对合同条款有两种以上解释的，人民法院或者仲裁机构应当作出有利于被保险人和受益人的解释。”对于这样的不确定条款，当合同双方对此理解不一的时候，只能由法院、仲裁机关予以解释。如果连法院、仲裁机关都存在两种合理解释的时候，则只能做出有利于被保险人和受益人的解释。

二、举证责任

举证责任，是指民事案件当事人，对自己提出的主张有收集或提供证据的义务与不利后果。

所谓义务，是指当事人必须对自己的某个主张收集、提供证据，以证明或者支持自己的主张。《民事诉讼法》第六十四条规定：“当事人对自己提出的主张，有责任提供证据。”第六十五条规定：“当事人对自己提出的主张应当及时提供证据。”《最高人民法院关于民事诉讼证据的若干规定》

第一条规定："原告向人民法院起诉或者被告提出反诉，应当提供符合起诉条件的相应的证据。"这些规定为当事人设定了相应的举证义务，无论当事人是否同意，其只要进行民事诉讼，就必须承担这样的举证义务。

所谓不利后果，就是当事人如果不履行举证义务或者履行举证义务不符合规定的条件，则要承担不利的后果，说白了就是承担没有证据、因而导致败诉的不利后果。《民事诉讼法》第六十五条规定："当事人对自己提出的主张应当及时提供证据。人民法院根据当事人的主张和案件审理情况，确定当事人应当提供的证据及其期限。当事人在该期限内提供证据确有困难的，可以向人民法院申请延长期限，人民法院根据当事人的申请适当延长。当事人逾期提供证据的，人民法院应当责令其说明理由；拒不说明理由或者理由不成立的，人民法院根据不同情形可以不予采纳该证据，或者采纳该证据但予以训诫、罚款。"《最高人民法院关于适用〈中华人民共和国民事诉讼法〉的解释》第九十条规定："当事人对自己提出的诉讼请求所依据的事实或者反驳对方诉讼请求所依据的事实，应当提供证据加以证明，但法律另有规定的除外。在作出判决前，当事人未能提供证据或者证据不足以证明其事实主张的，由负有举证证明责任的当事人承担不利的后果。"所以举证责任的分配对于案件的走向非常重要，在双方当事人的证据都不足够的时候，哪一方分配到举证责任，哪一方就将承担不利的后果，也可以理解为承担败诉的风险。

特别是在保险合同纠纷中，很多情况下，保险人是一方当事人，投保人、被保险人、受益人作为另一方当事人，双方的证据似乎都不足够，或者证据虽然足够但是互相都无法说服对方，在这样的情形下，哪一方被分配举证责任，哪一方基本上就将败诉。也就是说，很多案件的胜败结果，并不是哪一方的证据足够与否的问题。

1. 各方当事人要举什么证

《最高人民法院关于适用〈中华人民共和国民事诉讼法〉的解释》第九十一条规定："人民法院应当依照下列原则确定举证证明责任的承担，但法律另有规定的除外：（一）主张法律关系存在的当事人，应当对产生该法律关系的基本事实承担举证证明责任；（二）主张法律关系变更、消灭或者权利受到妨害的当事人，应当对该法律关系变更、消灭或者权利受到妨害的基本事实承担举证证明责任。”从投保人、被保险人、受益人一方看，对于如下的主张要承担举证责任：保险合同成立、保险合同生效、保险合同期限开始、保险事故发生、承保损失造成、保险事故与承保损失之间存在因果关系、保险人的保险责任已经具备、保险费已经交纳、表见代理存在、误导消费者、重大误解等。从保险人一方看，对于如下的主张要承担举证责任：保险合同未成立、保险合同未生效、保险费尚未交纳或者尚未交清、被保险人变更、受益人变更、未如实告知、免责情形等。

实际上，这样的区分是非常简单、浅显的，只能是举例说明，现实生活中的人身保险合同纠纷比这样的区分复杂很多，司法解释也不可能都涵盖到。在司法实践中，很多情况下的举证责任分配是靠法官的自由心证。但是，自由心证也不能是随心所欲，大体上还是应当有一些规则。

2. 保险事故之举证责任

在人身保险合同纠纷中，最常见的是投保人、被保险人、受益人认为保险事故已经发生、承保损失已经产生，而保险公司却不这么认为，因此导致争议。争议大致有这么几类：保险事故是否符合保险合同约定？保险事故与损失之间的因果关系是否符合保险合同约定？

先谈谈保险事故，不同的保险合同约定了不同的保险事故。譬如同样是以被保险人死亡为给付条件的保险合同，其中约定的保险事故就有很大不同，可能是自然死亡、可能是疾病死亡、可能是意外死亡。必须先存在该保险合同约定的保险事故，才谈得上后续的损失、理赔等问题。有的投保人、被保险人、受益人无法证明保险事故的存在或者发生，诉讼结果就不理想。

河南省南阳市中级人民法院（2015）南民三金终字第00119号民事判决书载明，2009年2月8日，薛某平之夫（刘某飞之父、刘某海之子）刘某平投保被告保险公司的“简易人身两全保险”，受益人为原告薛某平，承保事故为意外伤害导致的死亡、伤残等。2014年11月12日，刘某平住院，住院诊断为：创伤性硬膜下血肿、头皮挫伤、肺挫伤、胸腔积液、脑出血、高血压。2014年11月21日，刘某平死亡。现薛某平、刘某飞、刘某海要求保险公司按上述两保险合同的约定，赔偿刘某平因意外伤害导致死亡的保险金。

法院认为，意外伤害是指遭受外来的、突发的、非本意的、非疾病的使身体受到伤害的客观事件。本案中，薛某平、刘某飞、刘某海认为亲属刘某平的死亡是遭受意外伤害造成的，但薛某平、刘某飞、刘某海只提交了居委会出具的死亡证明，没有其他客观证据予以相互印证。提交的证据尚不足以证明其诉求的成立，应当承担举证不能的法律后果。判决驳回受益人的诉讼请求。

《保险法》第二十二条规定："保险事故发生后，按照保险合同请求保险人赔偿或者给付保险金时，投保人、被保险人或者受益人应当向保险人提供其所能提供的与确认保险事故的性质、原因、损失程度等有关的证明和资料。"因此，投保人、被保险人、受益人就要承担举证责任，起码先证明保险事故已经发生，再证明这个保险事故就是保险合同约定的范围，如果证明不了，会承担败诉的风险。

3. 承保损失之举证责任

通常情况下，人身保险合同的被保险人、受益人索赔保险金时，基本上都是在损失发生之后。按说这个损失似乎不用证明，但是在某些案件中，确实需要证明被保险人的损失属于保险合同约定的损失。

譬如，对于某些以被保险人残疾为给付保险金前提与标准的保险合同，残疾损失是否构成、构成何种级别残疾，要以《人身保险伤残评定标准及代码》为标准。这个标准通常会约定在保险合同中。《人身保险伤残评定标准及代码》是在2014年1月17日由原中国保监会发布的。该文件称："机关各部门、各保监局，各保险公司、保险资产管理公司，中国保险行业协会、中国保险学会，全国金融标准化技术委员会保险分技术委员会：为全面、系统、规范、详细地评定由于意外伤害因素引起的伤残程度，确定意外险产品或包括意外责任的保险产品中伤残程度的评定等级以及保险金给付比例，改善保险公司理赔实务的可操作性和准确性，提高行业理赔管理的规范化水平，全国金融标准化技术委员会保险分技术委员会制定了《人身保险伤残评定标准及代码》（标准编号为 JR/T 0083-2013），并通过了审查。按照《全国金融标准化技术委员会保险分技术委员会章程》，现予以发布，请遵照执行。”目前，《人身保险伤残评定标准及代码》合法有效。各家经营人身保险的保险机构，一般均以此标准作为评定被保险人是否构成残疾、构成残疾级别的依据与标准。

问题在于，目前我国通行的残疾标准并不止这一个，而是有好几个，如《道路交通事故受伤人员伤残评定标准》等，这些标准还不完全相同。实践中有这样的情形，被保险人的受损害程度，根据另一个标准来说构成伤残，可是根据《人身保险伤残评定标准及代码》却不构成伤残，这就非常麻烦了。在这样的情况下，被保险人如果要索赔残疾赔偿保险金，还必须证明其根据《人身保险伤残评定标准及代码》构成了伤残。只有这样，才算是存在保险合同约定的损失。

当然，对于这个问题，不同的法院有不同的认识，有的法院就认为保险人在保险合同中自搞一套，与其他的评定残疾标准不对应、不衔接，属于保险合同的除外责任或者免责条款。那就先不考虑投保人、被保险人、受益人举证的问题，而是需要保险人来举证这个免责条款是否经过了明确说明。

广东省惠州市中级人民法院（2013）惠中法民二终字第 285 号民事判决书载明，双木公司与保险公司于 2011 年 11 月 11 日签订了《团体意外伤害保险投保单》。2011 年 12 月 31 日 14 时 20 分左右，双木公司员工丹某在上班时不慎被机器压伤右手，于当日送惠州市中心人民医院治疗至 2012 年 3 月 8 日，共住院治疗 69 天，花去医疗费 67395 元。出院后经惠州市劳动能力鉴定委员会鉴定为劳动功能障碍（伤残）七级。丹某同意将上述保险权益转让给双木公司，由双木公司直接向保险公司主张权利。保险公司辩称丹某的伤情对照保险合同中的《人身保险残疾程度与保险金给付比例表》，不构成其中任何一级的伤残，所以其不负赔偿残疾保险金的责任。

法院认为，在保险期限内，双木公司的员工丹某因工受伤被惠州市劳动能力鉴定委员会鉴定为劳动功能障碍（伤残）七级的事实客观存在。保险合同中《人身保险残疾程度与保险金给付比例表》系保险公司设计的格式条款，其确定的伤残等级范围明显小于国家确定的人身损害及工伤残疾程度评定范围。对两个标准之间的差异，保险公司没有做出特别提示，也没有向双木公司进行释明，故该标准不能对抗国家标准，保险公司应按丹某已构成第七级伤残的标准向双木公司支付残疾保险金。

不过，也有法院认为，保险合同约定的评残标准有效，被保险人需证明自己符合该标准规定，才算是构成残疾损失。

云南省楚雄彝族自治州中级人民法院（2017）云23民终717号民事判决书载明，2014年8月31日，陈某甲的监护人陈某乙在保险公司处为陈某甲投保了学生儿童意外伤害保险并缴纳保险费100元。2014年12月29日，陈某甲被张某驾驶的摩托车撞伤，经交警部门认定，张某负事故全部责任。事故发生后，陈某甲于当日被送到元谋县人民医院住院治疗至2015年1月23日出院，经诊断，陈某甲的伤情为“右桡骨远端骨折、面部多处擦伤”，开支医疗费5219.34元。2015年3月21日，陈某甲的伤情经楚雄正源司法鉴定中心鉴定为十级伤残，后期治疗费评定为3000元。因就意外伤害保险向保险公司理赔的过程中双方因理赔事宜发生保险纠纷，陈某甲向法院起诉。

一审法院认为，保险公司主张按人身保险伤残评定标准（行业标准）对陈某甲的伤情重新鉴定，因保险公司未能提供证据证明其已向投保人尽了解释和说明义务，故根据保险法的相关规定，该条款对陈某甲不产生效力，其要求重新鉴定的理由不成立，不予准许。判决保险公司承担保险赔偿责任。

二审法院认为，关于残疾赔偿金的问题，在致学生家长的一封信中已明确了评残的标准为《人身保险伤残评定标准（行业标准）》，而陈某甲在交通事故中评残为十级所依据的标准为《道路交通事故受伤人员伤残评定标准》，现陈某甲据此要求理赔明显依据不足，故陈某甲对伤残保险金的请求目前亦不能成立，但其亦可按合同约定的标准进行鉴定后再向保险公司申请理赔。遂判决撤销一审民事判决，驳回被上诉人陈某甲的诉讼请求。

对于这样的情形，我的理解是，《人身保险伤残评定标准及代码》肯定是合法的，也是有效的，不过这个标准的确与其他的伤残评定标准有所不同，而其他的伤残评定标准也是合法有效的。客观上会出现被保险人的人身损害根据其他伤残评定标准确实构成伤残，但是根据《人身保险伤残评定标准及代码》不构成伤残的情形。仅就这一情形而言，确实是对保险合同约定的“残疾”赔偿责任构成了一种缩小或者限制。而这一缩小与限制，绝大多数投保人在投保的时候，很难发现、很难理解。譬如我们现在说，《人身保险伤残评定标准及代码》《道路交通事故受伤人员伤残评定标准》有何区别？谁能说得清？我看基本没有几个人能说明白。要求投保人、被保险人明白这样的区别，太过于苛刻了。因此，如果在保险合同中约定某一伤残鉴定标准，则无论是《人身保险伤残评定标准及代码》或者其他什么标准，都可能存在前述“此标准为伤残、彼标准不为伤残”的情形，都是对残疾赔偿保险责任的限定，因此有必要将此作为免责条款对待。保险人应在投保阶段，对伤残评定标准进行明确说明。假如保险人已经尽到了明确说明义务，则投保人、被保险人、受益人在申请保险理赔时，应该承担举证责任，证明被保险人的人身损害，依据保险合同约定的评定伤残标准，构成某种伤残级别。

4. 有的投保人、被保险人、受益人能够证明保险事故的发生，也能够证明损失的存在，但是无法证明保险事故与损失之间存在因果关系

有些保险合同中会约定，因为特定的事故导致被保险人人身损害的，保险人承担保险赔偿责任。例如，因意外导致死亡、因交通意外导致伤残、因飞机失事导致死亡、因重大疾病导致产生医疗费用等。也就是为被保险人的某种人身损害、财产损失等设定了一些条件，只有满足条件的损失才能得到保险金。换句话说，这个条件就是保险事故，保险事故需要与被保险人的损失之间存在一定的因果关系，而这个因果关系就在保险合同

中予以明确约定了。所以，投保人、被保险人、受益人在申请保险理赔时，还应该证明这个因果关系的存在，否则仍然无法得到保险金。

内蒙古自治区兴安盟中级人民法院（2015）兴商终字第9号民事判决书载明，2013年5月23日，华通路桥公司在保险公司处为其项目部的建筑工人投保了团体人身意外伤害保险。2014年4月25日下午，华通路桥公司工地的工人郝某在工作期间突然倒地昏迷不醒，送往兴安盟人民医院。后经抢救无效，于同日23时30分死亡。抢救花费医疗费5921.51元。2014年4月26日，华通路桥公司与郝某家属签订协议，华通路桥公司支付郝某家属赔偿款40万元之后，华通路桥公司作为投保人申请理赔，后因保险公司拒绝支付保险理赔款而成讼。

一审法院认为，根据郝某的病历，其死亡原因为无明显诱因的心脏骤停，非华通路桥公司所述外力所致，不符合意外伤害的解释。华通路桥公司对郝某的死亡与该意外间的因果关系负有举证责任，其提交的证据不足以证明被保险人郝某因意外伤害而死亡，故对其诉讼请求不予支持。

华通路桥公司不服一审判决，上诉称：其工人郝某在工地和其他工人共同搬运钢筋构件时，脚被石头绊了之后，造成郝某被钢筋构件撞击后出现昏迷，送到医院抢救无效死亡。事故发生后向保险公司报险，保险公司没有及时出险到现场进行查勘，经多次电话催促，才派人到现场查勘，并对当时搬运的钢筋构件进行了拍照，也对当时在场与郝某共同搬运钢筋工人进行了调查询问，都证实郝某是在被钢筋构件撞击后才出昏迷的。这些证据都能证明郝某的死与外力有关。保险公司有现场勘察的证据不提交，一审法院也不要求保险公司提交、审查关键证据，就认定其举证不足，驳回其诉讼请求，在审理和认定事实上错误。请求二审法院撤销原判，依法维护其原审的诉讼请求并负担本案全部诉讼费。

二审法院认为，意外伤害保险是指保险人对被保险人由意外伤害事故所致死亡或残疾，或者支付医疗费用，按照合同约定给付全部或者部分保险金的保险。按照意外伤害保险条款，保险公司承担保险责任须具备三个要件：（1）被保险人遭受了意外伤害事故且意外伤害事故发生在保险期限内：(2) 被保险人死亡或残疾或支付医疗费用；(3) 意外伤害事故是死亡、残疾或支付医疗费用的直接原因或近因。也即在保险期间内发生意外伤害事故是保险公司承担保险责任的首要条件。团体意外伤害条款对“意外伤害”的释义为“指以外来的，突发的、非本意的和非疾病的客观事件为直接且单独的原因致使身体受到的伤害”。本案中，兴安盟人民医院出具的郝某诊断证明书为“心脏骤停综合征，心肺复苏术后，应激性溃疡，上消化道出血，代谢性酸中毒，Ⅱ型呼吸衰竭”，死亡医学证明书中死亡原因为“心脏骤停综合征”，入院记录记载：患者于15分钟前无明显诱因突然倒地，否认手术、外伤，否认食物、药物过敏等。根据医疗机构出具的死亡证明及病历记载，能够证明郝某的死亡系无明显诱因、外伤导致的心脏骤停综合征，非意外伤害所导致。华通路桥公司请求保险公司给付保险金时提供的兴安盟医院出具的郝某入院记录、死亡证明等，证明不了郝某的死亡原因系外来的，突发的、非本意的和非疾病所导致。二审庭审中，华通路桥公司虽提供证人证明郝某在与工友抬钢筋过程中绊倒，被钢筋轧后昏迷经抢救无效死亡，但由于证人证言的证明力小于医疗机构出具的死亡证明，因此华通路桥公司二审提供的证人证言不足以推翻兴安盟医院对郝某死亡原因的诊断证明。判决驳回上诉，维持原判。

5. 投保人、被保险人、受益人仅承担初步举证责任

保险法律关系是民事法律关系的一种，关于举证责任的法律、证据规则等均对保险法律关系适用。但是，由于保险事故本身的复杂性，保险金请求权人自身的专业素质有限，而且保险业的根本任务在于将损失发生的风险从被保险人转移至保险人，如果一味要求保险金请求权人提供完备的证明和资料，承担与保险人同等的举证责任，过于苛刻，有悖公平和诚信原则，也不符合保险行业转移风险的特点。因此，一般认为，索赔方只要举证在保险责任期间发生保险事故且造成保险标的的损失，就初步完成了其应履行的举证责任。此后，保险人对索赔请求权进行抗辩的，举证责任相应转到保险人一方。

《保险法》第二十二条第一款规定：“保险事故发生后，按照保险合同

请求保险人赔偿或者给付保险金时，投保人、被保险人或者受益人应当向保险人提供其所能提供的与确认保险事故的性质、原因、损失程度等有关的证明和资料。”《保险法》将投保人、被保险人或者受益人的举证责任，限定为以其所能提供为限。投保人、被保险人或者受益人提供了其客观上能够提供的材料，完成力所能及的初步的证明义务后，如果根据这些证据能够初步得出事故属于保险责任范围的结论，即完成了证明保险事故发生的举证责任。

《保险法》第二十四条规定：“保险人依照本法第二十三条的规定作出核定后，对不属于保险责任的，应当自作出核定之日起三日内向被保险人或者受益人发出拒绝赔偿或者拒绝给付保险金通知书，并说明理由。”此处的“不属于保险责任的”可能包含多重含义：第一，事故不属于保险责任范围，即不属于保险事故，例如事故是投保人、被保险人或者受益人编造的虚假事故；第二，事故属于保险事故，但是存在保险合同约定的除外责任情形，如醉酒驾驶；第三，事故属于保险责任范围，但是存在法定责任免除情形，如《保险法》规定投保人故意制造保险事故的，保险人不承担给付保险金的责任；第四，事故与损失间无因果关系；第五，被保险人不存在损失。结合公平原则，在投保人、被保险人或者受益人完成初步的举证责任之后，举证责任就应该转移至保险公司。保险公司如果拒绝承担保险责任，应当承担举证责任，证明自己的主张。

浙江省嘉兴市中级人民法院（2009）浙嘉民终字第586号民事判决书载明，2006年4月20日，张某英为其父张某观向保险公司投保老年意外伤害保险。2009年4月7日上午，张某观在行走过程中跌倒在地，后被邻居扶回家中，当时无明显外伤，但脸色惨白，已不能开口说话。120急救车于8时20分许到达，医生检查后认为瞳孔放大，无救治希望，为此家人决定不再送医院抢救。2009年4月9日，张某观的尸体被火化，火化前未经尸体检验，对于死亡原因无医学或法医学鉴定结论。4月13日，公安机关注销其户口。张某观死亡后，张某英向保险公司申请保险理赔，保险公司于2009年6月17日出具理赔决定通知书拒绝给付保险金，理由为：承保前疾病未如实告知，此次事故并非合同约定内的保险事故。

一审法院认为，意外伤害是指因遭受意外事故并以此为直接且单独原因导致的身体伤害（身故、骨折等）。而意外事故是指外来的、非本意的、突然的、剧烈的、非疾病的使被保险人身体受到剧烈伤害的客观事件。也即，意外伤害必须是非疾病引起的伤害。证据证明，张某观在死亡前身患肺部感染、血吸虫肝病、血小板减少、轻度贫血、老年性瓣膜心脏病、肺动脉高压等多种疾病，其在跌倒后死亡，其死亡肇因于意外事故还是本身疾病？由于未作尸体检验，死亡之近因已无法确定。将提供保险事故原因证据的责任分配给投保人一方，同时规定保险人有通知补充证据的义务。本案中，保险公司作为专业的保险经营人，其对死亡原因产生疑问时应当通知张某英进行尸体检验以确定死因，由于保险公司未履行通知义务，致使死亡原因之确定成为不能，保险公司应当承担不利的诉讼后果，即推定张某观的死亡原因为意外事故。判决保险公司承担赔偿责任。

二审法院认为，根据查明的事实，张某观生前确实患有肺部感染、血吸虫肝病、血小板减少、轻度贫血、老年性瓣膜心脏病、肺动脉高压等多种疾病，但其死亡肇因于意外事故还是前述疾病本身则需要具有专门知识和技能的人员运用一定的科学知识、技术手段进行检验、鉴别和评定，并非一般人仅凭日常生活经验即可作出判定。保险公司认为可根据病史资料推断出张某观系死于固有疾病显然缺乏依据，不予采信。

保险公司作为专业的保险经营人，在对被保险人张某观的死亡原因有异议时，应当及时通知其家属进行尸检以确定死因。保险公司虽主张其履行了通知义务，但未能提供证据予以证明，而张某英对此亦予否认，故对该上诉主张不予采信。由于保险公司未履行通知义务，张某观尸体未经检验即被火化，最终导致其死亡原因无法查清，应由保险公司承担不利后果。遂判决维持原判。

如果注意观察，会发现在意外导致死亡的保险合同纠纷中，总会出现“尸检”这个问题。坦率地说，被保险人不幸意外死亡，本来就是对家属、受益人的一个沉重打击。如果还要进行一次尸检，往往会构成第二次沉重打击，让人心理上很难接受。对于很多保险公司来说，提出尸检的要求，确实显得过于冷酷、不近人情。因此，很多保险公司也都不会主动提这个要求。

但是，现实的问题摆在面前。如果保险人不提尸检的要求，视为保险人放弃了获取相应证据的权利，那么在法庭上就无法举证说被保险人不是基于意外导致的死亡，保险公司就要面临败诉的风险甚至结果。孰是孰非，只能自行研判了。

如果保险人提出了尸检的要求，被保险人家属、受益人予以拒绝，那就是另外一个问题了。

《最高人民法院关于民事诉讼证据的若干规定》第三十一条第二款规定："对需要鉴定的待证事实负有举证责任的当事人，在人民法院指定期间内无正当理由不提出鉴定申请或者不预交鉴定费用，或者拒不提供相关材料，致使待证事实无法查明的，应当承担举证不能的法律后果。"《最高人民法院关于适用〈中华人民共和国民事诉讼法〉的解释》第一百一十二条规定："书证在对方当事人控制之下的，承担举证证明责任的当事人可以在举证期限届满前书面申请人民法院责令对方当事人提交。申请理由成立的，人民法院应当责令对方当事人提交，因提交书证所产生的费用，由申请人负担。对方当事人无正当理由拒不提交的，人民法院可以认定申请人所主张的书证内容为真实。"司法解释的本意是，控制证据的一方不能为了胜诉，而恶意地隐藏、销毁证据，以达到不利于对方的结果，这也是公平诚信的体现。

换言之，假如投保人、受益人一方认为被保险人的死亡是基于意外事件，则初步举证即可，此后举证责任转移至保险人。而保险人可以提出对被保险人进行尸检的要求，因被保险人的尸体由家属、受益人控制为大概率事件，此刻举证责任又转移至受益人一方。如果受益人拒绝尸检要求，且无其他证据能够佐证事实，则无法判明被保险人死亡真相，无法判明意外事件、死亡之间的因果关系，很有可能会对保险人一方不利。在这样的情形下，如果保险人主张该证据的内容不利于证据持有人，即认为被保险人不是基于意外事件死亡的，则可以推定该主张成立。

北京铁路运输中级法院（2014）京铁中民（商）终字第191号民事判决书载明，2013年4月10日，甘某购买了保险公司的和谐安心卡。该卡被激活后，甘某与保险公司之间的保险合同关系成立，保险期间为2013年4月11日至2014年4月10日。后甘某死亡。保险公司认为不是意外导致的死亡，遂成讼。

一审法院认为，受益人周某芝等三人应当对甘某的死亡属于意外伤害导致承担举证责任。根据周某芝等三人提供的证据，无法认定甘某的死亡属于意外伤害导致，而且顺义区医院出具的病案记录和门诊记录显示，甘某死亡时不存在外伤，鉴于其之前患有脑血管病等疾病，也不能排除其死亡系疾病导致。周某芝等三人提供的证据不足以证明甘某的死亡属于保险事故，故对于其诉讼请求不予支持。判决驳回周某芝、甘卫芸、甘卫芳的诉讼请求。

二审法院认为，在无证据指向该起死亡事件是由于外来原因导致的情况下，尸检无疑是判断死因的有效手段。本案中，被保险人死亡后，上诉人未及时通知保险人，反而在被保险人死亡的次日即将其尸体火化，上诉人的此种行为客观上造成了保险人不能及时介入对被保险人的尸体进行尸检，造成现在无法判定死因的后果，故上诉人对其主张应承担举证不能的法律后果。遂驳回上诉，维持原判。

6. 请求人民法院调取证据

《民事诉讼法》第六十四条规定："当事人对自己提出的主张，有责任提供证据。当事人及其诉讼代理人因客观原因不能自行收集的证据，或者人民法院认为审理案件需要的证据，人民法院应当调查收集。人民法院应当按照法定程序，全面地、客观地审查核实证据。"《最高人民法院关于适用〈中华人民共和国民事诉讼法〉的解释》第九十四条规定："民事诉讼法第六十四条第二款规定的当事人及其诉讼代理人因客观原因不能自行收集的证据包括：（一）证据由国家有关部门保存，当事人及其诉讼代理人无权查阅调取的；（二）涉及国家秘密、商业秘密或者个人隐私的；（三）

当事人及其诉讼代理人因客观原因不能自行收集的其他证据。当事人及其诉讼代理人因客观原因不能自行收集的证据，可以在举证期限届满前书面申请人民法院调查收集。”很多案件在审理过程中所需要的关键材料，均系当事人无法获取的，如果有举证责任的一方未积极向法院申请调取证据，将会被视为未履行举证责任，将承担败诉的风险。此时，应该尽早向法院申请调取相关证据，以达到公平、正确审理案件之需。

2016年3月15日，刘先生作为投保人，以自己作为被保险人，向保险公司投保了意外保险。2018年5月12日，刘先生从北京市某楼窗户跳下身亡，但是受益人认为其是意外坠楼死亡，要求保险公司赔偿保险金，起诉到法院。

我受保险公司委托代理本案，经了解，刘先生可能是因欠债后不堪被催债、故意坠楼而导致身亡的，所以刘先生身故恐不构成意外保险事故。事件有相关机构的报警记录、出警记录、现场笔录等证据材料证明。这些证据材料均在派出所、公安分局、消防队等机关处。由于前述相关机构仅向司法机关提供上述证据材料，我依法申请法院向相关机构调查收集前述报警记录、出警记录、现场笔录等证据材料。

本案开庭时，受益人李女士坚称刘先生是意外失足死亡的，绝对不是自杀。但是，法院当庭展示了向相关警方调取的资料，其中有报警记录，即李女士向警方报警，称其老公刘先生因做生意负债要跳楼自杀。同时，还有警方在刘先生死亡当时下午对李女士做的笔录，李女士详细陈述了其老公是因为负债被催债，所以决定跟其办理离婚手续。事发当日，其与刘先生视频通话，刘先生坐在窗户台上，表示要自杀，李女士报警后，刘先生跳楼自杀。法官要求李女士对此进行解释，李女士无法自圆其说。

李女士律师表示，就算刘先生是自杀，也因超过两年时间，应该给予保险赔偿。我提出，本案中的保险事故应为“被保险人因意外事故而导致身故”，这个事故就是给付保险金的条件。而本案中，从证据看，刘先生是自行、自主从14楼窗户跳下的，且并非失误。从我们常人的一般理解来看，从这么高的楼层跳下，必死无疑。明知必死而跳下，则该人是自杀。因此，刘先生的高楼跳下行为不符合“非本意的”之条件，因此不属于意外事故，其死亡不属于意外身故，不构成给付保险金的条件。

经审理，法院作出北京市海淀区人民法院（2018）京7101民初1233号民事判决书，认定李女士报警称刘先生自杀，且事实上刘先生确实采取了自杀行为，均与李女士此前的陈述相符，故对二原告的否认不予采信，认定刘先生之死系自杀。刘先生身故非意外事故导致，故此次事故不属于保险责任范围内的保险事故，保险公司无需承担保险责任。判决驳回受益人的全部诉讼请求。

第三节 自 杀

《保险法》第二十七条规定，投保人、被保险人故意制造保险事故的，保险人有权解除合同，不承担赔偿或者给付保险金的责任；除本法第四十三条规定外，不退还保险费。由此可见，如果投保人、被保险人故意制造保险事故，则严重违背了诚实信用原则，违背了保险之射幸原则，违背了保险合同订立的本意，因此肯定不应该得到保险金，并且会受到不退还保险费的惩罚措施。

不过被保险人自杀情况除外。《保险法》第四十四条规定："以被保险人死亡为给付保险金条件的合同，自合同成立或者合同效力恢复之日起二年内，被保险人自杀的，保险人不承担给付保险金的责任，但被保险人自杀时为无民事行为能力人的除外。保险人依照前款规定不承担给付保险金责任的，应当按照合同约定退还保险单的现金价值。"以被保险人死亡为给付保险金条件的合同，被保险人自杀，显然也属于故意制造保险事故。无论被保险人是否具有这个故意，但是其后果确实使得"被保险人死亡"之保险事故发生，使得受益人具有了申请保险理赔的条件，使得保险人具有赔偿保险金的义务。正常情况下，保险人不承担给付保险金的责任。

但是，从法律规定中可以推理出一种例外情形，即如果该保险合同成立或者复效后两年之后，被保险人自杀的，则保险人仍应该按照合同约定正常标准赔偿保险金。应该说，这样的规定也是人们的认识逐渐深化的产物。虽然原因很多，但是总体而言，当一个被保险人在合同成立后两年后才自杀，可知其主观上骗取保险金的恶性已经很小或者根本不存在，而其自杀也是一种客观的人生风险，且其受益人的痛苦程度与被保险人正常死亡情形相同甚至更甚。此种情形下，人道主义大于经济利益，所以各立法例普遍限制了保险人的拒赔权利。从而在客观上，保护了受益人的权益。

也是基于这样的考虑，《最高人民法院关于适用〈中华人民共和国保险法〉若干问题的解释（三）》第二十一条规定："保险人以被保险人自杀为由拒绝给付保险金的，由保险人承担举证责任。受益人或者被保险人的继承人以被保险人自杀时无民事行为能力为由抗辩的，由其承担举证责任。"

一、保险人的举证责任

1. 保险人很难举证

我们曾经谈到，当被保险人死亡后，受益人只要具有初步的证据，证明发生了保险事故，就可以申请保险理赔。这个时候，举证责任转移至保险人。即保险人要举证，以支持自己不理赔的主张。因此，当保险人主张被保险人系自杀时，必须承担举证责任。如果没有证据，或者保险人的证据不符合要求，则保险人承担败诉风险。

问题在于，这个证据的研判标准确实比较含糊，什么样的证据才算是证据？证明到何种程度才算是符合要求？因此现实中，保险人非常难做。

四川省攀枝花市中级人民法院（2017）川04民终691号民事判决书载明，2016年4月26日，龙某芬为其丈夫许某政在保险公司处购买了意外伤害险。2016年10月10日18时50分，许某政的住房因意外发生火灾，盐边县公安局刑警大队现场勘验及尸检，证明许某政的死亡原因是火场窒息。2016年10月15日，盐边县公安局刑事科学技术室出具的《情况说明》记载："经现场勘验：现场环境封闭，门窗未见异常破损痕迹，室内沙发处有两处炭化严重，主卧室及次卧室床边均有部分炭化痕迹及炭化物，客厅门锁内保险栓呈关闭状，外人在不破门锁、窗户防盗栏的情况下不能进入室内，且许某政尸体检验未见有打斗和致命伤，窒息死亡征兆明显。可排除有外人作案。勘验以消防大队现场勘验为准。"

一审法院认为，从双方提交的证据来看，许某政白天在家睡觉将客厅门从室内反锁、室内三个房间均着火且没有蹿火痕迹、门窗无破损、无外人进入等情况，不太符合生活常规；2016年10月15日盐边县公安局刑事科学技术室出具的《情况说明》、2016年10月29日盐边县公安局消防大队现场勘验作出的《火灾事故认定书》及现场勘验照片均表明“排除了雷击、自燃、放火、静电以及电器火灾的可能，不能排除许某政生活用火不慎和吸烟引发火灾的可能”，证明公安机关并没有认定许某政属于自杀。即对许某政的死亡原因既无法确定属于自杀或者有逃生可能而放弃逃生的可能，也无法完全确定属于意外导致死亡。一审法院确定由当事人双方各自承担50%的责任，判决保险公司支付保险金6万元。

二审法院认为，保险公司如果认为许某政死亡并非起因于意外伤害，而是自杀，并以此主张其保险责任的免除，应当就免责事由的存在承担证明责任，即应提供证据证明许某政身故是由其自杀所致。在本案中，保险公司通过对法医尸体检验记录、公安机关出具的《情况说明》、消防大队做出的《火灾事故认定书》、现场勘验照片及证人证言等证据证明的内容进行分析，得出有理由怀疑许某政不想逃生或自己放火导致死亡的结论，该结论是保险公司对许某政自杀可能性的推测，并没有提供确切的证据证明许某政自杀事实的存在，关于自杀可能性的推测不能作为认定许某政自杀事实存在的依据，故保险公司以此为由拒绝承担保险责任，理由不能成立，保险公司应按保险合同的约定，承担给付保险金12万元的责任。遂撤销一审判决，判令保险公司赔偿保险金12万元。

类似这样的案例数不胜数，判决保险公司败诉的居多，其原因就是举证标准模糊不清。譬如这个案例，说没有证据吧，确实也看到室内的物证指向被保险人烧炭自杀的可能性很大；说有证据吧，确实也不好说就一定是烧炭自杀。被保险人难道不能烧炭取暖吗？所以保险人败诉虽然无奈，但是也不太冤枉。

不过总归得有个标准是不是？否则的话，保险人到底要怎么举证才能令人满意呢？

2. 自杀行为的主客观要件

从法律理论的通说看，所谓自杀，在主观上是死者应当认识到并且意图使自己的死亡结果发生，客观上还自行支配着直接导致自己死亡的行为。死亡是死者自己追求的结果，是其本意。因此，我们可以看到，自杀行为在主观上、客观上都有明确要件。主观上，死者是明知要死、故意去死、追求去死。客观上，死者着手实施使自己死亡的行为，且不留退路、不予停止、不做求救，并且达到了使自己完全死亡的后果。两个要件均为必要条件，缺一不可。譬如，自杀者仅有主观意图，哪怕天天悲观厌世、写遗书无数、准备充分，可就是下不了决心，就是不舍得动手赴死，那也不构成自杀。又或者，死者颇像自杀身亡，但是其主观上却无动机、无法证明其有自杀之意，这也不能算是自杀。因此，保险人如果要证明被保险人构成自杀，则必须证明：被保险人有自杀企图、被保险人有自杀行为、被保险人死亡结果就是自杀导致。这几项都能证明得妥妥当当，则保险人才算是履行了举证义务。有一个无法证明妥当，就可能被认为无法完成举证责任。

从下面这个案例，我们可以看出，即便保险人证明被保险人有自杀的动机、意图、主观思想等，但是如果没有确定的实施自杀的行为，也不能认定被保险人系自杀身故。

湖北省宜昌市中级人民法院（2017）鄂05民终2821号民事判决书载明，黄某英、曹某志之子小曹于2014年12月15日与保险公司签订人身保险合同一份，投保终身寿险。2015年6月8日，小曹坠楼死亡。宜都市公安局刑事科学技术室出具死亡证明，结论为：小曹排除他杀，系意外死亡。后黄某英、曹某志依照保险合同的约定向保险公司提出理赔申请，2015年7月23日，保险公司向黄某英、曹某志出具理赔决定通知书，拒绝了黄某英、曹某志的理赔请求。保险公司认为，根据该调查笔录可知，被保险人小曹2015年6月8日上午与被上诉人黄某英发生激烈争吵且明确表示要跳楼。结合其当日从楼房高坠死亡的结果和时间衔接来看，小曹的死志已决，其自杀意志直接支配和导致了死亡结果。

一审法院认为，保险公司据以证明被保险人小曹为自杀身故的主要证据是医院的住院记录和出院记录，该证据只能证明被保险人小曹曾患抑郁症，但以此来证明被保险人小曹身故系自杀缺乏关联性，该抗辩理由不能成立，不予支持。判决保险公司赔偿保险金30万元。

二审法院认为，从保险公司向法院提交的证据来看，各项证据均只能证明小曹生前曾患有抑郁症，相比正常人可能有更多的自杀倾向，但不能直接证明小曹2015年6月8日高空坠楼死亡属于自杀。而宜都市公安局作为小曹死亡事件的调查部门，已明确认定小曹属于意外死亡。因此，保险公司提交的现有证据不足以对抗宜都市公安局刑事科学技术室出具的死亡证明，形成优势证据，应当承担举证不能的法律后果。遂决定维持原判。

3. 无民事行为能力人的自杀行为，严格意义上说不能算是“自杀”

《保险法》第四十四条规定，“但被保险人自杀时为无民事行为能力人的除外”。对于这一规定，一般人并不太注意。其实严格来说，这一规定是有点自相矛盾的。

《民法典》第二十条规定：“不满八周岁的未成年人为无民事行为能力人，由其法定代理人代理实施民事法律行为。”第二十一条规定：“不能辨认自己行为的成年人为无民事行为能力人，由其法定代理人代理实施民事法律行为。八周岁以上的未成年人不能辨认自己行为的，适用前款规定。”由此可知，无民事行为能力，就是不能辨认自己的行为，对于自己行为的后果、影响等完全不能知晓。所以，无民事行为能力人对于可能自己导致自己生命结束的行为完全无法预知，不知道自己即将死亡，更不存在故意或者放任这个死亡后果发生的主观欲望，当然其行为也就不能说构成自杀行为。

但是，《保险法》又明确规定“被保险人自杀时”，这就给无民事行为能力人贴了一个“自杀”的标签，这就是自相矛盾了。《保险法》规定的矛盾实质在于，只看到了客观上导致自身死亡的行为，却未考虑行为人主观上的辨认能力、意图等。

安徽省阜阳市中级人民法院（2014）阜民二终字第00317号民事判决书载明，1998年7月7日，沈某为其丈夫孙某某向保险公司投保了终身保险，被保险人为孙某某。2014年5月29日，孙某某自缢死亡。后沈某向保险公司申请理赔未果，遂诉至法院。

法院认为，本案双方当事人对孙某某在保险期间因患精神分裂症而自缢死亡等事实不持异议，投保人沈某已连续数年依约缴纳保险费，期间因故未能按期缴纳保险费，在合同效力恢复之日起两年内，被保险人孙某某因患精神分裂症而自缢死亡。从保险法立法本意来看，规定“自杀”这一除外责任条款，是为了避免蓄意自杀者通过保险骗取保险金。因此，保险法意义上的“自杀”就必须具有主观上的故意，企图剥夺自己生命的行为。而本案被保险人孙某某的自杀意图系一种病态，并非出于自己的主观故意，其情形不符合保险法特指的“蓄意自杀”；且本案双方订立的保险合同是由保险公司单方制作的格式合同，对格式合同存在两种以上解释的，应当作出不利于提供格式条款一方的解释，故本案不具有保险法所规定的免责条件。判决保险公司赔偿5万元保险金。

不过对于这一判决，我个人认为有待商榷。原因在于，《保险法》第四十四条规定，但被保险人自杀时为无民事行为能力人的除外。请注意，这里明确规定的是“无民事行为能力人”。而《民法典》第二十二条规定：“不能完全辨认自己行为的成年人为限制民事行为能力人，实施民事法律行为由其法定代理人代理或者经其法定代理人同意、追认；但是，可以独立实施纯获利益的民事法律行为或者与其智力、精神健康状况相适应的民事法律行为。”这个案件中的被保险人是成年人，患有精神分裂症。从医学上说，患有精神分裂症，不能完全等同于无民事行为能力，在某些情形下，精神分裂症患者是可以辨认自己的行为的。也就是说，精神分裂症患者在某些情况下仅相当于限制民事行为能力人。

《最高人民法院关于适用〈中华人民共和国保险法〉若干问题的解释（三）》第二十一条规定：“受益人或者被保险人的继承人以被保险人自杀时无民事行为能力为由抗辩的，由其承担举证责任。”所以在这个案件中，如果要认定被保险人在“自杀”时系无民事行为能力人，则受益人应该承担举证责任。在举证责任未充分履行前，法院不宜直接将被保险人认定为无民事行为能力人。

4. 保险人妥善履行举证责任

保险人必须拿出证据，证明被保险人有自杀的意图，并且自主实施了自杀的行为。这样的证据可以是公安部门、消防部门的记录，也可能是当事人特别是受益人的陈述，也可以是证人证言。下面这个案件就是一个很好的例证。

山东省青岛市中级人民法院（2019）鲁02民终2284号民事判决书载明，李某与被保险人张某于2013年2月25日登记结婚，2015年6月11日，李某为张某在保险公司投保终身寿险。2016年2月7日，张某坠楼死亡，派出所出具的非正常死亡尸体处理表中记载案件性质为“当事人跳楼坠亡”。2016年3月22日，保险公司向李某出具理赔决定通知书，不同意给付李某保险金，同意退还保险单现金价值共计734.61元。

首先，保险公司认为被保险人有自杀的意图。派出所于2016年2月7日对被保险人张某的丈夫即本案上诉人李某所作的《询问/讯问笔录》记载，李某称其和被保险人均是二婚，结婚约三年，2015年以来双方感情便不好了。2016年2月4日，被保险人就很不正常，吆喝说让人骗了，还说要死，当晚，李某听到北卧室有动静，便到北卧室查看，发现被保险人正躺在床上用双手掐自己的脖子，李某急忙上去将其双手掰开，并劝了其一阵子。2月5日中午，李某外出回家发现被保险人趴在阳台窗户上，半个身体在外面，便急忙跑过去拉她，这时候李某发现被保险人仍是用双手掐住自己的脖子，李某刚抓住被保险人，被保险人就挣扎往外翻，身体都已经翻出窗外，悬在空中，被保险人还吆喝说不活了，李某拼命抓着被保险人的一只手拦腰抱着把她拖了回来，拉回来后，被保险人还是大喊大叫。2月6日中午11点左右，李某带孩子外出回来时，被保险人在北卧室床上躺着，李某发现地板上有血迹，还有一滩呕吐物，拉开被保险人盖着的被子后，李某发现被保险人趁其带孩子外出，自行将手腕割破，被保险人对李某说：“你别管我，我死吧!”经李某劝阻后，被保险人的情绪稍趋稳定，李某便趁机外出买了纱布和药水准备给被保险人包扎，当李某再次回到家中时，发现被保险人已将阳台窗户拉开，并在阳台上哭，李某急忙跑过去将被保险人拉了回来。其后，被保险人便躺到了北卧室床上，并又几次掐自己的脖子。当晚8点左右，李某听到被保险人将其所在的北卧室房门反锁，随后又听到北卧室有开、关窗户的声音，李某就敲门，被保险人就喊："再敲门就跳楼!"李某感觉被保险人已经爬到了楼顶，便从南边阳台爬到楼顶，看见被保险人坐在楼顶边上。李某要打110求助，被保险人吆喝敢打她就立即跳下去，李某见状便放弃了报警求助。随后，李某对被保险人进行了约2个多小时的劝阻后，才领着被保险人回到家中。回家后，被保险人便到北卧室躺下了，直到晚上12点左右，李某在南卧室突然听到被保险人的哭声，便急忙跑到北卧室查看，发现被保险人不在屋内，便从南卧室阳台爬到屋顶，看到被保险人坐在屋顶平台上，李某再次对其进行劝阻，被保险人仍然不听其的劝阻，并将李某撵了下去，此时，孩子喊着找妈妈，李某便回到卧室照看孩子，过了20分钟左右，大约2月7日凌晨1点多钟，李某突然听到外面扑通一声，便跑向阳台，发现被保险人已经不在屋顶，李某随即跑下楼，发现楼下一辆正对着他们家的轿车前盖上躺着一个人，此人正是被保险人。随后，李某将被保险人送至医院，医生经检查后确认被保险人已经死亡。当医生根据李某的陈述得知被保险人系跳楼死亡后，便让李某打电话报了警。综上可以充分证明，因严重家庭矛盾等原因，被保险人已经有自杀的主观故意。

其次，被保险人实施了自杀的客观行为。根据派出所对李某所作的《询问/讯问笔录》，结合事发现场照片可以确认，被保险人的家即事发现场位于该栋楼房的顶层阁楼，被保险人所在的北卧室房屋窗户置于楼顶斜上方，李某称之为"天窗"，且该房屋层高较高，即使借助凳子、椅子等，常人也很难爬上天窗登上楼顶。同时，保险公司的经办人员实地查看后发现，事发现场位于七楼顶部，即使将一半身体探出天窗，都会感到心悸腿软。综合考虑事发时屋内及屋顶的现场环境，事发当晚被保险人两次自行打开并爬上天窗、登上七楼楼顶的行为，可以充分证明，被保险人已经开始实施具体的自杀行为。同时，夏庄派出所对李某所作的《询问/讯问笔录》记载，被保险人早在事发三四天前，就已经频繁实施自杀行为，包括用菜刀朝自己胸前连砍加拍打、用双手掐住自己的脖子、将半个身体趴在窗外并同时用双手掐住自己的脖子，而且在李某试图对其进行解救时拼命挣扎，用力将身体翻出窗外，悬在空中，以及割腕、事发当晚先后两次自行打开并爬上天窗、登上七楼楼顶等。

最后，公安机关经调查后认定被保险人系跳楼坠亡。通过现场勘验、调查，并结合法医出具的尸体检验意见，青岛市公安局城阳分局于2016年2月10日出具《非正常死亡尸体处理表》，该表中记载：“死者姓名：张某；性别：女；年龄：29岁；家属：李某（丈夫）；案件性质：当事人跳楼坠亡。”同时，在家属意见一栏中，李某亲自书写了“对案件性质无异议，不需解剖尸体，同意火化”的内容，并签了名字。

一审法院认为，根据公安询问笔录及庭审查明事实，被保险人张某于死亡前存在多次过激行为，与李某发生过争吵且企图自杀未果，存在精神状态不稳定的情况，张某作为完全民事行为能力人，能够准确认识到自己行为的性质和后果，经询问，李某亦认可张某系自己通过天窗爬到楼顶，结合公安机关的非正常死亡尸体处理表中对张某跳楼坠亡这一案件性质的认定，保险公司关于涉案保险事故系被保险人自杀所致的初步证明义务已经完成，不应过分加重其举证责任。判决驳回李某的诉讼请求。

二审法院认为，《非正常死亡尸体处理表》记载的案件性质为“当事人跳楼坠亡”，家属意见为“对案件性质无异议，不需解剖尸体，同意火化”，在青岛市公安局城阳分局夏庄派出所对李某所作的询问/讯问笔录中，李某称“我老婆张某跳楼摔死了”。一审法院认定保险公司关于案涉保险事故系被保险人自杀所致的初步证明义务已经完成，并无不当。李某主张被保险人的死亡系意外事件，但其并未提供有力的证据予以证明。判决驳回上诉，维持原判。

下面这个案例就值得商榷了，因为在这个案件中，实际上被保险人是否实施了自杀行为这一点无法证明，也没有目击证人，就是说这个行为本身不确定，而是靠被保险人死亡来推算其可能是自杀，或者说是不排除自杀。但是这一点就很难判断，不排除自杀不等于就是自杀，譬如被保险人在江中溺水身亡，就能反推一定是自杀吗？实际上不一定，搞不好被保险人在江边散步、犹豫、彷徨，一不小心滑落水中也未可知。否则，被保险人所带走的哑铃哪里去了？总之，反推不能算是证据。所谓证据必须能证明事发情况。

广东省深圳市中级人民法院（2017）粤 03 民终 678 号民事判决书载明，2013 年 4 月，投保人徐某甲在保险公司投保了“至尊宝”人身意外伤害保险。2014 年 5 月 12，被保险人徐某甲的前夫向派出所报案，称徐某甲于 2014 年 5 月 8 日凌晨离家出走。后长江航运公安局重庆分局在某码头发现徐某甲的尸体，并于 2014 年 5 月 23 日进行了尸表检验，出具了《法医检验分析意见书》。《法医检验分析意见书》记载：“尸体高度腐败，衣着完整，未见打斗、撕扯痕迹，尸表检验未见损伤痕迹，未见扼颈、卡颈、勒颈等痕迹。分析意见：溺水死亡可能性大。”保险公司于 2014 年 9 月 26 日作出《人身险拒赔通知书》，认为：“徐某甲此次是因自杀溺水身故，根据相关法律规定及保险条款之约定，本公司对该事故不承担保险责任，并不给付保险金。”

保险公司主张，徐某甲生前自杀意念强烈，并且有过激的行为。根据法院到长江航运公安局重庆分局调取的龚某 3 的询问笔录，龚某 3 说，现在回想起来，自从 2014 年 3 月 12 日他从看守所拘役了四个月出来后，他感觉得到他的妻子徐某甲显得很忧郁，平时说话跟以前不一样了，经常提到想自杀。龚某 3 同时说道，在 2014 年 5 月 7 日，徐某甲与龚某 3 发生争吵，徐某甲出现了用头撞墙、用刀砍手腕的行为。2014 年 5 月 8 日凌晨，徐某甲留下遗书出走，随后传来死讯。在 2014 年 5 月 7 日争吵后的第二天凌晨（即 2014 年 5 月 8 日）徐某甲留下遗书并抱着哑铃离家而去，而遗书写道：“如果有一天我突然消失了，就不要再找我了，不要问为什么，请父母、妹妹、孩子及所有所有的人不要追究，是我自己选的这条路，与任何人无关，我只是想说一句：我对不起所有的我最爱最亲的人，永生永世，来生来世都还不清了，真诚希望你们一生能平安、健康……自己名下的房产全权交给龚某 3 处理。”遗书的内容显示出徐某甲决死意志坚定，并且之后不久就传来了她的死讯，这不是巧合，而是徐某甲的故意导致她本人的死亡。

一审法院认为，保险公司拒绝向徐某等四人赔付的理由是徐某甲此次是因自杀溺水身故。但根据双方提交的证据，无法证明徐某甲的死亡为自杀。法院前往案发地公安机关进行调查取证，公安机关亦表示，无法确定徐某甲的死亡原因为自杀。法医检验分析意见的结果也仅认定徐某甲溺水死亡可能性大。故法院认为，在无公安机关的侦查意见或法医鉴定意见认定徐某甲为自杀溺水的情况下，保险公司以“徐某甲此次是因自杀溺水身故”为由对该事故不承担保险责任，并不给付保险金的行为没有事实依据，法院不予确认。保险公司应支付保险金人民币 96 万元。

二审法院认为，溺水仅是死者死亡的原因，并不能认定死者溺水死亡是意外落水造成还是死者自杀造成。而从龚某 3 在公安局的多份笔录中的陈述来看，徐某甲在本次事件之前就存在自杀倾向以及自残行为。徐某甲在双方发生争吵后于 2014 年 5 月 8 日凌晨 2 时 30 分出门，留下了遗信和手机、证件、钱等物品在床头柜，在遗信中要求不要再找她。根据上述事实，在没有证据证明有外力情形导致徐某甲溺水死亡的情形下，不排除徐某甲自杀的可能性，上诉人对于徐某甲系自杀已经尽到相应的举证责任。被上诉人徐某等四人主张徐某甲不是自杀，但未对徐某甲死亡前的反常言行作出合理解释，亦未提供反驳证据，对此不予采信。被上诉人要求上诉人保险公司支付意外身故保险金 96 万元没有依据，上诉人保险公司主张应当免责，理由成立，予以支持。遂判决撤销一审判决，驳回受益人全部诉讼请求。

在某些特定的环境中，即便没有办法了解到被保险人主观思想，不确定其是否有自杀的故意，也没有证据判定其死亡过程是什么样，但是，就特定的环境判断，被保险人的死亡只能是自杀所致。这样的推理也是可行的。

广东省深圳市中级人民法院（2017）粤 03 民终 239 号民事判决书载明，2015 年 3 月 13 日，某物业管理有限公司作为投保人在保险公司处投保团体人身意外伤害保险。2015年11月4日，被保险人彭某在一小山上死亡，深圳市公安局出具法医学死亡证明书，确认彭某的死亡原因为电击。彭某遗体于2015年11月26日在深圳市殡仪馆火化。

保险公司主张警方对彭某的死因认定为电击，但导致事故发生的原因并未在说明中予以明确，警方对该次事故排除了他杀可能及认定彭某在并未受到他人和外力胁迫的情况下爬上高压电线塔，因此只能是自主爬上高压电线塔，而且警方的询问笔录中也提及彭某平时寡言少语，很少与人交谈，受害人明显是自己爬上高压线塔被电击死亡，不符合意外伤害的特征。

一审法院认为，彭某被电击死亡，深圳市公安局盛平派出所对相关事故进行调查，证明彭某的死亡原因初步排除了他杀。再依据深圳市盛平派出所对相关人士的询问笔录显示，彭某及其家庭人员并没有精神上的疾病，由此可以推断彭某应当具有完全行为能力和自控能力。在没有证据显示事发时彭某系存在外力的情形下被电击死亡，不排除彭某存在自杀的可能性。受益人丁某萍主张保险公司负有赔偿义务于法无据，不予支持。

二审法院认为，结合涉案报警登记表记载的内容、深圳市盛平派出所的相关询问笔录、彭某死亡地点周围环境等证据来看，被上诉人主张彭某系被高压线塔的高压电电击死亡，具有高度盖然性。而本案已经初步排除了他杀，双方对此均无异议，亦均认可彭某死亡前具有完全行为能力和自控能力。因此原审判决以不排除彭某存在自杀可能性为由认定被上诉人应当免责，无需承担赔偿责任并无不当。上诉人主张彭某系意外而遭电击死亡，未提供充分证据证明，依据不足，不予支持。

这个案件中，实际上是根据被保险人死亡的原因、场地、环境等推断出，被保险人是登上高压电塔，触碰高压电导致死亡的。而这样的情形，实在是无法推论出其他的原因，总不能是被保险人登上电塔去乘凉、去登高远望、去锻炼身体吧？故而不能成立。

《最高人民法院关于民事诉讼证据的若干规定》第十条规定：“下列事实，当事人无须举证证明：（一）自然规律以及定理、定律；（二）众所周知的事实；（三）根据法律规定推定的事实；（四）根据已知的事实和日常生活经验法则推定出的另一事实；（五）已为仲裁机构的生效裁决所确认的事实；（六）已为人民法院发生法律效力的裁判所确认的基本事实；（七）已为有效公证文书所证明的事实。前款第二项至第五项事实，当事人有相反证据足以反驳的除外；第六项、第七项事实，当事人有相反证据足以推翻的除外。”本案中，根据已知事实和日常生活经验法则，能推定出的另一事实是什么呢？我们排除不可能的情况之后，剩下的情况无论如何不可能，都是最可能的事实了，那就是被保险人意图自杀，并实施了自杀行为。

二、自杀导致伤残的情形

很多以死亡为给付条件的人身保险合同中，不仅有死亡保险责任，同时还存在伤残保险责任。即在被保险人发生伤残保险事故后，保险人会以死亡保险金为基数，按照一定比例，向被保险人给付伤残保险金。那么，假如被保险人自杀，但是由于种种原因并没有死亡，却导致了被保险人伤残，该如何考虑呢？特别是，当保险合同成立或者合同效力恢复之日起超过二年，保险人是否要承担给付保险金责任呢？

我认为，《保险法》第四十四条只针对“以被保险人死亡为给付保险金条件的合同”，并不包括“以被保险人伤残为给付保险金条件的合同”。由于被保险人并未死亡，其对受益人造成的悲痛远不及被保险人死亡的情形，从道理上就不应该给予拒赔的例外。也就是说，只有在被保险人死亡的情况下，才考虑《保险法》第四十四条的适用问题。对于被保险人伤残的情况，不应援引这一条。当被保险人因自杀未身故，但是造成伤残的，仍应适用《保险法》第二十七条规定，即投保人、被保险人故意制造保险事故的，保险人有权解除合同，不承担赔偿或者给付保险金的责任。

三、自杀但予以理赔情形中，意外保险不应予以保险理赔

人身保险主要包括意外伤害险、健康险和人寿保险，合同中可能都会包含以死亡为给付保险金条件的条款。

保险人规定承保风险的方式有两种，一种为一切险（ALL RISK），另一种为特定险（SPECIFIED RISK）。所谓一切险，承保的是一切原因给被保险人造成的损失。例如，一般性的终身寿险、两全保险等，就属于一切险。在该险种项下，一切情况导致被保险人死亡的，均予以赔偿保险金。所以，虽然被保险人自杀身亡，但是依据《保险法》第四十四条，这样的险种属于“以被保险人死亡为给付保险金条件的合同”，所以保险公司仍然给付死亡保险金。所谓特定险，即列明了特定风险，即不仅有被保险人死亡的结果，还要求该死亡结果是特定风险、特定事故导致的。例如保险人承保的是意外保险事故，就要求是意外事故导致被保险人死亡，保险人才给付保险金。这里的“意外事故”，就是特定的风险，这一条件必须满足。

《人身保险公司保险条款和保险费率管理办法》第十二条规定：“意外伤害保险是指以被保险人因意外事故而导致身故、残疾或者发生保险合同约定的其他事故为给付保险金条件的人身保险。”

再如，保险人承保的是被保险人重疾导致死亡的保险责任，就要求是重疾导致的被保险人死亡，保险人才给付保险金。在意外保险合同条款中，我们都能看到“意外事故”的定义：“因外来的、突发的、非本意的、非疾病的原因而直接且单独地导致被保险人发生事故。”这几个条件是必要条件，缺一不可。只有四个条件齐备，才构成意外事故。因此导致被保险人死亡的，才属于意外身故。自杀的情形则恰恰相反，死亡是死者自己追求的结果，是明知必死而刻意为之，死亡的结果就是其本意。因此被保险人死亡不属于意外身故。

综上所述，虽然《保险法》第四十四条笼统地规定“以死亡为给付保

险金条件的合同”，但是以意外伤害险为例，自杀显然不属于“意外”，所以意外伤害保险保险合同都将被保险人自杀死亡明确列为除外责任，无论被保险人何时自杀，保险人均不赔付，自杀条款对该险种并不适用。在这样的情形下，即便保险合同成立已经超过了两年，受益人仍然无权要求保险公司给付保险金。

江苏省泰州市中级人民法院（2018）苏12民终2012号民事判决书载明，2015年1月6日，姚某2作为投保人、被保险人在保险公司处投保了生命安行无忧两全保险附加长期意外住院津贴医疗保险。姚某2于2017年9月30日自杀身故。姚某法定监护人要求保险公司支付保险金，保险公司赔付了身故保险金5445.99元（含利息），保险合同终止。本案争议的焦点是被保险人自杀，保险公司是否承担给付意外身故保险金的责任。

一审法院认为，该险种属于人身保险合同中的意外伤害保险，意外伤害事故属于保险事故，保险人承担保险责任，不但要求被保险人死亡的结果，还要求其是因意外事故所致。而意外伤害事故，指遭受外来的、突发的、非本意的、非疾病的使身体受到伤害的客观事件。自杀是出自当事人的自主决定，是其自由意志的真实体现，不属于意外伤害事故，故不属于本案意外身故保险责任范围。综上，无论被保险人何时自杀，保险人均不承担意外身故保险金的赔付责任。判决驳回受益人的诉讼请求。

二审法院认为，案涉保险合同是以被保险人的身体利益为保险标的，以被保险人遭受意外伤害事故造成伤残或死亡为保险责任范围而与保险人订立的一种人身保险合同。该合同与单纯以被保险人的生命为保险标的，以被保险人的生存或死亡为给付保险金条件而订立的人寿保险合同在性质上有所区分，在适用条件和保险责任范围上亦有不同。一审法院据此认定案涉保险合同属于人身保险合同中的意外伤害保险并无不当，上诉人姚某认为案涉保险合同是兼顾保险和储蓄功能的人寿保险合同的上诉理由，与事实不符，亦与其在一审中的陈述意见相悖，不予采纳。因案涉保险合同属于意外伤害保险，被上诉人作为保险人履行给付保险金义务的前提是被保险人遭受了合同约定的意外伤害事故、导致人身伤残或死亡，而本案中，被保险人姚某2系自杀身故，不属于合同约定的因遭受外来的、突发的、非本意的、非疾病的使身体受到伤害的客观事件而导致的死亡后果，故不属于案涉保险合同约定的保险责任范围，上诉人作为受益人以被保险人自杀身亡为由要求被上诉人给付保险金，显然与合同约定不符，一审法院对其诉讼请求未予支持正确，应予维持。

第四节　公　估

一、保险公估公司的法律地位

《保险法》第二十三条规定：“保险人收到被保险人或者受益人的赔偿或者给付保险金的请求后，应当及时作出核定；情形复杂的，应当在三十日内作出核定，但合同另有约定的除外。保险人应当将核定结果通知被保险人或者受益人；对属于保险责任的，在与被保险人或者受益人达成赔偿或者给付保险金的协议后十日内，履行赔偿或者给付保险金义务。保险合同对赔偿或者给付保险金的期限有约定的，保险人应当按照约定履行赔偿或者给付保险金义务。保险人未及时履行前款规定义务的，除支付保险金外，应当赔偿被保险人或者受益人因此受到的损失。任何单位和个人不得非法干预保险人履行赔偿或者给付保险金的义务，也不得限制被保险人或者受益人取得保险金的权利。”

保险人在接到被保险人或者受益人的索赔要求后，既享有核定之权利，也具有核定之义务。“核”者，核实之意也，即审核、核查是否发生保险事故、是否存在承保损失、是否属于保险责任、是否存在免责情形、证据是否确实充分等情形。“定”者，确定之意也，即确定承保损失金额、保险责任数额等情形。总体而言，“核定”包括对保险标的或者保险事故进行评估、勘验、鉴定、估损理算的各个环节与过程。

不过，一般来说，不太可能有如此多的核查、判定人员应付数量庞大的保险事故以及索赔请求。但是，法律规定保险人必须在30日内完成核定之过程。那没有办法，很多保险人就要与相关的专业机构进行合作，实践中常见的是保险人与保险公估公司、保险调查公司进行合作配合，以完成核定工作。

《保险法》第一百二十九条规定："保险活动当事人可以委托保险公估机构等依法设立的独立评估机构或者具有相关专业知识的人员，对保险事故进行评估和鉴定。接受委托对保险事故进行评估和鉴定的机构和人员，应当依法、独立、客观、公正地进行评估和鉴定，任何单位和个人不得干涉。前款规定的机构和人员，因故意或者过失给保险人或者被保险人造成损失的，依法承担赔偿责任。"由此可见，保险公估公司大体上等于法律规定的"保险公估机构"，而保险调查公司则大体等于法律规定的"具有相关专业知识的人员"。

《保险公估人监管规定》第一条规定："为了规范保险公估人的行为，保护保险公估活动当事人的合法权益和公共利益，维护市场秩序，根据《中华人民共和国保险法》（以下简称《保险法》）《中华人民共和国资产评估法》（以下简称《资产评估法》）等法律、行政法规，制定本规定。"第二条规定："本规定所称保险公估，是指评估机构及其评估专业人员接受委托，对保险标的或者保险事故进行评估、勘验、鉴定、估损理算以及相关的风险评估。保险公估人是专门从事上述业务的评估机构，包括保险公估机构及其分支机构。保险公估机构包括保险公估公司和保险公估合伙企业。"

2005 年 2 月 28 日，第十届全国人民代表大会常务委员会第十四次会议通过《全国人民代表大会常务委员会关于司法鉴定管理问题的决定》，其中第一条规定："司法鉴定是指在诉讼活动中鉴定人运用科学技术或者专门知识对诉讼涉及的专门性问题进行鉴别和判断并提供鉴定意见的活动。"第六条规定："申请从事司法鉴定业务的个人、法人或者其他组织，由省级人民政府司法行政部门审核，对符合条件的予以登记，编入鉴定人和鉴定机构名册并公告。省级人民政府司法行政部门应当根据鉴定人或者鉴定机构的增加和撤销登记情况，定期更新所编制的鉴定人和鉴定机构名册并公告。"

对比《人民代表大会常务委员会关于司法鉴定管理问题的决定》《保险公估人监管规定》，我的理解是，保险公估机构授权与许可属于行政许司法规定的范畴，是以国务院令的方式授予保险监督管理委员会。但是，保险公估机构不是司法部批准、登记的机构，因此原则上保险公估机构鉴定就不是司法鉴定，其评估鉴定结论不能作为司法鉴定使用。

《民事诉讼法》第六十三条规定："证据包括：（一）当事人的陈述；（二）书证；（三）物证；（四）视听资料；（五）电子数据；（六）证人证言；（七）鉴定意见；（八）勘验笔录。"由此可见，公估机构作出的结论，不属于此条中"鉴定意见"，而只能算是"当事人陈述、书证、物证、证人证言、勘验笔录"范畴。也就是说，公估机构的结论只能是参考性的，而非决定性的。

江苏省徐州市中级人民法院（2017）苏03民终2556号民事判决书载明，刘某粱、肖某系刘某的父母，刘某生前是徐州市云兴小学学生，在校期间该校为每名学生投保了学生、幼儿意外伤害保险。2016年6月28日15时23分，死者刘某于当日午后在自家阳台上，因顽皮自行用一条红领巾套在脖子致其窒息死亡。向保险公司索赔时，保险公司认为系自杀而拒赔。

一审法院认为，保险公司辩称死者刘某系自杀，并提供了某保险公估公司出具的关于死者刘某案件的调查报告，因该调查报告系保险公司单方委托，超出了保险公估公司业务范围，不能作为证据使用，对保险公司辩称意见，不予采信。一审判决保险公司赔偿保险金100300元。

二审法院认为，保险公司主张被保险人系自杀，并提供了某保险公估公司出具的关于死者刘某案件的调查报告，该调查报告载明的调查事故经过为：2016年6月28日，刘某在家中用红领巾勒颈，被发现后送至医院。送到医院时，呼吸、心跳已停止，经抢救无效死亡。处理该事故民警已排除他杀可能。调查结论为：暂定刘某系勒颈自杀死亡。而某保险公估公司的经营范围为保险标的承保前和承保后的检验、估价及风险评估；保险标的出险后的查验、检验、估损理算及出现保险标的残值处理；风险管理咨询；中国保监会批准的其他业务。同时，保险公司既未提供某保险公估公司具有对被保险人死亡原因出具结论的资格的证据，也未提供某保险公估公司作出刘某系勒颈自杀死亡结论所依据的相关证据。因此，一审认为某保险公估公司出具的调查报告，不能成为认定被保险人刘某系自杀的证据并无不当。二审判决驳回上诉，维持原判决。

实践中，由于公估公司、调查公司的定位不清晰，方式不合法，确实存在比较多的问题，有必要予以探讨。

二、非法获取证据

实际上，在财产保险、人身保险核定过程中，公估机构的用处不太相同。

我们常见到公估机构在财产保险纠纷中发挥作用，主要是为了确定损失的原因、数额等。而在人身保险纠纷中，通常损失发生的原因是比较清晰的，损失也不怎么需要去研判确定，那么保险人委托公估公司主要是基于什么目的呢？实际上主要是为了调查，为了获取证据，再说直白一点，是为了获取那些能证明不构成保险责任、免除保险责任的证据。

《最高人民法院关于适用〈中华人民共和国民事诉讼法〉的解释》第一百零六条规定："对以严重侵害他人合法权益、违反法律禁止性规定或者严重违背公序良俗的方法形成或者获取的证据，不得作为认定案件事实的根据。"即对于证据的审核与认定，不仅要看证据本身的真实性、关联性，还要考虑证据取得的途径与方式是否合法。如果证据取得的途径与方式是非法的，即便证据本身真实、能够实现证明目的，该证据也不能被作为证据使用。

在人身保险纠纷诉讼中，保险人往往会委托保险公估机构、保险调查机构去调查被保险人的相关情况，特别是被保险人的病历、就医记录等，所取得的证据会用于诉讼过程。这些调查过程就必须谨慎对待，因为很可能因非法取得，从而导致证据无法律效力。

《民法典》第一千二百二十六条规定："医疗机构及其医务人员应当对患者的隐私和个人信息保密。泄露患者的隐私和个人信息，或者未经患者同意公开其病历资料的，应当承担侵权责任。”因此，除了患者本人同意之外，医疗机构不能公开患者隐私、患者病历资料等。对于医疗信息，只有患者本人的同意为最终同意，其余人譬如父母子女雇主等，均无替代同意的权利。但是父母作为子女监护人，为子女投保情形除外。

譬如，有个涉及重疾险的案件，投保人在投保时确实看到了、接受了投保单上的文字：“本人授权贵公司可以从任何单位、组织和个人就有关保险事宜查询、索取与本人有关的资料和说明，作为审核本投保申请及评估相关理赔申请的依据，贵公司对个人资料承担保密义务。”假设被保险人同意了，也签字了，这个授权就是没有问题的了。如果保险公司去医院收集被保险人的资料，也就罢了。可是，这个保险公司却找调查公司（实践中还有找公估公司的，还有找什么侦探的），堂而皇之地形成了一份书面报告，到各个医院去收集被保险人的资料，这就比较过分了。

因为，投保人的授权是基于对保险公司的信任，但是保险公司合作的其他机构，例如调查公司、公估公司等，投保人并不了解、并不信任。所以投保人仅仅是授权给保险公司，仅仅是允许保险公司针对有关保险事宜查询、索取有关的资料。投保人并没有、也不会授权给保险公司以外的其他机构来查询、索取与被保险人有关的所有资料。这些什么调查公司实际上根本没有得到投保人本人的授权。

那么这些调查公司声称，这个行为是得到保险公司的授权委托，这个说法是否成立呢？我认为根本就不成立，因为《民法典》第一百六十九条第一款规定，代理人需要转委托第三人代理的，应当取得被代理人的同意或者追认，所以保险公司不存在什么单方转授权的权利，调查公司的所谓调查、收集无法律依据，根本就是侵犯公民隐私。并且，调查公司去调查公民的医疗信息，还做成报告，那么调查员肯定知晓了公民隐私、调查公司肯定也知晓了公民隐私，那保险公司承诺的保密义务何在？必然是荡然无存。擅自获取、提供、出售公民的医疗信息，是严重的违法行为，甚至构成犯罪。

事实上也的确如此，这些调查公司为了把这个活干了，为了挣钱，那真的是不择手段，譬如这个案件中，调查公司是怎么做的呢？持有被保险人的身份证复印件（反正保险合同那里有），然后去医院谎称自己是被保险人亲属，说被保险人眼看就不行了，紧急需要过去的医疗记录作为参考。这个事被对质查明之后，激起了被保险人的强烈愤怒。所以对这样的情形必须给予阻止和打击。

三、公估公司与保险人存在利害关系

《保险法》第一百二十九条规定，保险活动当事人可以委托保险公估机构等，对保险事故进行评估和鉴定。按照法律规定，理论上，不光是保险人可以委托保险公估公司，投保人、被保险人、受益人也可以去委托保险公估公司。但是现实中，几乎没有听说过投保人、被保险人、受益人委托保险公估公司的情形。所以，保险公估公司主要依靠保险人这个市场，从保险人处获得收入。可以说，大多数公估公司都与保险人联系密切。

在人身保险纠纷诉讼中，大多数保险公估公司的结论，都不会被投保人、被保险人、受益人接受，原因即在于此。这些结论是不利于投保人、被保险人、受益人一方的。而不利于这一方的原因，则是因为保险人给了公估公司钱，所以投保人、被保险人、受益人一方认为保险人与公估公司之间有利害关系，不承认公估结论。这就使得公估公司的地位颇为尴尬。

广东省佛山市中级人民法院（2017）粤06民终85号民事判决书载明，2015年10月30日，进璟公司向保险公司投保了建设工程施工人员团体意外伤害保险，2016年3月11日，被保险人谭某在工地用斗车拉水泥时，倒地昏迷不醒，经医生现场抢救无效死亡。

一审法院认为，虽然谭某的死亡证明（推断）书记载其死亡原因是猝死，保险公司提交了公估公司的询问笔录以证明被保险人非意外伤害死亡，但从佛山市南海区人力资源和社会保障局作出的工伤认定决定书所查证“2016年3月11日8时左右谭某在工程工地用斗车拉水泥时，被地上的障碍物绊倒昏迷不醒，经抢救无效死亡”的事实，可推定被保险人是因被障碍物绊倒导致死亡，属于意外伤害事件所致。公估公司受聘于保险公司，其所作的询问笔录证明力低于佛山市南海区人力资源和社会保障局所作出的认定，保险公司免除保险责任的抗辩不成立，不予采纳。判决保险公司赔偿保险金30万元。

二审法院认为，保险公司据以主张其曾提出尸检要求的依据为在联沙村民委员会调解过程中的谈话录音。一方面，参与该次调解的为公估公司的人员而非保险公司员工，其时公估公司已受保险公司委托对涉诉保险事故进行公估，显然，其代表保险公司参与调解事项与其保险公估人之身份相矛盾。另一方面，该次谈话发生在谭某家属与进璟公司等调解过程之中，其时保险公司尚未作出同意或拒绝赔付的结论，公估公司的人员虽提出尸检的建议，但并未明确提出拒绝尸检会导致保险公司拒赔的后果。可见，保险公司仅以该谈话录音，并不能证实受益人有拒绝配合尸检的故意。保险公司的上诉主张不成立，不予采纳。判决驳回上诉，维持原判。

四、可能导致保险公估报告无效的其他情形

1. 保险公估机构或公估人员不具备相关评估资质

《保险公估人监管规定》第三条规定，保险公估从业人员包括公估师和其他具有公估专业知识及实践经验的评估从业人员。第四条规定，公估师是指通过公估师资格考试的保险公估从业人员。第五条规定，保险公估人在中华人民共和国境内经营保险公估业务，应当符合《资产评估法》要求及中国保险监督管理委员会（以下简称中国保监会）规定的条件，并向中国保监会及其派出机构进行业务备案。第六十四条规定，保险公估人不得委托未通过该机构进行执业登记的个人从事保险公估业务。可知，无论是公估机构还是公估机构内的公估师，都是需要一定的资格的，否则无法出具公估报告。

2. 评估范围超出了法定业务范围

《保险公估人监管规定》第四十三条规定：“保险公估人可以经营下列全部或者部分业务：（一）保险标的承保前和承保后的检验、估价及风险评估；（二）保险标的出险后的查勘、检验、估损理算及出险保险标的残值处理；（三）风险管理咨询；（四）中国保监会规定的其他业务。”如果超出了业务范围，则公估报告可能会被认定为无效。譬如，火灾事故调查和处理机构应当为公安消防机构，调查人员应当具备相应的岗位资格。一般的公估机构并非公安消防机构，不具备火灾事故鉴定的岗位资质。如果公估机构、公估师在公估报告中，对于火灾原因进行判断、分析、认定，不予采信并无不当。

3. 保险公估程序严重违法

《保险公估人监管规定》第二十五条规定：“保险公估人在开展公估业务过程中，不得有下列行为：（一）利用开展业务之便，谋取不正当利益；（二）允许其他机构以本机构名义开展业务，或者冒用其他机构名义开展业务；（三）以恶性压价、支付回扣、虚假宣传，或者贬损、诋毁其他公估机构等不正当手段招揽业务；（四）受理与自身有利害关系的业务；（五）分别接受利益冲突双方的委托，对同一评估对象进行评估；（六）出具虚假公估报告或者有重大遗漏的公估报告；（七）聘用或者指定不符合规定的人员从事公估业务；（八）违反法律、行政法规的其他行为。”如果保险公估程序有违上述禁止性规定，就会出现严重违法情况，可能会导致保险公估报告无效。

河北省石家庄市中级人民法院（2017）冀01民终2268号民事判决书载明，投保人石家庄市协和药业有限公司以李某珉为被保险人，向保险公司投保贷无忧借款人意外伤害保险C款、贷无忧借款人意外伤害定期寿险，并签订了保险合同。2015年4月5日，被保险人李某珉非正常死亡，排除构成刑事案件可能性。受益人对保险公司聘请第三方调查公司所出具的保险调查报告不认可，认为首先调查公司无相应资质；其次该调查报告为单方记载，属于传来证据。另外，在网上查询不到第三方调查公司的相关信息，调查报告用的是调查专用章而非该公司公章，且出具该报告的员工不能提供其与公司间的劳动合同关系及无相应调查资质。

一审法院认为，调查方没有提交相关资质，调查报告不具有合法性，故对该证据不予采信。受益人对留营派出所侯警官的对话录音不认可，认为该证据属于证人证言，通话双方均非本案任何一方，所谓的调查人和侯警官均无法证实，所以该证据不具有法律效力，其证明内容不具有法律意义上的有效性。保险公司无其他证据证明该录音的客观真实性，故对该证据不予采信。受益人对保险公司提交的李某珉案件初次与客户家属沟通情况说明不认可，认为该证据系保险公司单方出具，仅有保险公司方签字、无相对方签字，其不具任何法律效力。该证据系保险公司方单方出具，且与本案其他证据无法相互印证，不具有真实性，故对该证据不予采信。受益人对保险公司提交的理赔调查报告不认可，认为该证据系保险公司单方出具，不具任何法律效力。该证据系保险公司方单方出具，且与本案其他证据无法相互印证，不具有真实性，故对该证据不予采信。保险公司应赔偿保险金1600万元。

二审法院认为，保险公司作为保险公司，具备专业保险知识，其对超出普通人证明水平的保险事故原因、性质应承担进一步的告知和举证证明责任，保险公司提供的保险调查报告中"侯所长告知，根据经验判断被保险人是由疾病导致死亡"之结论是推定，且调查报告所做结论亦不具有排他性，在保险公司未尽说明义务、相关概念术语与投保人、受益人产生争议的情况下，应作对保险人不利的解释。保险条款也没有明确约定非正常死亡不予赔偿，保险公司主张非正常死亡不是意外伤害死亡，不属于保险理赔范围理据不足，不予支持。维持原判。

4. 公估结论明显依据不足

《保险公估人监管规定》要求保险公估人及其从业人员在开展公估业务过程中，应当勤勉尽职。保险公估报告中涉及赔款金额的，应当指明该赔款金额所依据的相应保险条款。《保险公估基本准则》也要求保险公估人及其从业人员在办理涉及保险理赔的公估委托时，应当选择恰当的评估方法，准确适用保险和有关行业标准、规范进行评估分析，在保险公估报告中科学、合理、公正地出具书面公估定损理算意见，向委托人和涉案当事方详细说明公估定损理算的依据及标准。保险公估报告的结论明显依据不足的，可能会导致保险公估报告无效。

第五节 续 保

续保在商业人身保险领域中比较常见，因为续保并无法律规定的概念与规则，所以常见的是在保险合同中予以约定。譬如，有保险合同条款约定：“本合同的保险期间为一年，除另有约定外，自本合同生效之日起至约定终止日二十四时止。投保人可于保险期间届满之前或在本合同约定的交费宽限期内，经本公司同意后，向本公司交付续保保险费，本合同于保险期间届满的次日起延续有限一年。本合同可按上述方式续保至被保险人年满七十周岁后的第一个年生效对应日。本公司保留终止本合同续保的权利，并有权调整保险费收费标准。”也有的保险合同约定：“本附加险合同的保险期间为一年，自保险单或批注上载明的本附加险合同生效日起。自投保人首次投保本附加合同生效日起、或自投保人非连续投保本附加合同的生效日起，每五年为一个保证续保期间。在保证续保期间内，若投保人于每个保险期间届满前未提出不再续保的书面要求，且向本公司缴纳续保保费，则本附加合同将自动续保一年，直至每个保证续保期间届满。在每个保证续保期间届满之前，本公司将重新审核被保险人是否符合续保条件。若本公司不同意续保，则在保险期间届满前三十天内，以书面形式通知投保人，保险期间届满，本附加合同终止。”如果仔细看，会发现不同的续保条款差别很大。有的是一年到期后续保，有的是5年甚至6年续保一次；有的要求投保人必须主动提出续保，有的表示只要投保人未提出不续保就算是自动续保；有的保险人表示保险费标准可能改变，有的保险人表示可能会提前终止续保的制度。

保险条款固然可以千变万化，但是从另外一方面考虑，因为缺乏法律规则，所以完全由保险人自己说了算，也出现了不少的纠纷，有必要深入探讨。

一、续保的法律定位

有一个最基本的问题，就是续保的时候，投保人、保险人之间，是重新订立了一份保险合同，还是原有的保险合同的顺延呢？这是一个根本的问题，这个问题不说清楚，很多纠纷就不明不白。

《健康保险管理办法》第四条规定："健康保险按照保险期限分为长期健康保险和短期健康保险。长期健康保险，是指保险期间超过一年或者保险期间虽不超过一年但含有保证续保条款的健康保险。长期护理保险保险期间不得低于5年。短期健康保险，是指保险期间为一年以及一年以下且不含有保证续保条款的健康保险。保证续保条款，是指在前一保险期间届满前，投保人提出续保申请，保险公司必须按照原条款和约定费率继续承保的合同约定。"

我们讨论的续保问题，基本都是指向保险期间不超过一年的健康保险。虽然都是短期的健康保险，但是续保问题的规则不同，导致健康保险的法律性质不同。

如果含有保证续保条款，则保险合同为长期保险。换句话说，这样的保险表面上看起来是一年期的保险，实际上是一个多年期的保险，是一份保险合同而不是多份保险合同。投保人每年交纳保险费，就会引起保险合同的正常延续，因此不存在重新订立保险合同的问题。

如果不含有保证续保条款，则保险合同为短期保险。既然是短期保险，那么一年保险期限届满后，保险合同自然就终止了。如果投保人希望保险人继续承保一年，则只能再与保险人订立一份短期保险。虽然新的短期保险合同期限紧接着上一份保险合同，但是应该认为这是一份新的保险合同。理论上说，原来保险合同的费率、条款甚至是被保险人等条件与内容都可能发生改变，因此这样产生的新的保险合同并不是原有保险合同的延续，也不能算是续保。

最麻烦的是，含有"不保证续保条款"的保险合同，就是保险人在条款中一方面称“本合同是不保证续保的保险产品”，但是另一方面又称只要投保人提出请求，保险人同意，就会继续续保，并且还保证能够续保到99岁或者被保险人终生。这样的表述，就比较模糊了，到底算是保证续保？还是非保证续保？

我认为，这样的表述对于保险人是否同意接受投保人的续保意思表示并无任何规定、限制、标准等，这实际上是让投保人认为，只要自己愿意，则保险人也会按照原保险合同的条件内容继续承保下去。所以，这样的表述，虽然表面上是“不保证续保条款”，然而在投保人看来，分明是“保证续保条款”。否则的话，所谓“继续投保到99岁”是什么意思？这分明是说，只要投保人有这样的意思表示，或者依照合同约定未表示不进行续保，则续保就可以成立，保险合同就应当继续延续。就是说，这样达成的新的保险合同，是原有保险合同的顺延，而非重新订立一份保险合同。

现实中常见的问题是，短期附加险按长期对待。投保人常发现自己购买的附加险虽然没有保证续保条款，但保险公司往往将主险与附加险保费混在一起收，一年一划账，发票上又不分开注明主险与附加险的价格，让消费者误认为附加险就是长期险。

除此之外，随着投保人年龄的增长，保险公司在随主险收附加险费用时，还会上调价格，投保人往往不易发现。一旦上年出现理赔，保险公司会单方决定不续保，或者进行责任免除。投保人在整个过程中往往是被动的，这就为纠纷埋下隐患。因此，《健康保险管理办法》第四十三条规定：“保险公司以附加险形式销售无保证续保条款的健康保险产品的，附加险的保险期限不得小于主险保险期限。”按照规定理解，只能有一个结论，即如果附加的健康保险产品不保证续保，则其保险期限必须等于或者长于主险的保险期限。假如附加的健康保险产品保险期限短于主险的保险期限，则该附加险产品必然是保证续保的保险产品。因此，可以这么认为，不管保险合同条款如何千变万化，但凡是一年期以下的、短于主险期限的附加险健康保险产品，都不可能是不保证续保的保险产品。

河北省保定市中级人民法院（2014）保民三终字第90号民事判决书载明，2007年9月23日，王某生在保险公司投保了主险以及附加险。2007年至2013年，王某生一直按年向保险公司支付保费。2012年7月4日，保险公司给王某生发了一份核保意见通知函，由于王某生患有2型糖尿病、糖尿病肾病、脑梗死、冠状动脉性心脏病，拒绝为王某生投保的附加住院日额医疗保险续保。

一审法院认为，王某生并不存在附加险保险条款约定的拒绝续保情形。保险公司以王某生患病的理由拒绝为王某生续保两种附加险侵犯了王某生应享有的保险利益且不符合保险合同约定，故对于王某生要求保险公司继续为王某生所投保的平安附加住院日额医疗保险及平安附加住院费用医疗保险续保的诉讼请求予以支持。判决保险公司为王某生办理续保手续。

二审法院认为，保险公司和王某生对保险期间和续保有不同的理解。保险公司主张，根据保险合同约定，保险公司会在保证续保期间届满时审核被保险人是否符合续保条件。作为订立保险合同的一方当事人，拥有缔约自由的权利，有权决定是否接受当事人的投保，也有权为其续保或承诺保证续保设置某些条件，在核保过程中，有权通过对保险人的身体健康状况作出评估，决定是否接受投保人的投保。保险公司的该主张在合同中并未约定。双方签订保险合同，就应按照合同约定严格履行各自的义务，保险公司作为该格式条款的提供者即使有缔约自由的权利，也不能超越保险合同的约定额外设置拒保条件，对保险公司的主张不予支持。王某生主张，根据保险合同约定，在保证续保期间内每一保险期间届满时发生下列情形之一的，保险公司不再接受续保：一、被保险人续保时的年龄超过本附加险合同约定的最高续保年龄；二、主险合同交费期满。按照通常的理解，除上述两种情况外，保险公司都应为王某生续保。本案中，在保证续保期间内王某生并不存在上述情形，保险公司拒绝续保的行为不符合保险合同的约定，应承担违约责任。二审驳回保险公司上诉，维持原判。

不过需要注意的一点是，《健康保险管理办法》第四十三条规定是针对附加险保险产品而言的，如果该健康保险设定为主险产品，则不适用这一条。

二、非保证续保的产品需要特别说明

实践中，投保人对于是否保证续保的问题多认为，只要自己愿意，则保险人也会按照原保险合同的条件内容继续承保下去。为什么会有这样的认识呢？主要是因为保险人并未就此问题进行特别说明。

《健康保险管理办法》第三十九条规定："保险公司销售健康保险产品，应当以书面或者口头等形式向投保人说明保险合同的内容，对下列事项作出明确告知，并由投保人确认：（一）保险责任；（二）保险责任的减轻或者免除；（三）保险责任等待期；（四）保险合同犹豫期以及投保人相关权利义务；（五）是否提供保证续保以及续保有效时间；（六）理赔程序以及理赔文件要求；（七）组合式健康保险产品中各产品的保险期间；（八）银保监会规定的其他告知事项。"

由此可见，关于是否提供保证续保以及续保有效时间，是比较重要的问题，其重要程度超过了保险合同条款的一般内容，因此保险监管机关要求保险人在销售阶段，在对保险合同履行完说明义务之后，还要对该问题进行一个特别的"书面告知、签字确认"程序。这是因为，如果不加特别的提示，则投保人往往不理解关于是否保证续保的问题到底是什么含义：到底是保证续保，还是不保证续保？一般的投保人是不明白的。所以要求保险人给予投保人特别的提示，并且要求投保人书面签字确认，以强迫投保人知晓、理解、接受关于保证续保问题的规则，同时也留下了书面的证据。

我们可以看到，这样的规定，实际上比较接近于《保险法》对于免责条款的明确说明义务了。但是，关于保证续保问题的规则，又不算是免责条款，所以不好说必须进行明确说明，但是起码我们可以称之为特别说明。

这样的要求，来源于《民法典》第四百九十六条规定："格式条款是当事人为了重复使用而预先拟定，并在订立合同时未与对方协商的条款。采用格式条款订立合同的，提供格式条款的一方应当遵循公平原则确定当事人之间的权利和义务，并采取合理的方式提示对方注意免除或者减轻其责任等与对方有重大利害关系的条款，按照对方的要求，对该条款予以说明。提供格式条款的一方未履行提示或者说明义务，致使对方没有注意或者理解与其有重大利害关系的条款的，对方可以主张该条款不成为合同的内容。”如果保险人未进行这样的特别说明，投保人本能地不会往不利于自己的方向去理解，而一定会往有利于自己的方向去理解，即认为续保问题取决于自己，不会想到保险人还有拒保的可能。这样势必会产生问题。

四川省绵阳市中级人民法院（2016）川07民终852号民事判决书载明，2006年12月17日，沈某科在保险公司处投保了终身保险，同时投保了附加住院医疗保险。2010年1月29日，沈某科转投附加险补偿医疗保险。该保险条款第三条约定：“本合同的保险期间为一年，除另有约定外，自本合同生效之日起至约定终止日二十四时止。投保人可于保险期间届满之前或在本合同约定的交费宽限期内，经本公司同意后，向本公司交付续保保险费，本合同于保险期间届满的次日起延续有限一年。本合同可按上述方式续保至被保险人年满七十周岁后的第一个年生效对应日。本公司保留终止本合同续保的权利，并有权调整保险费收费标准。”2014年沈某科生病后，保险公司在将要收取2015年保险费时，告知沈某科需要签特别约定，才能续保附加险。沈某科认为保险公司的行为有违诚实信用原则，遂起诉来院，要求判如所请。

一审法院认为，沈某科投保的附加险是一年期短期险，且保险公司并没有承诺保证续保。续保实质是签订新的保险合同。在办理续保手续时，保险标的及其他事项可能在续保前或续保时发生变化，与原保险合同签订的条件不同。保险人在投保人续保时，有权对保险事项进行审查，对风险进行评估，决定是否按照原保险合同的条件续保。本案中保险人根据被保险人的健康状况及投保规则重新作出核定，将既往病史及相关疾病列为保险公司责任免除范围并未违反法律规定及合同的约定。沈某科主张其已长期投保附加险，保险公司不应在沈某科患病后要求增加附加条件才予以承保，并要求保险公司继续按照原合同续保缺乏法律依据，不予支持。判决驳回沈某科诉讼请求。

二审法院认为，沈某科诉称保险公司业务员在为其办理转保附加险国寿补偿医疗保险的过程中没有告知其关于续保问题的变更，该条款属于霸王条款，不应对其生效。保险公司辩称附加险合同已经发生了变化，保险公司根据新的条款有权拒绝对沈某科续保。对此，第一，从附加住院医疗保险（99 版）与补偿医疗保险利益条款的险种上看，附加住院医疗保险（99 版）与补偿医疗保险虽然名称不同，但系同一险种且保费金额均为 150 元，补偿医疗保险是附加住院医疗保险（99 版）的延续。第二，从两个保险条款形式上看，附加住院医疗保险（99 版）与国寿附加住院医疗保险均系格式条款。第三，从内容上看，附加住院医疗保险（99 版）在保险人未书面通知的情况下，附加保险合同自动续保，后该附加险保险合同一直自动续保至 2009 年底。2010 年 1 月 29 日，投保人沈某科经保险公司业务员介绍改投国寿长久呵护住院费用医疗保险，即补偿医疗保险利益条款将保险期间和续保由原来的自动续保变更为经保险人同意后续保，并取消了提前 30 天书面通知投保人的义务。对于这一变化，无证据证明保险公司曾以书面或口头的形式向投保人沈某科予以说明。第四，从 2006 年至今，附加险约定投保期虽是一年，但投保人沈某科连续投保了 9 年，且转保后沈某科仍是每年交钱续保，保险公司因沈某科患病而拒绝为其自动续保，在期满前 30 日亦无证据证实其曾以书面形式通知沈某科。

综上，附加住院医疗保险条款系格式条款，投保人沈某科虽在转保确认书签字确认，但并不意味着其对该条款的内容知晓。保险公司作为保险人，在对投保人进行转保时，对新条款中减少投保人权利（自动续保的权利）的事项应当以明确的方式告知投保人，以便投保人分析、选择是否转保并承担相应的风险。现保险公司没有证据证实已通过口头或书面的方式告知保险条款的变化，且投保人并不知晓该条款内容的情况下，该条款不应对投保人产生效力。按照附加住院医疗保险（99 版）条款第七条中关于续保的规定，保险公司在没有以书面形式通知沈某科的终止续保的情况下，应当为沈某科办理2015年续保手续。二审撤销一审判决，判令保险公司为沈某科办理续保手续。

当然，保险合同中可以设计为保证续保、也可以设计为非保证续保，但是都需要在订立合同时候向投保人特别说明。否则的话，很可能导致投保人产生重大误解。

三、保证续保产品不能设定任何重新审核

1. 保证续保期间被分割

现实中有这样的情况，即保险人对于保证续保产品，会设置一个续保期间，譬如每5年为一个续保期间，在这个5年之内，的确是保证续保，对于被保险人的情况不做审核，只要投保人提出续保，甚至投保人不做意思表示，保险人就会为投保人做续保的安排。

但是，当5年届满后，会是下一个5年续保期间的开始，而这个时候，保险人会对被保险人的情况进行审核。如果认为被保险人不太健康或者有其他隐忧，则会拒绝继续承保，也就是不再进行续保。

这样的情况，导致了很多投保人、被保险人的不满。他们往往认为，保险人故意将20年、终身的漫长期间进行分段，根据被保险人的身体状况来随意行使续订合同权利，在被保险人身体状况良好时，就订立合同，收取保费。在被保险人身体状况出现问题时，就不再续保，避免赔偿被保险人。这样的话，投保人、被保险人始终处于劣势地位，权利没有保障。而保险人无论如何都处于一种优势地位，可以根据实际情况选择对己方有利方式，规避风险。一旦觉得被保险人的情况可能会出现保险事故隐忧，则保险人即可利用其优势地位，引用此条款，恶意终止合同。

北京市第四中级人民法院（2016）京04民终67号民事判决书载明，2010年3月10日，王某海与保险公司签订保险合同，附加××综合住院医疗保险。附加××综合住院医疗保险条款约定，本附加险合同的保险期间为

一年，自保险单或批注上载明的本附加险合同生效日起。自投保人首次投保本附加合同生效日起或自投保人非连续投保本附加合同的生效日起，每五年为一个保证续保期间。在保证续保期间，若投保人于每个保险期间届满前未提出不再续保的书面要求，且向本公司缴纳续保保费，则本附加合同将自动续保一年，直至每个保证续保期间届满。在每个保证续保期间届满之前，本公司将重新审核被保险人是否符合续保条件。若本公司不同意续保，则在保险期间届满前三十天内，以书面形式通知投保人，保险期间届满，本附加合同终止。

此后至2015年3月10日，王某海因糖尿病并发症多次住院治疗，保险公司分7次共理赔36379元。于2015年1月26日向王某海发出书面的保险合同重要通知：保险合同所包含的附加××综合住院医疗保险，本次保证续保期间即将届满，根据保险合同条款的相关约定，本公司保证续保期间届满前，根据王某海的既往理赔记录，在慎重评估后，作出终止附加保险合同续保的决定。附加险终止后，保险合同中的其他保险利益不受影响。

法院认为，保险法中的主险又称基本险，是指不需附加在其他险别之下的，可以独立承保的险别。附加险是指不能单独投保，只能附加于主险投保的保险险种。主险和附加险是一般和特殊的关系，因此附加险条款的规定应当优先适用，附加险条款与主险条款就同一内容规定相抵触的，适用附加险条款的规定；当附加险条款没有规定而主险条款有相应规定的，适用主险条款的规定，即主险条款补充附加险条款规定的不足。该条款并非保险公司为了逃避法定义务、减免自身责任所设，故王某海认为该条款系霸王条款的答辩意见缺乏事实依据，不予采信。王某海和保险公司在2014年签订调解书时，附加××综合住院医疗保险尚在五年保证续保期间内，双方同意继续履行的是主险，不涉及附加险。故保险公司终止履行附加××综合住院医疗保险合同的行为并无不当。王某海年纪尚轻却常年遭受病痛折磨，对王某海的遭遇深表同情，但从尊重客观事实的角度出发，对于其提出的因王某海身体状况出现问题导致保险公司不再续保附加险的意见，因缺乏事实依据，不予采信。综上所述，王某海的请求不能成立，应予驳回。

从这些判决的内容看，大体上可以看到法院的逻辑模式：当事人依法享有自愿订立合同的权利，任何单位和个人不得非法干预。因此，当事人双方均有合同的自主权。保险合同到期后，是否缔结下一年度的保险合同，是双方的自愿，总不能强买强卖。所以，假如没有表明“绝对保证续保”之意，则是不是续保，固然由投保人提出，也必须得到保险人同意才行。就算有保证续保的期间，则该期间一旦届满，是不是继续承保、是不是继续下一个保证续保的期间，则仍然由保险人同意才可为之。基于这样的逻辑，法院认为，保险公司拒保有理，投保人不可强求。

逻辑、道理是没错，但是前提条件有误。

因为《民法典》的原则，在自愿原则之外，还有公平、诚实信用、等价有偿原则，几个原则是相伴相生的，共同作用于保险合同订立、履行之全过程。只有在公平、诚实信用、等价有偿的前提下，当事人才会自愿签订合同，这才是合法有效的合同。

如果不全面考虑几个基本原则，不考虑保险合同订立的过程，不考虑保险合同当事人在合同订立过程中的真实意思表示，那么受损害的当事人就不会自愿、就不可能有自愿。片面强调自愿原则，可能会破坏其他的公平、诚实信用原则，所谓的自愿原则也不会成立。

譬如显失公平、重大误解情形下订立的合同，也是当事人自愿订立的，但是仍然是可以撤销的合同。难道基于自愿原则就不允许撤销这些合同吗？侵害国家利益的合同，是无效的合同，可是也属于当事人自愿缔结的合同。难道基于当事人自愿原则，就必须维持这个合同效力？就必须放任继续侵害国家利益？这显然是荒谬的逻辑。由此可见，片面强调某一个原则，是行不通的。

让我们回到这些保险合同最初订立的过程，假如这份保险合同是一份保证续保的保险合同，那么其有什么特点呢？

按照《健康保险管理办法》第四条规定，保证续保条款是指，在前一保险期间届满后，投保人提出续保申请，保险公司必须按照约定费率和原条款继续承保的合同约定。也就是说，如果是保证续保的保险产品，原则上保险人就要永远地，或者是在主合同期限内，或者是在约定好的最远承保期限内（例如“被保险人 99 岁”）对投保人提出的续保申请予以承保，原则上应该永不改变原定费率、原条款，这才是“保证”的当然之意。

为什么保险行业要设定“保证续保”这个概念与模式？为什么不能将所有的保险合同都设计为一年一签？这不就省了所有的续保麻烦了吗？实际上，这是有深刻的人性道理的。

被保险人是人，而不是物体，只要是人，随着年龄增加，就一定会越来越老，身体会逐渐变差，病会越来越多，也就是说出现保险事故的概率会越来越大。因此，现实中，对于超过一定年龄的老年人，往往没有保险人会予以承保。对于被保险人到了一定年龄后，保险费会越来越贵，就是这个道理。之所以有“保证续保”这个概念，其实质就是保险人在明知前述情形之下，放弃了一定的审核权利，表示将无条件接受投保人不间断的投保、无条件继续承保被保险人、不改变保险条件，而不考虑被保险人自然增加的年龄、身体的衰老、疾病的增加等因素。可以看出，这就是一种弃权行为。基于保险人的这种弃权行为，投保人、被保险人为自己将来着想，才会同意向保险人投保，才会同意支付保险费，实际上就是以现实的代价换取将来的保障，这就是保险的基本规则与功能体现。

但是，对于投保人而言，其接受这样的保证续保，也并非得到保险人的恩赐，而是支付了对价的，所谓“保证续保”，实质上对应的代价是投保人的“保证投保”，即不间断地向同一个保险人进行投保，而不再去选择、考虑、对比其他保险人的产品与服务好坏。在投保人看来，这实际上也是自己的一种弃权。

双方签订保险合同就是基于这样的双方诚信而为，就是基于这样的对价而为，其认为这样才算是公平合理的，只有这样的条件，才会使得投保人自愿订立保险合同、自愿缴纳保险费。这时候，不仅要考虑自愿原则，还必须考虑公平、诚信、等价有偿原则才行。缺一则不能正确描述保险合同的订立过程，也就不能正确研判保险合同的续订之事宜。

双方间在续保的时候，已经不是那种最初的情势。如果大家都是第一次进行保险合同的缔结，当然双方都可以选择、都可以对比、都可以反悔，所以各自都有同意或者不同意订立保险合同的权利。可是在续保的时候，双方在一定程度上都已经丧失、放弃了挑选与对比的权利。所以，这个时候实际上双方均不能再行使拒绝缔结保险合同的权利。

如果将这个保证续保的时间认为限定为 5 年一次或者 6 年一次，其实都是不可以的。这样的做法实际上是偷换概念，将本来的终身续保期间、99 年续保期间悄悄地变成了 5 年周期或者 6 年周期，这不合理。因为这一做法的实质，是将保险人已经放弃的对被保险人的重新审核权又起用了，违背了双方在缔结保险合同的时候达成的共识。

《保险法》第十九条规定："采用保险人提供的格式条款订立的保险合同中的下列条款无效：（一）免除保险人依法应承担的义务或者加重投保人、被保险人责任的；（二）排除投保人、被保险人或者受益人依法享有的权利的。"前述那种 5 年周期之类的条款，就属于《保险法》第十九条规定的不公平条款，依法应属无效。

2. 名为非保证续保，实为保证续保

实践中，在保险条款中明确约定为保证续保的产品还真不太多见，常见的是以"非保证续保"名义推出的产品，但是又表示"只要投保人提出申请或者交纳保险费，保险人同意的，则本合同续保，可以续保至被保险人 99 岁，或者被保险人终身"云云字样。对于这样的表述，保险人往往会认为这就是清清楚楚地表示非保证续保之意。而投保人则往往认为，这是清清楚楚地表示保证续保之意，否则的话，说那些"99 岁""终身"之类的话，是什么意思呢？双方理解有矛盾，往往会发生纠纷。

山东省淄博市中级人民法院（2018）鲁 03 民终 2767 号民事判决书载明，2017 年 3 月 17 日，韩某利与保险公司签订"康悦医疗保险 A 款"合同，约定：投保人可于保险期间届满之前或在本合同约定的交费宽限期内，经本公司同意后，向本公司交付续保保险费，本合同于保险期间届满的次日起延续有效一年；本合同可按上述方式续保至被保险人年满八十周岁后的第一个年生效对应日。2017 年 9 月，韩某利患乳腺癌。2017 年 12 月 4 日、2018 年 1 月 5 日、2018 年 2 月 7 日，保险公司对韩某利分三次进行了理赔，共计 107120.95 元。2018 年 3 月 17 日合同到期后，保险公司拒绝对“康悦医疗保险 A 款”合同续保，并于 2018 年 3 月 30 日向韩某利送达解除保险合同客户通知书，拒保原因：被保险人所患乳腺癌经核保不能继续承保。

法院认为，第一，从目前市场的医疗保险产品看，续保一般采取两种方式：一是“可以续保”方式，即保险期间届满之前投保人要求续保的，经保险公司审核同意的，才能续保；二是“保证续保”方式，即保险期间届满之前投保人要求续保的，保险公司必须按照原条款和约定费率继续承保。投保人在购买医疗保险产品时，应注意其中的区别，根据自身的需要购买不同产品。本案中，从涉案“国寿康悦医疗保险 A 款”第三条的约定看，其属于“可以续保”条款，并非“保证续保”条款，而在通常情况下也不会把“可以续保”理解为“肯定续保”或“必须续保”。韩某利关于保险公司应当续保的主张，与合同约定不符。

第二，涉案“国寿康悦医疗保险 A 款”虽系格式合同，但如上所述，由于存在“可以续保”和“保证续保”两种方式，且通常不会造成误解。对于韩某利关于涉案保险合同损害其合法权益、致使其丧失购买更好商业保险的机会及违反公平原则的主张，不予支持。

第三，保险公司在涉案“国寿康悦医疗保险 A 款”期满后，决定不再续保，符合合同的约定。韩某利主张保险公司应当继续续保，既与合同约定不符，也未提供相应法律依据。判决驳回韩某利的诉讼请求。

我认为类似这样的判例中，法院的思路是片面的。

《健康保险管理办法》第四条规定，健康保险按照保险期限分为长期健康保险和短期健康保险。长期健康保险，是指保险期间超过一年或者保险期间虽不超过一年但含有保证续保条款的健康保险。长期护理保险保险期间不得低于 5 年。短期健康保险，是指保险期间为一年以及一年以下且不含有保证续保条款的健康保险。保证续保条款，是指在前一保险期间届满前，投保人提出续保申请，保险公司必须按照原条款和约定费率继续承保的合同约定。应该说，该规定也符合普通的保险消费者对于非保证续保产品的基本理解。我的理解是，如果认定一个保险产品系非保证续保产品，该产品必须有如下的特点：（1）不超过一年期；（2）不包含有“只要投保人提出申请、保险人就将承保”的意思表示。关键就是这第（2）个特点，因为保险人在保险合同中的表述往往并不是“必然承保”之意，而是“可能承保、也可能不承保”之意。通常，保险人就依据这一点，对于条件不好的被保险人不予续保。

但是，不含有保证续保条款，固然等同于不含有“在前一保险期间届满后，投保人提出续保申请，保险公司必须按照约定费率和原条款继续承保”之条款。可是，“自本合同生效之日起至约定终止日二十四时止。投保人可于保险期间届满之前或在本合同约定的交费宽限期内，经本公司同意后，向本公司交付续保保险费，本合同可按上述方式续保至被保险人年满七十周岁后的第一个年生效对应日”这样的话，到底是什么意思呢？到底是续保还是不续保呢？

让我们再看看《保险法》第十三条的规定：“投保人提出保险要求，经保险人同意承保，保险合同成立。保险人应当及时向投保人签发保险单或者其他保险凭证。保险单或者其他保险凭证应当载明当事人双方约定的合同内容。当事人也可以约定采用其他书面形式载明合同内容。依法成立的保险合同，自成立时生效。投保人和保险人可以对合同的效力约定附条件或者附期限。”从法律规定看，假如一份保险合同中对于续保问题只字不提，那么合同到期后，投保人如果要继续投保该产品，该怎么办呢？在这样的情形下，投保人、保险人就必须重新谈判，而保险合同的条件与条款很可能也发生了改变，与上一年度不同。谈判中，投保人提出要求、保险人经过审核后同意承保、保险人签发保险单或者保险凭证、投保人交付保险费。这样的情形下，双方地位平等，保险人有权对被保险人承保，也有权不承保。如果保险人不承保，则双方间合同关系就此结束，以后怎么样再说。这样双方都没有什么问题。这样的保险产品，才是真正意义上的“非保证续保”产品。

但是，很多声称是“非保证续保”的产品来说，并不是这样的。

首先，在进行保险销售的过程中，业务员实际上就会告知投保人，会一直承保下去，只不过一年一签而已。

其次，这样的保险产品，往往必须在几十年内保持条款、条件不变，以履行对投保人的承诺，起码绝对不会提及保险条款与条件会改变之事宜。

再次，这样的保险产品，投保人再次投保的时候，不存在填写投保单、进行询问与告知、对于被保险人进行审核的过程，也没有等待期规定。

最后，这样的保险产品，没有告知投保人、被保险人在何种条件下，保险人将不再续保的问题。没有告知保险人为什么会不同意续保、在何种条件下不同意续保，而只是告知投保人可以续保的权利，并且表述保险人将承保到被保险人 99 岁（70 岁或者终身）。

这样的情形下，投保人该怎么理解？投保人一定会将这个保险产品理解为保证续保的产品。我也是这样理解的，因为这样的保险产品符合了《健康保险管理办法》的定义，让人足以认为“保险公司必须按照约定费率和原条款继续承保”。那这样的条款，不管是什么名义，哪怕是“非保证续保条款”名义，其实质也是“保证续保”条款。

3. 保证续保情形中，保险人无权再对被保险人进行审核

有些保证续保的保险产品，保险人确实也按照保险合同的约定，对投保人进行了多年的续保。但是，随着被保险人年龄增加、疾病增加，保险人认为被保险人已经不具备保险条件，所以会突然提出不再对被保险人予以承保。

这样的想法是错误的，违背了保证续保制度设定之本意。

我们前面提到，保证续保的本质，就是一种双方的弃权行为，人的生老病死是规律，人的身体只能越来越不好，而不会越来越好。保险人明知这些，却要设计保证续保制度，就是放弃了自己对于被保险人的审核之权利，以换取投保人的购买保险之对价。当然投保人也放弃了自己去其他保

险人处购买保险的权利，以换取保险人对于被保险人将来之保险保障。双方都放弃了一定的权利，从而获取了一定的权利。打破这样的平衡，就会产生不公平的结果。

《健康保险管理办法》第二十一条规定：“含有保证续保条款的健康保险产品，应当明确约定保证续保条款的生效时间。含有保证续保条款的健康保险产品不得约定在续保时保险公司有减少保险责任和增加责任免除范围的权利。保险公司将含有保证续保条款的健康保险产品报送审批或者备案的，应当在产品精算报告中说明保证续保的定价处理方法和责任准备金计算办法。”从这个规定看，保证续保产品就要求保险人维持保险合同的条件、条款长期不变，否则何谈“保证续保”？而合同条件，就应该包括对于被保险人的承保条件不变，即保险公司以被保险人首次投保时的状况作为风险评估依据，不会因为被保险人个人的风险状况变化，拒绝投保人为被保险人继续投保本险种或对被保险人作增加保险费或约定除外责任的处理。

只要被保险人在投保时符合承保条件，就应该认为在续保保证期间内，被保险人都永远符合承保条件。至于被保险人有病有灾，是保险人对于被保险人境况的正常预判，其风险是保险人在投保时能够预见到正常承受的合理风险，而不是什么额外的、不合理的变动，因此保险人应继续对被保险人予以续保。

如果被保险人有病有灾，保险人即不予续保，则保险人属刻舟求剑，非要以健康年轻人的标准对年老有病的被保险人予以苛求，何谈公平合理？实际上，也是保险人违背投保时的承诺，是一种违约的表现。因此，保险人不能在续保过程中，对于被保险人的身体、健康等再次予以审核，除非被保险人具有保险合同中明确约定的拒保情形。

上海市第一中级人民法院（2018）沪01民终2010号民事判决书载明，2015年1月26日，刘某伟作为投保人向保险公司投保涉案保险，2015年1月30日，保险公司向刘某伟签发保险单，约定保险单生效日为2015年1月28日0时（北京时间），保险单满期日为2016年1月27日24

时（北京时间），被保险人为刘某伟与徐某芳。备注中载明，本保险单期满时或之前，投保人可向保险公司缴付续期保费以示续保，经保险公司审核通过以后将自动续保，每次续保有效期为一年。2016 年 1 月，保险公司继续扣划保险费，刘某伟未提出异议，涉案保险合同续保至 2017 年 1 月 27 日 24 时。2017 年 1 月 5 日，保险公司向刘某伟发出书面通知及批注，告知保险合同将于 2017 年 1 月 27 日 24 时保险期间届满，保险期间届满，保险公司将不再接受保险合同项下徐某芳的续保，被保险人仅为刘某伟，保费变更为每月 110 元。刘某伟对此表示异议。因双方多次协商未果，刘某伟与徐某芳遂提起本案诉讼。

法院认为，保险公司作为商事主体，从追求利益的角度出发，在合同届满后经审核作出不再对徐某芳进行续保的决定并无不当。刘某伟认为，就审核内容曾致电广告显示号码，询问送保单人员及拨打保险公司服务热线进行咨询，均得到答复为只要续交保费、不违反合同约定即可续保，但并未提供相应证据予以证明，故对该主张不予采信。

涉案保险合同中并没有关于续保概念之释义。续保是指在前一保险期间届满后，保险公司按照约定费率和原条款继续承保。保险公司是否有权于 2017 年 1 月 5 日出具批注将原保险单中的被保险人由刘某伟与徐某芳变更为被保险人仅为刘某伟，取决于保险公司是否负有必须以原条款继续与刘某伟签订保险合同之义务。根据涉案保险合同约定，保险期间为一年，续保以保险公司“审核通过”“同意”为前提，保险公司并未在保险合同中作出保证续保之承诺，故在 2015 年保险合同保险期间届满后，双方是否以原条款继续订立保险合同，应以双方是否形成合意为判断标准。徐某芳认为，根据保单中关于保费以及续保方式的约定，结合保险公司工作人员对其的解释，保险公司审核续保的标准为被保险人年龄以及续保保费的缴纳，只要投保人符合上述条件，保险公司即应续保。对此，保险合同中对于保险公司续保的审核标准并未明确约定，仅从保险合同关于保费以及续保方式之约定，难以得出徐某芳所述之论断，徐某芳亦未能提供证据证明保险公司工作人员曾作出只要年龄符合、缴纳保费即可续保之陈述，故徐某芳认为保险公司负有以原条款继续与刘某伟签订保险合同之义务缺乏依据，不予采信。徐某芳另认为，保险公司未对续保审核标准进行提示和明确说明，故续保条款不生效力；保险公司并不负有保证续保的法定或约定义务，是否续保属于保险公司享有的是否订立保险合同的权利，故续保审核标准并不涉及对其责任的免除，不适用《保险法》第十七条第二款之规定，故徐某芳以未经提示和明确说明为由主张续保条款无效之理由，缺乏法律依据，难以采信。

关于徐某芳主张继续履行2015年签订的《保险合同》，双方之间的保险合同保险期间已经届满，保险公司亦未有尚未履行之合同义务，故该保险合同已终止，不具有继续履行之基础，徐某芳该项诉请亦缺乏依据，不予支持。综上所述，徐某芳的请求不能成立，应予驳回。

类似的案件还有很多，结果普遍是不利于投保人、被保险人的，根本的原因在于是否能深入地理解保证续保的规则与特点、表现。如果没有这样的理解，仅看表象，则结论恐有失公道。

四、投保人不如实告知能否导致丧失保证续保权利

先看这样一个案例：

云南省昆明市中级人民法院（2014）昆民四终字第149号民事判决书载明，黄某富曾于2008年11月21日至12月2日在昆明医学院第二附属医院血液内科住院11天，门诊诊断黄疸（原因待查）、入院诊断黄疸（原因待查），入院后确诊日期为11月26日，出院诊断为：1. 葡萄糖6磷酸脱氢酶缺乏症（药物性溶血）；2. 2型糖尿病；3. 药物性肝损伤；4. 高甘油三酯血症；第1、2项出院时情况好转。

2008年11月24日，黄某富向保险公司申请投保健康保险产品。在保险公司工作人员询问其是否有过吸烟、饮酒、医院住院检查、治疗、手术、使用药物情况、身体其他不适症状时，黄某富均作否认的表示。保险公司接受投保，2009-2012年，保险公司每年都划转了全部保险费，2012

年的 12 月，保险公司通过短信告知黄某富误转的 2013 年度续期保费 4426 元全部退还，该保单关闭，解约后退还 2012 年 1 月 11 日起至 2012 年 11 月 30 日剩余保费 2579.88 元。

另查明，黄某富又于 2011 年 12 月 27 日至 2012 年 1 月 10 日在昆明医学院第二附属医院内分泌科住院 15 天，支付医疗费 10186.67 元。黄某富于 2012 年 2 月 10 日申请理赔，保险公司于 2012 年 5 月 17 日作出书面理赔决定并通知黄某富，认为黄某富投保前没有履行如实告知义务，本次理赔予以全额拒赔，并解除保险合同项下的所有险种。

一审法院认为，现有证据可以证实投保人黄某富在住院治疗期间投保，并且没有如实回答保险公司询问事项，包括前往医院门诊检查、治疗、住院、使用药物等情况，依照双方约定，保险公司有权行使相应的合同权利。下面就黄某富投保的保险合同下的三个险种分别论述。第一个险种关爱专家终身重疾个人疾病保险，保险期间为终身，属于长期保险，黄某富于 2008 年 11 月 24 日向保险公司申请投保、保险公司同意，合同于 2008 年 12 月 1 日成立并生效，保险公司于 2012 年 5 月 17 日才通知黄某富解除合同并拒赔，已经超过法律规定的两年期间，保险公司依法不得解除该险种的保险合同。第二个险种守护专家住院定额个人医疗保险和第三个险种守护专家住院费用（推荐版）个人医疗保险，保险期间均为 1 年短期险，在期满后合同自然终止，但是在对应的保险条款中约定了黄某富的保证续保权，保险公司是否应当在上述短期险到期后保证原告续保，也是案件争议焦点。上述保险条款约定，保险公司以被保险人首次投保时的状况作为风险评估依据，不会因为被保险人个人的风险状况变化，拒绝投保人为被保险人继续投保本险种或对被保险人作增加保险费或约定除外责任的处理；被保险人未履行如实告知义务，保险公司有权终止被保险人的保证续保权。案件查证事实反映了黄某富投保时的状况系不真实的陈述，其未履行如实告知义务导致其丧失保证续保权，故涉案短期保险险种到期不再续保及继续履行，但是对于原审案件保险公司通知黄某富理赔决定前发生的保险事故，保险公司仍应理赔。2011 年 12 月 27 日至 2012 年 1 月 10 日黄某富在昆明医学院第二附属医院内分泌科住院 15 天，支付医疗费 10186.67 元，应获得保险公司保险理赔款 11986.67 元（一般住院定额保险金 1800 元、住院费用医疗保险金 10186.67 元）。

二审法院认为，第一个险种关爱专家终身重疾个人疾病保险，超过法律规定的两年期间，保险公司依法不得解除该险种的保险合同。第二个险种守护专家住院定额个人医疗保险和第三个险种守护专家住院费用（推荐版）个人医疗保险，保险期间均为 1 年短期险，在期满后合同自然终止，但是在对应的保险条款中约定了黄某富的保证续保权。黄某富投保时故意未履行如实告知义务，导致黄某富丧失保证续保权，故涉案短期保险险种到期不再续保及继续履行。保险公司可以对合同解除前发生的保险事故，不承担赔偿或者给付保险金的责任，并不退还保险金，因此黄某富于 2011 年 12 月 27 日至 2012 年 1 月 10 日在昆明医学院第二附属医院内分泌科住院 15 天，支付医疗费 10186.67 元，并主张保险公司保险理赔款 11986.67 元的主张无事实和法律依据，不予支持。二审判决驳回黄某富诉讼请求。

这个案件是不如实告知问题与续保问题交叉导致的纠纷，类似的案件挺多，个人认为主要涉及两大问题：保险人能否解除续保多年的保证续保合同？保险人能否不再履行保证续保义务？

1. 保险人能否解除续保多年的保证续保合同

关于不如实告知问题，《保险法》第十六条规定："订立保险合同，保险人就保险标的或者被保险人的有关情况提出询问的，投保人应当如实告知。投保人故意或者因重大过失未履行前款规定的如实告知义务，足以影响保险人决定是否同意承保或者提高保险费率的，保险人有权解除合同。前款规定的合同解除权，自保险人知道有解除事由之日起，超过三十日不行使而消灭。自合同成立之日起超过二年的，保险人不得解除合同；发生保险事故的，保险人应当承担赔偿或者给付保险金的责任。投保人故意不履行如实告知义务的，保险人对于合同解除前发生的保险事故，不承担赔偿或者给付保险金的责任，并不退还保险费。投保人因重大过失未履行如实告知义务，对保险事故的发生有严重影响的，保险人对于合同解除前发生的保险事故，不承担赔偿或者给付保险金的责任，但应当退还保险费。保险人在合同订立时已经知道投保人未如实告知的情况的，保险人不得解除合同；发生保险事故的，保险人应当承担赔偿或者给付保险金的责任。保险事故是指保险合同约定的保险责任范围内的事故。”从法律规定可以看出，适用这一条款的情形大体是长期保险或者是正在生效的险种。但是，对于保证续保情形，既是短期险，又长期有效，是否适用《保险法》第十六条？这就可能形成一些思维上的误区。

譬如，法律规定“自合同成立之日起超过二年的，保险人不得解除合同”。但是，凡涉及保证续保的保险产品，均是一年期的短期保险产品。那么，是不是保险人对于保证续保产品都可以解除合同？我认为并不能得出这样的结论，思考方式如下：

《健康保险管理办法》第四条第一款规定，长期健康保险是指保险期间超过一年或者保险期间虽不超过一年但含有保证续保条款的健康保险。由此可见，含有保证续保条款的健康保险，实际上已经被视为长期保险。虽然保险期间仍然是一年期，但是应该与保险期间长达十几年、几十年、终身的保险产品同等对待。而《保险法》第十六条规定“自合同成立之日起超过二年的，保险人不得解除合同”，实际上就是为长期保险准备的。

立法思路在于，对一个长期保险而言，投保人的不如实告知问题，如果在二年之内都没有发生什么不利影响，说明投保人主观恶性不大，并不是投保人蓄意骗取保险金或者故意放任保险事故的发生，不如实告知情形与保险事故发生关系不太大。说白了，告知不告知，区别已经不大了。在这种情况下，法律限制保险人的解除合同权，目的在于保证长期保险合同关系的稳定性，保护投保人与被保险人、受益人的利益。

对于保证续保的短期保险而言，当事人，特别是投保人与被保险人，更看重合同的长期有效性、稳定性。如果被视为长期保险，那么当事人也如同长期保险合同当事人那样，应该受法律保护。

所以我认为，保证续保的短期保险产品，从合同最初缔结日起算如果超过两年的，保险人也无权因投保人不如实告知而解除保险合同。

有人认为，要从保证续保产品最后一次续保之日起计算解除期限，这就是糊涂话了。因为保证续保产品基本上都是一年期或者不足一年期的，理论上永远不存在“自合同成立之日起超过二年”但是仍然有效的情形，所以这样的说法毫无意义。

另外，凡是不如实告知情形，均发生在保证续保合同初次缔结时期，两年的解除时效，也应该从合同初次缔结时期起算，这样才公平合理。不能从第二年甚至第三年、第四年之后的续保之日起算解除合同时效，这几个时间点根本就不是一回事，怎么能扯到一起呢？

2. 保险人能否不再履行保证续保义务

譬如前述案件中提及，保险合同条款中有“被保险人未履行如实告知义务，保险公司有权终止被保险人的保证续保权”这样的表述，这到底合不合法？保险人有这样的权利吗？

因为保险人制定了保险合同，具有一定的优势地位，所以往往会产生一种虚幻的优越感，认为自己享有特权。实际上，保险合同双方当事人是平等的民事主体，双方权利地位平等，任何一方也没有什么特权。

保险人不是什么国王，投保人的保证续保权利不是保险人授予的，所以不存在保险人终止投保人行使该权利的问题。保证续保也不是保险人的单方面恩赐，所以也不存在保险人收回这个权利的问题。

实际上如我们前面所言，保证续保是双方协商一致的产物，是投保人支付合同对价之后换取的权利，因此投保人行使这样的权利天经地义，配合予以续保是保险人的一种合同义务，也是天经地义。所谓“终止被保险人的保证续保权”实际上等同于“保险人拒绝履行保证续保义务”。

如果当事人一方拒绝履行合同义务，要么有法律依据，要么有合同依据。法律依据肯定是没有的，你看《保险法》第十六条规定了保险人有合同解除权、有拒绝赔偿权、有拒绝退还保险费之权利，但是有拒绝保证续保权利吗？没有。其他法律、行政法规中，也没有这样的法律依据。

那么合同依据呢？合同里确确实实有这样的表述，但是有效吗？我认为是无效的。因为，《保险法》第十九条规定，免除保险人依法应承担的义务或者加重投保人、被保险人责任的格式条款无效；排除投保人、被保险人或者受益人依法享有的权利的格式条款无效。而保证续保不是优惠、不是特权，本来就是一种投保人依法享有的权利，本来就是保险人依法应当承担的义务，这一点在双方缔结保险合同的时候就已经确定了。

所谓“终止被保险人的保证续保权”云云，就是排除了投保人的合法权利，就是免除了保险人的义务，就是不公平、不合理、不合法，因此是无效的。保险人不能因为这样的合同条款而拒绝投保人的续保要求。

五、续保应由投保人主动申请提出，除非约定自动续保

我们先看一个案例：

湖南省长沙市中级人民法院（2017）湘01民终9254号民事判决书载明，2015年3月11日，谢某（投保人及被保险人，已病故）与保险公司签订保险合同一份，保险期间及缴费期间均为一年，费用一次性缴清。保险合同条款约定，保险期间届满时，如果在保证续保期间内或者保证续保期间届满时保险人同意被保险人续保，则自满期日起60天为宽限期；宽限期内发生保险事故的，保险人仍承担保险责任，但给付保险金时需扣除欠交的保险费。在该份保险的《个人寿险投保书》中，谢某在一年期主险是否自动申请续保处，选项为“否”。谢某因病于2016年3月25日死亡。

一审法院认为，本案中谢某所购保险期满日为2015年3月10日，死亡时间为2016年3月25日，按照保险条款约定应认定保险事故发生在约定的宽限期内。保险公司未提供证据证明谢某有明确不再续保的意思表示，亦未提供证据证明不同意谢某续保，保险公司应当按照保险条款约定承担保险责任，故原告请求保险公司支付保险金10万元的诉讼请求有合同和事实依据，予以支持。保险公司辩称谢某在《个人寿险投保书》中是否自动续保处选项为“否”，应视为谢某在保险期限届满后不同意续保，“自动续保”仅为续保的一种方式，谢某选择不自动续保并不能证明其不同意续保，亦不能证明保险公司不同意谢某续保，且保险合同系保险公司

提供的格式合同，对宽限期条款应作出对被保险人有利的解释，故保险公司该项抗辩意见依据不足，依法不予采信。判决保险公司支付保险金10万元。

二审法院认为，保险公司上诉称因为谢某投保时没有选择自动申请续保，因此不享有宽限期，但本案寿险合同中并不存在相关约定。保险公司又称本案合同为一年期合同，如果不提前选择自动申请续保则在期满后终止合同，无其他方式续保，也就是说只有投保人在投保时选择了自动申请续保，本合同才能实现续保。对于该观点，首先，保险公司没有提供相关证据证实本案寿险合同只能通过提前选择自动申请续保来实现续保；其次，即使存在该约定，也损害了投保人自由选择续保方式的权利，与《保险公司定期寿险条款》第4.2条和《保险公司附加意外伤害保险B款条款》第2.1条的约定也是明显冲突的，因为该条款明显赋予了投保人在合同期限届满后是否续保的选择权。保险公司的该项上诉理由缺乏事实和法律依据。本案中谢某所购保险期满日为2015年3月10日，死亡时间为2016年3月25日，按照保险条款约定保险事故发生在约定的宽限期60天之内，保险公司应当履行保险责任。保险公司的该项上诉理由不能成立，不予采纳。驳回上诉，维持原判。

我们说，即便是保证续保的保险产品，依然也是一年期的短期保险产品，这与一个多年期的长期保险产品在形式上有所不同。正因为其是短期的保险产品，所以才需要续保，所以才存在保证续保。若其是一个长期保险产品，则谈不上续保问题了。

《健康保险管理办法》第四条规定，保证续保条款是指，在前一保险期间届满后，投保人提出续保申请，保险公司必须按照约定费率和原条款继续承保的合同约定。由此可见，即便是保证续保，也需要以“投保人提出续保申请”为前提。原因在于，续保产品作为短期产品，投保人享有续保之权利，不承担续保之义务。即，投保人固然可以购买该产品、续保该产品，但不是必须续保该保险产品，而是可以续保、也可以不续保。

反过来，如果保险人有保证续保之意思表示，则续保乃其义务，必须予以续保，不可以拒绝。这就是权利、义务之差别，保险人不可以强求投保人续保。所以，应以投保人是否提出续保的意思表示为续保之依据。

但是，投保人的意思表示也是多种多样的。譬如本案中，在投保单中，设计了自动续保的选项。如果投保人选择了自动续保方式，则次年不需要特别做出要求续保的意思表示，只要投保人没有提前做出拒绝续保的意思表示，则双方即默认投保人提出了续保的意思表示。因此，保险人即予以继续承保、扣划保险费，该保险合同得以延续。

如果投保人选择了自动续保方式，但是次年又不想继续投保，则必须主动做出拒绝继续投保的意思表示，则保险人无权强求，只能接受投保人的要求，不再继续承保、不再划转保险费。

但是，如果投保人不选择自动续保方式，只能说投保人“不自动”、不能说投保人“不续保”。“不自动”则可以“手动”，如果投保人想要继续投保，则需主动做出要求继续投保的意思表示，而保险人则必须予以接受，予以继续承保、扣划保险费，该保险合同得以延续。

反之，如果投保人不想继续投保，则只需沉默、而无需做出拒绝继续投保之意思表示，即为不再继续投保之意思表示。这时保险人无权强求，结果即不再继续承保、不再划转保险费。

那么，保险合同条款约定“合同保险期间届满时，如果在保证续保期间内或者保证续保期间届满时保险人同意被保险人续保，则自满期日起60天为宽限期；宽限期内发生保险事故的，保险人仍承担保险责任，但给付保险金时需扣除欠交的保险费”，这又该如何理解呢？

其实，这个表述很清楚，即投保人做出要求继续投保的意思表示为上一年度保险合同到期前至合同到期后60日内。只要在这60日内，投保人提出继续投保的意思表示即可，保险人就继续承保。但是，保险合同却并不是自保险人同意承保之日才开始延续，而是具有溯及力，一直溯及到上一年度保险合同到期日次日开始。

溯及期间发生的保险事故，虽然是在投保人提出续保、保险人同意续保时点之前，但是也仍然属于续保保险合同的保险期间内，仍然被溯及，保险人仍然承担保险责任。这是溯及力的根本意义所在。

不过，溯及力的前提，仍然是投保人提出了续保要求、保险人同意续保，起码要求投保人有提出续保的意思表示。如果投保人并未提出续保要求，则续保保险合同不会成立，当然也就不存在溯及力的问题。那么已经发生的保险事故，保险人也不应该承担保险责任。

所以在这个案件中，我们能够看到一个误区。的确，投保人不自动续保，不等于投保人不续保，投保人有这个续保的权利。问题是，投保人究竟有没有提出续保？实际上并没有提出，也不可能提出，因为投保人已经去世。在这样的前提下，已经不可能产生一个续保的保险合同，也根本不存在续保合同的溯及力问题了。

第六节 扣 减

人身保险的被保险人在发生保险事故后，在保险赔偿之外，可能会得到一些其他的赔偿、补偿、捐助、救助等。有的保险人会在保险合同中约定，将这些其他途径而来的款项从保险金中予以扣除。我们这一节里谈的扣减，就是指这个问题。

一、法律关系竞合

法律关系竞合，通常指发生同一事实、针对同一民事主体、符合数个法律规范的要件，致使这些规范都可以适用该事实以及该主体的现象。由于法律关系竞合之存在，当事人的同一行为可能依不同的规范应承担数个不同的法律责任，而这些法律责任相互不能包容或同时并存，这就是所谓的责任竞合。从另一角度来说，由于数个不同的法律责任引发权利人的多个重叠的请求权，形成请求权的竞合。例如，被保险人被他人车辆撞伤，那么这个时候会产生侵权法律关系、保险合同法律关系的竞合。被保险人作为受害人，有权要求加害者予以赔偿。同时，被保险人作为保险合同的主体，有权要求保险公司予以赔偿保险金。假如这位不幸的被保险人还有社保，那很好，又多了一个社会保障法律关系。也可能他还发起了什么水滴筹、轻松筹之类的募捐，那就又多了一种捐助法律关系。这么多法律关系都汇集到被保险人身上，被保险人因此有了多种法律主体地位，有了多种请求权，这就是竞合。

对于这种竞合的处理，不同的国家、不同的时期有不同的模式。有的允许竞合，即允许不同的请求权同时存在、权利人可以同时行使不同的请求权。有的不承认请求权的同时存在，认为权利人只能选择一个请求权行使。

《民法典》第一千一百六十五条规定："行为人因过错侵害他人民事权益造成损害的，应当承担侵权责任。"即无论是基于什么原因，只要存在侵权行为，就应该承担侵权责任。从这个规定看，我国法律实际上是承认法律权利竞合，允许权利人同时选择不同的方式来行使请求权的。从立法的内在动机分析，假如不承认法律权利竞合，往往会导致只能允许权利人行使一种权利的后果，通过其他途径行使请求权得来的利益，往往会被扣减。若承认法律权利竞合，则往往会允许权利人按照各种途径充分行使其请求权，因此获得的各种利益互不干涉，均归权利人所有，不出现扣减的问题。

二、扣减条款是否属于责任免除条款

山东省滨州市中级人民法院（2017）鲁16民终694号民事判决书载明，2014年9月30日，商某全在保险公司投保意外伤害保险，保险金额为70000元，意外伤害住院医疗保险金额为30000元，意外医疗保险金额10000元。2014年12月16日，案外人魏某醉酒驾驶轻型普通货车沿商麻路由北向南行驶至阳信县商店镇赵守艺村南路段时，与前方商某全自南向北驾驶的小型轿车发生碰撞，造成商某全受伤、两车损坏。商某全支出医疗费4680.24元、误工费1723.5元、护理费180元、住院伙食补助费90元、交通费100元。保险公司辩称，商某全的医疗费等损失已由肇事方及肇事车辆投保的保险公司予以赔偿，且已有判决对上述事实予以认定，根据损害填补原则，商某全不应获得重复赔偿，其诉求不应得到支持。

一审法院认为，本案中商某全是依据其与保险公司之间的人身保险合同在发生保险事故时向保险公司提出的理赔申请，商某全在另案中得到赔偿是基于侵权法律关系由侵权方支付的，侵权方支付的赔偿款不能免除保险公司作为保险合同一方当事人应该履行的保险合同义务，因此对保险公司该项抗辩不予支持。保险公司主张保险合同约定商某全已获得部分赔偿，未构成伤残情况下的误工费、护理费、住院伙食补助费、交通费不属于保险公司赔偿的范围，而这属于双方保险合同免除保险人责任的条款，对于保险合同中的免责条款，保险人负有向投保人或被保险人提示、说明的义务，本案中保险公司提供的证据不足以证实其履行了提示或说明义务，对保险公司该抗辩不予支持。

二审法院认为，诉讼双方争议的焦点是：第一，商某全主张理赔的误工费、护理费、住院伙食补助费、交通费是否超出保险合同的约定；第二，商某全已经得到侵权人赔偿的部分是否还能向保险公司再请求赔偿。关于焦点一，商某全主张的误工费、护理费、住院伙食补助费、交通费是其因意外伤害住院治疗相关的费用，应属合同约定的赔付范围，一审法院判决保险公司赔偿并无不当，保险公司主张该部分费用超出保险合同的约定，不予支持。关于焦点二，属免责条款，保险公司没有证据证明其对该条款已经履行了上述规定中的保险人提示和告知义务，该条款对被保险人不生效。商某全向侵权人主张权利是基于侵权法律关系，而本案是商某全基于与保险公司之间的人身保险合同向保险公司主张保险金，两者是不同的法律关系。商某全发生保险事故后，保险公司向其支付保险金是其应尽的合同义务，保险公司主张商某全已向侵权人追偿不应再向保险公司追偿的理由不能成立，亦不予支持。维持原判。

《最高人民法院关于适用〈中华人民共和国保险法〉若干问题的解释（二）》第九条规定，保险人提供的格式合同文本中的责任免除条款、免赔额、免赔率、比例赔付或者给付等免除或者减轻保险人责任的条款，可以认定为保险法第十七条第二款规定的“免除保险人责任的条款”。保险人因投保人、被保险人违反法定或者约定义务，享有解除合同权利的条款，不属于保险法第十七条第二款规定的“免除保险人责任的条款”。我们谈到的这类扣减情形，均是在保险人的保险理赔责任已经确定、保险金数额已经确定的基础上，再从中减少一部分金额的情形。依据司法解释的规定，凡作此规定的保险合同条款等，明显属于“免除或者减轻保险人责任的条款”。既然属于免责条款，则不论何种扣减方式，均需在投保阶段，向投保人进行明确说明，如果不明确说明，则所有的扣减情形、模式均不发生法律效力。

江苏省盐城市中级人民法院（2015）盐商终字第00672号民事判决书载明，2014年9月，李某向保险公司投保保险，保险合同约定，本附加险是费用补偿型医疗保险，适用补偿原则，即若被保险人已从任何其他途径（包括社会医疗保险机构、工作单位、本公司在内的任何商业保险机构等）取得补偿，则我们给付的各项保险金仅以约定范围内未取得补偿的剩余部分费用为限。该条款系保险公司提供的格式条款，与其他条款一样，没有采用足以引起投保人注意的文字、符号、字体等特别标识区别于其他条款。2014年11月11日，李某出现交通事故，花去医疗费用合计28108.14元，肇事方赔偿给李某30万元。

一审法院认为，关于被保险人已从任何其他途径取得补偿，则保险公司仅对未受补偿的剩余部分在保险金额范围内按约定赔偿的保险条款，虽是在保险条款的保险责任栏内，但仍应认定为保险法第十七条第二款规定的“免除保险人责任的条款”。该免责条款与其他条款采用同一字体，未采用加黑、加粗等特别标识以达到引起投保人注意的程度，不能认定保险人已尽到提示义务。保险公司提供的证据亦未能证明其已经就保险合同中的相关免责条款在投保人投保之前或之时对其进行了明确说明，故该免责条款对李某不发生法律效力。

二审法院认为，关于被保险人获得社会医疗保险机构给付的医疗费后，是否仍然有权向保险公司主张保险金问题。虽然我国保险法将保险分为人身保险和财产保险两大类，其中财产保险实行损失补偿原则，而人身保险则无此规定，但医疗费用、住院费用等保险，毕竟有别于一般的寿命、健康等人身保险，其保险的目的主要是保障填补被保险人为治疗疾病所产生的费用，其保险金额一般采用不定额的方式确定。故对此类保险应该允许在合同中做出进一步的约定。本案中，双方虽然在保险合同中对此有了明确的约定，但保险公司并未举证证明其在厘定保险费率时进行了区别对待，亦未提示或建议投保人作出选择。在此情况下，保险公司依据该合同约定拒付保险金，有违诚信原则。原审法院判令李某仍然有权向保险公司主张保险金，应属正确。

三、在明确说明义务之外的特别举证责任

《最高人民法院关于适用〈中华人民共和国保险法〉若干问题的解释（三）》第十八条规定：“保险人给付费用补偿型的医疗费用保险金时，主张扣减被保险人从公费医疗或者社会医疗保险取得的赔偿金额的，应当证明该保险产品在厘定医疗费用保险费率时已经将公费医疗或者社会医疗保险部分相应扣除，并按照扣减后的标准收取保险费。”前面我们谈到，对于类似的扣减约定、规则，均应视为免责条款，保险人依法应该承担明确说明义务，即在投保的时候要向投保人予以提示、说明、解释等，否则不生效。所以，保险人需要举证，来证明自己已经尽到了明确说明义务。

但是，从这个司法解释的规定看，对于医疗费用保险金扣减被保险人从公费医疗或者社会医疗保险获得的赔偿金额这一情形，保险人还应该承担一种额外的举证责任，即要证明这个保险产品在设计时候，在确定保险费率的时候，已经将公费医疗或者社会医疗保险部分相应扣除。并且还得举证，收取保险费的时候，确实是按照这个扣除后的标准收取的。

这一规定是有渊源的。《健康保险管理办法》第五条规定：“医疗保险按照保险金的给付性质分为费用补偿型医疗保险和定额给付型医疗保险。费用补偿型医疗保险，是指根据被保险人实际发生的医疗、康复费用支出，按照约定的标准确定保险金数额的医疗保险。定额给付型医疗保险，是指按照约定的数额给付保险金的医疗保险。费用补偿型医疗保险的给付金额不得超过被保险人实际发生的医疗、康复费用金额。”第二十四条规定：“保险公司设计费用补偿型医疗保险产品，必须区分被保险人是否拥有公费医疗、基本医疗保险、其他费用补偿型医疗保险等不同情况，在保险条款、费率或者赔付金额等方面予以区别对待。”也就是说，对于定额给付型人身保险，不存在损失填补的问题，如人的健康、生命等是无价的，所以谈不上什么损失填补之说，只是根据保险合同约定的金额向被保

险人、受益人给付保险金即可。譬如意外伤害保险、死亡保险、年龄保险等，都是直接给付保险金，而不考虑什么损失金额的问题。

对于费用补偿型保险，实际上是一种损害性保险，虽然说不是财产保险，但是与财产保险的损害性实质相同，都是一种财产性支出的损失，因此存在损失金额的问题，也就存在损失金额填补的问题。

而补偿原则是此种损失金额填补保险合同的基本原则。补偿原则要求，在补偿型保险合同中，被保险人因保险事故而获得的保险赔偿金，应等同于被保险人因保险事故遭受的损失，以便使得被保险人在经济上刚好恢复到保险事故发生前的状态，即被保险人获得的保险赔偿金不能大于其遭受的经济损失。否则，就会形成不当得利。

如果被保险人同时有商业保险、公费医疗、社会保险，那么一旦保险事故发生，例如被保险人生病住院，可能就会产生不同保险、保障法律关系的竞合，导致保险人、公费医疗单位、社保机构都具有支付相应款项的责任与后果。这样的话，被保险人就可能形成额外获利。

为了符合补偿原则，在保险人支付保险金的时候，假如被保险人已经从公费医疗或者社会医疗保险取得了赔偿金，那么这部分赔偿金额要从保险人应当支付的保险金中予以扣除，这是合理的。不过，补偿原则作为一项合同基本原则，对合同各方主体都适用，不仅会限制被保险人、受益人，同时也会限制保险人。因为同样一位被保险人，投保同样的医疗费用补偿型保险，假如其有公费医疗、社保保险，则保险公司必然会少赔偿一部分保险金；假如该被保险人无公费医疗、社保保险，则保险公司赔偿的保险金必然会增加。如果投保人支付同样的保险费，可是合同中的被保险人却注定得到不同的保险金金额，那么也是不公平、不合理的。

为了防止这样的不合理情况出现，保险人在厘定保险费率的时候，就应该区别对待。换句话说，司法解释的规定，实际上是在强迫、在倒逼保险人要推行这样的区别对待之策，并且还要能证明之。即保险人要证明，在厘定医疗费用保险费率时，已经将公费医疗或者社会医疗保险部分相应扣除。同时，在实际执行过程中，也是按照这样的费率来收取保险费、承担保险责任的。假如保险人无法证明这一点，即便其在保险合同条款中有这样的设计与描述，即便其已经尽到了明确说明义务，也不行。保险人依然要承担举证不能的不利后果，依然不能对公费医疗或者社会医疗保险部分予以扣除。

广西壮族自治区贺州市中级人民法院（2016）桂11民终529号民事判决书载明，2015年3~4月，保险公司通过蒋某兰所在的幼儿园向蒋某兰的父亲收取了学生平安综合保障保险的保险费60元并为蒋某兰填写了该保险的投保确认单和签发了保险单，住院医疗保险金额为40000元，保险期间从2015年3月1日起至2015年8月31日止。之后，保险公司将投保确认单第三联即客户留存联、致家长的一封信、保险单交给了蒋某兰所在的幼儿园。该投保确认单、致家长的一封信及保险单均无投保人即蒋某兰的父亲签名，亦未送达给蒋某兰的父亲。2015年4月7日，蒋某兰因腹痛治疗，共用去医疗费49925.16元。

法院认为，关于保险公司提出给付的保险金应扣除蒋某兰通过新农合报销的医疗费的主张，首先，保险公司出具的《投保确认单》《致家长的一封信》中特别提示或注明“若被保险人已经从其他途径（包括社会医疗保险机构、本人或其父母工作单位、含本公司在内的任何商业保险机构等）取得补偿，我们仅对剩余部分按条款的约定承担给付医疗保险金的责任”，依据《保险法》第十七条规定，该条款属于保险人免除责任条款。因投保确认单、致家长的一封信和保险单没有送达给蒋某兰的法定代表人并让其签名确认，保险公司又没有其他证据证明其已履行了明确的提示和说明义务，故该免责条款不产生效力。其次，保险公司没有证据证明其向蒋某兰收取的保费已经做了相应的扣减，故应当承担举证不能的法律后果。综上，对保险公司提出的扣减蒋某兰从新农合取得赔偿金额的主张，不予采纳。

四、只能对社保、公费医疗进行扣减

先看这个案例：

北京市高级人民法院（2019）京民申887号民事裁定书载明，周某明先生于1997年3月20日在保险公司投保了一份保险以及附加住院医疗险，保险金额为1万元。保险单注明缴费期限为20年期缴，保险期限未注明，自1997年3月20日起，保险公司出具保险单。后，周某明于2017年8月28日至2017年9月13日在北京友谊医院住院治疗，共花费医疗费12344.27元，其中，医疗保险基金支付金额为8777.1元，本次个人现金支付金额为3567.17元，其提出理赔后，保险公司遂根据保险合同的约定，以70%的比例作出赔偿2497.02元的理赔决定。周某明先生不服，起诉至法院，要求赔偿7979.8元。

一审法院认为，保险公司应向周某明先生赔偿2497.02元保险金。

二审法院认为，本案保险合同订立于1997年，而《健康保险管理办法》于2006年才施行，区别公费医疗、社会医保情形而区分计算保险费。在本案保险合同订立时，并不存在根据不同情况厘定费率的行业习惯、交易要求，不存在多收保费的问题。因此维持一审判决，驳回周某明先生的上诉。

再审法院认为，依据双方签订的《附加住院医疗保险条款》第七条第二项，保险人应在被保险人在住院期间所支付的医疗费、药费、手术费等相关费用范围内，按照《保险条款》附表一约定的住院医疗保险金给付比例支付保险赔偿金。首都医科大学附属北京友谊医院北京市医疗保险住院费用清单中显示，周某明本次个人现金支付金额为3567.17元。原审法院按照保险条款约定，判决保险公司给付相应的保险金，符合法律规定，处理并无不当。周某明申请再审的理由不能成立。

《最高人民法院关于适用〈中华人民共和国保险法〉若干问题的解释（三）》第十八条规定："保险人给付费用补偿型的医疗费用保险金时，

主张扣减被保险人从公费医疗或者社会医疗保险取得的赔偿金额的，应当证明该保险产品在厘定医疗费用保险费率时已经将公费医疗或者社会医疗保险部分相应扣除，并按照扣减后的标准收取保险费。”然而，本案所涉保险合同签订于1997年。1998年12月，国务院才第一次发布《国务院关于建立城镇职工基本医疗保险制度的决定》，部署全国范围内全面推进职工医疗保险制度改革工作，要求1999年内全国基本建立职工基本医疗保险制度。这是我国社会医疗保险制度的起始。也就是说，在1998年12月之前，我国根本不存在社会医疗保险制度。而《健康保险管理办法》最早于2006年6月12日中国保险监督管理委员会主席办公会审议通过，自2006年9月1日起施行。在2006年之前，我国境内的保险公司设计费用补偿型医疗保险产品，并不存在“区分被保险人是否拥有公费医疗、社会医疗保险”之情况。

从司法解释本意而言，有一个当然前提，即“保险产品在厘定医疗费用保险费率时”，起码已经存在了“公费医疗或者社会医疗保险”这个概念、制度、费率等。否则，如果“公费医疗或者社会医疗保险”这个概念根本不存在，则何谈“将公费医疗或者社会医疗保险部分相应扣除”？更不可能谈什么“按照扣减后的标准收取保险费”了。如果连“公费医疗或者社会医疗保险”这个概念都不存在，却要求保险公司“将公费医疗或者社会医疗保险部分相应扣除”，这样的逻辑就很荒诞，如同批评古人为何不用电子邮件传书、为何不坐飞机往来一样荒诞。

综上所述，在1997年3月20日，保险公司与周某明先生签订保险合同时，国家社会医疗保险制度尚未建立，保险公司不可能未卜先知该政策，更不可能将社会医疗保险制度的情况作为保险费率的确定依据。因此，《最高人民法院关于适用〈中华人民共和国保险法〉若干问题的解释（三）》的第十八条，不应适用于本案。

《最高人民法院关于适用〈中华人民共和国保险法〉若干问题的解释（三）》的第十八条有两个方面的内容，即“公费医疗或者社会医疗保险”，两者是并列的，并不是互相替代的。即公费医疗、社会医疗保险是两种不同的医疗报销制度，只能分别一一对应，不能混淆、替代。这意味着：保险公司主张扣减被保险人从公费医疗取得的赔偿金额的，应当证明该保险产品在厘定医疗费用保险费率时已经将公费医疗部分相应扣除，并按照扣减后的标准收取保险费。保险公司主张扣减被保险人从社会医疗保险取得的赔偿金额的，应当证明该保险产品在厘定医疗费用保险费率时已经将社会医疗保险部分相应扣除，并按照扣减后的标准收取保险费。

在本案保险合同订立时，的确存在公费医疗制度。假如周某明先生这次是通过公费医疗制度报销了部分的医疗费用，那么确实有权利要求保险公司证明“在厘定医疗费用保险费率时已经将公费医疗部分相应扣除”等。然而，本案中，周某明先生并非通过公费医疗制度报销了部分医疗费用，而是通过社会医疗保险制度报销的医疗费，所以周某明先生的诉求实质上是在“保险公司主张扣减被保险人从社会医疗保险取得的赔偿金额”时，却要求“保险公司证明该保险产品在厘定医疗费用保险费率时已经将公费医疗部分相应扣除”，这就是违背逻辑的了。

此外，医疗费用保险较为特殊，该保险的理赔对象并不是被保险人身体受到的伤害，而是被保险人住院治疗期间所支出的、确定的医疗费用，这些费用是可以以数额明确的金钱计算的。

原《健康保险管理办法》第四条规定：“医疗保险按照保险金的给付性质分为费用补偿型医疗保险和定额给付型医疗保险。费用补偿型医疗保险是指，根据被保险人实际发生的医疗费用支出，按照约定的标准确定保险金数额的医疗保险。定额给付型医疗保险是指，按照约定的数额给付保险金的医疗保险。费用补偿型医疗保险的给付金额不得超过被保险人实际发生的医疗费用金额。”

周某明先生与保险公司签订的保险合同，并非定额给付型保险合同，而是补偿型保险合同，应受保险法损失补偿原则之约束，该原则要求被保险人获得赔偿不得超过其所遭受的损失。

周某明先生在出院时，社会医疗保险直接将其医疗费用支付了。由周某明先生自行支付的部分仅为 3567. 17 元，只有这部分由周某明先生自费的部分才是周某明先生的损失。周某明先生要求把社会医疗保险基金已支付的部分也包含在商业保险理赔的范围之内，是与损失补偿原则相违背的。

《立法法》第九十三条之规定："法律、行政法规、地方性法规、自治条例和单行条例、规章不溯及既往，但为了更好地保护公民、法人和其他组织的权利和利益而作的特别规定除外。"

周某明先生与保险公司保险合同是在我国社会医疗保险制度建立前签订的，保险公司不可能提前知晓该政策而将其作为保险费率的确定依据，因此依"法不溯及既往"的原则，原审法院认定该保险合同不适用《最高人民法院关于适用〈中华人民共和国保险法〉若干问题的解释（三）》第十八条的规定是正确的，这是正常的法律适用行为，而非越权对具体应用法律进行解释。

之后，周某明先生又向北京市人民检察院第四分院提出申请审判监督，经过审理，该院作出《不支持监督申请决定书》。在该决定书中，检察院陈述理由认为："《最高人民法院关于适用〈中华人民共和国保险法〉若干问题的解释（三）》第十八条规定不应适用于本案。据公开查询到的资料可知，1998 年 12 月，国务院发布了《国务院关于建立城镇职工基本医疗保险制度的决定》，该决定第一条规定"医疗保险制度改革的主要任务是建立城镇职工基本医疗保险制度，即适应社会主义市场经济体制，根据财政、企业和个人的承受能力，建立保障职工基本医疗需求的社会医疗保险制度"。第七条规定"建立城镇职工基本医疗保险的制度工作从 1999 年初开始启动，1999 年底基本完成。各省、自治区、直辖市人民政府要按照本决定的要求，制定医疗保险制度改革的总体规划，报劳动保障部备案"。由上述规定可知，在 1999 年之前城镇职工基本医疗保险制度尚未确立。2006 年 6 月 12 日，中国保险监督管理委员会颁布的《健康保险管理办法》于同年 9 月 1 日起施行。说明 2006 年之前中国保险监督管理委员会并未要求我国境内的保险公司在设计费用补偿型医疗保险产品时，需要区分被保险人是否拥有公费医疗、社会保险的情况。本案中，申请人周先生与保险公司的保险合同于1997年3月20日签订；申请人周先生于2005年1月开始参与社会医疗保险。周先生与保险公司签订附加住院医疗合同之际，国家社会医疗保险制度尚未建立，保险公司也不可能将周先生参与社会医疗保险制度的情况作为保险费的确定依据。因此，《最高人民法院关于适用〈中华人民共和国保险法〉若干问题的解释（三）》第十八条规定不应适用于本案。”

检察院认为，周先生的申请不符合提出再审建议或者提请抗诉条件，根据《人民检察院民事诉讼监督规则（试行）》第九十条规定，决定不支持周先生的监督申请。

五、只能对已经获得的其他款项进行扣减，尚未获得的款项不能进行扣减

之所以有这样的扣减情形，主要是基于补偿原则，即被保险人不能因为保险的存在而额外获利。但是，这样的额外获利必须是确定的，即确定被保险人已经有了其他来源的款项，再接受全额的保险金会形成额外获利。

但是，如果被保险人尚未取得其他的额外款项，那么接受全额保险金后是否会形成额外获利就不确定，这种情形下，保险人实际上没有证据证明这个额外获利的存在，那就不存在进行扣减的前提条件，那就不能进行扣减。

《最高人民法院关于适用〈中华人民共和国保险法〉若干问题的解释（三）》第十八条中的表述为“主张扣减被保险人从公费医疗或者社会医疗保险取得的赔偿金额的”，请注意这里的“取得的”字样，其当然之意是“已经取得了”的意思，而不是“将要取得、可能取得”等意思。否则的话，假如这个赔偿金额还没有取得，则具体数额尚未得知，如何予以扣减？

相应地，《保险法》第四十六条规定：“被保险人因第三者的行为而发生死亡、伤残或者疾病等保险事故的，保险人向被保险人或者受益人给付

保险金后，不享有向第三者追偿的权利，但被保险人或者受益人仍有权向第三者请求赔偿。”由此可见，假如保险金需进行先予赔偿，实际上就无权再考虑其他方的补偿问题了。这里涉及侵权第三者的赔偿义务问题，未涉及公费医疗、社保赔偿等问题，不过道理是一样的，就是说保险人在赔偿保险金前后，均无权去限制被保险人尚未得到的其他赔偿款。这种情况下，实际上可能会突破补偿原则。譬如被保险人由于第三者的行为导致医疗费用损失，保险公司赔偿完毕后，被保险人依然有权要求第三者给予赔偿。第三者没有权利拒绝，也没有权利要求扣减保险金，起码从法律规定看并没有这样的空间。然而，实际上这样的操作结果，客观上会使得被保险人获得更多的损失补偿金。从某种意义上说，确实是突破了补偿原则。

六、只有补偿性人身保险中才存在扣减情形

长期以来，对于人身保险究竟是否属于补偿性保险，实际上是存在争议的。

《保险法》第二条规定：“本法所称保险，是指投保人根据合同约定，向保险人支付保险费，保险人对于合同约定的可能发生的事故因其发生所造成的财产损失承担赔偿保险金责任，或者当被保险人死亡、伤残、疾病或者达到合同约定的年龄、期限等条件时承担给付保险金责任的商业保险行为。”由此很多人认为，只有在财产损失中才存在损失填补的问题，适用补偿原则。而对于人身保险而言，很多人认为，人的生命、健康无价，所以法律只规定了“给付保险金”，不存在损失填补问题，只存在给付特定金额问题，人身保险不适用补偿原则。很多法院、法官也都是这样的思路。

山东省威海市中级人民法院（2013）威商终字第218号民事判决书载明，何某宁在荣成市石岛管理区环境卫生管理处工作，该单位为职工在保险公司处投保了团体人身意外伤害综合保险，该险种的医疗费赔偿限额为20000元。2008年9月17日，何某宁发生交通事故，导致何某宁受伤。共

计花费医疗费 15849.87 元。后肇事者共计赔偿何某宁医疗费 13680.91 元。

2010 年 1 月 22 日，何某宁又起诉保险公司要求赔偿医疗费 15849.87 元。保险公司辩称，何某宁按照保险条款的约定提供相应的理赔材料后，其同意扣除何某宁已经从第三者处取得的赔偿款 13680.91 元，剩余部分予以赔偿。

法院认为，涉案团体人身意外伤害综合保险合同为有效合同，双方当事人对合同项下发生保险事故及花费 15849.87 元医疗费无争议。本案争议的焦点为：保险公司给付保险金时，是否应当将何某宁已从第三者处获得的 13680.91 元赔偿金予以扣除。依据《保险法》第二条的规定，财产保险的理赔原则是“损失补偿原则”，对保险事故造成的财产损失承担赔偿保险金责任；人身保险的理赔原则是“依约给付原则或称定额给付原则”，在被保险人死亡、伤残、疾病或者达到合同约定的年龄、期限等条件时给付保险金。因此，损失补偿原则是财产保险的理赔原则而不是人身保险的理赔原则。医疗费用保险金发生在意外伤害保险和健康保险这两大类别保险项下，属于人身保险而不是财产保险的范畴，不适用损失补偿原则。虽然在医疗费用保险项下，事先无法确定损失赔偿额，保险合同通常约定保险事故发生之后，保险公司以被保险人因此而支出的医疗费用为基数核定应当给付保险金的数额，但这只是明确保险金的计算方法，其保险标的为被保险人的身体，而不是被保险人患病或者受到意外伤害后支付的医疗费用。且被保险人因病或因伤住院，其遭受的损失不仅为住院所花的费用，身体和精神遭受的损失是无法用金钱衡量的，以上皆说明医疗费用保险系按照约定给付保险金，而不是填补被保险人因保险事故造成的损失。

限制重复赔偿，是保险法对财产保险的规定，对于人身保险，保险法并未限制重复获赔。如上所述，医疗费用类赔偿属于人身保险范围，自不应当适用重复赔偿禁止的原则。依据《保险法》第四十六条的规定，禁止保险人在人身保险中获得代位求偿权，同时被保险人有获得双重赔偿的权利。依据该立法目的，何某宁在从第三者处获得赔偿后，仍然有权获得保险赔偿金。保险公司的合同义务在于当保险事故发生时，按照保险合同的约定给付保险金。至于何某宁所支付的医疗费是否已经自其他途径获得补偿，不影响保险公司给付保险金的义务。因此，判令保险公司赔偿保险金15849.87元。

但是，随着研究、理解的深入，目前对于人身保险属性的认识，不再像以前那么简单。

保险属性大体上分为损害保险，例如财产保险；健康保险，例如以死亡、伤残、重疾、或者存活到特定时间点为给付保险金条件的人身保险；但是，还有一种介乎于两者之间的保险，我称之为伤害保险，譬如医疗费用保险、住院日额保险等。前两者认识比较统一，区分比较明显。而第三种伤害保险容易引发认识上的分歧。

业内目前通常认为，健康保险的标的是人的生命、健康、存活等，而人的生命、健康无价，所以健康保险应为给付性质，不是按照实际损失来确定保险金数额，而是按照当事人事先约定的保险限额来确定保险金数额。而伤害保险，虽然属于人身保险的范畴，但是其标的是人的一种财产性支出，譬如住院费用支出、医疗费用支出、检查费用支出等，这样的支出固然与健康有关，但是谈不上无价，而是有价可循的。因此对于伤害保险，实际上可以视为与人身相关的财产性损失保险，是按照被保险人的实际损失来确定保险金数额的。那么，当然就存在损失填补的问题，就应该适用补偿原则。

不过，这样的争议毕竟是学术探讨，一方再有理似乎也难以从根本上说服不同意见者。

《最高人民法院关于适用〈中华人民共和国保险法〉若干问题的解释（三）》第十八条规定：“保险人给付费用补偿型的医疗费用保险金时，主张扣减被保险人从公费医疗或者社会医疗保险取得的赔偿金额的，应当证明该保险产品在厘定医疗费用保险费率时已经将公费医疗或者社会医疗保险部分相应扣除，并按照扣减后的标准收取保险费。”因此，我认为情况应该很明确了，即司法解释确定了医疗费用存在补偿的可能，那么对于这样的补偿型医疗费用保险，当然就可以适用补偿原则，排除额外获利，所以存在扣减情形。反过来理解，对于不属于费用补偿型的其他医疗费用保险、其他人身保险，就不应该适用补偿原则，不存在排除额外获利的需要。

什么样的医疗费用保险不属于费用补偿型呢？譬如住院日额保险，被保险人住院一天，就得到一天的住院费保险金给付。这个住院费，当然属于医疗费用范畴。不过，住院费并不是按照实际的每日住院费用确定的，而是事先在保险合同中约定的。不论实际的住院费是高是低，均按照事先约定的住院费用标准向被保险人给付保险金。即便形成了被保险人的额外获利也无所谓。像这样的医疗费用保险显然就不属于费用补偿型保险。

因此，现在司法实践基本能够达成一致，即扣减情形只适用于费用补偿型的医疗费用保险。反过来说，在费用补偿型医疗保险纠纷中，就要思考补偿原则的适用问题。

河北省沧州市中级人民法院（2019）冀09民终2154号民事判决书载明，李某英等人在保险公司投保了境内旅游意外伤害保险。2016年4月9日7时01分许，李某英乘坐的旅游车与其他车辆相撞发生交通事故，造成李某英等人受伤。花费医疗费21820.45元，已经由肇事方予以赔偿完毕。后，李某英起诉要求承保意外险的保险公司赔偿保险金1万元。保险公司辩称，医疗保险属于定额给付的保险，适用的是损失补偿原则，不具有重复给付的性质，李某英因此事故所产生的医疗费损失已由石家庄铁路运输法院判决由其乘坐的旅游车所投保的保险公司赔偿，保险公司不应对李某英的医疗损失进行赔偿。

一审法院认为，因本案系人身保险合同纠纷，李某英与保险公司系保险合同法律关系，而李某英已获赔偿是基于运输合同法律关系，二者法律依据和事实依据均不同，不能相互补充，人身保险的性质亦决定不适用补偿原则。故李某英作为人身保险合同的被保险人，享有人身保险理赔及运输合同赔偿的双重请求权。保险公司的主张于法无据，不予支持。判令保险公司赔偿1万元保险金。

二审法院认为，关于人身意外伤害医疗保险费与机动车侵权赔偿的医疗费能否兼得问题是本案当事人的争议焦点。人身意外伤害保险的保障内容一般分意外伤害保险金（身故和伤残）、意外伤害及急性病医疗保险金等项目。按照通常理解，人的生命和健康是无价的，即无法按照金钱来衡量。所以，即便交通事故受害人在肇事车辆投保的保险公司处领取了伤残赔偿金，也可以向自己投保人身意外伤害险的保险公司索要意外伤残赔偿金。而受害人为治疗在事故中受到的伤害所支出的医疗费应认定为财产损失范畴，故应适用“损失填平”原则，投保人不应重复获赔。本案中，李某英为交通事故所支出的医疗费损失 21820.45 元，已由生效的民事判决书判令赔偿，且李某英认可该费用确已获赔，保险公司不应再重复进行赔偿。遂判决撤销一审判决，驳回李某英的诉讼请求。